무선 네트워크 리모델링

Copyright ⓒ acorn publishing Co., 2017. All rights reserved.

이 책은 에이콘출판(주)가 저작권자 이민철과 정식 계약하여 발행한 책이므로
이 책의 일부나 전체 내용을 무단으로 복사, 복제, 전재하는 것은 저작권법에 저촉됩니다.
저자와의 협의에 의해 인지는 붙이지 않습니다.

무선 네트워크 리모델링

엔지니어라면 누구나 알아야 할
802.1X와 오픈소스를 이용한
무선 네트워크 구축 가이드

이민철

지은이 소개

이민철

극지연구소 선임기술원으로 근무했다. 네트워크 및 정보보안, 극지과학데이터 관리 업무를 수행했으며, 남극자료관리상임위원회^{SCADM} 한국 대표, 과학기술사이버안전센터$^{SnT-SEC}$ 및 과학기술연구망^{KREONET} 실무협의회 운영위원으로 활동했다. 현재는 아프리카 우간다 베데스다 선교병원에서 IT 매니저로 근무하고 있다. 동아프리카에서 활동하는 NGO, 선교단체, 기업 등에 대한 IT 컨설팅을 제공하고 있으며, 한국의 IT 기술을 아프리카에 소개하는 일뿐만 아니라 실무 중심의 IT 엔지니어 양성을 계획하고 있다. 저서로는 『네트워크 접근통제 시스템 구축』(에이콘, 2015)이 있다.

- 이메일: way.of.cross@gmail.com
- 홈페이지: http://www.it4a.org

감사의 글

시작할 때는 끝이 보이지 않던 힘겨운 여정이 드디어 끝나 한 권의 책이 완성됐습니다. 단편적인 지식이나마 정리해두지 않으면 잊혀지고, 정작 필요할 때가 되면 오랜 기억을 뒤적이느라 헤멜 것 같아서 802.X가 적용된 무선 네트워크 구축 방법에 관해 정리하기로 마음먹었고, 이 책이 바로 그 결과물입니다.

첫 번째 책과 마찬가지로 이 책의 집필에도 많은 분의 도움이 있었습니다. 가장 먼저 전 세계 오픈소스 프로젝트 참여자에게 감사드립니다. 이 분들의 헌신적인 도움이 없었다면, 이 책은 출간되지 못했을 것입니다. 또한 인터넷을 통해 자신들의 지식을 공유해주신 국내외 전문가에게 감사드립니다. 이 책에서 소개하는 기능들을 구현하기 위해 많은 분이 작성해둔 코드와 지식을 참고했습니다. 이 책을 집필하는 동안 많은 의견을 제시해준 조력자에게 감사드립니다. 이 분들은 바쁜 시간을 쪼개 원고를 읽고, 피드백을 통해 책의 완성도를 높여줬습니다. 마지막으로 책의 기획안을 보자마자 기꺼이 출판을 허락해준 에이콘출판사 권성준 사장님을 비롯해 좋은 책을 만들기 위해 노력해준 편집부 식구들에게도 감사드립니다.

이 책에서는 『네트워크 접근통제 시스템 구축』과 마찬가지로 802.1X를 소개하고 응용 방법을 제시하고 있습니다. 부디 이 책이 802.1X가 국내에 알려지는 계기가 돼 네트워크, 정보보안 엔지니어들이 즐겁게 일하게 되기를 소원합니다.

마지막으로 저의 발걸음을 인도하시고 책을 쓸 수 있는 용기와 지혜, 그리고 능력을 허락하신 하나님께 감사와 영광을 돌립니다. 또한 사랑과 헌신이 무엇인지 가르쳐주고, 삶의 방향을 잡아주는 사랑하는 이에게 이 책을 바칩니다.

이민철

목차

지은이 소개 4
감사의 글 5
들어가며 9

1장 무선 네트워크 리모델링 — 15
  1.1 비즈니스와 무선 네트워크 16
  1.2 무선 네트워크의 문제점과 요구사항 19
  1.3 무선 네트워크 리모델링 27

2장 동적 네트워크와 802.1X — 33
  2.1 동적 네트워크 34
  2.2 802.1X 39

3장 핵심 기능 구현 — 49
  3.1 준비 작업 50
  3.2 DHCP 핑거프린팅 79
     3.2.1 DHCP 핑거프린팅 개념 81
     3.2.2 핑거데몬 구현 및 테스트 94
  3.3 사용자 프로파일링 115
     3.3.1 사용자 프로파일링 절차 116
     3.3.2 테스트 환경 구성 및 인증 테스트 119
     3.3.3 사용자 프로파일링 구현 및 테스트 145

3.4 ARP 스푸핑 차단 167
   3.4.1 IP 주소 할당과 ARP 스푸핑 차단 168
   3.4.2 ARP 모니터를 위한 환경 설정 174
   3.4.3 ARP 모니터 구현 185
3.5 캡티브 포털 246
   3.5.1 캡티브 포털 개념 247
   3.5.2 시나리오와 캡티브 포털 구성 252
   3.5.3 캡티브 포털 페이지 등록 278

4장 무선 네트워크 리모델링 적용   287

4.1 리모델링 시나리오 288
4.2 네트워크 환경 구성 292
4.3 네트워크 할당 절차 변경 300
4.4 접근 미허용 단말기 메시지 출력 333
4.5 무선 네트워크 리모델링의 장점 340

부록 1 Windows 10 802.1X 인증 환경 설정 345
부록 2 애플 단말기 802.1X 인증 환경 설정 377
부록 3 무선 랜 컨트롤러 802.1X 인증 환경 설정 385
부록 4 유선 네트워크 스위치 802.1X 인증 환경 설정 397

마치며 403
참고 문헌 404
찾아보기 405

들어가며

기본의 중요성은 아무리 강조해도 지나치지 않다. 우리 사회의 다양한 영역에서 발생하는 대부분의 사고는 기본이 부족하기 때문이다. 전국을 떠들썩하게 했던 정보보안 사고들 또한 기본에 충실했더라면 발생하지 않았을 것이다. 최근에 발생한 I 인터넷 쇼핑몰의 고객 정보 유출 사고, K 통신사의 개인 정보 유출 사고, 인터넷 대란, 언론사 전산망 마비, 홈페이지를 통한 악성코드 유포와 같은 헤아릴 수 없이 많은 사고를 통해 기본의 중요성을 충분히 학습했음에도 불구하고 정보보안 사고는 계속 발생하고 있다. 물론 정보보안 사고는 다양한 원인에 의해 발생하지만 만약, 시스템 구축 초기 단계에서부터 기본을 지켰다면 사고 발생 가능성을 낮출 수 있었을 것이다.

이 책은 기본에 관해 설명한다. 지금까지 아무런 의심 없이 받아들이고 있는 네트워크 구성 방식에 대한 이견을 제시하고, 이를 해결하기 위한 방법으로 동적 네트워크를 제시한다. 비즈니스 복잡성의 증가는 이와 연계된 시스템과 네트워크의 복잡성을 유발했다. 특히, BYOD$^{Bring\ Your\ Own\ Device}$가 비즈니스를 수행하기 위한 필수 요소로 자리 잡게 되면서 무선 네트워크는 선택이 아닌 필수 인프라가 된 지 오래다. 하지만 무선 네트워크 구축 방식은 10년 전이나 지금이나 변함이 없다. 변화가 있다면 전송 속도가 빨라졌고, 정보보안을 위한 다양한 솔루션이 출시됐다는 정도뿐이다. 이 책은 이 중에서 전혀 변하지 않은 것에 주목하고자 한다. 무선 네트워크의 근본적인 구성 방식, 즉 하나의 SSID$^{Service\ Set\ Identifier}$에 하나의 VLAN$^{Virtual\ Local\ Area\ Network}$을 할당하고, 무선 네트워크 사용자가 역할, 권한과 관계없이 모두 동일한 SSID에 접속한다는 것이다. 물론 역할과 권한에 따라 SSID를 선언하고 서로 다른 VLAN을 할당해 사용자별 접근을 차별화할 수는 있다. 하지만 이로 인해 증가하는 관리상의 어려움은 말로 표현하기 어렵다. 그리고 무선 네트워크는 유선 네트워크와 전송 미디어의 차이밖에 없는데, 서로 다른 관리 및 정보보안 체계를 구축한다. 이로 인해 발생하는 자원 낭비는 더욱 효과적인 보안 체계 구축을 저해하는 요소로 작용한다.

이 책에서는 무선 네트워크 구축과 관련된 또 다른 기본을 제시한다. 오래전에 출현해 국제 표준으로 정립됐지만, 우리나라에서만큼은 주목받지 못했던 IEEE 802.1X를 소개하고, 이를 무선 네트워크에 적용하는 방법에 대해 설명한다. 아직 네트워크 구축과 정보보안을 서로 다른 영역으로 취급하는 경향이 짙다. 하지만 네트워크와 정보보안은 구축 초기 단계에서부터 밀접하게 연계돼야 한다고 생각한다. 즉, 네트워크 설계 및 구축 이후에 정보보안 체계를 네트워크 환경에 맞춰 구축하는 것이 아니라 네트워크 설계 초기 단계에서부터 보안이 적용된 설계가 이루어져야 할 뿐만 아니라 구축 및 운영 단계에서도 통합적으로 이루어져야 한다. 이 책에서는 보안이 적용된 네트워크를 어떻게 설계하고 구현하는지 확인할 수 있다. 특히, 중요성이 높아지고 있는 무선 네트워크를 중심으로 지금까지 네트워크 또는 정보보안 관리자가 고민했던 문제들을 하나하나 해결해 나가면서 평범했던 무선 네트워크를 다이내믹한 네트워크로 리모델링해보고자 한다.

이 책의 구성

이 책은 크게 4개의 장으로 구성했다. 첫 번째 장에서는 지금까지 구축된, 그리고 앞으로 구축될 무선 네트워크의 문제점과 해결 방안을 살펴본다. 그리고 이 문제점에 대한 대안으로 무선 네트워크 리모델링을 제안한다. 두 번째 장에서는 무선 네트워크 리모델링을 위해 반드시 이해해야 하는 동적 네트워크와 IEEE 802.1X에 대해 살펴본다. 세 번째 장에서는 무선 네트워크 리모델링을 위한 환경을 구성한 후 몇 가지 핵심 기술들에 대해 살펴보고, 이를 구현해본다. 마지막으로 네 번째 장에서는 실제 무선 네트워크 환경에 리모델링을 적용해본다. 부록에서는 운영체제별 802.1X 인증 환경 설정 방법과 무선 랜 컨트롤러 기반의 네트워크와 유선 네트워크에 대한 적용 방법을 제공한다.

각 장의 구체적인 내용은 다음과 같다.

1장에서는 무선 네트워크 리모델링의 필요성에 대해 살펴본다. 무선 네트워크는 생활에서 없어서는 안 될 필수 구성 요소로 자리 잡았다. 개인뿐만 아니라 기업 비즈니스에서도 무선 네트워크는 스마트폰을 필두로 하는 BYOD와 함께 비즈니스 생산성과 효율성을 견인하는 하나의 축을 이루고 있다. 또한 IoT$^{\text{Internet of Things}}$ 산업의 발전으로 무선 네트워크의 중요성이 확대되고 있다. 그러나 전통적인 무선 네트워크 환경은 유선 네트워크 환경에 비해 여러 가지 취약점과 문제점이 존재한다. 이 장에서는 제일 먼저 무선 네트워크가 비즈니스에 미친 영향들을 살펴본 다음 전통적인 무선 네트워크가 갖는 문제들과 문제 해결에 필요한 관리자 관점의 요구사항을 도출한다. 마지막으로 무선 네트워크 리모델링을 통해 당면하고 있는 문제들의 해결 방안을 제시한다.

2장에서는 동적 네트워크와 802.1X를 소개한다. 전통적인 네트워크 환경이 갖는 공통점은 무엇일까? 물리적으로는 서로 다른 형태로 구축된 네트워크라 하더라도 네트워크를 분할^{segmentation}하고, IP 주소를 할당하는 방식은 대동소이하다. 업무용 네트워크의 경우 물리적 공간을 기준으로 네트워크를 구분하고, 네트워크에 따라 고정 IP 주소를 할당한다. 이러한 네트워크 환경은 비즈니스 전략 변화에 따라 수시로 변화하는 네트워크 요구에 효과적으로 대응하기 어렵게 한다. 특히, BYOD의 도입이 확대됨에 따라 단말기의 이동성^{mobility}과 보안의 중요성은 더욱 커지고 있다. 동적 네트워크는 기업 내 유연한 네트워크 환경을 제공해 단말기의 이동성뿐만 아니라 유연한 보안 정책 수립을 위한 효과적인 대안으로 제시할 수 있다. 이번 장에서는 동적 네트워크에 대해 살펴보고, 이를 구현하기 위한 최적의 기술표준인 IEEE 802.1X에 대해 구체적으로 알아본다.

3장에서는 동적 네트워크 구현과 네트워크 보안성 향상을 위해 필요한 몇 가지 핵심 기능을 구현한다. 제일 먼저 3.1절에서는 핵심 기능 구현에 필요한 인증 서버를 구성한다. 인증 서버는 우분투Ubuntu 리눅스를 기반으로 구성되며, 인증 서버, 웹 서버, 데이터베이스, DNS 서버, DHCP 서버 등과 같은 다양한 패키지를 설치한다. 인증 서버를 구성한 후 3.2절에서는 네트워크에 연결하는 단말기를 식별하기 위한 DHCP 핑거프린팅DHCP Fingerprinting에 대해 알아보고, 핑거데몬fingerdaemon을 구현하고 테스트한다. 3.3절에서는 사용자 프로파일링에 대해 알아본다. 네트워크 및 정보보안에 있어서 가장 중요한 요소는 네트워크를 사용하고 있는 단말기와 사용자에 대한 정보 파악이라고 할 수 있다. 현재까지는 정보 자산 관리ITAM, IT Asset Management 시스템 또는 네트워크 접근 통제NAC, Network Access Control 등을 이용해 제한된 범위의 프로파일링을 수행했다. 3.3절에서는 네트워크에 접속하는 모든 단말기에 대한 프로파일링을 위해 802.1X가 적용된 네트워크를 구축하고, 이를 기반으로 프로파일링을 수행하는 방법을 구체적으로 알아본다. 3.4절에서는 3.3절에서 획득한 프로파일을 활용하는 예제로 ARP 스푸핑을 차단하는 방법에 대해 알아본다. 마지막으로 3.5절에서는 캡티브 포털 구현 방법에 대해 알아본다. 802.1X를 네트워크에 적용할 때 발생하는 문제점 중 하나는 사용자 단말기에 대한 802.1X 환경 설정이다. 사용자가 네트워크 접속을 시도할 때 802.1X 네트워크 접속에 필요한 환경 설정 방법을 안내 받지 못한다면, 802.1X 적용은 실패로 귀결될 것이다. 캡티브 포털은 802.1X 환경 설정 방법을 안내하는 효과적인 도구로 사용될 수 있다. 따라서 마지막 절에서는 802.1X 환경 설정 지원을 위한 캡티브 포털 구현과 단말기 유형별 802.1X 환경 설정 방법에 대해 알아본다.

4장에서는 3장에서 학습한 내용을 기반으로 무선 네트워크 리모델링의 실제적인 방법을 소개한다. 4.1절에서는 현재 내가 근무하고 있는 베데스다 선교병원의 무선 네트워크를 대상으로 리모델링 시나리오를 제시한다. 시나리오는 사용자의 역할(직위)

과 단말기 유형에 따라 접근 가능한 네트워크를 차별화한다. 또한 접근이 허용되지 않는 단말기로 네트워크 접속을 시도하는 경우에는 단말기를 격리하고 인터넷 접속 시 네트워크 접속 제한 사유를 알린다. 다음으로 4.2절에서는 기존의 무선 네트워크 환경을 동적 네트워크 환경으로 전환하기 위한 기본적인 네트워크 환경 설정을 진행한다. 4.3절에서는 802.1X를 이용해 네트워크를 동적으로 할당하기 위해 인증 서버로 사용하는 FreeRadius의 네트워크 할당 절차를 변경해 동적 네트워크 구성을 마무리한다. 마지막으로 4.4절에서는 접근이 허가되지 않은 단말기를 격리하고, 네트워크 접속 차단 사유를 알리기 위한 캡티브 포털을 구현한다.

마지막으로 부록에서는 MS 윈도우 10, 애플의 OS X과 iOS가 설치된 단말기에 대한 802.1X 인증 환경 설정 방법을 제공한다. 그리고 무선 랜 컨트롤러[WLC, Wireless LAN Controller] 기반의 무선 네트워크 환경과 유선 네트워크 환경에서 802.1X 인증 환경을 구성하는 방법을 제공한다.

이 책의 대상 독자

이 책은 네트워크와 정보보안 업무를 수행하는 중급 이상의 엔지니어를 대상으로 한다. 특히, 유연한 네트워크를 설계하고 싶거나, 효과적인 접근통제 방안을 고민하고 있거나, 차별화된 네트워크 또는 정보보안 시스템을 구현하고자 하는 엔지니어를 대상으로 한다. 이 밖에 정보보안 또는 네트워크 전문가를 꿈꾸는 학습자에게도 도움이 될 것이다. 이 책을 이해하려면 네트워크와 정보보안 관련 지식과 함께 약간의 데이터베이스 운용 역량, 그리고 HP, 파이썬[Python], C 언어를 이용한 프로그래밍 역량을 갖추고 있어야 한다. 물론, 깊이 있는 지식이나 전문적인 개발자 정도의 역량이 아니라 개념을 이해하고 기본적인 문법을 이해할 수 있는 수준이면 학습을 무리 없이 진행할 수 있다.

이 책에서 제시하는 내용은 전혀 새로운 것들이 아니다. 이미 오래전에 발표됐을 뿐만 아니라 대부분의 독자가 단편적으로나마 알고 있는 내용이다. 또한 북미와 유럽 등의 지역에서는 이미 오래전부터 비즈니스 네트워크에 적용하고 있다. 아직 우리나라에만 기술에 대한 소개와 적용이 안 되고 있을 뿐이다. 이웃 나라인 중국만 하더라도 802.1X에 대한 연구가 활발히 진행되고 있다. 이 책을 통해 조금이나마 802.1X에 대한 이해가 확산되고, 이를 네트워크에 적용해 더욱 안전한 네트워크 환경을 구축하는 계기가 되기 바란다.

무선 네트워크 리모델링

무선 네트워크는 어느새 우리 생활에 없어서는 안 될 필수 요소로 자리 잡았다. 가정과 직장, 지하철, 카페나 음식점 등 언제 어디서나 무선 네트워크를 이용하고 있다. 스마트폰의 보급은 전 세계인을 무선 네트워크에 접속하도록 만들었다. 내가 있는 아프리카에서도 많은 사람이 스마트폰을 사용하고 있으며, 이를 통해 다양한 서비스를 이용한다. 무선 네트워크의 확산은 비즈니스에도 많은 영향을 미쳤다. 직장인들, 특히 영업을 담당하는 직원들은 업무 공간이 따로 정해져 있지 않다. 무선 인터넷 접속이 가능한 곳이면 어디든지 그곳이 사무실이 된다. 이는 기업의 네트워크 환경에도 영향을 미쳤다. BYOD로 지칭되는 스마트폰과 태블릿Tablet, 노트북Notebook 등 모바일 기기의 도입이 확대되면서 직원 한 명이 사용하는 모바일 단말기가 3~4대를 족히 넘는 상황에 이르자, 기업의 네트워크 환경도 유선 네트워크에서 무선 네트워크로 확대되기에 이르렀다. 이러한 무선 네트워크의 확대로 업무 수행 편의성이 향상됐지만, 반면에 보안 관점에서는 보안 위협 증가라는 새로운 상황을 맞이하게 됐다. 이러한 위협은 네트워크에 대한 접근통제의 어려움에서 비롯된다고 할 수 있다. 이번 장에서는 기업 비즈니스에 있어서 무선 네트워크의 필요성과 효율성을 살펴본 후 정보보안 측면에서 무선 네트워크로 인해 발생하는 문제점과 정보보안 담당자 관점의 요구사항을 도출하고, 이를 개선하기 위한 무선 네트워크 리모델링 방법에 대해 알아본다.

1.1 비즈니스와 무선 네트워크

무선 네트워크가 서비스되지 않는 사회를 상상할 수 있을까? 약 10여 년 전까지만 하더라도 우리 사회에서 무선 네트워크 서비스를 제공하는 곳은 그리 많지 않았다. 하지만 오늘날에는 무선 네트워크 서비스를 제공하지 않는 공간을 찾아내는 것이 더 어려우리만큼 무선 네트워크 서비스는 우리 사회에서 필수 불가결한 서비스로 자리매김했다. 무선 네트워크 서비스가 확산된 계기는 지속적으로 발전한 무선 네트워크 기술에서 찾을 수도 있겠지만, 결정적인 계기는 아이폰^{iPhone}을 비롯한 스마트폰의 보급이라고 할 수 있다. 스마트폰의 보급 이후 단기간에 태블릿을 포함한 다양한 모바일 기기가 보급되면서 이를 비즈니스에 활용하는 사례가 급증했다. 모바일 오피스$^{Mobile\ Office}$와 스마트 워크$^{Smart\ Work}$는 이를 계기로 만들어진 개념들이다. 이에 따라 무선 네트워크 수요가 증가했고, 지금의 무선 네트워크 환경이 구축되기에 이르렀다. 무선 네트워크는 아직까지 유선 네트워크를 보조하는 수단이라는 측면에서 완전히 벗어나지 못하고 있지만, 무선 네트워크는 IoT의 확산에 따라 유선 네트워크를 넘어 네트워크의 중심에 자리 잡을 것이다. 그렇다고 해서 유선 네트워크를 완전히 대체하지는 못할 것이다. 하지만 무선 네트워크 수요가 유선 네트워크 수요를 앞지르는 것은 시간 문제라고 생각한다. 사실 내가 사는 아프리카 지역은 유선 네트워크보다 무선 네트워크 사용 비율이 절대적인 우위에 있다. 이는 유선 인프라 구축 비용에 비해 무선 인프라 구축 비용이 더 적게 들 뿐만 아니라 더욱 광범위한 지역을 커버할 수 있기 때문이다.

무선 네트워크는 비즈니스 환경에 어떠한 영향을 미쳤을까? 업무 생산성 향상이라는 포괄적인 대답부터 선이 없어서 편리하다는 현실적인 대답에 이르기까지 매우 다양한 대답을 할 수 있다. 이번 절에서는 전체 비즈니스 영역이 아닌 기업 내 사무공간에 무선 네트워크가 미친 영향에 대해 살펴보자.

첫 번째로는 선으로부터 자유로워졌다는 것이다. 무선 네트워크가 일상화되기 전 네트워크 환경을 생각해보자. 자리 배치가 바뀌거나 직원이 늘어날 때마다 랜$^{LAN,\ Local\ Area\ Network}$ 케이블을 포설하고, 될 수 있는 대로 케이블이 눈에 띄지 않도록 정리하고, 여분의 아웃렛^{outlet} 포트^{port}가 없을 때는 더미스위치$^{dummy\ switch}$를 설치하거나 추가 케이블을 설치해야만 했다. 하지만 무선 네트워크를 도입함으로써 이와 같은 일을 최소화할 수 있게 됐다. 일부 기업의 경우에는 아예 유선 네트워크를 최소화하고 과감히 무선 네트워크를 도입하는 사례도 증가하고 있다.

두 번째로는 IP$^{Internet\ Protocol}$ 주소 관리가 간편해졌다는 것이다. IP 주소 관리는 사실 네트워크와 정보보안 업무에 있어서 중요한 업무임에도 불구하고 그다지 달가운 업무는 아니다. IP 주소 할당 명세와 사용자를 관리해야 하고, 대규모 인사 이동이나 조직 개편으로 사무공간의 배치가 변경될 때는 새롭게 IP 주소를 할당해야 하며, 기존 사용자의 IP 주소를 회수해야 하는 등 세심한 관리를 요구하기 때문이다. 이러한 일들을 자동화하기 위해 IP 주소 관리 솔루션을 도입하기도 하지만, 그다지 만족할 만한 성능을 보여주지는 못한다.

반면, 무선 네트워크 환경에서는 IP 주소를 어떻게 관리하고 있을까? 유선 네트워크에서와 같이 고정 IP 주소를 할당하고 사용자 이력을 관리하고 있을까? 아마도 대부분의 무선 네트워크 환경에서는 DHCP$^{Dynamic\ Host\ Configuration\ Protocol}$를 통해 IP 주소를 자동으로 관리하고, 사용자 관리가 필요할 때는 단말기에 에이전트를 설치해 사용자 정보를 등록하거나 네트워크 접근통제$^{NAC,\ Network\ Access\ Control}$를 통한 사용자 인증 절차를 통해 사용자 정보를 확보하고 있을 것이다. 설사 이와 같은 관리 시스템이 구축돼 있다고 하더라도 네트워크에 연결된 단말기 사용 현황을 정확히 파악하기는 어렵다. 가트너^{Gartner}의 보고서에 따르면, 기업들은 자사 네트워크에 연결된 단말기 중에서 80% 정도만 인식하고 있고, 그 나머지는 파악하지 못하고 있다고 한다. 이를 한국에 적용하면 단말기 인식 비율이 80% 이하로 떨어질지도 모르는 일이다. 무선 네트워크의 확산으로 IP 주소 관리의 편의성이 향상됐다 하더라도, 여전히 불투명한 단말기 관리에 관한 문제점은 존재하거나 더 커질 수 있다.

세 번째로는 선이 없어지고 IP 주소 관리가 자동화됨에 따라 단말기에 대한 이동성^{mobility}이 향상됐다는 것이다. 단말기의 이동성 향상은 업무 처리 효율성뿐만 아니라 업무 공간의 효율성 향상과 비즈니스 수행의 공간적 한계 극복에도 영향을 미쳤다. 간단히 병원을 예로 들어보면 다음과 같다. 내가 근무하는 병원만 하더라도 병원 어느 곳에서든지 무선 네트워크를 통해 OCS$^{Order\ Communication\ System}$에 접속해 환자를 진료하고 처방을 내릴 수 있다. 종합 병원을 가보면 무선 네트워크의 위력을 확인할 수 있다. 무선 네트워크 구축 이전의 병원에서는 OCS가 구축돼 있다고 하더라도 입원 환자를 진료하거나 처방할 때는 대부분 종이를 사용했다. 주치의는 회진 과정에서 환자의 진찰 결과와 처방을 노트(또는 도표)에 기록하고 회진이 끝난 후 자리에 되돌아와 PC$^{Personal\ Computer}$를 이용해 OCS에 회진 결과와 처방 등의 정보를 등록했다. 하지만 무선 네트워크가 구축된 이후에는 태블릿 PC를 이용해 회진 현장에서 곧바로 환자에 관한 구체적인 진찰 결과와 처방을 등록할 수 있게 됐다. 이것이 꼭 무선 네트워크 구축 때문이라고 단정할 수는 없지만, 일정 부분 무선 네트워크가 기여하는 바가 크다고 할 수 있다. 독자들의 주변에서도 단말기의 이동성 향상이 가져다주는 다양한 이점들을 쉽게 찾을 수 있을 것이다.

지금까지 무선 네트워크의 도입과 확산에 따른 긍정적인 영향에 대해 살펴봤다. 모든 현상에는 항상 긍정적 측면과 부정적 측면이 존재한다. 무선 네트워크의 도입 또한 부정적인 측면이 존재한다. 그뿐만 아니라 네트워크 또는 정보보안 담당자의 입장에서 개선이 필요한 사항들도 존재한다. 이에 대해서는 다음 절에서 살펴본다.

1.2 무선 네트워크의 문제점과 요구사항

기업에서 구축되는 무선 네트워크는 어떤 형태일까? 가장 일반적인 형태는 무선 네트워크 접속을 위한 SSID^{Service Set Identifier}를 목적에 따라 분리하는 것이다. 인증된 직원에게만 접근이 허용되는 직원용 SSID와 방문객 또는 고객에게 인터넷 서비스를 제공하기 위해 운영되는 방문객용 SSID로 구분한다. 보안에 신경을 쓰는 경우에는 직원용 SSID를 숨기거나 백엔드에 인증 서버를 배치해 개별 사용자에 대한 인증을 시행한다. 그리고 NAC을 이용해 사용자 권한에 따라 IT 자원에 대한 접근을 통제한다. 좀 더 세분화된 네트워크 접근통제를 원하는 조직에서는 SSID를 사용자의 권한 또는 사용 목적에 따라 여러 개로 분리해 구성하고, 각각의 SSID에 서로 다른 VLAN^{Virtual Local Area Network}을 할당해 IT 자원에 대한 접근을 통제하기도 한다. 이 밖에도 다양한 무선 네트워크 구축 유형이 있고, 보안을 강화하기 위한 다양한 솔루션이 도입돼 운영되고 있다.

이러한 형태가 무선 네트워크를 구축하기 위한 최선의 방법일까? 어쩌면 선배 엔지니어가 전수한 방법이 이러한 형태이고, 대안도 없기 때문에 가장 좋은 방법이라고 생각할 수도 있다. 그렇다면, 이러한 형태로 구축된 네트워크에서는 전혀 문제가 발생하지 않을까? 아마도 많은 문제를 경험했고, 문제를 해결하기 위해 고민을 해봤지만 뾰족한 대안을 찾을 수 없어 솔루션에 의지해 문제를 해결해왔을 것이다. 이번 절에서는 무선 네트워크 구축에 따라 발생하는 몇 가지 문제를 살펴보고, 이러한 문제를 해결하기 위해 필요한 근본적인 요구사항에 대해 알아보자.

1) 무선 네트워크의 문제점

먼저 앞에서 설명한 형태와 같이 구축됐거나 앞으로 구축될 무선 네트워크는 어떠한 문제를 내포하고 있을까? 담당자에 따라 인식하는 문제가 다를 수 있지만, 내 경험에 비춰보면 크게 다섯 가지 정도의 문제점을 제시할 수 있다.

첫째, 유무선 네트워크가 별도로 관리된다는 것이다. 이를 의아하게 생각하는 독자도 있을 것이다. 다시 말해서 '전송 미디어가 다르면 관리되는 방식도 달라야 하는 것이 아닌가?'라고 생각할 수 있지만, 이와 반대로 생각해보면 전송 미디어가 다르다고 해서 왜 별도로 관리돼야 하는지 의문을 제기할 수 있다. 많은 기업 사례에서의 유선 네트워크와 무선 네트워크는 네트워크 접속을 위한 사용자 인증 방식, IP 주소 할당 방식, 정보보안 정책에 이르기까지 모두 별도로 구축, 운영되고 있다. 만약, 유무선 네트워크를 하나의 네트워크로 운영할 수 있다면, 네트워크와 정보보안 업무 수행의 효율성은 물론 사용자의 편의성까지도 향상될 수 있을 것이다.

둘째, 사용자의 역할 및 권한에 관계없이 대부분 동일한 SSID에 접속하고 동일한 네트워크를 사용하는 것이다. 이 절의 서두에서 설명했듯이 무선 네트워크에서 SSID는 크게 직원용과 고객(방문자)용으로 구분해 설계한다. 그리고 각각의 SSID에는 하나의 VLAN이 할당된다. 그리고 모든 직원은 직원용 SSID를 통해 네트워크에 접속한다. 지극히 정상적이라고 생각할 수 있지만, 나는 이 과정에 문제가 있다고 생각한다. 물론 사용자 인증 절차를 통해 허가되지 않은 사용자가 접속하는 것을 차단하고, NAC을 이용해 사용자 권한에 따라 시스템에 대한 접근을 통제한다. 하지만 모든 사용자가 동일한 네트워크에 접속해 있다는 것 자체가 문제가 될 수 있다. 동일 네트워크에 연결돼 있는 단말기 간의 접근을 차단하는 정책을 적용하는 네트워크는 쉽게 찾아볼 수 없다. 이 때문에 관리자 권한을 탈취하기 위한 악성코드 유포 또는 해킹이 시도됐을때 해당 네트워크에 연결된 모든 단말이 피해를 입을 가능성이 높다는 것이다.

셋째, 앞에서 언급한 두 가지 문제로 인해 정보보안 솔루션 도입이 증가하고 정보보안 정책이 복잡해진다는 것이다. 무선 네트워크는 유선 네트워크와 달리 DHCP를 이용해 동적으로 IP 주소를 할당한다. 이는 무엇을 의미하는 것일까? 유선 네트워크 환경의 보안 정책을 무선 네트워크 환경에 적용하는 데는 제약이 따른다. 유선 네트워크 환경에서는 대부분 고정 IP 주소Static IP address를 할당한다. 그리고 보안 장비들은 이 고정 IP 주소를 기준으로 보안 정책을 수립하고 적용한다. 이는 사용자의 단말기를 효과적으로 통제하고, 정보보안 사고 발생 시 단말기의 추적성을 높이기 위해서다. 이러한 목적 아래 설치된 보안 장비를 이용하면 무선 네트워크에 연결된 단말기를 통제할 수 있을까? 앞에서 언급했듯이 무선 네트워크 환경에서는 IP 주소를 동적으로 할당한다. 이 자체만으로도 유선 네트워크 환경을 중심으로 수립된 보안 정책의 적용에 제약이 따른다. 이와 같은 이유 때문에 일부 보안 기업에서는 무선 네트워크 전용 접근통제 솔루션을 출시하기도 했다. 이렇듯 발생하는 이슈에 따라 보안 장비를 도입하다 보니 솔루션 간 기능 중복이 발생하고, 보안 정책의 복잡성이 증가하게 되는 것이다. 특히, 기존 보안 정책들은 IP 주소에 종속돼 있어 사용자의 속성, 즉 근무 부서, 직급, 근무 위치 등이 변경될 때마다 보안 정책을 변경해야 하는 문제를 함께 지니고 있다.

넷째, 무선 네트워크에 대한 제한 없는 사용자 단말기 허용이다. 기업의 유선 네트워크 환경에서 네트워크에 접속하고자 하는 단말기는 사전 또는 사후 승인 절차를 통해 통제할 수 있다. 그러나 무선 네트워크 환경은 유선 네트워크 환경에 비해 통제가 느슨한 것이 사실이다. 더욱이 BYOD를 업무에 활용하는 사례가 늘어나면서 본인의 단말기를 무선 네트워크에 손쉽게 연결할 수 있게 됐다. 물론 보안 강화를 위해 단말기를 통제하기 위한 에이전트의 설치를 의무화하고, 정보 시스템 측면에서 권한 관리를 통해 정보 유출을 차단하고는 있지만, 나는 이보다 근본적인 대응 전략이 필요하다고 생각한다.

다섯째, 무선 네트워크는 유선 네트워크에 비해 보안이 취약하다는 인식이다. 물론 이러한 점을 부정하는 것은 아니다. 언론의 보도를 통해 알려진 바와 같이 중간자 공격^{MITM, Man In The Middle attack}을 이용해 금융 거래 정보를 탈취하는 등의 사례가 빈번히 발생하면서 무선 네트워크의 취약점이 부각됐기 때문이다. 그러나 이러한 사례를 단순히 무선 네트워크의 취약점이라고 치부하는 것은 옳지 않다고 생각한다. 일부 금융 거래 시스템의 경우, 트랜젝션을 빠르게 처리하기 위해 데이터를 암호화하지 않고 평문^{plain text}으로 전송했다. 보안 사고는 하나의 요인에 의해 발생하지 않고, 복합적인 요인들에 의해 발생한다. 무선 네트워크에서 적절한 보안 조치를 수행할 경우, 유선 네트워크만큼이나 안전한 네트워크 환경을 제공한다. 최근 IoT가 ICT^{Information and Communication Technology} 산업의 새로운 화두로 떠올랐으며, 모든 ICT, 가전, 자동차 기업들이 IoT의 선두를 점하기 위해 고군분투하고 있다. 그렇다면 지금까지 알려진 무선 네트워크의 취약점 때문에 IoT 산업이 정체 상태에 있는 것일까? 절대 그렇지 않다. 그 이유는 문제 해결을 위한 새로운 보안 기술이 등장할 것이기 때문이다.

2) 관리자 관점의 요구사항

지금까지 무선 네트워크 구축과 운영 과정에서 담당자가 직면하게 되는 문제점을 간단히 살펴봤다. 이는 내가 직접 네트워크와 정보보안 관리자로서 실무를 수행하는 과정에서 느낀 것들이다. 특히, 세 번째 문제에 제일 많은 공감을 하리라고 생각한다. 이번에는 앞에서 언급한 다섯 가지 문제 해결에 필요한 요구사항들을 알아보자. 아마도 가장 큰 요구사항은 유선 네트워크와 동일한 보안 체계와 정책의 적용일 것이다. 유선 네트워크와 무선 네트워크는 보안 정책 적용의 기준이 되는 IP 주소 할당 방식의 차이로 인해 동일한 보안 정책을 적용하기가 어렵다.

유선과 무선이라는 전송 미디어의 차이 때문에 별도의 보안 시스템을 구축하고 상이한 보안 정책을 적용해야 할까? 이를 개선할 수 있는 방법은 없을까? 가장 큰 걸림돌은 유무선 네트워크의 IP 주소 할당 방식이다. 이를 하나의 방식으로 통합할 수만 있다면 네트워크 유형에 관계없이 동일한 보안 정책을 적용할 수 있지 않을까? 이를 어떠한 방식으로 통합할 수 있을까? 고정 IP 주소 할당 방식일까, 아니면 DHCP를 이용한 유동 IP 주소 할당 방식일까? 어떠한 방식을 선택하든 상반된 문제가 있다. 고정 IP 주소 할당 방식을 선택하면 무선 네트워크 환경에서 IP 주소를 할당하기가 어려울 것이다. 그렇다고 해서 DHCP를 선택하면 보안 정책을 수립하거나 적용할 때 문제가 발생한다. 이를 해결하기 위해서는 절충안이 필요하다. DHCP를 통해 IP 주소를 할당하고 한 번 할당된 IP 주소는 지속적으로 동일한 단말기에 할당하면 될 것이다.

둘째, 정보보안 정책의 항구성^{permanency}이다. 앞에서 설명했듯이 대부분의 보안 정책들은 IP 주소와 밀접하게 연관돼 있으며, IP 주소 또한 사용자와 밀접하게 연관돼 있다. 이 때문에 사용자 단말기의 IP 주소가 변경되거나 사용자의 권한이 변경되면, 보안 정책의 변경이 불가피하다. 기업마다 정책 변경의 빈도는 다를 수 있지만, 정책이 자주 변경되는 만큼 이 과정에서 오류가 유발할 가능성이 커지는 것이다. 새로운 정책을 추가할 때는 큰 오류가 발생하지 않지만, 정책을 삭제할 때는 오류가 발생할 가능성이 크다. 직원의 퇴사, 권한 변경, 근무지 변경 등에 따른 정책의 삭제 또는 변경이 필요할 때 정보보안 담당자가 이를 뒤늦게 인식하면 자연스럽게 정책의 오류로 이어지게 된다. 이를 개선하기 위해서는 사용자, IP 주소와 보안 정책 간의 밀접한 관계를 느슨한 관계로 만들면 된다. 다시 말해서 역할기반 접근통제$^{RBAC,\ Role\ Based\ Access\ Control}$를 적용하면 된다. 즉, 사용자의 역할에 따라 보안 정책을 각각 구성해 할당하고, 사용자에게 역할을 할당해 사용자의 권한이 변경될 때마다 자동으로 보안 정책이 변경되도록 하면 될 것이다. 이렇게 하면 사용자의 권한이나 IP 주소가 변경된다 하더라도 정보보안 정책의 변경을 최소화할 수 있다.

셋째, 사용자의 역할과 권한에 따른 접속 네트워크를 할당하는 것이다. 나는 이를 동적 네트워크$^{Dynamic\ Network}$라고 부른다. 소프트웨어와 달리 네트워크에서 역할기반 접근통제를 구현하는 것은 쉽지 않다. 사용자와 권한을 분리하고, 권한에 보안 정책을 할당하며, 권한을 사용자에게 할당하려면 사용자와 권한을 연결하는 매개자가 필요하다. 우선 가장 눈에 띄는 매개자는 IP 주소다. IP 주소별로 평사원, 대리, 과장, 실장, 부장, 이사 등의 권한을 할당하고, 보안 정책을 적용한 후 이를 사용자에게 통보해 사용자의 단말기에 할당한다. 그리고 승진 또는 인사 이동으로 권한이 변경되면 변경된 권한에 맞는 IP 주소를 통보해 변경한다. 생각만 해도 끔찍하다. 사용자와 관리자 모두 고통을 겪게 될 것이다. 그리고 사용자가 권한에 맞도록 IP 주소 변경을 하지 않는다면 제대로 된 권한 관리가 이루어지지 않을 것이다. 다른 대안으로 네트워크를 생각해볼 수 있다. 사용자의 역할과 권한에 따라 네트워크를 세분화한다. 네트워크를 세분화하기 위해서는 가상 랜^{VLAN, Virtual LAN}을 사용하는 것이 적절하다. 사용자의 역할과 권한에 따라 서로 다른 VLAN을 할당하고, 네트워크 접속 과정에서 사용자의 역할과 권한을 식별해 자동으로 할당되도록 한다. 그리고 VLAN별로 접근통제 정책을 설정해 네트워크와 시스템에 대한 접근을 통제한다. IP 주소보다 현실적으로 느껴지는가? 한 가지 문제점이라면 지금까지는 이러한 형태의 네트워크를 경험한 적이 없다는 것이다. 앞으로 이와 관련해 구체적으로 살펴보고 구현 방법을 알아보고자 한다.

넷째, 셋째 요구사항, 즉 사용자의 역할과 권한에 따른 네트워크 할당에 덧붙여 사용자의 역할과 권한에 따라 사용자 단말기까지 통제하는 것이다. 다양한 모바일 기기가 개발되면서 업무에 사용하는 모바일 기기가 적어도 세네 가지 종류에 이른다. 기업에서도 IT에 소요되는 비용 절감과 비즈니스 효율성 향상을 위해 기업 내 BYOD의 이용을 허용하면서 무선 네트워크에 접속하는 단말기가 증가일로에 있다. 그렇다면 직원 개인이 보유하고 있는 모든 모바일 기기에 대해 기업의 네트워크와 정보 시스템에 대한 접근을 허용하는 것이 바람직한 일일까? 나는 그렇지 않다고 생각한다. 사용자의 역할과 권한에 따라 적절한 보안 정책을 수립해 모바일 기기에 대한 기업 네트워크와 정보 시스템 접근을 통제해야 한다. 네트워크와 시스템에 대한 사용자의 불필요한 접근을 차단하는 것이 어찌보면 정보보안의 시작이기 때문이다.

다섯 째, 네 번째 요구사항을 달성하기 위한 필수적인 요소로서 사용자 단말기의 유형을 식별하는 것이다. 사용자 단말기를 식별한다는 것은 사용자 단말기에 설치된 운영체제^{OS, Operating System}를 식별한다는 것과 같은 의미다. 물론 지금도 다양한 방법들에 의해 사용자 단말기를 식별한다. 가장 쉬운 방법은 사용자 단말기에 에이전트를 설치하는 것이다. 그러나 이 방법은 운영체제의 종류에 따라 에이전트를 설치할 수 없다는 치명적인 제약이 있다. 운영체제 식별 방법에는 크게 능동적^{Active} 방법과 수동적^{Passive} 방법이 있다. 능동적 방법은 앞에서 말했듯이 사용자 단말기에 에이전트를 설치하거나 NMAP, PING과 같은 도구를 이용해 원격지에서 호스트에 패킷을 전송하고 호스트의 응답 패킷을 분석해 운영체제를 식별하는 방법이다. 이 방법의 장점은 네트워크에 접속된 단말기라면 어떠한 단말기이든 관리자의 필요에 의해 운영체제를 식별할 수 있다는 것이다. 그러나 단점은 단말기 보안 정책에 따라 운영체제를 식별하기가 불가능할 수 있다는 것이다.

한편 수동적 방법은 능동적 방법과 달리 사용자 단말기에서 밖으로 내보내는 패킷을 분석해 운영체제를 식별하는 것이다. 가장 단순한 방법은 웹 서버에서 사용자가 사용하고 있는 웹 브라우저를 식별해 운영체제를 추측하는 것이다. 이는 비교적 쉬운 방법이지만, 웹 브라우저만으로 운영체제를 식별하기에는 운영체제의 종류도 다양하고, 정확성도 낮다. 이보다 정밀한 방법으로는 DHCP 핑거프린팅$^{DHCP\ Fingerprinting}$을 들 수 있다. 이 방법은 사용자 단말기에서 IP 주소를 할당하기 위해 요청하는 DHCPREQUEST 패킷을 분석해 운영체제를 식별하는 것으로, 운영체제에 따라 서로 상이한 REQUEST 패킷을 전송하는 것에 착안한 운영체제 식별 방법이다. 수동적 방법은 단말기로부터 운영체제 식별에 필요한 패킷이 발생될 때만 운영체제를 식별할 수 있다는 단점이 있다. 이러한 문제점을 해결하기 위해서는 패킷을 발생시키기 위한 강제적인 방법을 동원해야 한다. 이 책에서는 단말기를 식별하기 위해 DHCP 핑거프린팅 방법을 사용하고자 한다. 이를 적용하기 위해서는 반드시 IP 주소 할당을 위한 DHCP를 적용해야 한다. 앞으로 이에 대해 좀 더 구체적으로 살펴볼 것이다.

지금까지 비즈니스 환경에서 무선 네트워크 운영 과정에서 경험했던 문제점들과 네트워크 또는 정보보안 관리자로서 생각 속에 가둬둬야만 했던 요구사항을 살펴봤다. 이는 전혀 새로운 것이 아니다. 누구나 생각해왔고, 고민해왔던 문제들이다. 다만, 아직까지 이를 해결하기 위한 시도를 하지 않았을 뿐이다. 이 책을 통해 이러한 문제들과 고민들이 하나하나 해결되기 바란다. 그런데 앞에서 말한 다섯 가지 요구사항을 현실화하기 위해서는 용기가 필요하다. 이는 다음 절에서 이야기한다.

1.3 무선 네트워크 리모델링

이사를 하거나 한 집에 오래 살게 되면 누구나 한 번쯤 리모델링을 생각하게 마련이다. 가구의 배치를 바꾸거나, 도배를 새로하거나, 가구를 바꾸는 작은 리모델링에서부터 건물의 뼈대만 남기는 재건축 수준의 리모델링까지 다양한 방법이 있다. 리모델링을 하고 나면 아무리 작은 변화라도 신선함을 느끼게 된다.

모 방송사에서 취약 계층의 집을 리모델링해주는 프로그램을 방영한 적이 있다. 프로그램에서 소개되는 집들은 대부분 실내가 어둡고 비가 새고 금방이라도 무너질 것 같은 앙상한 집이었다. 이러한 집들을 건축과 인테리어 전문가들이 투입돼 리모델링을 하고 나면, 모두가 놀라는 새로운 집으로 바뀌는 것을 볼 수 있었다.

기술의 변화를 실감할 수 있는 분야를 뽑으라면 건축과 IT를 뽑을 수 있다. 터파기를 준비하던 대형 건물이 몇 달이 지나지 않아 우뚝 솟는 광경을 목격하거나 새로운 IT 제품들이 시장에 출시됐다는 소식을 들을 때마다 놀라움을 금치 못할 만큼 기술의 발전을 경험하기 때문이다. 이러한 기술의 특징은

겉으로 드러나는 특징보다 내부에 감춰져 있는 경우가 많다. 겉모습은 비슷하지만, 건물을 짓기 위해 사용한 기술은 서로 다르다. 큰 건물일수록 기술력의 차이는 더 크다. IT 제품들도 겉모습을 보고 기술력의 차이를 판단하기는 쉽지 않다. 하지만 내부에 사용된 기술들을 통해 기술력을 비교할 수는 있다. L 전자의 15인치 노트북은 고성능에도 불구하고 1킬로그램이 안 되는 무게로 사용자들로부터 좋은 평가를 받고 있다. 이는 내부에 사용된 부품의 소형화, 경량화 그리고 설계의 리모델링을 통해 이룩한 성과라고 할 수 있다.

이제 무선 네트워크도 리모델링이 필요한 시점이 되지 않았을까? 스마트폰 출시 이전과 현재의 무선 네트워크를 비교할 때는 가장 먼저 속도를 이야기할 수 있을 것이다. 802.11a부터 802.11ac에 이르기까지 무선 네트워크는 속도에 있어서 큰 발전을 이뤘다. 그리고 그 다음으로는 MIMO$^{Multi\ Input\ Multi\ Output}$, WPA$^{Wi\text{-}Fi\ Protected\ Access}$, WPA2$^{WPA\ version\ 2}$를 들 수 있을 것이다. 무선 네트워크를 연구하는 연구자라면 더 많은 변화에 대해 이야기할 수 있겠지만, 엔지니어 수준에서는 이처럼 몇 가지 정도의 변화밖에 이야기할 수 없다. 그렇다면 변하지 않은 것은 무엇일까? 네트워크 구축 방법은 10년 전이나 지금이나 똑같다. 변화가 있다면 기존 무선 네트워크 구성에 보안을 강화하기 위해 WIPS$^{Wireless\ Intrusion\ Prevention\ System}$, MDM$^{Mobile\ Device\ Management}$, MAM$^{Mobile\ Application\ Management}$과 같은 보안 솔루션으로 보안을 강화한 것뿐이다. 보안 솔루션을 통해 보안을 강화한 점은 긍정적이라고 할 수 있다. 하지만 앞 절에서 살펴봤듯이, 무선 네트워크가 갖고 있는 근본적인 문제점들과 담당자들의 요구사항들을 만족시키기 위해서는 현재의 방법만으로는 불가능하다. 무엇인가 새로운 변화가 필요하다. 이를 위해서는 무선 네트워크에 대한 리모델링이 필요하다.

무선 네트워크 리모델링이란 무엇일까? 이를 간단히 말하면 무선 네트워크의 내부 구조를 변경하는 것이다. 즉, 1.2절에서 설명했듯이 사용자의 역할과 권한 그리고 단말기의 유형에 따라 접속 대상인 VLAN을 동적으로 할당하고, 할당된 네트워크에 따라 IP 주소를 할당한다. 그리고 VLAN을 기준으로 네트워크와 시스템에 대한 접근을 통제하는 것이다. 이는 지금까지 우리가 알고 있던 네트워크 설계 개념과는 반대되는 개념으로, 약간 새로울 수 있다. 기존의 무선 네트워크는 SSID에 고정된 VLAN을 할당했고, 해당 VLAN에 할당된 IP 주소 서브넷^{Subnet}에서 IP 주소를 할당했기 때문이다. 그렇다면 무선 네트워크 리모델링을 하려면 새로운 기술이 필요한 것일까? 전혀 그렇지 않다. 이와 관련된 기술들은 이미 2001년에 표준화됐고, 두 차례의 개정을 통해 충분한 성숙 단계에 이르렀다. 그뿐만 아니라 국내외 대부분의 유무선 네트워크 장비에서 이를 지원한다. 다만, 국내에서는 아직까지 이에 대한 인식이 확산되지 않아 보편적으로 사용되고 있지 않을 뿐이다. 이 기술은 802.1X 또는 포트 기반 네트워크 접근통제$^{PNAC,\ Port\ based\ Network\ Access\ Control}$, 포트 기반 인증$^{Port\ based\ Authentication}$이라고 부른다. 일부 독자는 802.1X에 대해 이미 알고 있을 수도 있다. 무선 네트워크 인증에 사용되는 WPA 또는 WPA2에 이미 802.1X에서 제공하는 인증 기술이 적용돼 있기 때문이다. 따라서 802.1X를 무선 네트워크 인증 기술로 알고 있는 경우가 대부분이다. 하지만 802.1X는 원래 유선 네트워크 보안을 위해 개발돼 무선에까지 확대 적용된 기술이다. 이를 이용하면 1.2절에서 제시한 문제들과 요구사항을 쉽게 해결할 수 있다. 다만, 802.1X에 대한 이해, DHCP 핑거프린팅에 대한 이해, 그리고 약간의 프로그래밍 지식이 필요하다. 이 단계만 뛰어넘는다면 지금까지와는 전혀 다른 무선 네트워크의 세계를 경험하게 될 것이다.

그렇다면 무선 네트워크 리모델링으로부터 얻게 되는 이점은 무엇일까?

첫째, 유무선 네트워크를 하나의 네트워크로 통합할 수 있다. 802.1X와 DHCP 핑거프린팅은 유무선 네트워크 모두에 적용할 수 있는 기술들로, 이를 통해 유무선 네트워크를 통합할 수 있다. 유무선 네트워크 통합은 그 자체만으로도 의미를 갖는다.

둘째, 유선 네트워크에서 사용하던 보안 솔루션들을 무선 네트워크에서도 활용할 수 있다. 예를 들어, 유선 네트워크에서 사용하던 NAC을 무선 네트워크에서도 사용할 수 있게 된다. 이를 통해 정보보안 예산을 좀 더 효율적으로 집행하게 한다.

셋째, 네트워크VLAN 기반의 RBAC을 구현해 보안 정책의 유연성을 강화하면서 변경은 최소화한다. IP 주소 기반의 보안 정책과 달리 VLAN을 기반으로 보안 정책을 수립하면 세분화된 권한에 따라 VLAN을 세분화하고 각 VLAN에 접근통제 정책을 적용하면 보안 정책을 유연하게 적용할 수 있다. 그뿐만 아니라 사용자의 속성 정보가 변경되더라도 사용자에게 할당된 권한의 변경만으로도 보안 정책이 변경돼 보안 정책의 유지보수도 용이하다.

넷째, 사용자 및 단말기 사용 현황을 파악할 수 있다. 일부 독자는 지금도 자산 관리 솔루션을 통해 단말기 사용자 및 사용 현황을 파악할 수 있지 않느냐고 반문할 수도 있다. 과연 그럴까? 이렇게 질문하고 싶다. 유무선 네트워크에 연결되는 모든 단말기에 대한 사용자와 단말기 유형을 파악하고 있는가? 아마도 자신 있게 대답하기 어려울 것이다. 물론 강력한 보안 정책으로 유무선 네트워크에 연결할 수 있는 단말기를 엄격히 제안하고 있다면 가능하다. 하지만 얼마나 많은 기업에서 엄격히 통제하고 있을까? 무선 네트워크 리모델링을 수행하면 무선 네트워크에 연결하는 거의 모든 단말기에 대한 사용자와 단말기 유형을 파악할 수 있게 된다. 물론 유선 네트워크에 적용하면 예외 없이 파악할 수 있다.

지금까지 무선 네트워크 환경이 기업 비즈니스에 미친 영향과 문제점 그리고 문제점에 대한 개선 방법에 대해 살펴봤다. 이를 실천하기 위해서는 구체적인 기술에 대한 이해가 필요하다. 2장에서는 이 장에서 잠시 언급한 동적 네트워크와 802.1X에 대해 간략히 알아보고, 3장부터 구체적인 구현 방법에 대해 알아본다.

동적 네트워크와 802.1X

동적 네트워크Dynamic Network의 중심에는 동적 VLAN이 자리 잡고 있다. 해외의 네트워크 구축 사례들을 살펴보면, 동적 VLANDVLAN, Dynamic VLAN을 사용하는 사례가 많다는 것을 쉽게 알 수 있다. 하지만 우리나라에서 동적 VLAN을 적용한 네트워크 구축 사례를 찾아보기는 쉽지 않다. 그러다 보니 유무선 구분할 것 없이 모든 네트워크가 경직돼 있다. 다만, 유무선 네트워크에서 IP 주소를 할당하기 위해 DHCP를 사용하는 것은 유연하다고 말할 수 있다. 하지만 해외 사례에 비춰볼 때 우리나라의 네트워크는 아직도 경직돼 있다고 할 수 있다. 이러한 경직성을 개선하기 위해서는 네트워크를 동적으로 구성해야 한다. 이를 위해서는 802.1X를 필수적으로 이용해야 한다. 802.1X는 사용자 인증Authentication에 필요한 요소뿐만 아니라 네트워크에 유연성을 부여하는 인가Authorization 기능, 네트워크 사용 현황 파악을 위한 정보를 수집/제공하는 과금Accounting 기능을 포함하고 있다. 정보보안에서는 이를 AAA라고 부른다. 이는 대부분 알고 있는 지식일 것이다. 하지만 이를 네트워크에 적용한 사례는 찾기 힘들다. 미국의 국방정보체계국DISA, Defense Information System Agency과 국방부DOD, Department of Defense는 보안 기술 구현 가이드SITG, Security Technical Information Guide를 통해 모든 정부 기관의 네트워크에 802.1X를 의무적으로 적용해 미인가 IT 기기의 정부 기관 네트워크 접속을 차단하고 있다. 여기에서 주목할 점은 일반적인 네트워크 접근통제를 요구한 것이 아니라 802.1X 적용을 요구했다는 것이다. 이는 그만큼 802.1X가 네트워크에 유연성을 부여하면서도 접근통제에 있어서 안정적인 성능을 보여주고, 안전성 측면에 있어서도 우수하다는 것을 방증하는 것이 아닐까? 네트워크 리모델링을 위해서는 동적 네트워크와 802.1X에 대한 이해가 선행돼야 한다. 이번 장에서는 이에 대해 간략히 살펴본다.

2.1 동적 네트워크

동적 네트워크가 낯설게 느껴지는 이유는 정의된 개념이 아니기 때문이다. 이는 네트워크를 나의 주관적인 관점으로 구분한 것으로, 정적 네트워크Static Network와 동적 네트워크로 구분한다.

1) 동적 네트워크 개요

정적 네트워크란, 그림 2.1의 전통적인 네트워크 환경과 같이 네트워크의 유형, 물리적 장소 및 위치에 따라 네트워크 세그먼트Network Segment를 결정하고, VLAN을 고정으로 할당하는 네트워크를 말한다.

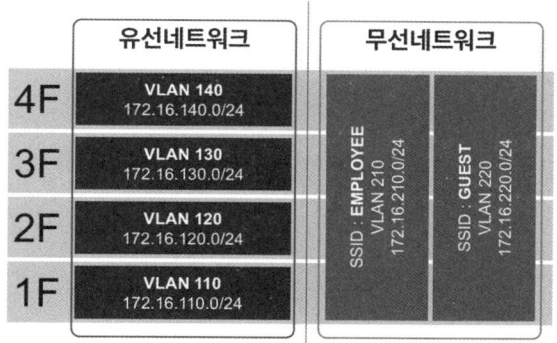

[그림 2.1] 전통적 네트워크 환경에서의 VLAN 설계

반면, 동적 네트워크란 네트워크의 유형에 관계없이 업무의 특성과 사용자의 역할에 의해 네트워크 세그먼트를 설계하고, 수행 업무, 근무 부서, 권한 또는 단말기 유형과 같은 사용자 조건에 따라 가변적으로 VLAN을 할당하고, VLAN에 따라 IP 주소를 동적으로 할당하는 네트워크를 말한다. 동적 네트워크는 그림 2.1에 나타난 정적 네트워크 구성과 달리 액세스 스위치Access Switch 포트 또는 액세스 포인트AP, Access Point의 SSID에 VLAN을 사전에 할당하지 않는다. 또한 사용자 단말기에도 IP 주소를 DHCP를 통해 할당한다. 그림 2.2는 동적 네트워크 환경에서 사용자 단말기의 유무선 네트워크 접속 과정을 보여준다.

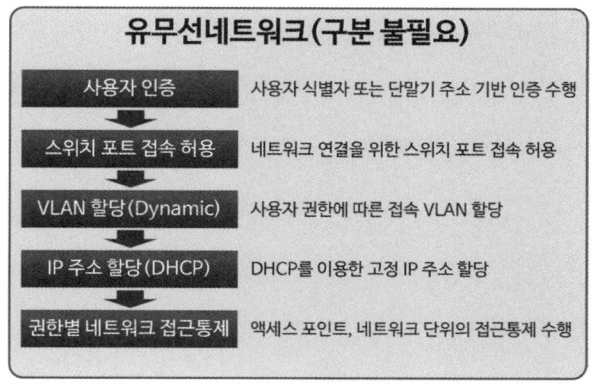

[그림 2.2] 동적 네트워크 환경에서의 유무선 네트워크 접속 절차

2장 동적 네트워크와 802.1X | 35

동적 네트워크는 유무선 네트워크를 구분하지 않고 하나의 네트워크로 바라본다. 이 상태에서 사용자의 유무선 장치가 네트워크 접속을 시도하면, 사용자의 조건에 따라 접속할 네트워크VLAN를 결정하고, VLAN에 따라 IP 주소를 할당한다. 그리고 사용자에게 할당된 VLAN에 따라 네트워크와 시스템에 대한 접근통제가 수행된다. 즉, 사용자 단말기를 네트워크에 연결하고 난 후 네트워크를 사용할 수 있게 되기까지의 과정이 모두 동적으로 결정되는 것이다. 약간은 생소하게 들릴 수도 있다. 하지만 이것이 모든 네트워크 또는 정보보안 관리자가 고대하던 꿈의 네트워크 환경이 아닐까?

2) 정적 네트워크와 동적 네트워크 비교

그렇다면, 정적 네트워크와 동적 네트워크는 어떤 차이가 있을까? 두 네트워크를 비교하면 표 2.1과 같다.

[표 2.1] 정적 네트워크와 동적 네트워크 비교

구분	정적 네트워크	동적 네트워크
VLAN 설계 기준	공간(건물, 층) 단위	업무, 역할 단위
VLAN 할당 방식	정적/수동/ 인증 전 할당	동적/자동/ 인증 후 할당
IP 주소 할당 방식	정적/동적	동적
전송 매체	유무선 분리	유무선 통합
단말기 이동성	동일 VLAN으로 제한	자유로운 이동 보장

VLAN은 공간이나 위치가 아닌 업무적 특성을 기준으로 설계한다. VLAN과 IP 주소는 반드시 사용자 인증을 통과한 후에 동적으로 할당한다. 그렇기 때문에 유무선 네트워크의 구분은 불필요하며, 단말기의 이동성 보장이 가능해진다.

3) 동적 네트워크 설계

이제 동적 네트워크 설계에 대해 알아보자. 동적 네트워크를 구성하더라도 네트워크의 물리적 기존의 네트워크 구성과 동일하다. 다만, 논리적 구조만 달라질 뿐이다. 그림 2.3은 그림 2.1에서 제시한 정적 네트워크의 논리적 구성을 표 2.1에서 제시한 기준에 따라 동적 네트워크 구성으로 다시 설계한 것이다. 논리적으로 일관돼 있고, 정리된 것 같은 느낌이 들 것이다.

[그림 2.3] 동적 네트워크 환경에서의 VLAN 설계

우선 유무선 네트워크의 구분을 없앴다. 네트워크 세그먼트는 건물의 층이 아닌 업무 수행 부서를 기준으로 분할했다. 무선 네트워크의 SSID는 그림 2.1에서와 같이 직원용EMPLOYEE과 방문자용GUEST을 그대로 유지한다. 하지만 달라지는 것이 있다. 그림 2.1에서는 EMPLOYEE SSID에 하나의 VLAN이 고정으로 할당돼 모든 직원이 업무 특성과 접근 권한과는 상관 없이 동일한 네트워크에 접속한다. 하지만 그림 2.3의 구성에서는 직원이 EMPLOYEE SSID에 접속하면, 접속자의 소속 부서에 따라 각각 다른 VLAN을 할당 받는다. 업무 특성에 따라 사용하는 네트워크가 달라지는 것을 정보보안에 응용하면, 네트워크 레벨의 접근통제 및 보안 정책 구현과 적용이 가능할 것이다.

지금까지 동적 네트워크 설계에 대해 간략히 알아봤다. 그다지 복잡하거나 어려운 개념이 아니었으리라 생각한다. 네트워크와 정보보안 담당자라면 한 번쯤은 생각해봤을 것이다. 다만, 아직까지 구체적인 구현 방법과 기술이 소개되지 않았기 때문에 구현하지 않았을 뿐이다. 이제 동적 네트워크를 구현하기 위한 기술을 살펴보자.

4) 동적 네트워크 구현 방법

VLAN은 네트워크 세그먼테이션을 위해 사용할 수 있는 유용한 기술이다. 소규모 오피스가 아닌 일정한 규모를 갖는 기업이라면 앞에서 설명했듯이 건물 또는 건물의 층 단위로 VLAN을 이용해 네트워크를 분할할 것이다. 이때 대부분 정적 VLAN^{Static VLAN}을 사용한다.

VLAN은 두 가지 방식으로 할당할 수 있다.

첫째, 일반적으로 사용하는 정적 VLAN 할당이다. 이는 많은 곳에서 사용하고 있기 때문에 별도의 설명이 필요하지 않다.

둘째, 동적 VLAN 할당^{Dynamic VLAN Assigment}이다. 말 그대로 정해진 조건에 따라, 즉 그림 2.3에서 설계한 논리적 네트워크 구조에 따라 VLAN을 자유롭게 할당하는 것이다. 그러나 동적 VLAN이 네트워크에 적용된 사례를 찾기는 쉽지 않다. 그 이유는 무엇일까?

동적 VLAN을 할당하는 방법으로는 VMPS^{VLAN Membership Policy Server}를 이용한 할당, SNMP^{Simple Network Management Protocol}를 이용한 할당, 그리고 IEEE 802.1X를 이용한 할당을 들 수 있다.

첫째, VMPS는 동적 VLAN을 할당하는 대표적인 방법이다. 동적 VLAN을 할당하기 위해 VMPS에 해당 단말기의 맥 주소와 할당할 VLAN을 등록한다. 이후 단말기가 네트워크 접속을 시도하면 VMPS에서 단말기의 맥 주소를 확인한 후 목록에 등록돼 있다면 사전에 등록한 VLAN을 스위치 포트에 할당한다. 비교적 간단한 방법이지만, 맥 주소와 할당 VLAN을 매번 등록해줘야 하는 불편함이 있다. 그리고 변경 관리와 단말기 사용자에 대한 관리 등도 해결해야 할 문제다. 나도 VMPS를 사용해본 경험은 없다.

둘째, SNMP를 이용한 방법이다. 이 방법은 SNMP Trap 이벤트, SNMP MIB^{Management Information Base}, OID^{Object Identifier}를 이용해 개별 스위치 포트에 할당된 VLAN을 강제로 변경하는 것이다. 개인적인 흥미 때문에 도전한다면 어쩔 수 없지만, 굳이 고난의 길을 걸으라고 말하고 싶지는 않다.

셋째, IEEE 802.1X를 이용하는 것이다. VMPS와 SNMP를 이용한 동적 VLAN 할당은 말 그대로 동적 VLAN 할당 기능을 구현하는 데 적합하다. 동적 네트워크 구현이라는 전체적인 관점에서는 동적 VLAN 할당 방법 이외에 추가 요소가 필요하다. 그림 2.2의 유무선 네트워크 접속 절차를 보면 동적 VLAN 할당 이전에 사용자 인증이 필요하다는 것을 알 수 있다. 하지만 VMPS와 SNMP를 이용한 방법은 사용자 인증을 제공하지 않는다. 802.1은 사용자 인증, 동적 VLAN 할당 등을 포함한 동적 네트워크 구현에 필요한 전체적인 프레임 워크를 제공한다.

2.2 802.1X

한 번쯤은 802.1X에 대해 들어봤을 것이다. 우리나라에서는 무선 네트워크 인증과 관련해 많이 이용된다. 무선 네트워크 사용자 인증 프로토콜인 WPA/WPA2에 802.1X가 이용되기 때문이다. 그래서 일부는 802.1X를 무선 네트워크 전용 인증 프로토콜로 오해하기도 한다. 하지만 802.1X는 먼저 유선 네트워크를 위해 개발됐고, 무선 네트워크 보안 강화를 위해 적용 범위를 확장한 것이다. 이번 절에서는 802.1X에 대해 간략히 알아보고, 이것이 동적 네트워크 구성에 어떻게 활용되는지 살펴보자.

1) 802.1X 개요

802.1X는 2001년 전기전자기술자협회IEEE, Institute of Electrical and Electronics Engineers에서 최초 인준돼 2004년과 2010년에 개정된 포트 기반 네트워크 접근통제PNAC, Port based Network Access Control 표준이며, 네트워크 접속을 시도하는 장치에 대한 인증과 접근통제 메커니즘을 제공하는 프레임워크라고 할 수 있다. 간단하게 포트 기반 인증Port based Authentication이라고 불린다.

이름에서 알 수 있듯이 802.1X는 포트를 기반으로 동작하는 네트워크 접근통제 시스템이자 인증 시스템이다. 여기서 포트 기반이란, 유선 네트워크에서는 스위치의 개별 포트를 대상으로, 무선 네트워크에서는 AP와 장치 간 각각의 결합association을 대상으로 접근통제와 인증을 수행하는 것을 말한다. 기업의 무선 네트워크 접속 과정을 생각하면 쉽게 이해할 수 있다. 무선 네트워크에 접속하기 위해 SSID를 선택하면, 네트워크 연결을 위해 사용자 인증에 필요한 ID와 비밀번호를 요구한다. 사용자 인증을 통과한 사용자는 IP 주소를 할당 받은 후 네트워크 서비스를 사용하게 된다. 802.1X를 적용하면 유선 네트워크에도 동일한 절차를 구현할 수 있다.

지금까지 설명한 내용으로 봤을 때는 네트워크 연결 이전에 사용자 인증을 수행하는 것 이외에 다른 인증 시스템이나 접근통제 솔루션과 별다른 차이가 없어 보인다. 이 때문인지 일부 NAC 제조사는 802.1X와 자사 NAC 솔루션과 우열을 비교하곤 한다. 하지만 802.1X와 다른 NAC 솔루션은 비교 대상이 아니라 상호 보완적 관계라고 생각한다. 802.1X는 국제 공항의 출입국관리사무소에 비교할 수 있고, 다른 NAC 솔루션은 경찰에 비교할 수 있다. 출입국관리사무소는 입국자가 합법적인 입국자인지를 확인하고, 입국 승인을 한다. 반면, 경찰은 국내 거주자 보호를 위해 치안, 방범 등의 업무를 수행한다. 두 기관은 서로 다른 역할을 수행하면서도, 우리나라의 안위를 위해 일한다는 공통점이 있다. 이러한 출입국관리사무소와 경찰을 비교한다는 것은 말도 안 되는 일이다. 이처럼 802.1X는 네트워크에 진입하려는 단말기 사용자에 대한 신분을 확인하고, 검증된 사용자에 한해 네트워크 접근을 허용한다. 그리고 다른 NAC은 Pre-Admission과 Post-Admission 기능을 통해 네트워크 접근이 허용된 단말기를 통제한다. 이 때문에 802.1X와 다른 NAC은 비교의 대상이 아니라 상호 보완적인 관계로 인식하고 네트워크에 적용할 필요가 있다.

2) 802.1X의 기능

802.1X는 세 가지 기능, 즉 인증^{Authentication}, 인가^{Authorization}, 과금^{Accounting} 기능을 수행한다. 이 세 가지 기능을 간단히 AAA라고 한다. 이는 정보보안에서 매우 익숙한 용어일 것이다. 이 세 가지 기능에 대해 살펴보고, 802.1X가 왜 기존의 NAC 솔루션과 상호 보완적인 관계인지 확인해보자.

(1) 인증

802.1X도 인증의 개념은 다른 인증과 비슷하다. 인증에 필요한 정보를 인증 서버에 제공하고, 인증 서버의 결과에 따라 인증의 성공과 실패를 결정한다. 802.1X 인증의 차별점은 장치가 네트워크에 연결되기 전에 사용자를 인증하는 것이다. 즉, 사용자 인증에 실패한 장치는 어떠한 경우라도 네트워크에 연결할 수 없다. 일반적인 NAC도 사용자 인증을 통과하지 못하면 내부망과 시스템에 대한 접근을 차단한다. 그러나 기본적으로 네트워크 접근이 허락

된 이후의 통제이기 때문에 802.1X와는 통제의 정도에서 차이가 있다. 또한 802.1X는 인증 과정에서 단말기와 인증 서버가 주고받는 인증 관련 패킷을 암호화해 전송하기 때문에 중간자 공격(MITM)에 의한 정보 유출을 방지한다.

(2) 인가

인가는 사용자의 권한에 따라 네트워크 접근을 허가하는 것을 말한다. 일반적인 NAC은 인가의 구현을 위해 IP 또는 ARP 스푸핑$^{ARP\ Spoofing}$이나 패킷 리셋$^{Packet\ Reset}$ 등을 이용한다. 하지만 802.1X는 인가를 위해 물리적 스위치 포트와 VLAN을 통제한다.

802.1X에서 인가는 두 가지 동작으로 구분할 수 있다.

첫째, 스위치 포트에 대한 접근 허용이다. 802.1X가 설정된 스위치 포트의 초기 상태는 미인가 상태로, 어떠한 장치가 연결되더라도 네트워크 접근을 허용하지 않는다. 따라서 반드시 인증을 통과해야만 한다. 둘째, 사용자의 접속을 허용할 네트워크를 결정한 후 스위치 포트에 할당하는 것이다. 즉, 사용자의 권한, 접속 위치, 단말기 유형 등에 따라 VLAN을 할당한다. 동적 네트워크는 802.1X의 인가를 통해 구현된다.

이제서야 왜 802.1X와 다른 NAC이 상호 보완적인 관계인지 이해할 수 있을 것이다.

(3) 과금

과금^{Accounting}은 네트워크 사용량에 따른 비용 산정 시에 필요한 정보를 수집하는 것을 말한다. 이동 전화 요금을 산정하기 위해 사용자 개인별 발신 통화 시간을 기록하는 것과 같은 개념이다. 802.1X의 과금에서는 대표적으로 다음과 같은 정보를 수집할 수 있다.

- 단말기 사용자 ID
- 단말기 Mac & IP 주소
- 단말기 접속 네트워크(유/무선)
- 단말기 접속 위치(스위치 관리 IP 주소와 포트 번호)
- 단말기의 네트워크 연결 및 종료 시간
- 단말기의 인/아웃바운드 트래픽 용량

위는 네트워크와 정보보안 업무 수행에 있어서 매우 중요한 정보다. 지금까지는 이러한 정보를 수집하기 위해 다양한 솔루션의 도움을 받아야만 했다. 802.1X는 이러한 수고를 한방에 날려버릴 수 있는 마법의 지팡이다.

3) 802.1X 구성 요소

802.1X는 다른 네트워크 접근통제와 달리 다양한 구성 요소 간 하모니를 통해 구현되며, 그림 2.4와 같이 요청자^{Supplicant}, 인증자^{Authenticator}, 인증 서버$^{Authentication\ Server}$로 구성된다.

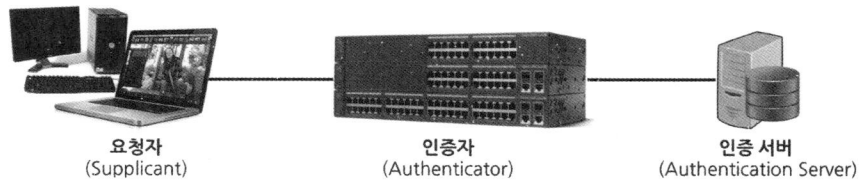

요청자
(Supplicant)　　인증자
(Authenticator)　　인증 서버
(Authentication Server)

[그림 2.4] 802.1X 물리적 구성 요소

요청자는 두 가지를 의미한다. 첫째, 네트워크에 접근하고자 하는 단말기를 의미한다. 단말기에는 데스크톱, 랩톱, 태블릿, 스마트폰 등과 같은 802.1X를 지원하는 단말기뿐만 아니라 네트워크 프린터, IP 전화기와 같이 802.1X를 지원하지 않는 단말기도 포함한다. 둘째, 802.1X를 지원하는 단말기에서 인증을 위해 사용되는 클라이언트 소프트웨어를 의미한다.

한편, 인증자는 단말기와 인증 서버의 중간에서 인증에 필요한 자격 정보를 전달하는 이더넷 스위치 또는 무선 네트워크에서 사용하는 AP와 같은 Layer 2 네트워크 장치를 의미한다.

마지막으로 인증 서버는 사용자 인증에 필요한 정보를 저장하고, 요청자가 네트워크 접속을 위해 제공하는 자격 정보를 검증하는 역할을 수행한다. 또한 인증 서버는 인증자 제어에 사용되는 속성 정보를 저장하고 관리한다. 인증 서버는 상용 또는 오픈소스 RADIUS[Remote Authentication Dial In User Service]와 AD[Active Directory] 등을 사용할 수 있다.

4) 802.1X의 비애와 희망

기능적으로는 훌륭한 802.1X가 아직까지 활발히 도입되지 않고 있다. 시대를 잘못 타고난 탓이다. 802.1X는 2001년에 표준화돼 2004년과 2010년 두 차례 개정됐다. 표준 발표 당시 표준이 추구하는 목표는 너무 훌륭했다. 하지만 이를 구현하기 위한 제반 환경이 갖춰져 있지 않았다. 이로 인해 802.1X는 지금까지 주변부를 맴도는 기술에 머물고 있다. 우리나라에서는 2006년 ㈜유넷시스템에서 802.1X 기반의 NAC을 출시했지만, 802.1X에 대한 인식 부족으로 인해 시장의 환영으로 이어지지 못했다.

802.1X가 활발히 확산되지 못한 이유는 다음 세 가지로 정리할 수 있다.

첫째, 네트워크 장비 제조업체의 지원이 저조했다. 표준 발표 이후 상당한 기간 동안 이를 지원한 네트워크 제조사는 시스코뿐이었다. 또한 이미 도입한 장비는 802.1X를 지원하지 않았다.

둘째, 802.1X를 지원하는 운영체제가 없었다. 아무리 좋은 기술이라도 사용자가 사용할 수 없다면 무슨 소용이 있겠는가? 마이크로소프트의 윈도 XP조차도 서비스팩 3에 이르러(2008년) 802.1X를 지원하기 시작했다.

셋째, 구축 절차가 복잡했다. 802.1X는 다른 보안 장비들과 같이 설치한 후바로 운용할 수 있는 구조가 아니다. 802.1X를 구현하기 위해서는 사용자 단말, 액세스 스위치와 AP, 인증 서버 등과 같은 다양한 구성 요소에 따른 별도의 환경 설정이 요구된다. 그러나 네트워크 장비와 운영체제의 802.1X 지원 부족뿐만 아니라 적절한 가이드도 제공되지 않았다. 이러한 이유들로 인해 802.1X는 우수한 접근통제 성능에도 불구하고 지금까지 도입이 저조한 것이다.

하지만 최근 들어 상황이 변하고 있다. 우리나라를 제외한 해외에서는 802.1X가 이미 네트워크의 중심에 자리 잡고 있다. 거의 모든 네트워크 장비 제조사의 네트워크 장비가 802.1X를 공식적으로 지원하고 있고, 현존하는 대부분의 운영체제가 802.1X 인증에 필요한 환경을 포함하고 있다. 또한 국내외 보안 장비 제조사에서 802.1X를 지원하는 네트워크 접근통제를 출시했으며, 다양한 오픈소스 제품이 출시돼 경제적 부담 없이 802.1X의 구현이 가능해졌기 때문이다. 특히, 미국의 국방정보체계국$^{\text{DISA, Defense Information System Agency}}$과 국방부$^{\text{DOD, Department of Defense}}$는 보안 기술 구현 가이드$^{\text{SITG, Security Technical Implementation Guide}}$를 통해 모든 정부 기관 네트워크에 의무적으로 802.1X를 적용해 미인가 IT 기기가 네트워크에 접근하는 것을 원천적으로 차단하고 있다.

5) 802.1X 기반 동적 네트워크 구축 시 고려사항

802.1X는 일반적인 정보보안 솔루션 도입과 달리 네트워크 구조에 대한 전면적인 재구축 수준의 변화를 유발한다. 이는 802.1X 도입을 주저하게 만드는 원인이 될 수 있다. 따라서 802.1X를 성공적으로 도입하기 위해서는 관리자와 사용자 모두가 만족할 수 있는 솔루션이 필요하다.

나는 다음 세 가지가 802.1X 도입의 성패에 큰 영향을 미친다고 생각한다.

첫째, 802.1X 도입을 정당화할 수 있는 이벤트가 필요하다. 802.1X의 영향 범위는 네트워크뿐만 아니라 정보보안 체계, 정보 시스템 등과 같이 다양하다. 따라서 802.1X를 도입하기 위해서는 IT 전반의 담당자와의 사전 협의뿐만 아니라 전환을 위한 전략과 실행 계획이 구체적으로 수립해야 한다. 그리고 전환을 위한 적절한 이벤트, 즉 경영진과 직원, IT 부서 근무자 등이 모두 납득할 수 있는 전환 이벤트를 선정해야 한다. 제일 좋은 이벤트로는 신규 빌딩 건축이나 사무실 이전 등을 들 수 있다. 그럼 다음, 전사적인 정보보안 강화의 일환으로 경영진의 승인을 통해 수행할 수 있다. 이를 위해서는 전사적인 정보보안 취약점을 진단하고, 중대 정보보안 사고 발생 시 취약점 개선 방안으로 사전에 보고돼야 한다.

둘째, DHCP 기반의 IP 주소 관리다. 동적 네트워크 환경이 구축되면, 지정된 조건에 따라 사용자에게 할당되는 네트워크가 동적으로 결정된다. 이때 IP 주소를 정적으로 할당해야 한다면, 사용자와 관리자 모두 불편할 것이다. 따라서 동적 VLAN 할당과 함께 동적 IP 주소 할당을 위한 DHCP를 적용해야 한다. 다만, IP 주소의 추적성을 보장하기 위해 DHCP 구조를 변경해 단말기에 한 번 IP 주소가 할당되면 향후에는 동일한 IP 주소가 할당되도록 해야 한다.

셋째, 사용자 불편을 최소화해야 한다. 아무리 훌륭한 서비스라 하더라도 사용자로부터 환영받지 못하면, 서비스를 지속하기 어렵다. 802.1X도 이와 다르지 않다. 802.1X가 적용된 네트워크에 접속하기 위해서는 사용자 단말기에 802.1X 접속에 필요한 환경을 설정해야 한다. 이를 위해서는 단말기와 운영 체제의 유형에 따라 환경 설정을 자동화할 수 있도록 캡티브 포털^{Captive Portal} 서비스와 프로파일 배포 도구를 제공해야 한다. 또한 네트워크 연결 절차, 자주 발생하는 오류와 대처 방법이 포함된 사용자 가이드를 사전에 배포하고, 긴급 지원반을 편성해 사용자의 기술 지원 요청에 신속히 대응해야 한다.

핵심 기능 구현

3

앞에서 살펴봤듯이 무선 네트워크 리모델링을 위해서는 동적 네트워크 구축이 필수적이다. 이를 위해서는 802.1X에 대한 이해와 함께 부가적인 기술들을 이해하고 있어야 한다. 802.1X는 인증과 인가 그리고 과금과 같이 네트워크 접근통제에 필요한 전반적인 프레임워크 또는 기능을 제공한다. 하지만 우리가 실현하고자 하는 무선 네트워크 리모델링에서 필요한 단말기 식별 방법, 사용자 역할과 단말기 유형에 따른 네트워크 할당 절차, 그리고 웹 기반의 사용자 인증에 필요한 캡티브 포털 등과 같은 기능은 제공하지 않는다. 따라서 우리는 802.1X에서 제공하지 않는 부가적인 기능들을 이해하고 이를 직접 개발해야 한다. 이번 무선 네트워크 리모델링에서 요구되는 부가적인 기능들에 대한 개념과 구체적인 구현 방법에 대해 알아보자.

3.1 준비 작업

핵심 기능을 구현하기에 앞서 기능들이 운영될 서버 시스템에 준비돼 있어야 한다. 물론 물리적인 시스템이 아니라 가상머신Virtual Machine을 이용해도 되지만, 실전 감각을 익히기 위해서는 물리적 서버를 구축할 것을 권한다. 나도 이 책에서 보여주는 대부분의 기능들을 실제 운영 네트워크를 대상으로 구현하고 테스트했다. 이 때문에 가끔은 문제를 일으켜 사용자의 불편을 초래하기도 했지만, 그만큼 주의깊게 생각하고 신중을 기할 수 있었다. 여하튼 중요한 것은 기능 구현과 테스트를 위한 서버가 있어야 한다는 것이다. 이 밖에 적절한 운영체제의 선택이 필요하다. 나는 서버 운영체제로 우분투Ubuntu 서버를 선택했다. CentOS와 RedHat, Fedora 등의 운영체제를 통해 시스템 구현을 시도해봤지만, 개인적인 관점으로는 우분투 서버가 패키지 설치와 관리에 있어서 강점이 있다고 판단해 우분투를 선택했고, 이 책에서도 우분투를 기준으로 설명한다.

> **알림**
>
> 1. 운영체제의 사용자 계정, DBMS 계정, 기타 사용자 계정에 사용되는 모든 비밀번호는 09n072로 설정한다.
> 2. 설치하는 패키지 및 패키지 설정 또는 운영과 관련해 상세한 설명은 제공하지 않지만, 책에서 안내하는 대로만 따라온다면 별도의 매뉴얼이나 관련 서적을 참고하지 않더라도 전체 과정을 학습할 수 있다. 개별 패키지에 관한 구체적인 학습을 원하는 독자들은 해당 패키지 매뉴얼이나 관련 서적 또는 저자의 저서 『네트워크 접근통제 시스템 구축』(에이콘, 2015)을 참고하기 바란다.
> 3. 이 책에서 사용하는 네트워크 장비(스위치, AP, 무선 랜 컨트롤러(WLC, Wireless LAN Controller)는 시스코 제품을 기준으로 한다.
> 4. 실습에 필요한 네트워크 환경 구축이 어렵더라도 3장에서 제시하는 기능 중 3.3절의 사용자 프로파일링을 제외한 대부분의 기능은 일반 네트워크 또는 가상머신을 이용해 구축할 수 있다.

이 책에서 사용하는 주요한 소프트웨어 패키지 목록은 다음과 같다.

- 운영체제: Ubuntu Server 14.04.4 LTS
- 데이터베이스: MySQL 5.5.49, SQLite3
- DHCP: ISC DHCP Server
- 도메인 네임 서버: BIND 9
- 개발 도구: PHP, GCC
- 네트워크 도구: SNMP, FAKE

1) Ubuntu 서버 14.04.4 LTS 설치

우분투 설치에 있어 특별한 사항은 없다. 다만, 설치 과정에서 사용자 계정 정보를 요청할 때 계정은 sysop으로 설정하고, 비밀번호는 09n072로 설정한다. 그리고 추가 설치 패키지를 선택할 때 아무런 패키지를 선택하지 않았다면, 이후의 과정에 따라 필요한 패키지를 설치한다. 만약, SSH 서버, LAMP 패키지, BIND, DHCP 서버 등을 설치했다면 아래 과정에서 해당 과정은 생략한다.

2) SSH 서버 설치

우분투 설치 과정에서 SSH 서버를 설치하지 않았다면, 시스템 콘솔에 sysop 계정으로 로그인해, 그림 3.1과 같이 openssh-server 패키지를 설치한다.

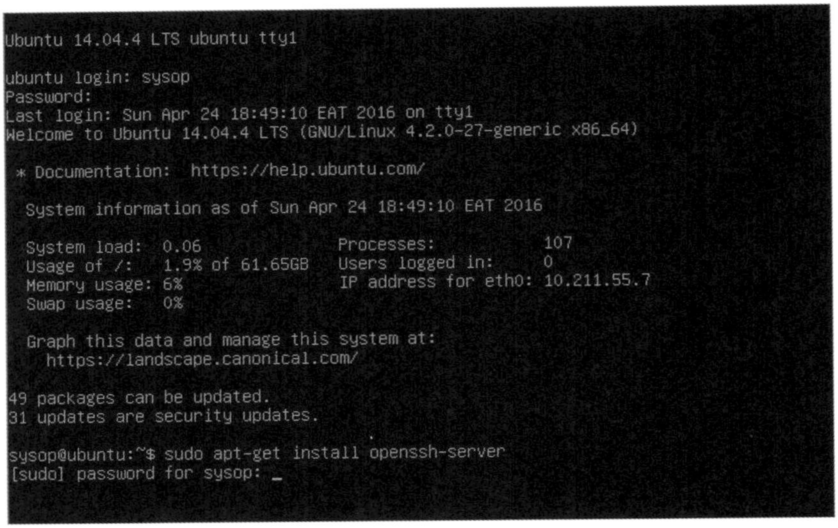

[그림 3.1] SSH 서버 설치

SSH 서버 설치가 완료되면, 별도의 터미널 접속을 통해 서버에 접속한 후 추가 패키지를 설치한다.

3) MySQL 설치

데이터를 체계적으로 관리하기 위해서는 데이터베이스 사용이 필수적이다. 이 책에서도 사용자 계정, 단말기 정보, 시스템 로그, 네트워크 사용 내역 등과 같은 정보를 관리하기 위해 데이터베이스를 사용하며, 이를 위해 MySQL을 선택했다. 이는 PostgreSQL, SQLite3, MySQL, Oracle 등과 같이 다양한 DBMS 중에서 이후에 설치할 FreeRadius와 rsyslog 등의 패키지에서 MySQL을 지원하고, DBMS 차원에서 트리거^{Trigger}를 이용한 데이터 처리가 편리했기 때문이다. FreeRadius와 rsyslog에서는 PostgreSQL DBMS도 지원한다. 하지만 학습 과정에서는 이 책을 따라 진행할 것을 권한다.

```
sysop@ubuntu:~$ sudo apt-get install mysql-server mysql-client -y
[sudo] password for sysop:
Reading package lists... Done
Building dependency tree
Reading state information... Done
The following extra packages will be installed:
  libaio1 libdbd-mysql-perl libdbi-perl libhtml-template-perl libmysqlclient18
  libterm-readkey-perl mysql-client-5.5 mysql-client-core-5.5 mysql-common
  mysql-server-5.5 mysql-server-core-5.5
Suggested packages:
  libclone-perl libmldbm-perl libnet-daemon-perl libplrpc-perl
  libsql-statement-perl libipc-sharedcache-perl tinyca mailx
The following NEW packages will be installed:
  libaio1 libdbd-mysql-perl libdbi-perl libhtml-template-perl libmysqlclient18
  libterm-readkey-perl mysql-client mysql-client-5.5 mysql-client-core-5.5
  mysql-common mysql-server mysql-server-5.5 mysql-server-core-5.5
0 upgraded, 13 newly installed, 0 to remove and 45 not upgraded.
Need to get 9016 kB of archives.
After this operation, 97.2 MB of additional disk space will be used.
Get:1 http://kr.archive.ubuntu.com/ubuntu/ trusty/main libaio1 amd64 0.3.109-4 [
6364 B]
Get:2 http://kr.archive.ubuntu.com/ubuntu/ trusty-updates/main mysql-common all
5.5.49-0ubuntu0.14.04.1 [12.9 kB]
Get:3 http://kr.archive.ubuntu.com/ubuntu/ trusty-updates/main libmysqlclient18
amd64 5.5.49-0ubuntu0.14.04.1 [596 kB]
```

[그림 3.2] MySQL 설치 화면

MySQL은 그림 3.2의 명령을 실행해 설치한다. 설치 과정에서 관리자 비밀번호를 묻는 화면이 나타나면 09n072를 입력한다.

4) FreeRadius 설치 및 환경 설정

FreeRadius는 앞의 장들에서 설명한 무선 네트워크 리모델링의 핵심 요소로 802.1X의 주요 기능인 인증, 인가, 과금 기능을 수행한다. 이 책에서는 FreeRdaius의 네트워크 할당 절차를 수정해 2장에서 설명한 동적 네트워크를 구현하고자 한다.

(1) FreeRadius 설치

FreeRadius는 그림 3.3의 명령을 실행해 설치한다.

```
1. sysop@ubuntu: ~ (ssh)
sysop@ubuntu:~$ sudo apt-get install freeradius freeradius-mysql freeradius-util
s -y
Reading package lists... Done
Building dependency tree
Reading state information... Done
The following extra packages will be installed:
  freeradius-common libfreeradius2 libltdl7 libperl5.18 perl perl-base
  perl-modules ssl-cert
Suggested packages:
  freeradius-ldap freeradius-postgresql freeradius-krb5 perl-doc
```

[그림 3.3] FreeRadius 설치 화면

FreeRadius 설치가 완료되면 FreeRadius가 자동으로 실행된다. 그림 3.4와 같이 프로세스 목록에서 FreeRdaius 프로세스를 확인할 수 있다면, 설치가 정상적으로 완료된 것이다.

```
1. sysop@ubuntu: ~ (ssh)
sysop@ubuntu:~$ ps -ef | grep freeradius
freerad    1261     1  0 Apr24 ?        00:00:00 /usr/sbin/freeradius
sysop      7771  7390  0 08:11 pts/2    00:00:00 grep --color=auto freeradius
sysop@ubuntu:~$
```

[그림 3.4] FreeRadius 프로세스 목록 확인

(2) 백엔드 데이터베이스 테이블 생성

이제 FreeRadius에서 백엔드 데이터베이스 설정을 진행해보자. 이 책에서는 FreeRdaius의 백엔드 데이터베이스로 앞에서 설치한 MySQL DBMS를 사용한다.

먼저 MySQL에 FreeRdaius에서 사용할 데이터베이스와 테이블을 생성한다. FreeRdaius에서 사용하는 테이블 구조는 /etc/freeradius/sql/mysql 디렉터리에 저장돼 있으며, 디렉터리에 접근하기 위해서는 root 권한이 필요하다. 따라서 그림 3.5와 같이 사용자를 root로 전환한 후 테이블 구조가 저장된 디렉터리로 이동한다.

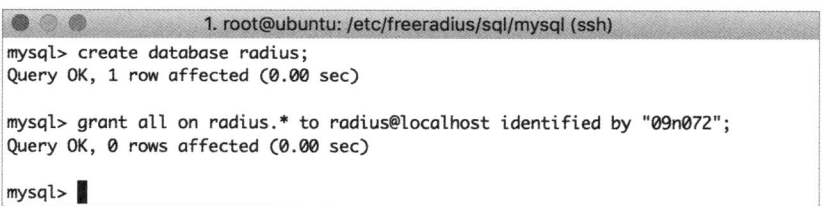

[그림 3.5] 사용자를 root로 변경

그런 다음, 그림 3.6과 같이 MySQL에 데이터베이스를 추가하고, 사용자 계정을 추가한다. 이때 데이터베이스의 이름과 사용자 계정의 이름은 모두 radius로 하고, 비밀번호는 앞에서 언급했듯이 09n072로 등록한다.

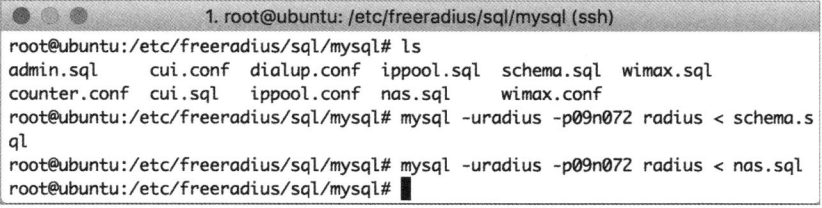

[그림 3.6] 데이터베이스 및 사용자 계정 등록

그런 다음, 그림 3.7과 같이 방금 생성한 radius 계정을 이용해 FreeRadius에서 사용할 테이블을 생성한다.

[그림 3.7] FreeRdaius에서 사용할 테이블 생성

이제 데이터베이스에 radius 계정으로 로그인해 그림 3.8과 같이 데이터베이스와 테이블이 정상적으로 생성됐는지 확인한다.

```
1. root@ubuntu: /etc/freeradius/sql/mysql (ssh)
mysql> show databases;
+--------------------+
| Database           |
+--------------------+
| information_schema |
| radius             |
+--------------------+
2 rows in set (0.00 sec)

mysql> use radius;
Reading table information for completion of table and column names
You can turn off this feature to get a quicker startup with -A

Database changed
mysql> show tables;
+------------------+
| Tables_in_radius |
+------------------+
| nas              |
| radacct          |
| radcheck         |
| radgroupcheck    |
| radgroupreply    |
| radpostauth      |
| radreply         |
| radusergroup     |
+------------------+
8 rows in set (0.00 sec)

mysql>
```

[그림 3.8] 생성된 데이터베이스와 테이블 목록 확인

(3) 환경 설정 변경

FreeRadius에 백엔드 데이터베이스 연계를 위해 환경 설정을 변경한다. 환경 설정을 변경하기 위해서는 /etc/freeradius/ 디렉터리 또는 하위 디렉터리에 위치한 4개의 환경 설정 파일(sql.conf, radiusd.conf, default, eap.conf)을 변경한다. 각 파일의 변경은 리스트 3.1에서 리스트 3.5까지의 내용을 참고한다.

리스트 3.1은 FreeRadius에서 MySQL에 접속하기 위한 사용자 계정 정보를 설정하는 파일이다. DBMS 서버로 원격 서버를 사용하지 않는다면, 앞에서 등록한 사용자 계정과 데이터베이스 이름만 변경한다.

[리스트 3.1] /etc/freeradius/sql.conf

```
 22: sql {
 23:         #
 24:         #  Set the database to one of:
 25:         #
 26:         #         mysql, mssql, oracle, postgresql
 27:         #
 28:         database = "mysql"
 29:
 30:         #
 31:         #  Which FreeRADIUS driver to use.
 32:         #
 33:         driver = "rlm_sql_${database}"
 34:
 35:         # Connection info:
 36:         server = "localhost"
 37:         #port = 3306
 38:         login = "radius"
 39:         password = "09n072"
 40:
 41:         # Database table configuration for everything except Oracle
 42:         radius_db = "radius"
...
100:        readclients = yes
...
```

리스트 3.2는 FreeRadius와 백엔드 데이터베이스 연결을 설정하는 파일로, $INCLUDE sql.conf와 $INCLUDE sql/mysql/counter.conf의 주석(#)을 제거한다. 리스트 3.1에 DBMS 사용자 계정 정보를 등록했더라도 이번 단계를 생략하면 FreeRdaius는 백엔드 데이터베이스를 사용하지 않는다.

[리스트 3.2] /etc/freeradius/radiusd.conf

```
...
697:        #  Include another file that has the SQL-related
            configuration.
698:        #  This is another file only because it tends to be big.
699:        #
700:        $INCLUDE sql.conf
701:
702:        #
703:        #  This module is an SQL enabled version of the counter
            module.
704:        #
705:        #  Rather than maintaining seperate (GDBM) databases of
706:        #  accounting info for each counter, this module uses
            the data
707:        #  stored in the raddacct table by the sql modules.
            This
708:        #  module NEVER does any database INSERTs or UPDATEs.
            It is
709:        #  totally dependent on the SQL module to process
            Accounting
710:        #  packets.
711:        #
712:        $INCLUDE sql/mysql/counter.conf
...
```

802.1X는 인증, 인가, 과금 기능이 있다고 설명했다. 리스트 3.3과 리스트 3.4는 앞에서 설정한 백엔드 데이터베이스를 802.1X의 어떠한 기능과 연계할 것인지를 설정하는 파일로, 리스트 3.3은 모든 기능에서 백엔드 데이터베이스를 사용하도록 설정했다. 각각의 기능별 섹션에서 sql 문자열 앞에 있는 주석(#)을 제거한다.

[리스트 3.3] /etc/freeradius/sites-enabled/default

```
...
 69: authorize {
 70:         #
...
176:         #  See "Authorization Queries" in sql.conf
177:         sql
...
378: accounting {
379:         #
...
405:         #  See "Accounting queries" in sql.conf
406:         sql
...
449: session {
450:         radutmp
451:
452:         #
453:         #  See "Simultaneous Use Checking Queries" in sql.conf
454:         sql
455: }
...
461: post-auth {
...
474:         #  See "Authentication Logging Queries" in sql.conf
475:         sql
...
```

[리스트 3.4] /etc/freeradius/sites-enabled/inner-tunnel

```
...
 47: authorize {
...
```

```
130:        #   See "Authorization Queries" in sql.conf
131:        sql
...
250: session {
251:        radutmp
252:
253:        #
254:        #   See "Simultaneous Use Checking Queries" in sql.conf
255:        sql
256: }
...
262: post-auth {
...
276:        #   See "Authentication Logging Queries" in sql.conf
277:        sql
...
```

리스트 3.5와 리스트 3.6은 사용자 인증 방식 설정과 관련된 파일이다. 이 파일에서는 802.1X 인증, 즉 EAP[Extensible Authentication Protocol]에서 사용할 TLS[Transport Layer Security], TTLS[Tunneled Transport Layer Security], PEAP[Protected Extensible Authentication Protocol], MSCHAPv2 등과 같은 다양한 인증 방식을 결정하며, 인증서를 사용할 경우 인증서를 등록하는 파일이다. 리스트 3.5의 460번째 줄은 EAP 방식을 MSCHAPv2로 설정하는 것이다.

[리스트 3.5] /etc/freeradius/eap.conf

```
...
 17:        eap {
...
 30:                default_eap_type = peap
...
452:                ttls {
```

```
...
460:                    default_eap_type = mschapv2
...
475:                    # allowed values: {no, yes}
476:                    copy_request_to_tunnel = yes
...
488:                    # allowed values: {no, yes}
489:                    use_tunneled_reply = yes
...
506:                    include_length = yes
507:              }
...
565:         peap {
...
576:                    copy_request_to_tunnel = yes
577:                    use_tunneled_reply = yes
...
608:              }
...
```

리스트 3.6은 리스트 3.5에서 EAP 방식을 MSCHAPv2로 결정함에 따라 MSCHAP 모듈을 활성화하는 설정이다. 각 행의 주석(#)을 제거한 후 옵션 값을 yes로 설정한다.

[리스트 3.6] /etc/freeradius/modules/mschap

```
...
10: mschap {
11:         #
...
19:         use_mppe = yes
...
24:         require_encryption = yes
```

```
...
 29:         require_strong = yes
...
 36:         with_ntdomain_hack = yes
...
```

마지막으로 리스트 3.7은 FreeRadius 서버 환경 설정 중 로그 기록과 관련된 설정을 변경하는 것이다.

[리스트 3.7] /etc/freeradius/radius.conf

```
...
377:        destination = syslog
...
440:        #  Log authentication requests to the log file.
441:        #
442:        #  allowed values: {no, yes}
443:        #
444:        auth = yes
...
```

377행은 FreeRadius의 로그 메시지 기록 방법을 결정하는 옵션으로, files, syslog, stdout, stderr을 지정할 수 있다. 여기에서는 syslog를 지정한다. 444행은 NAS[Network Access Server], 즉 스위치나 AP와 같은 네트워크 장치에서 요청하는 인증에 대해 인증 결과와 관계없이 로그를 남기도록 한다. 이때 발생하는 로그는 추후 네트워크 접속을 시도하는 장치의 위치를 파악하기 위한 용도로 사용한다.

FreeRadius와 MySQL DBMS를 연계하기 위한 환경 설정을 마무리했다.

이제 변경된 설정 내용을 적용하기 위해 FreeRadius를 그림 3.9와 같이 재시작한다.

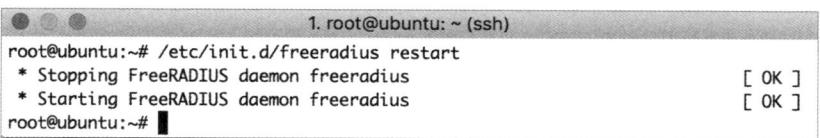

[그림 3.9] FreeRadius 서비스 재시작

(a) 재실행되지 않은 화면

(b) 재시작 실패 화면

[그림 3.10] FreeRadius 서비스 재실행 실패 화면

만약, 그림 3.10의 (a) 또는 (b)와 같이 FreeRadius 재실행에 실패했다면 다음과 같은 방법으로 재실행한다. 그림 3.10의 (a)는 FreeRadius 데몬 실행 과정에서 PID 파일을 생성하지 못하는 오류 때문이라 추측하며, 여러모로 해결 방법을 찾아봤지만, 아쉽게도 찾지 못했다. 이러한 상황에서 FreeRadius를 재실행하기 위해서는 그림 3.11과 같이 프로세스 목록에서 FreeRadius의 ID를 확인하고, 강제로 프로세스를 종료해야 한다. 다시 프로세스 목록을 살펴보면 FreeRadius가 다시 시작된 것을 확인할 수 있다.

```
root@ubuntu:~# ps -ef | grep free
freerad    1541     1  1 21:20 ?        00:00:00 /usr/sbin/freeradius -f
root       1556  1457  0 21:20 pts/0    00:00:00 grep --color=auto free
root@ubuntu:~# kill -9 1541
root@ubuntu:~# ps -ef | grep free
freerad    1558     1  5 21:20 ?        00:00:00 /usr/sbin/freeradius -f
root       1567  1457  0 21:20 pts/0    00:00:00 grep --color=auto free
root@ubuntu:~#
```

[그림 3.11] FreeRadius 프로세스 강제 실행 중단

그림 3.10의 (b)는 환경 설정 오류에 의한 것으로, 그림 3.12와 같이 FreeRadius를 디버깅 모드로 실행하거나 로그 파일(/var/log/freeradius/radius.log)에서 오류를 확인하고 정정한 후 다시 시작한다. 그림 3.12의 오류는 IP 주소 172.16.50.11를 사용하는 인증을 요청하는 장치가 중복으로 등록돼 발생한 것이다.

```
root@ubuntu:~# freeradius -X
FreeRADIUS Version 2.1.12, for host x86_64-pc-linux-gnu, built on Aug 26 2015 at
 14:47:03
Copyright (C) 1999-2009 The FreeRADIUS server project and contributors.
There is NO warranty; not even for MERCHANTABILITY or FITNESS FOR A
PARTICULAR PURPOSE.
You may redistribute copies of FreeRADIUS under the terms of the
GNU General Public License v2.
...
...
Failed to add duplicate client UBMH_1
rlm_sql (sql): Released sql socket id: 4
rlm_sql (sql): Failed to add client 172.16.50.11 (UBMH_1) to clients list.  Mayb
e there's a duplicate?
Failed to load clients from SQL.
rlm_sql (sql): Closing sqlsocket 4
rlm_sql (sql): Closing sqlsocket 3
rlm_sql (sql): Closing sqlsocket 2
rlm_sql (sql): Closing sqlsocket 1
rlm_sql (sql): Closing sqlsocket 0
/etc/freeradius/sql.conf[22]: Instantiation failed for module "sql"
/etc/freeradius/sites-enabled/default[177]: Failed to load module "sql".
/etc/freeradius/sites-enabled/default[69]: Errors parsing authorize section.
root@ubuntu:~#
```

[그림 3.12] FreeRadius 디버그 모드 실행 화면

(4) FreeRadius 사용자 인증 테스트

FreeRadius 재실행을 확인한 후 데이터베이스에 등록된 사용자 계정으로 인증이 수행되는지 테스트하기 위해 그림 3.13과 같이 테스트를 위한 사용자 계정을 등록한다.

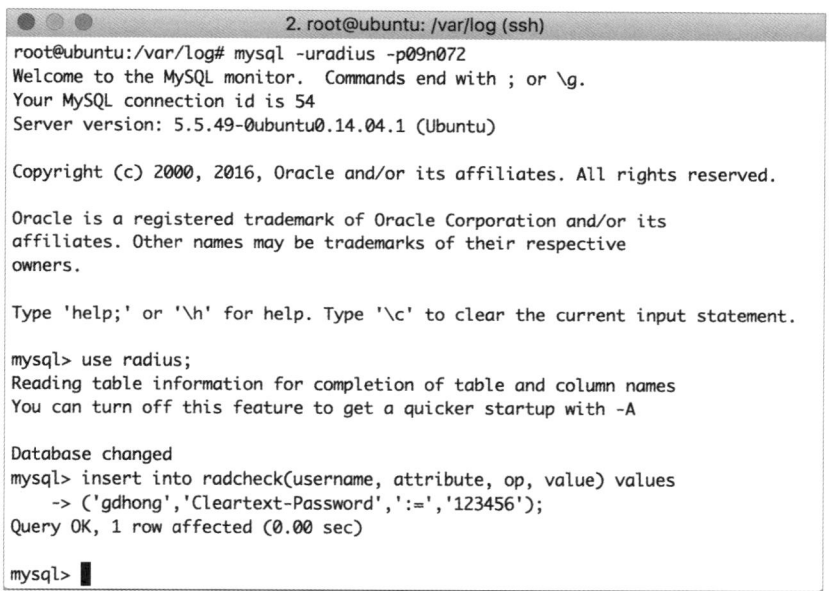

[그림 3.13] 데이터베이스에 테스트용 사용자 계정 등록

사용자 계정 등록이 완료되면 그림 3.14와 같이 등록된 계정을 이용해 인증이 정상적으로 수행되는지 확인한다.

```
1. root@ubuntu: /etc/freeradius (ssh)
root@ubuntu:/etc/freeradius# radtest gdhong 123456 localhost 0 testing123
Sending Access-Request of id 115 to 127.0.0.1 port 1812
        User-Name = "gdhong"
        User-Password = "123456"
        NAS-IP-Address = 127.0.1.1
        NAS-Port = 0
        Message-Authenticator = 0x00000000000000000000000000000000
rad_recv: Access-Accept packet from host 127.0.0.1 port 1812, id=115, length=20
root@ubuntu:/etc/freeradius#
```

[그림 3.14] 사용자 인증 테스트

5) DHCP 서버 설치

DHCP 서버는 사용자의 권한과 단말기 유형에 따라 VLAN이 할당된 이후 해당 VLAN에 할당된 IP 주소 서브넷에서 IP 주소를 동적으로 할당하기 위해 사용한다. 동적 네트워크에서는 동일한 SSID에 접속한 단말기라 하더라도 내부적으로 서로 다른 VLAN을 할당하고, VLAN에 따라 IP 주소를 동적으로 할당하기 때문에 DHCP를 이용한 IP 주소 할당이 필수적이다. 이 책에서는 DHCP 서버로 ISC^{Internet Systems Consortium}에서 제공하는 isc-dhcp-server를 사용한다. 그림 3.15와 같이 DHCP 서버를 설치한다.

```
1. sysop@ubuntu: ~ (ssh)
sysop@ubuntu:~$ sudo apt-get install isc-dhcp-server -y
Reading package lists... Done
Building dependency tree
Reading state information... Done
Suggested packages:
  isc-dhcp-server-ldap
The following NEW packages will be installed:
  isc-dhcp-server
0 upgraded, 1 newly installed, 0 to remove and 42 not upgraded.
Need to get 761 kB of archives.
```

[그림 3.15] DHCP 서버 설치 화면

6) BIND9 설치

이 책에서 구현할 캡티브 포털은 DNS$^{Domain\ Name\ System}$를 이용한다. DNS를 이용한 캡티브 포털은 사용자 인증이 완료되지 않은 단말기에서 웹 브라우저를 통해 인터넷 접속을 시도하는 경우, 요청되는 모든 도메인 이름에 대해 캡티브 포털의 IP 주소를 반환해 사용자 인증을 유도하도록 구현한다. 이를 구현하기 위해 DNS 서버로 BIND 9 버전을 사용하며, 그림 3.16과 같이 설치한다.

```
sysop@ubuntu:~$ sudo apt-get install bind9 -y
Reading package lists... Done
Building dependency tree
Reading state information... Done
The following extra packages will be installed:
  bind9-host bind9utils dnsutils libbind9-90 libdns100 libisc95 libisccc90
  libisccfg90 liblwres90
Suggested packages:
  bind9-doc rblcheck
The following NEW packages will be installed:
```

[그림 3.16] BIND 설치 화면

7) Apache + PHP 설치

캡티브 포털은 웹 기반의 시스템이다. 따라서 당연히 웹 서버를 필요로 하며, 단순한 웹 페이지가 아닌 사용자와 상호작용하는 웹 서비스를 구현하기 위해서는 이를 개발할 언어가 필요하다. 이 책에서는 캡티브 포털을 구현하는 데 가장 널리 사용되고 있는 Apache와 PHP를 이용할 것이다. 두 패키지는 그림 3.17과 같이 설치한다.

```
1. sysop@ubuntu: ~ (ssh)
sysop@ubuntu:~$ sudo apt-get install -y apache2 php5 libapache2-mod-php5 php5-cl
i php5-mysql php5-gd php5-mcrypt
Reading package lists... Done
Building dependency tree
Reading state information... Done
The following extra packages will be installed:
  apache2-bin apache2-data fontconfig-config fonts-dejavu-core libapr1
  libaprutil1 libaprutil1-dbd-sqlite3 libaprutil1-ldap libfontconfig1 libgd3
  libjbig0 libjpeg-turbo8 libjpeg8 libmcrypt4 libtiff5 libvpx1 libxpm4
  php5-common php5-json php5-readline
```

[그림 3.17] Apache와 PHP 설치 화면

8) VLAN 패키지 설치

동적 네트워크에서 인증 서버는 사용자의 조건에 따라 할당되는 다양한 VLAN을 관리하고 통제해야 한다. 이를 위해 사용되는 프로토콜이 IEEE 802.1Q이고, 인증 서버에서 이를 활성화하기 위해서는 VLAN 패키지를 설치해야 한다. 802.1Q를 적용하는 인터페이스가 연결된 네트워크 스위치 포트를 수용할 수 있도록 트렁크Trunk(시스코 기준) 모드로 변경해야 한다. VLAN 패키지는 그림 3.18과 같이 설치한다.

```
1. sysop@ubuntu: ~ (ssh)
sysop@ubuntu:~$ sudo apt-get install vlan -y
Reading package lists... Done
Building dependency tree
Reading state information... Done
The following NEW packages will be installed:
  vlan
0 upgraded, 1 newly installed, 0 to remove and 34 not upgraded.
Need to get 30.3 kB of archives.
After this operation, 164 kB of additional disk space will be used.
Get:1 http://kr.archive.ubuntu.com/ubuntu/ trusty/main vlan amd64 1.9-3ubuntu10
```

[그림 3.18] VLAN 패키지 설치 화면

9) rsyslog-mysql 설치

관리자가 DHCP 도입을 고려하면서 가장 고민하는 것은 아마도 IP 주소 할당 내역에 대한 관리일 것이다. ISC에서 제공하는 DHCP는 아직까지도 백엔드 데이터베이스를 지원하지 않는다. 이 때문에 별도의 상용 DHCP를 사용하지 않는 한 DHCP 서버만을 이용해 단말기에 할당된 IP 주소를 데이터베이스에 관리하는 것은 만만치 않은 작업이다. 다행히 ISC에서는 MySQL과 PostgreSQL을 백엔드 데이터베이스로 사용할 수 있는 DHCP 시스템으로 Kea DHCP(http://kea.isc.org/wiki)를 발표했고, 페이스북Facebook에서 서버에 할당하는 IP 주소 관리에 이미 적용했다. 그러나 아직까지 많이 확산되지는 않은 듯하다. 따라서 DHCP 서버에서 할당하는 IP 주소를 데이터베이스로 관리하기 위해서는 별도로 추가하는 과정이 필요하다. 이를 위해 rsyslog-mysql 패키지를 사용하고자 한다. 리눅스 시스템에서 DHCP 서버는 IP 주소를 할당하고, 할당 내역을 syslog에 기록한다. rsyslog-mysql 패키지는 syslog에 기록되는 로그를 MySQL DBMS에 기록해주는 패키지다. 물론 우리가 원하는 DHCP 메시지만 기록하면 좋겠지만, 모든 시스템 로그를 기록하기 때문에 IP 주소 할당 내역만 추출하기 위해서는 별도의 작업이 필요하다. 여기에서는 rsyslog-mysql 패키지 설치 과정만 진행한다. 패키지 설치는 그림 3.19에서 그림 3.24의 절차에 따라 진행한다. 먼저 그림 3.19와 같이 패키지 설치 명령을 실행한다.

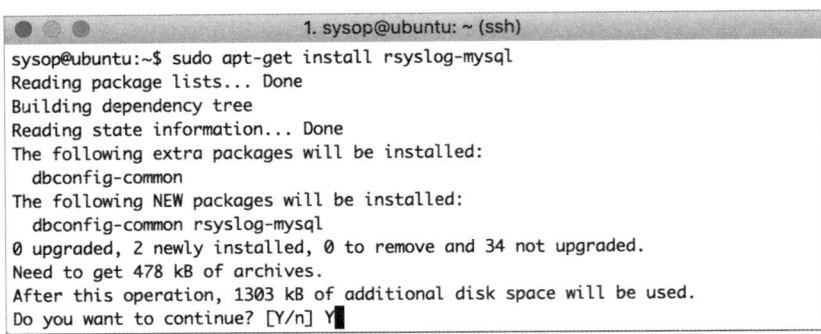

[그림 3.19] rsyslog-mysql 설치 화면

패키지 설치가 진행된 후 그림 3.20과 같은 안내문이 나타나고 [More] 텍스트가 나오면 엔터Enter를 누른다. 그런 다음, 그림 3.20의 마지막 줄과 같이 rsyslog-mysql 데이터베이스 환경 설정 진행 여부를 묻는 질문에서 y/Y를 입력한다.

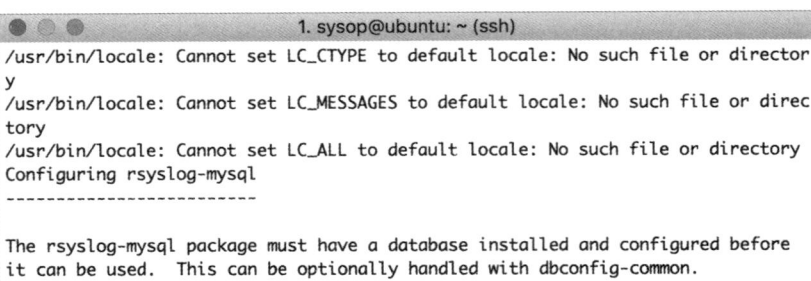

[그림 3.20] rsyslog-mysql 설치 중 데이터베이스 환경 설정 질의 화면

그림 3.20에서 y/Y를 입력하면, 그림 3.21의 중간에서 볼 수 있듯이 MySQL DBMS의 관리자 비밀번호를 요구한다. 이때 앞에서 등록한 비밀번호 09n072를 입력한다.

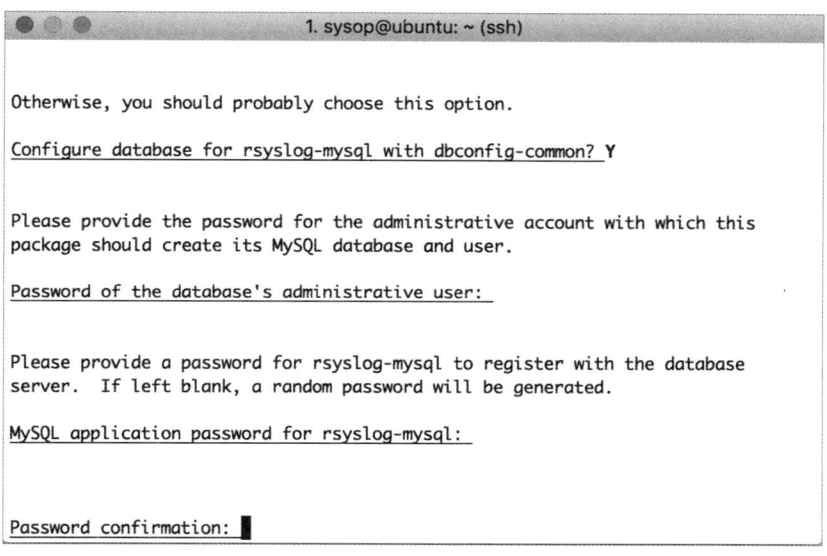

[그림 3.21] rsyslog-mysql 운영을 위한 DBMS 정보 입력 화면

다음에는 시스템 로그 저장용 데이터베이스의 사용자 계정 비밀번호를 두 번 반복해서 입력한다. 이 역시 앞에서 말했듯이 09n072를 입력한다. 이때 생성되는 데이터베이스는 Syslog이며, 사용자 계정은 rsyslog, 비밀번호는 09n072다. 두 번의 비밀번호 입력이 완료되면, 그림 3.22와 같이 설치를 종료한 후 rsyslog 서비스를 재시작하고 시스템에서 발생하는 로그를 Syslog 데이터베이스에 기록하기 시작한다.

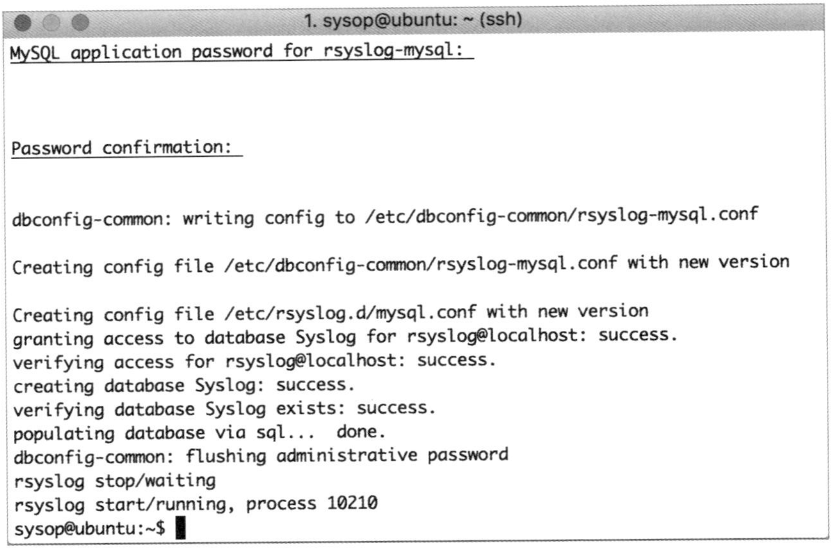

```
1. sysop@ubuntu: ~ (ssh)
MySQL application password for rsyslog-mysql:



Password confirmation:


dbconfig-common: writing config to /etc/dbconfig-common/rsyslog-mysql.conf

Creating config file /etc/dbconfig-common/rsyslog-mysql.conf with new version

Creating config file /etc/rsyslog.d/mysql.conf with new version
granting access to database Syslog for rsyslog@localhost: success.
verifying access for rsyslog@localhost: success.
creating database Syslog: success.
verifying database Syslog exists: success.
populating database via sql... done.
dbconfig-common: flushing administrative password
rsyslog stop/waiting
rsyslog start/running, process 10210
sysop@ubuntu:~$
```

[그림 3.22] rsyslog-mysql 설치 완료 화면

그림 3.23과 그림 3.24는 데이터베이스에 저장된 시스템 로그를 확인하는 과정을 보여준다. 그림 3.21에서 비밀번호를 입력받는 과정에서 09n072를 입력했다면, 그림 3.23과 같이 비밀번호 입력을 요청할 때 09n072를 입력한다.

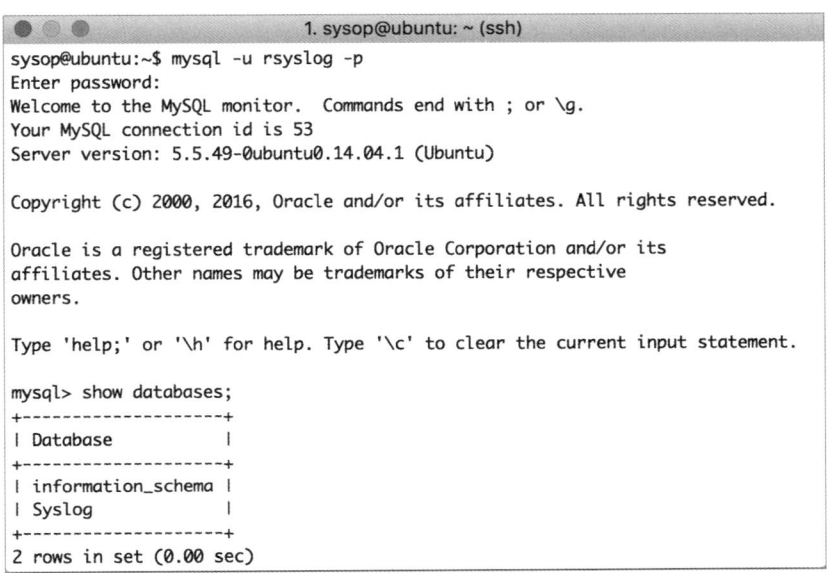

[그림 3.23] rsyslog 계정으로 MySQL DBMS 접속

DBMS 로그인이 완료되면, show database 명령을 실행해 Syslog 데이터베이스가 생성됐는지 확인한다. 그런 다음, 그림 3.24와 같이 Syslog 데이터베이스를 선택하고, 질의문을 실행해 이벤트가 저장됐는지 확인한다.

```
1. sysop@ubuntu: ~ (ssh)
mysql> use Syslog;
Database changed
mysql> show tables;
+------------------------+
| Tables_in_Syslog       |
+------------------------+
| SystemEvents           |
| SystemEventsProperties |
+------------------------+
2 rows in set (0.00 sec)

mysql> select Message from SystemEvents limit 0,3;
+------------------------------------------------------------------------------
---------------------+
| Message
                     |
+------------------------------------------------------------------------------
---------------------+
|  [origin software="rsyslogd" swVersion="7.4.4" x-pid="10210" x-info="http://ww
w.rsyslog.com"] start |
| rsyslogd's groupid changed to 104
                     |
| rsyslogd's userid changed to 101
                     |
+------------------------------------------------------------------------------
---------------------+
3 rows in set (0.00 sec)

mysql> 
```

[그림 3.24] Syslog 데이터베이스에 저장돼 있는 이벤트 확인

10) SQLite3 설치

운영체제 식별에 사용되는 핑거프린트 데이터베이스는 SQLite3에 최적화된 형태로 제공된다. 이를 액세스해 MySQL DBMS로 마이그레이션하기 위해 SQLite3 DBMS를 설치한다. DBMS 설치는 그림 3.25와 같이 진행한다.

```
sysop@ubuntu:~$ sudo apt-get install sqlite3
Reading package lists... Done
Building dependency tree
Reading state information... Done
Suggested packages:
  sqlite3-doc
The following NEW packages will be installed:
  sqlite3
0 upgraded, 1 newly installed, 0 to remove and 35 not upgraded.
Need to get 28.8 kB of archives.
After this operation, 165 kB of additional disk space will be used.
Get:1 http://kr.archive.ubuntu.com/ubuntu/ trusty-updates/main sqlite3 amd64 3.8
.2-1ubuntu2.1 [28.8 kB]
Fetched 28.8 kB in 21s (1327 B/s)
perl: warning: Setting locale failed.
perl: warning: Please check that your locale settings:
        LANGUAGE = (unset),
        LC_ALL = (unset),
        LC_CTYPE = "UTF-8",
        LANG = "en_US.UTF-8"
    are supported and installed on your system.
```

[그림 3.25] SQLite DBMS 설치

11) SNMP와 FAKE 패키지 설치

SNMP를 이용해 네트워크 장치를 제어하고, GARP[Gratuitous ARP] 패킷을 발송하기 위해 그림 3.26과 같이 snmp, snmp-mibs-downloader와 FAKE 패키지를 설치한다.

```
root@ubuntu:~# apt-get install snmp snmp-mibs-downloader fake
Reading package lists... Done
Building dependency tree
Reading state information... Done
The following extra packages will be installed:
  libsensors4 libsnmp-base libsnmp30 smistrip
Suggested packages:
  lm-sensors unzip
The following NEW packages will be installed:
  fake libsensors4 libsnmp-base libsnmp30 smistrip snmp snmp-mibs-downloader
0 upgraded, 7 newly installed, 0 to remove and 61 not upgraded.
Need to get 6,330 kB of archives.
After this operation, 10.8 MB of additional disk space will be used.
Do you want to continue? [Y/n] Y
```

[그림 3.26] SNMP와 FAKE 패키지 설치

패키지 설치가 완료되면 시스코의 네트워크 장치 제어에 필요한 MIB를 다운로드하기 위해 리스트 3.8과 같이 설정 파일을 복사한 후 압축을 푼다.

[리스트 3.8] Cisco MIB 다운로드 항목 준비 명령

```
cp /usr/share/doc/snmp-mibs-downloader/examples/cisco* /etc/snmp-mibs-downloader/
cd /etc/snmp-mibs-downloader && sudo gzip -d ciscolist.gz
```

시스코 MIB를 다운로드하기 위한 파일 복사가 완료되면 리스트 3.9와 같이 다운로드 대상인 MIB에 cisco를 추가한다. 그리고 리스트 3.10의 8행을 추가한다.

[리스트 3.9] /etc/snmp-mibs-downloader/snmp-mibs-downloader.conf

```
1: # Master configuarion for mib-downloader
2: #
3: BASEDIR=/var/lib/mibs
4: AUTOLOAD="rfc ianarfc iana cisco"
```

[리스트 3.10] /etc/snmp-mibs-downloader/cisco.conf

```
 1: # Configuarions for Cisco v2 MIBs download from cisco.com
 2: #
 3:
 4: HOST=ftp://ftp.cisco.com
 5: ARCHIVE=v2.tar.gz
 6: ARCHTYPE=tgz
 7: DIR=pub/mibs/v2/
 8: ARCHDIR=auto/mibs/v2
 9: CONF=ciscolist
10: DEST=cisco
```

그런 다음, 다운로드 대상인 시스코 MIB 목록에서 리스트 3.11의 목록을 삭제한다.

[리스트 3.11] /etc/snmp-mibs-downloader/ciscolist에서 제거해야 할 항목

```
CISCO-802-TAP-MIB
CISCO-IP-TAP-CAPABILITY
CISCO-IP-TAP-MIB
CISCO-SYS-INFO-LOG-MIB
CISCO-TAP2-CAPABILITY
CISCO-TAP2-MIB
CISCO-TAP-MIB
CISCO-USER-CONNECTION-TAP-MIB
```

위의 작업이 완료됐으면, 그림 3.27과 같이 download-mibs 명령을 실행해 MIB를 다운로드한다.

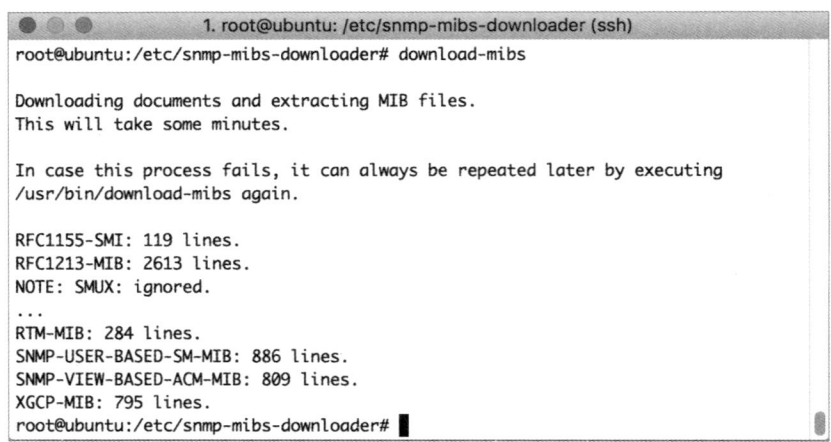

[그림 3.27] MIBS 다운로드

MIB 다운로드가 완료되면 리스트 3.12와 같이 MIB가 SNMP 패키지에서 사용될 수 있도록 MIB 저장 디렉터리에 시스코 경로의 링크를 생성한다.

[리스트 3.12] 시스코 MIB 저장 경로 링크 생성

```
ln -s /var/lib/mibs/cisco/ /usr/share/mibs/cisco
```

12) GCC와 MySQL 클라이언트 라이브러리 설치

마지막으로 네트워크 패킷 처리와 이에 필요한 데이터베이스 연동을 위해 GCC^{GNU Compiler Collection}와 MySQL DBMS용 API^{Application Programming Interface}를 설치한다. 설치는 그림 3.28과 같이 진행한다.

```
1. root@ubuntu: /etc/snmp-mibs-downloader (ssh)
root@ubuntu:/etc/snmp-mibs-downloader# apt-get install gcc libmysqlclient-dev
Reading package lists... Done
Building dependency tree
Reading state information... Done
The following extra packages will be installed:
  binutils cpp cpp-4.8 gcc-4.8 gcc-4.8-base libasan0 libatomic1 libc-dev-bin
  libc6-dev libcloog-isl4 libgcc-4.8-dev libgmp10 libgomp1 libisl10 libitm1
  libmpc3 libmpfr4 libmysqlclient18 libquadmath0 libstdc++6 libtsan0
  linux-libc-dev manpages-dev mysql-common zlib1g-dev
...
Setting up zlib1g-dev:amd64 (1:1.2.8.dfsg-1ubuntu1) ...
Setting up libmysqlclient-dev (5.5.49-0ubuntu0.14.04.1) ...
Setting up manpages-dev (3.54-1ubuntu1) ...
Processing triggers for libc-bin (2.19-0ubuntu6.7) ...
root@ubuntu:/etc/snmp-mibs-downloader#
```

[그림 3.28] GCC와 MySQL 클라이언트 라이브러리 설치

지금까지 무선 네트워크 리모델링을 위해 필요한 오픈소스 패키지들을 설치했다. 다양한 패키지를 설치하면서 이러한 패키지들이 어떻게 사용되는지 알고 싶었던 독자도 있었을 것이다. 이제 다음 절에서부터 무선 네트워크 리모델링에 필요한 기능들을 하나하나 구현하면서 앞에서 설치한 패키지들이 어떻게 사용되는지 구체적으로 살펴보자.

3.2 DHCP 핑거프린팅

네트워크와 정보보안 담당자로 근무하면서 궁금했던 것 중 하나는 '어떻게 하면 네트워크에 연결돼 있는 단말기의 유형을 식별할 수 있을까?'였다. IT 자산관리 솔루션 도입 이후 윈도우 운영체제가 설치된 단말기는 운영체제의 구체적인 버전까지 알 수 있었다. 하지만 윈도우를 사용하지 않는 단말기의 경우에는 여전히 단말기 유형을 확인할 수 없었다. 이를 해결할 수 있었던 계기가 된 것은 네트워크 접근통제의 도입이었다. 하지만 일부 단말기 유형에 오류가 있었고, 어떻게 하면 좀 더 정확한 단말기 식별이 가능할지 고민했다. 독자들도 이러한 궁금증을 갖고 있을 것이다. 정보보안 시스템에서는 어떻게 네트워

크에 연결돼 있는 단말기 유형, 즉 운영체제 종류를 거의 정확하게 식별하는 것일까? 이번 절에서는 단말기 식별 방법에 대해 알아보자.

네트워크에 연결된 단말기를 식별하는 방법에는 능동적 방법과 수동적 방법이 있다. 이 두 가지 방법은 이름의 차이와 같이 서로 반대되는 장단점을 갖고 있다.

능동적 방법은 이름을 통해서도 알 수 있듯이 관리자 또는 시스템이 주도적으로 대상 시스템의 운영체제를 파악하는 방법으로, 대상 시스템에 패킷을 전송한 후 응답 패킷을 분석해 운영체제를 식별한다. 이에는 다양한 도구가 사용될 수 있으며, 손쉽게 이용할 수 있는 도구로는 NAMP, X-Prove, ICMP 도구인 ping을 들 수 있다. 예를 들어 ping을 통해 운영체제를 식별하는 경우 응답 패킷 중 TTL$^{Time\ To\ Live}$ 값을 이용해 해당 운영체제가 리눅스 또는 윈도우 여부를 확인할 수 있다. 능동적 방법은 대상 시스템의 협조 없이 운영체제를 파악할 수 있다는 장점이 있는 반면, 대상 시스템의 보안 정책에 따라 패킷 수신이나 응답을 거부하는 경우에는 운영체제를 식별할 수 없다는 단점이 있다.

반면, 수동적인 방법은 능동적인 방법과 정반대의 과정으로 운영체제를 식별한다. 즉, 운영체제 식별 대상 시스템에서 외부로 내보내는 패킷을 분석해 운영체제를 식별한다. 이 방법은 대상 시스템의 보안 정책과 무관하게 운영체제를 식별할 수 있다는 장점이 있는 반면, 모든 시스템에서 공통적으로 사용하고, 운영체제를 차별화할 수 있는 특징을 포함하고 있는 패킷을 외부로 내보낼 때에만 운영체제 식별이 가능하다는 단점이 있다. 수동적 방법에는 DHCP 패킷을 이용하는 방법, DNS 패킷을 이용하는 방법, TCP 헤더를 이용하는 방법, 웹 브라우저의 헤더 정보를 이용하는 방법 등이 있는데, 이 중에서 DHCP 패킷을 이용하는 방법을 주로 이용한다. 이를 DHCP 핑거프린팅$^{DHCP\ Fingerprinting}$이라고 한다. 이는 시스코나 아루바네트웍스$^{Aruba\ Networks}$와 같은 네트워크 업체에서 단말기 식별을 위해 사용하는 기술이며, DHCP 핑거프린팅 기법과 능동적 방법, 웹 브라우저 헤더 정보 분석 등의 방법을 융합해 단말기 식별의 정확성을 높이고 있다. 이번 절에서는 DHCP 핑거프린팅에 대해 좀 더 구체적으로 살펴보자.

3.2.1 DHCP 핑거프린팅 개념

DHCP 핑거프린팅은 대표적인 수동적 운영체제 식별 기법으로, DHCP 클라이언트에서 IP 주소 할당을 요청할 때 발송하는 DHCPREQUST 메시지에 포함된 네트워크 환경 정보 목록의 독특한 패턴을 이용해 운영체제를 식별하는 방법이다. 이 방법은 NMAP, X-Prove 등을 이용하는 능동적 방법에 반해 운영체제를 식별하기가 용이하면서도 식별률이 높고, DHCPREQUEST 패킷만으로 운영체제를 식별할 수 있다는 장점이 있다. 다만, 한 가지 결정적인 문제가 있다면, DHCP 핑거프린팅 적용 대상 네트워크의 IP 주소 할당은 반드시 DHCP를 이용해야 한다는 것이다. 그렇지 않으면 운영체제 식별이 불가능하다. 다행히 기존의 무선 네트워크와 이 책에서 제시하는 리모델링 방법에서는 기본적으로 DHCP를 기반으로 IP 주소를 할당하기 때문에 이 문제를 회피할 수 있다. DHCP 핑거프린팅을 이해하기 위해 DHCP 패킷 구조와 핑거프린트에 대해 간략히 살펴보자.

1) DHCP 패킷 구조와 운영체제 식별

DHCP 패킷 구조는 그림 3.29와 같다. 패킷을 구성하는 전체 항목 중 DHCP 핑거프린팅에 사용되는 항목은 Client Hardware Address[CHAddress], 그리고 Options다. 다른 세부적인 항목에 대한 설명은 다른 패킷 분석 관련 서적을 참고하기 바라며, 여기에서는 이 두 가지 항목에 대해서만 살펴보자.

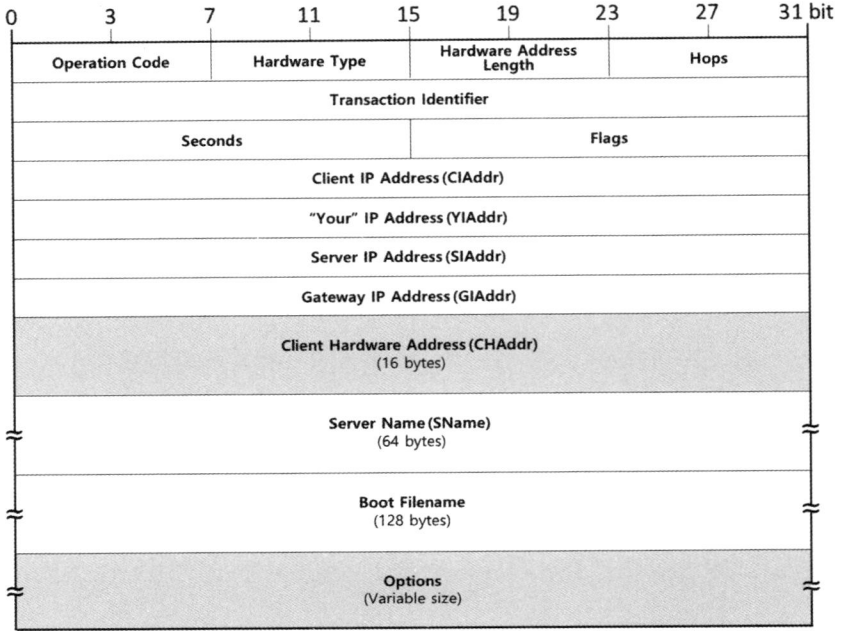

[그림 3.29] DHCP 패킷 구조

CHAddress는 IP 주소를 요청한 단말기의 맥MAC 주소를 말하며, DHCP 핑거프린트를 추출한 후 이를 데이터베이스로 저장할 때 키Key 값으로 사용된다. 맥 주소는 원칙적으로 전 세계에서 유일하게 존재하는 것으로, 기업 네트워크에 아무리 많은 단말기가 접속돼 있다 하더라도 단말기의 유일성을 보장하기 때문에 데이터베이스에서 단말기 식별을 위한 키로 사용하기에 적합하다고 할 수 있다.

한편, Options는 운영체제 식별에서 핵심이 되는 항목이다. 옵션 항목에는 클라이언트가 IP 주소 할당을 요청하면서 서버 측에 제공하는 DHCP 메시지 유형, 클라이언트 식별자, 호스트명, 제조업체명, 갱신을 요청하는 IP 주소, 클라이언트의 네트워크 설정에 사용되는 부가적인 정보(서브넷 마스크), 라우터 주소Router Address, 브로드캐스트 주소Broadcast Address, 시간 동기화 서버NTP

Servers 등의 정보 요청과 관련된 다양한 옵션들이 저장돼 있다. 그림 3.30 는 DHCPREQUEST 메시지를 dhqpdump 도구를 통해 해석한 것이다. 그림 3.30의 하단부에서 확인할 수 있듯이 다양한 옵션들이 포함돼 있다는 것을 확인할 수 있다.

```
sysop@ubuntu:~$ sudo dhcpdump -i eth0
[sudo] password for sysop:
  TIME: 2016-04-20 23:09:45.920
    IP: 0.0.0.0 (0:1c:bf:5a:65:ec) > 255.255.255.255 (ff:ff:ff:ff:ff:ff)
    OP: 1 (BOOTPREQUEST)
 HTYPE: 1 (Ethernet)
  HLEN: 6
  HOPS: 0
   XID: ca1ba8ac
  SECS: 0
 FLAGS: 0
CIADDR: 0.0.0.0
YIADDR: 0.0.0.0
SIADDR: 0.0.0.0
GIADDR: 0.0.0.0
CHADDR: 00:1c:bf:5a:65:ec:00:00:00:00:00:00:00:00:00:00
 SNAME: .
 FNAME: .
OPTION:  53 (  1) DHCP message type        1 (DHCPDISCOVER)
OPTION:  61 (  7) Client-identifier        01:00:1c:bf:5a:65:ec
OPTION:  12 (  5) Host name                S6410
OPTION:  60 (  8) Vendor class identifier  MSFT 5.0
OPTION:  55 ( 12) Parameter Request List    1 (Subnet mask)
                                           15 (Domainname)
                                            3 (Routers)
                                            6 (DNS server)
                                           44 (NetBIOS name server)
                                           46 (NetBIOS node type)
                                           47 (NetBIOS scope)
                                           31 (Perform router discovery)
                                           33 (Static route)
                                          121 (Classless Static Route)
                                          249 (MSFT - Classless route)
                                           43 (Vendor specific info)
```

[그림 3.30] dhcpdump로 해석한 DHCPREQUEST 메시지

옵션에 포함되는 각각의 옵션은 항목의 이름과 같이 필수 사항이 아닌 선택 사항으로 단말기의 유형, 즉 운영체제의 종류에 따라 DHCPREQUEST 메시지에 포함하는 옵션 항목이 달라진다. 이 때문에 옵션 항목을 이용해 운영체

제를 식별하기 위해서는 운영체제를 식별할 만큼 독특한 특성을 포함하고 있는 옵션 항목을 찾아야 한다. 다양한 옵션 항목 중에서 운영체제 식별을 가능하게 하는 항목은 옵션 60(Vender class identifier)과 55(Parameter Request List)다.

먼저 옵션 60을 이용하면 DHCP 클라이언트의 공급업체 또는 운영체제 공급업체와 버전 정보를 식별할 수 있다. 표 3.1은 옵션 60을 통해 확인할 수 있는 대표적인 운영체제 목록을 보여준다. 표 3.1에서 확인할 수 있듯이, 옵션 60에 포함된 데이터의 경우, 어느 정도의 지식만 있다면 운영체제의 유형과 버전 정보를 직관적으로 파악할 수 있다는 장점이 있다.

[표 3.1] Vendor Class Identifier 데이터와 운영체제

Data	OS
MSFT 5.0	Windows 2000 / XP
MSFT 98	Windows 98
Linux 2.4.18-17.7.x	Linux(Kernel 2.4.18)
Mac OS J1-9.2.2	MacOS 9.2.2
Udhcp	uDHCP client(Linux)

다만, 옵션 60은 선택 사항으로 DHCP 클라이언트의 특성에 따라 제공하지 않는 경우도 있어 모든 단말기의 OS 식별에는 유용하지 않다는 단점 때문에 네트워크에 연결되는 모든 단말기의 운영체제 식별에는 적합하지 않다.

이번에는 옵션 55를 살펴보자. 옵션 55는 그림 3.31에서 확인할 수 있듯이 운영체제의 종류에 따라 여러 개의 세부 항목으로 구성되며, 서로 다른 구성 항목과 순서를 갖는다. 이러한 차이는 옵션 55를 이용한 운영체제의 식별을 가능하게 한다. 옵션 55 세부 구성 항목의 의미는 세부 항목의 왼쪽에 있는 설

명을 통해 파악할 수 있다. 옵션 55를 이용한 운영체제 식별의 또 다른 장점은 어떠한 DHCPREQUEST 패킷에도 항상 옵션 55가 포함된다는 것이다. 옵션 55는 IP 주소 할당을 요청할 때 IP 주소 설정과 네트워크 환경 구성에 반드시 필요한 정보를 요청하는 데 사용되기 때문이다. 이로 인해 옵션 55를 사용하면 운영체제를 효과적으로 식별할 수 있다.

```
OPTION:   55 ( 12) Parameter Request List      1 (Subnet mask)
                                              15 (Domainname)
                                               3 (Routers)
                                               6 (DNS server)
                                              44 (NetBIOS name server)
                                              46 (NetBIOS node type)
                                              47 (NetBIOS scope)
                                              31 (Perform router discovery)
                                              33 (Static route)
                                             121 (Classless Static Route)
                                             249 (MSFT - Classless route)
                                              43 (Vendor specific info)
```

(a) 마이크로소프트 Windows 7

```
OPTION:   55 (  9) Parameter Request List      1 (Subnet mask)
                                              33 (Static route)
                                               3 (Routers)
                                               6 (DNS server)
                                              15 (Domainname)
                                              28 (Broadcast address)
                                              51 (IP address leasetime)
                                              58 (T1)
                                              59 (T2)
```

(b) 안드로이드 OS 스마트폰

```
OPTION:   55 (  7) Parameter Request List      1 (Subnet mask)
                                             121 (Classless Static Route)
                                               3 (Routers)
                                               6 (DNS server)
                                              15 (Domainname)
                                             119 (Domain Search)
                                             252 (MSFT - WinSock Proxy Auto Detect)
```

(c) 애플 아이패드(iOS 9.3.1)

[그림 3.31] 운영체제 유형별 옵션 55

지금까지 설명한 옵션 55에 포함된 세부 옵션의 순서가 바로 DHCP 핑거프린트다. 표 3.2는 그림 3.31의 각각의 옵션 55에 대한 핑거프린트와 운영체제 유형을 보여준다.

[표 3.2] DHCP 핑거프린트와 운영체제

DHCP 핑거프린트	운영체제
1,15,3,6,44,46,47,31,33,121,249,43	Microsoft Windows Vista/7 또는 Server 2008 (Version 6.0)
1,33,3,6,15,28,51,58,59	Generic Android
1,121,3,6,15,119,252	Apple iOS 9.3.1

DHCPREQUEST 메시지에 포함된 핑거프린트를 이용하면 단말기에 설치된 운영체제를 식별할 수 있지만, 핑거프린트 추출만으로는 곧바로 운영체제를 식별할 수 없다. 핑거프린트 그 자체가 직접적으로 어떠한 운영체제인지를 나타내지는 않기 때문이다. 앞에서 살펴봤던 그림 3.31에서 제목을 제공하지 않는다면 옵션 55를 보고 각각 어떠한 운영체제인지 알아낼 수 있을까? 아마도 대부분은 불가능할 것이다. 이를 해결하기 위해서는 새로운 핑거프린트가 발견될 때마다 해당 단말기와 운영체제를 확인하고, 이를 체계적으로 관리해야 할 것이다. 이러한 작업은 소규모의 오피스에서는 충분히 가능하겠지만, 일정 규모 이상의 기업에서는 불가능할 것이다. 더욱이 신속성을 요구하는 현대 비즈니스 환경에서 단말기와 운영체제를 식별하느라 네트워크 접속을 지연시킨다면 직원들로부터 큰 원성을 얻게 될 것이 분명하다.

이와 같은 문제를 해결하기 위해 핑거뱅크(http://fingerbank.org) 프로젝트가 운영되고 있다. 핑거뱅크는 네트워크에 접속된 단말기를 정확하게 식별하기 위해 맥 주소, DHCP 핑거프린트, User-Agent에 기반한 핑거프린트와 이에 대응하는 운영체제 목록을 제공한다. 핑거뱅크에서는 ODBL^{Open DataBase}

License V1.0에 따라 핑거프린트 DB를 제공한다. 따라서 힘겹게 별도의 핑거프린트 데이터베이스를 구축할 필요 없이 핑거뱅크의 데이터를 이용하면 된다. 다만, 핑거뱅크 데이터를 이용하다가 새로운 새로운 핑거프린트를 발견한 경우, 핑거뱅크를 통해 공유한다면 본인뿐만 아니라 다른 많은 이들에게 도움을 줄 수 있을 것이다.

핑거뱅크에 있는 데이터베이스를 사용하는 방법에는 그림 3.32에서 확인할 수 있듯이 온라인 질의를 이용하는 방법, 데이터베이스를 다운로드해 로컬 데이터베이스를 운영하는 방법, API를 이용하는 방법이 있다. 이 책에서는 이 세 가지 방법 중 로컬 데이터베이스를 구축하고자 한다. 로컬 데이터베이스는 신규 장치의 식별을 위해 핑거프린트 데이터베이스를 지속적으로 갱신해야 하는 단점이 있지만, 관리자의 의도에 따라 다양한 용도로 최적화할 수 있는 장점도 있다. 이와 같은 이유 때문에 로컬 데이터베이스를 구축하려는 것이다.

[그림 3.32] 핑거뱅크(http://www.fingerbank.org) 홈페이지

로컬 데이터베이스를 구축하기 위해 가장 먼저 그림 3.32와 같이 핑거뱅크 홈페이지에 접속해 "USAGE" 메뉴를 선택한 후 핑거프린터 이용 방법 중 두 번째에 있는 "SQLite database"를 클릭한다. 새로운 창이 열리면, GitHub (http://www.github.com) 사용자 계정으로 로그인한다. 만약, GitHub 계정 이 없다면, 계정을 생성한 후에 로그인해야 한다. 로그인을 완료하면 그림 3.33과 같은 다운로드 페이지가 열린다. 이 페이지에서 첫 번째에 위치한 "Download the FingerBank database" 옆에 있는 다운로드 버튼을 클릭하 거나 다운로드 항목 설명 아래에 있는 URL을 이용해 핑거뱅크 데이터베이 스를 다운로드한다. 데이터베이스는 "packaged.sqlite3"라는 이름을 갖는다.

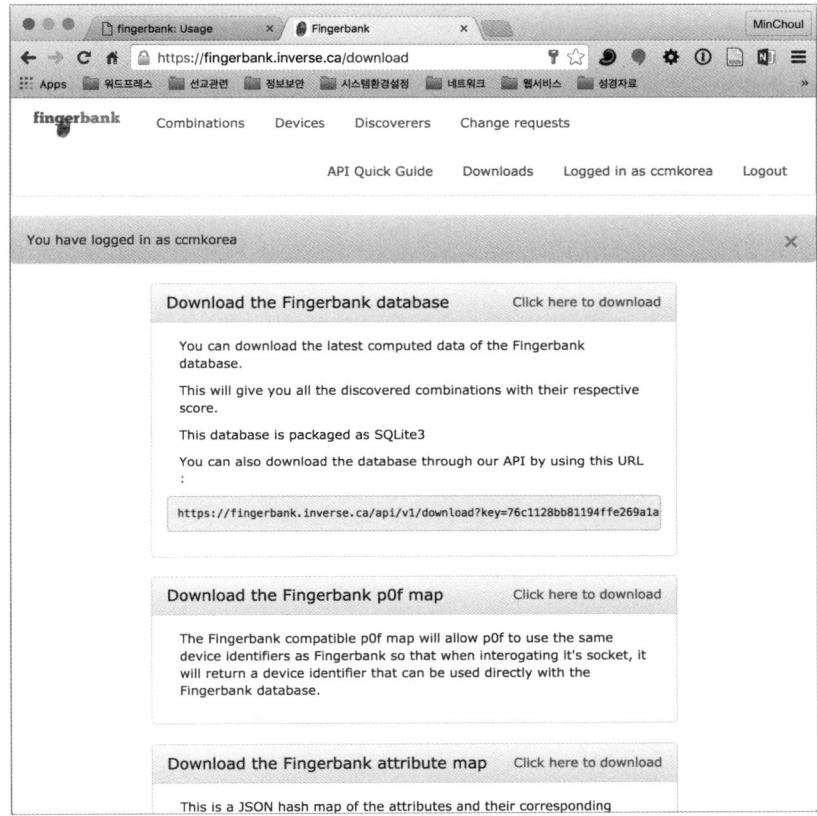

[그림 3.33] 핑거뱅크 데이터베이스 다운로드 페이지

핑거뱅크 데이터베이스 다운로드가 완료되면, 준비된 서버에 업로드한다. 지금 다운로드한 핑거뱅크 데이터베이스는 SQLite3 데이터베이스다. 이 책에서는 MySQL을 기본 데이터베이스로 사용한다. 따라서 다운로드한 데이터베이스를 MySQL에서 사용하려면 마이그레이션^{migration}이 필요하다. 물론 SQLite와 MySQL 데이터베이스를 동시에 사용할 수도 있지만, 데이터베이스 연계를 위한 불필요한 작업을 최소화하기 위해 MySQL 데이터베이스로 마이그레이션하는 것이다.

업로드가 완료되면, 파이썬^{Python}으로 작성된 리스트 3.13의 마이그레이션 스크립트를 작성한다. 파이썬에 익숙하지 않거나 스크립트 작성이 어렵다면 리스트 3.23의 41행에 있는 스크립트 원본 페이지에서 복사해 사용한다. 이 책에서는 특별히 언급하지 않는 이상 sysop 계정을 기본 사용자 계정으로 사용한다. 따라서 앞에서 다운로드한 핑거뱅크 데이터베이스도 sysop 계정의 홈 디렉터리에 업로드했으며, 리스트 3.6의 스크립트도 sysop 계정의 홈 디렉터리에 작성했다.

[리스트 3.13] /home/sysop/convert.py

```python
 1:  #! /usr/bin/env python
 2:
 3:  import sys
 4:
 5:  def main():
 6:      print "SET sql_mode='NO_BACKSLASH_ESCAPES';"
 7:      for line in sys.stdin:
 8:          processLine(line)
 9:
10:  def processLine(line):
11:      if (
12:          line.startswith("PRAGMA") or
13:          line.startswith("BEGIN TRANSACTION;") or
14:          line.startswith("COMMIT;") or
15:          line.startswith("DELETE FROM sqlite_sequence;") or
16:          line.startswith("INSERT INTO \"sqlite_sequence\"")
17:      ):
18:          return
19:      line = line.replace("AUTOINCREMENT", "AUTO_INCREMENT")
20:      line = line.replace("DEFAULT 't'", "DEFAULT '1'")
21:      line = line.replace("DEFAULT 'f'", "DEFAULT '0'")
22:      line = line.replace(",'t'", ",'1'")
```

```
23:        line = line.replace("','f'", "','0'")
24:        in_string = False
25:        newLine = ''
26:        for c in line:
27:            if not in_string:
28:                if c == "'":
29:                    in_string = True
30:                elif c == '"':
31:                    newLine = newLine + '`'
32:                    continue
33:            elif c == "'":
34:                in_string = False
35:            newLine = newLine + c
36:        print newLine
37:
38: if __name__ == "__main__":
39:     main()
40:
41: # Ref: http://aaronfay.ca/2014/02/21/converting-sqlite-
      database-to-mysql/
```

스크립트 작성이 완료되면 그림 3.34와 같이 업로드된 핑거뱅크 데이터베이스(packaged.sqlite3)와 convert.py 파일이 sysop 계정의 홈 디렉터리에 있는지 확인하고, 마이그레이션 명령을 실행한다. 마이그레이션이 완료된 후 결과 파일로 fb.sql이 생성됐는지 확인한다.

```
1. sysop@ubuntu: ~ (ssh)
sysop@ubuntu:~$ ls
Desktop  convert.py  packaged.sqlite3
sysop@ubuntu:~$ sqlite3 packaged.sqlite3 .dump | python convert.py > fb.sql
sysop@ubuntu:~$ ls
Desktop  convert.py  fb.sql  packaged.sqlite3
sysop@ubuntu:~$
```

[그림 3.34] 핑거뱅크 DB를 MySQL용으로 마이그레이션

다음 단계는 fb.sql로 추출된 핑거뱅크 데이터베이스를 MySQL에 넣는 것이다. 이를 위해 MySQL에 radius 계정으로 로그인한다. 그리고 그림 3.35와 같이 사용할 데이터베이스로 radius를 선택하고, fb.sql 파일을 로드해 핑거뱅크 데이터베이스를 MySQL에 넣어준다.

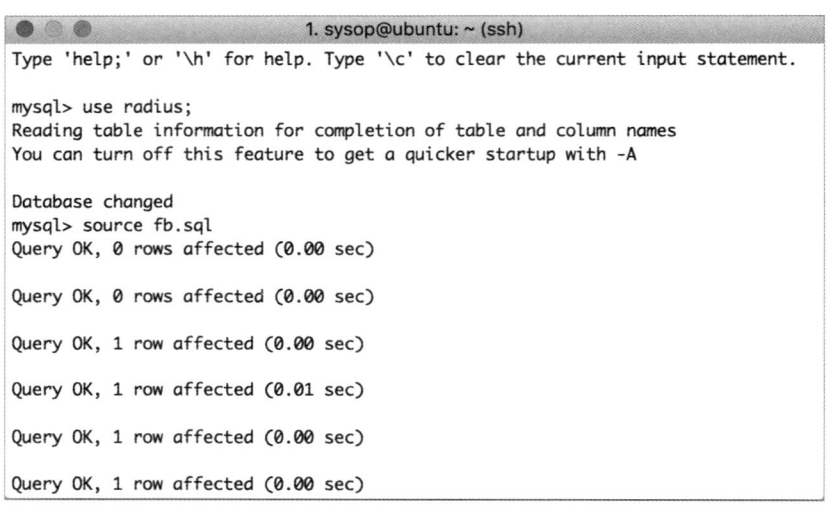

[그림 3.35] 핑거뱅크 데이터베이스를 MySQL로 복원

핑거뱅크 데이터베이스 마이그레이션이 완료되면 그림 3.36과 같이 핑거뱅크와 관련된 테이블이 정상적으로 생성됐는지 확인한다.

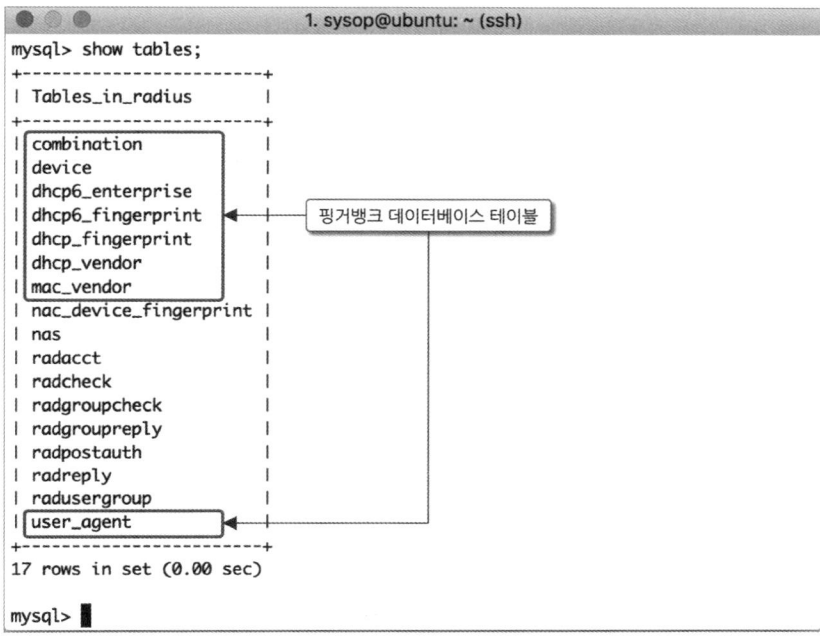

[그림 3.36] 생성된 핑거뱅크 테이블 목록 확인

핑거뱅크와 관련된 테이블은 다음과 같다.

- combination: DHCP 핑거프린트, User Agent, DHCP Vendor, MAC Vendor을 조합해 식별한 장치 목록
- device: 식별 가능한 장치 목록
- dhcp6_enterprise: IPv6 환경에서 DHCP 옵션 60에 할당되는 Vendor Class Identifier 목록
- dhcp6_fingerprint: IPv6 환경에서 획득된 DHCP 핑거프린트 목록
- dhcp_fingerprint: IPv4 환경에서 획득된 DHCP 핑거프린트 목록
- dhcp_vendor: IPv4 환경에서 DHCP 옵션 60에 할당되는 Vendor Class Identifier 목록
- mac_vendor: 맥 주소로 식별할 수 있는 NIC 제조사 목록

- user_agent: 사용자 웹 브라우저 헤더에 포함되는 User-Agent 문자열 목록

지금까지 DHCP 핑거프린트에 대해 알아봤다. 이 책에서는 기본적으로 IPv4 환경에서 획득된 핑거프린트를 이용해 단말기를 식별한다. 하지만 동일한 핑거뱅크에는 복수 개의 단말기 유형이 존재하기 때문에 복수의 요소들을 결합해 좀 더 정교하게 단말기를 식별하는 방법도 함께 고민하고자 한다. 다음 절에서는 어떻게 핑거프린트를 추출하고 이를 관리할 수 있는지 구체적으로 알아보자.

3.2.2 핑거데몬 구현 및 테스트

DHCP 메시지에서 핑거프린트를 추출하기 위해서는 PRADS, p0f와 같은 이미 만들어진 핑거프린트 추출 프로그램을 사용할 수도 있다. 하지만 원하는 형태로 패킷을 저장하고 가공하려면 핑거프린트 수집 도구를 직접 만드는 것이 더 좋은 방법일 것이다. 핑거프린트 수집 도구를 만들기 위해서는 UDP$^{User\ Datagram\ Protocol}$ 패킷, 즉 그림 3.32에서 보여주는 DHCP 패킷 구조에 대한 이해와 패킷 분석을 위한 프로그래밍을 할 수 있어야 한다. 다만, 여기에서는 네트워크 관련 프로그램이나 백신 프로그램을 개발할 정도의 전문적인 실력이 아니라 설명을 듣고 이해할 수 있을 정도의 실력이면 충분하다. 프로그래밍 언어 또한 C/C++ 등과 같은 복잡한 언어가 아니라 PHP를 이용할 것이므로 지레 겁을 먹거나 두려워할 필요가 없다. 다만, 한 가지 양해를 구하고자 한다. 나 또한 전문적인 개발자가 아니기 때문에 작성한 코드가 그리 깔끔하지 않다. 또한 기능 구현에만 초점을 맞춘 나머지 성능은 염두에 두지 않았다. 따라서 코드가 볼품이 없더라도 이해해주기 바란다.

1) 핑거데몬 구현

우리가 구현하고자 하는 핑거프린트 추출 프로그램을 핑거데몬fingerdaemon이라 부르기로 하자. 핑거데몬을 구현하기 위해서는 가장 먼저 핑거프린트가 저장돼 있는 DHCP 메시지의 옵션Options 항목 구조를 이해해야 한다. 그림 3.37은 DHCP 메시지 중 옵션 항목의 구조를 보여주고 있다. 그림 3.37에서 보여주듯이 옵션 항목은 크게 매직 쿠키, 옵션, 종료 옵션의 세 부분으로 구분할 수 있으며, 옵션 부분은 다시 세부 옵션 항목으로 구성된다.

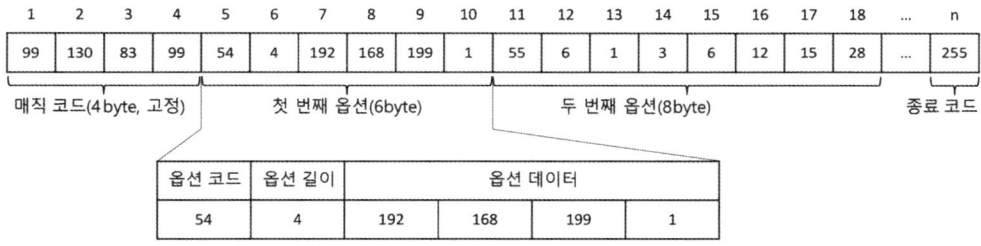

[그림 3.37] DHCP 옵션 구성

옵션 필드의 처음과 마지막에는 매직 쿠키Magic Cookie와 종료 옵션End Option이 위치하고 있다. 매직 쿠키는 옵션 필드의 서두에 위치하는 4바이트 고정 값(99, 130, 83, 99)으로 메시지 생성 시에 모든 옵션 필드에 동일한 값을 할당한다. 종료 옵션은 옵션 필드의 끝을 알리는 값으로 255가 기록되며, 종료 옵션 이후에 나타나는 옵션은 무시된다. 매직 쿠키와 종료 옵션 사이에 위치하는 각각의 옵션은 옵션 코드(1바이트), 옵션 길이(1바이트), 옵션 데이터(옵션 길이에 지정된 크기)로 구성되며, 옵션 하나의 전체 크기는 옵션 데이터의 크기에 2바이트를 더한 값과 일치한다.

이와 같은 옵션 구조에서 핑거프린트를 추출하려면 가장 먼저 옵션의 맨 앞에 있는 매직 쿠키를 제거해야 한다. 그리고 각각의 옵션을 추출하고, 추출한 옵션에서 옵션 코드가 55인 옵션의 옵션 데이터를 일렬로 나열하면 된다. 각각의 옵션 데이터는 몇 개의 문자열 함수만으로 추출할 수 있을 만큼 간단하다. 매직 쿠키가 제거된 옵션 항목 데이터는 옵션 코드, 옵션 길이, 옵션 데이터가 종료 옵션을 만나기 전까지 반복한다. 따라서 이 규칙을 이용해 각각의 옵션 데이터를 추출한다. 리스트 3.14는 매직 쿠키가 제거된 옵션 항목에서 개별 옵션 코드와 옵션 데이터를 추출하는 코드다.

[리스트 3.14] DHCP 메시지의 옵션 항목에서 개별 옵션을 추출하는 코드

```
1:  $option = unpack($options_fmt, substr($packet, 256,
       strlen($packet) - 256));
2:
3:  $index = 1;
4:  $length = sizeof($option);
5:  $opt = array();
6:
7:  while($index < $length && $option[$index] != 255) {
8:       $tmp = array_slice( $option, $index + 1, $option[$index
           + 1] );
9:       $opt[$option[$index]] = implode( ",", $tmp);
10:      $index = $index + $option[$index + 1] + 2;
11: }
```

코드는 크게 변수 선언부와 개별 옵션 추출부로 구분할 수 있다. 1~6행의 변수 선언부에서는 옵션 추출에 사용되는 변수들을 선언한다. 1행에서 $option 변수에는 DHCP 메시지에서 여러 가지 헤더와 옵션의 매직 쿠키를 제거한 옵션 데이터를 문자 배열로 저장한다.

3행의 $index 변수는 $option 변수에 저장돼 있는 문자열을 읽을 때 사용하는 인덱스 변수로, 1로 초기화해 첫 번째 문자열부터 읽어들이도록 한다.

4행의 $length 변수에는 $option 배열 크기를 저장해 7행 while문의 반복 종료 시점을 결정한다. 5행에서는 옵션 항목에 포함돼 있는 개별 옵션의 코드와 값이 저장될 배열 $opt를 선언한다.

그런 다음, 7~11행의 옵션 추출부에서는 while문을 이용해 $option 배열을 순환하며 개별 옵션 코드와 데이터를 추출한다. while 구문은 $index에 저장된 값이 $option 배열 크기($length)보다 작고, $option 배열의 현재 위치 ($index)에 종료 옵션 255가 아닐 때까지 반복해 수행한다. 그림 3.37의 첫 번째 옵션을 기준으로 8~10행의 구문을 살펴보자. 첫 번째 옵션의 옵션 코드는 54이고, 4바이트 길이의 옵션 데이터 192,168,199,1을 갖고 있다. 이 옵션을 추출하기 위해 8행에서는 $option 배열에서 첫 번째 옵션 옵션 데이터 192,168,199,1을 배열로 추출해 $tmp 배열에 저장하는 것이다. 이를 위해 array_slice() 함수를 사용했다. 함수의 첫 번째 인자에는 옵션들이 저장돼 있는 $option 배열을 지정했고, 두 번째 인자에는 배열 추출을 시작할 첫 번째 인덱스를 지정했다. 이때 배열 구조를 살펴보면 옵션 데이터는 세 번째 값에서부터 시작하는데 두 번째 인자로 $index + 1, 즉 2가 지정됐음을 알 수 있다. 이는 1행에서 만들어진 배열 인덱스는 1에서부터 시작하지만 array_slice() 함수에서는 첫 번째 인자로 지정된 배열 인덱스를 0에서부터 시작한다. 따라서 array_slice() 함수에서 세 번째 값을 추출하기 위해 인덱스로 2를 지정했다. 세 번째 인자는 추출할 배열의 크기로 $option 배열 두 번째에 저장돼 있는 옵션의 길이를 사용하도록 했다. 이때 사용된 인덱스 $index + 1은 배열 요소에 접근하기 위한 인덱스로 두 번째 값, 즉 옵션 길이를 읽어오게 된다.

9행은 8행에서 추출한 첫 번째 옵션 데이터를 콤마(,)로 연결된 하나의 문자열인 192,168,199,1로 만든 후, 이를 5행에서 선언한 $opt 배열에 저장한다. 이때 첫 번째 옵션 데이터가 저장되는 $opt 배열의 인덱스는 옵션 코드 54

가 지정된다.

10행은 첫 번째 옵션을 추출한 이후 두 번째 옵션을 추출하기 위해 $index 변수에 저장된 $option 배열 인덱스를 두 번째 옵션 코드가 저장된 위치로 변경한다. 앞에서 설명했듯이 옵션 하나의 전체 크기는 옵션 데이터 크기에 2바이트를 더한 크기와 같기 때문에 첫 번째 옵션 데이터 크기에 2를 더하고 이를 다시 현재 $index 변수에 더해 다음 인덱스 값을 계산한다.

7~11행의 반복문은 모든 옵션 코드와 이에 해당하는 값을 구해 $opt 배열에 저장한 후 종료한다. $opt에 저장된 옵션 중에서 핑거프린트는 $opt[55]로 확인할 수 있다. 만약, $opt[55] 값이 존재하지 않거나 NULL 값이면, DHCPREQUEST 메시지가 아니거나 잘못된 메시지일 가능성이 크다.

지금까지 DHCP 메시지에서 핑거프린트를 추출하는 원리에 대해 알아봤다. 이것으로 끝일까? 핑거프린트를 추출하는 이유는 이후에 다른 목적을 위해 사용하기 위해서다. 이를 위해서는 핑거프린트를 파일 또는 데이터베이스에 저장해둬야 할 것이다. 이 책에서는 데이터베이스에 저장하는 방법을 사용하고자 한다. 3.1절에서 서버에 MySQL DBMS를 설치하고, radius 데이터베이스를 생성해뒀다. radius 데이터베이스에 핑거프린트 저장을 위한 테이블을 생성해보자. 리스트 3.15의 스크립트를 실행해 nac_device_fingerprint 테이블을 생성한다.

[리스트 3.15] 핑거프린트 저장 테이블 생성 스크립트

```
CREATE TABLE nac_device_fingerprint (
  macaddr varchar(20) NOT NULL DEFAULT '',
  fingerprint varchar(200) NOT NULL DEFAULT '',
  detect_date timestamp NOT NULL DEFAULT CURRENT_TIMESTAMP,
  update_date timestamp NULL DEFAULT NULL,
  PRIMARY KEY (macaddr)
```

);

리스트 3.15의 테이블 nac_device_fingerprint는 단말기 식별을 위한 맥 주소 macadam, 핑거프린트fingerprint, 데이터베이스 등록일자detect_date, 핑거프린트 갱신일자update_date로 구성된다. 이 중 핑거프린트 갱신일자 컬럼은 단말기의 운영체제가 변경되면 핑거프린트도 변경되기 때문에 단말기의 운영체제 변경 여부를 확인하기 위한 목적으로 포함했다.

이제 본격적으로 핑거데몬을 구현해보자. 리스트 3.16은 핑거데몬 소스 코드다. 파일은 /root/radius/fingerprint/ 경로에 저장한다. 핑거데몬은 소켓을 DHCP 패킷 모니터링을 위해 사용하며, 소켓을 생성하기 위해서는 핑거데몬 실행 계정이 root 권한을 갖고 있어야 한다. 이 때문에 나의 경우는 핑거데몬 작성 시에 사용자를 root로 변경하고, 프로그램 또한 root 계정의 하위에 작성해 다른 사용자의 접근과 실행을 차단한다. 이는 절대적인 사항이 아니므로, 독자의 기호에 따라 프로그램 저장 위치를 선택하기 바란다. 다만, 실행 권한은 root에게만 할당한다.

[리스트 3.16] /root/radius/fingerprint/fingerdaemon.php

```
 1:  #!/usr/bin/php
 2:  <?php
 3:  error_reporting(~E_ALL);
 4:
 5:  $_my_username = "radius";
 6:  $_my_password = "09n072";
 7:  $_my_host = "localhost";
 8:  $_my_dbname = "radius";
 9:
10:  // RAW 소켓 생성
11:  $socket = socket_create(AF_INET , SOCK_RAW, SOL_UDP);
```

```
12:
13:    socket_bind($socket, "0.0.0.0", 67);
14:
15:    if($socket)
16:    {
17:        $dsn = "mysql:dbname=$_my_dbname;host=$_my_host";
18:        try {
19:            $dbo = new PDO($dsn, $_my_username, $_my_password);
20:        } catch (PDOException $e) {
21:            die('error:'.$e->getMessage());
22:        }
23:
24:        $query = "INSERT IGNORE INTO nac_device_fingerprint ( macaddr, fingerprint )
25:                  VALUES ( :macaddr, :fingerprint )
26:                  ON DUPLICATE KEY UPDATE fingerprint = :fingerprint, update_date = CURRENT_TIMESTAMP";
27:        $stmt = $dbo->prepare($query);
28:
29:        while(true)
30:        {
31:            // RAW 소켓을 통해 DHCP 메시지를 $buf 변수에 수신
32:            socket_recv ( $socket , $buf , 65536 , 0 );
33:
34:            // 수신한 패킷에서 UDP 패킷 추출
35:            $buf = substr($buf, 12, strlen($buf) - 12);
36:
37:            // UDP 헤더 메시지 형식 세팅
38:            $udp_header_fmt = 'H8Source_IP'
39:                .'/H8Destination_IP'
40:                .'/nSource_Port'
41:                .'/nDestination_Port';
42:
```

```
43:            // $buf 변수에 저장된 UDP 메시지에서 UDP 헤더 추출
44:            $udp_packet = unpack($udp_header_fmt , $buf);
45:            // print_r($udp_packet);
46:
47:            // 수신한 UDP 메시지가 DHCP 메시지인지 확인
48:            if ($udp_packet['Destination_Port'] != 67) continue;
49:
50:            // DHCP 메시지를 구성 항목별로 분해한다.
51:            $dhcp_packet = unpack_dhcp_packet($buf);
52:
53:            $macaddr = $dhcp_packet[CHaddr];
54:            $fingerprint = $dhcp_packet[Options][55];
55:
56:            if ( empty($macaddr) || empty($fingerprint) ) { continue; }
57:
58:            // echo $macaddr ." : ". $fingerprint."\r\n\r\n";
59:
60:            try {
61:                $stmt->bindParam(":macaddr", $macaddr, PDO::PARAM_STR);
62:                $stmt->bindParam(":fingerprint", $fingerprint, PDO::PARAM_STR);
63:                $stmt->execute();
64:            } catch (PDOException $e) {
65:                die('error:'.$e->getMessage());
66:            }
67:        }
68:    }
69:    else
70:    {
71:        $error_code = socket_last_error();
72:        $error_message = socket_strerror($error_code);
73:
```

```
74:        echo "Could not create socket : [$error_code] $error_
           message";
75:    }
76:
77:
78:    /**
79:        수신한 DHCP 메시지 패킷을 구성 항목별로 분해한다.
80:    */
81:    function unpack_dhcp_packet(&$packet)
82:    {
83:        // DHCP 헤더 포맷 지정
84:        $dhcp_header_fmt = 'H8Source_IP'
85:            .'/H8Destination_IP'
86:            .'/nSource_Port'
87:            .'/nDestination_Port'
88:            .'/nLength'
89:            .'/nChecksum'
90:            .'/COP'
91:            .'/CHType'
92:            .'/CHLen'
93:            .'/CHops'
94:            .'/H8XID'
95:            .'/H4Secs'
96:            .'/H4Flags'
97:            .'/H8CIaddr'
98:            .'/H8YIAddr'
99:            .'/H8SIAddr'
100:           .'/H8GIaddr'
101:           .'/H32CHaddr'
102:           .'/H128SName'
103:           .'/H256File'
104:           .'/H8Cookie';
105:       $options_fmt = 'C*';
106:
```

```
107:        // DHCP 헤더 분해
108:        $dhcp_packet = unpack($dhcp_header_fmt , $packet);
109:
110:        // DHCP 옵션 항목 분해
111:        $option = unpack($options_fmt, substr($packet, 256,
            strlen($packet) - 256));
112:
113:        $index = 1;
114:        $length = sizeof($option);
115:        $opt = array();
116:
117:        while($index < $length && $option[$index] != 255) {
118:            $tmp = array_slice( $option, $index + 1, $option[$index
                + 1] );
119:            $opt[$option[$index]] = implode( ",", $tmp);
120:            $index = $index + $option[$index + 1] + 2;
121:        }
122:        $dhcp_packet[Options] = $opt;
123:
124:        $patterns="/^([[:alnum:]]{2})([[:alnum:]]{2})([[:alnum:]]
            {2})([[:alnum:]]{2})([[:alnum:]]{2})([[:alnum:]]{2})/";
125:        $replace="$1:$2:$3:$4:$5:$6";
126:        $dhcp_packet[CHaddr] = preg_replace($patterns, $replace,
            substr($dhcp_packet[CHaddr], 0, 12));
127:
128:        return $dhcp_packet;
129:    }
130: ?>
```

이제 핑거데몬을 테스트해보자. 핑거데몬의 실행에 앞서 효과적인 결과 확인을 위해 리스트 3.16의 58행 주석(//)을 해제하고 핑거데몬을 실행한다. 핑거데몬을 실행할 때는 앞에서 말했듯이 root 계정으로 실행한다. 핑거데몬을 실행한 후 무선 네트워크에 단말기를 연결했을 때 그림 3.38과 같이 단말기의 맥 주소와 핑거프린트를 출력하면 핑거데몬이 정상적으로 동작하는 것이다. 만약, 그림 3.38과 같은 결과가 나오지 않을 때는 핑거데몬 실행 서버 또는 단말기가 무선 네트워크에 할당된 서브넷의 패킷을 수신할 수 있는 구조인지 그리고 핑거데몬에 실행 권한이 줘졌는지 확인하는 테스트를 진행한다.

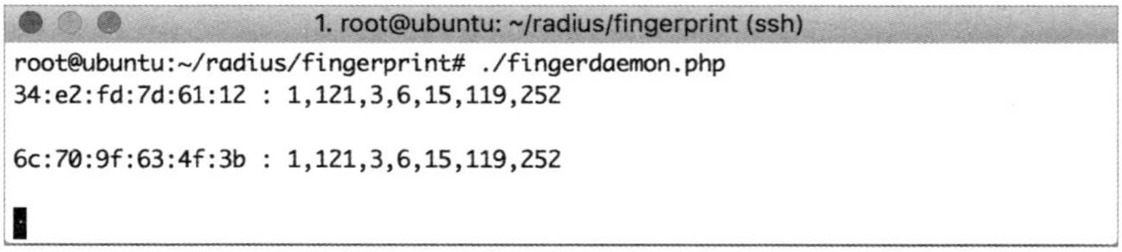

```
1. root@ubuntu: ~/radius/fingerprint (ssh)
root@ubuntu:~/radius/fingerprint# ./fingerdaemon.php
34:e2:fd:7d:61:12 : 1,121,3,6,15,119,252

6c:70:9f:63:4f:3b : 1,121,3,6,15,119,252
```

[그림 3.38] 핑거데몬이 수집한 단말기 핑거프린트

소스 코드를 입력하면서 핑거프린트를 추출하고 저장하는 과정에 대해 대략적으로 이해할 수 있었을 것이다. 이번에는 핑거데몬에 대한 구체적인 이해를 위해 소스 코드의 중요한 부분들을 살펴보자. 여기에서는 구체적인 명령 하나하나를 살펴보는 것이 아니라 전체적인 구조와 흐름의 관점에서 살펴볼 것이다. 제일 먼저 살펴볼 부분은 리스트 3.17의 코드다. 이 코드는 DHCP 패킷 수신에 필요한 소켓을 생성하고, 소켓을 패킷 수신 대상 네트워크와 포트의 연결을 수행한다.

[리스트 3.17] 소켓 생성 코드

```
10:    // RAW 소켓 생성
11:    $socket = socket_create(AF_INET , SOCK_RAW, SOL_UDP);
12:
13:    socket_bind($socket, "0.0.0.0", 67);
14:
15:    if($socket)
16:    {
```

```
...
69:     else
70:     {
71:         $error_code = socket_last_error();
72:         $error_message = socket_strerror($error_code);
73:
74:         echo "Could not create socket : [$error_code] $error_
            message";
75:     }
```

11행은 UDP 패킷 수신에 필요한 소켓을 생성해 $socket 변수에 할당한다. 13행은 생성된 소켓($socket)을 패킷 수신을 위한 네트워크와 포트에 할당한다. 여기에서는 모든 네트워크(0.0.0.0)의 67번 포트를 대상으로 설정해 수신 가능한 모든 네트워크의 DHCP 메시지를 수신하도록 했다. 69~75행은 소켓이 정상적으로 생성되지 않았을 때 에러 메시지가 출력되고 프로그램이 종료된다.

리스트 3.18은 MySQL 데이터베이스 연결을 생성함으로써 추출된 핑거프린트를 데이터베이스에 저장하는 명령이다. 17~22행은 MySQL 데이터베이스와 연결을 설정하는 코드로, PDO^{PHP Data Objects} 모듈을 사용하도록 했다. 연결에 실패하면 에러 메시지가 출력되고 프로그램이 종료된다.

[리스트 3.18] 핑거프린트를 데이터베이스에 저장하기 위한 코드

```
17:     $dsn = "mysql:dbname=$_my_dbname;host=$_my_host";
18:     try {
19:         $dbo = new PDO($dsn, $_my_username, $_my_password);
20:     } catch (PDOException $e) {
21:         die('error:'.$e->getMessage());
22:     }
23:
```

```
24:        $query = "INSERT IGNORE INTO nac_device_fingerprint (
           macaddr, fingerprint )
25:                VALUES ( :macaddr, :fingerprint )
26:                    ON DUPLICATE KEY UPDATE fingerprint =
                       :fingerprint, update_date = CURRENT_
                       TIMESTAMP";
27:        $stmt = $dbo->prepare($query);
...
60:        try {
61:            $stmt->bindParam(":macaddr", $macaddr, PDO::PARAM_
               STR);
62:            $stmt->bindParam(":fingerprint", $fingerprint,
               PDO::PARAM_STR);
63:            $stmt->execute();
64:        } catch (PDOException $e) {
65:            die('error:'.$e->getMessage());
66:        }
```

24~27행은 핑거프린트 저장을 위한 질의문을 Prepared Statement 방식으로 생성한다. 일반적인 질의문은 테이블과 컬럼이 동일하다 하더라도 VALUES 구문에 지정된 값이 달라지면 DBMS는 항상 새로운 질의문으로 인식해 모든 질의문을 새로 파싱parsing하고 실행 계획을 수립하는 절차를 진행한다. 하지만 Prepared Statement 방식 질의문은 테이블과 컬럼이 동일한 질의문인 경우 한 번만 파싱하고 실행 계획을 수립해 질의문을 메모리에 상주시킨다. 그리고 VALUES 구문에 지정되는 값을 변수를 통해 입력받음으로써 질의문 실행 성능을 향상시킬 수 있다. 핑거데몬은 반복적으로 단말기의 맥 주소와 핑거프린트를 데이터베이스에 등록하기 때문에 성능을 향상시키기 위해 Prepared Statement 방식을 선택했다. 24~26행의 질의문은 단말기 맥 주소와 핑거프린트의 삽입(INSERT)을 시도해 맥 주소가 등록되지 않았다면 신규 레코드로

등록하고, 만약 단말기의 맥 주소가 이미 등록돼 있다면 핑거프린트와 핑거프린트 갱신일자를 갱신(UPDATE)한다. 60~66행은 Prepared Statement 방식 질의문에 값을 대입하는 구문으로, 61행은 $macaddr 변수 및 :macaddr 파라미터와 연결하고, 62행은 $fingerprint 변수 및 :fingerprint 파라미터와 연결한다. 63행은 질의문을 실행해 $macaddr와 $fingerprint 변수에 저장돼 있는 맥 주소와 핑거프린트를 데이터베이스에 등록한다. 질의문이 정상적으로 실행되지 않았을 때는 try {…} catch {…} 구문에 의해 에러 메시지가 출력되고 프로그램이 종료된다.

리스트 3.19는 리스트 3.17에서 정의한 소켓을 통해 DHCP 패킷을 수신한다. 핑거데몬은 지속적으로 네트워크에 접속하는 단말기의 핑거프린트를 확보해야 하기 때문에 29행과 67행의 while문이 무한정 반복되도록 했으며, 이 과정에서 32행에 의해 수신된 패킷을 $buf 변수에 저장한다. 35행은 수신된 패킷에서 UDP 헤더와 DHCP 패킷을 추출한다.

다음으로 38~44행은 UDP 헤더를 추출한다. 추출된 UDP 헤더는 수신된 패킷이 DHCP 패킷인지를 확인하기 위한 용도로 사용된다. 이를 위해 48행에서 패킷의 목적이 67번 포트인지를 확인하고 있다. 좀 더 정교한 확인을 위해 출발지 포트가 68인지를 확인할 수도 있다.

[리스트 3.19] 소켓을 통해 DHCP 메시지 수신

```
29:     while(true)
30:     {
31:         // RAW 소켓을 통해 DHCP 메시지를 $buf 변수에 수신
32:         socket_recv ( $socket , $buf , 65536 , 0 );
34:         // 수신한 패킷에서 UDP 패킷 추출
35:         $buf = substr($buf, 12, strlen($buf) - 12);
36:
```

```
37:            // UDP 헤더 메시지 형식 세팅
38:            $udp_header_fmt = 'H8Source_IP'
39:                    .'/H8Destination_IP'
40:                    .'/nSource_Port'
41:                    .'/nDestination_Port';
42:
43:            // $buf 변수에 저장된 UDP 메시지에서 UDP 헤더 추출
44:            $udp_packet = unpack($udp_header_fmt , $buf);
45:            // print_r($udp_packet);
46:
47:            // 수신한 UDP 메시지가 DHCP 메시지인지 확인
48:            if ($udp_packet['Destination_Port'] != 67) continue;
49:
50:            // DHCP 메시지를 구성 항목별로 분해한다.
51:            $dhcp_packet = unpack_dhcp_packet($buf);
52:
53:            $macaddr = $dhcp_packet[CHaddr];
54:            $fingerprint = $dhcp_packet[Options][55];
55:
56:            if ( empty($macaddr) || empty($fingerprint) ) { continue; }
    ...
67:        }
```

51행은 $buf 변수에 저장된 DHCP 메시지를 unpack_dhcp_packet() 함수에 전달해 메시지를 파싱하고 핑거프린트를 추출한다. 메시지 파싱이 완료되면 53행과 54행에서 $macaddr와 $fingerprint 변수에 단말기의 맥 주소와 핑거프린트를 저장한다. 그리고 56행에서는 맥 주소와 핑거프린트가 제대로 추출됐는지 확인하고, 정상이 아니라면 다음 패킷을 수신한다. 만약, 정상이라면 리스트 3.18의 질의문을 실행해 맥 주소와 핑거프린트를 데이터베이스에 저장한다.

이제 핑거데몬을 실행해 단말기의 핑거프린트를 제대로 수집하는지 확인해 보자. 그림 3.39와 같이 핑거데몬을 실행한 후 무선 네트워크에 단말기를 연결해 핑거프린트를 수집한다.

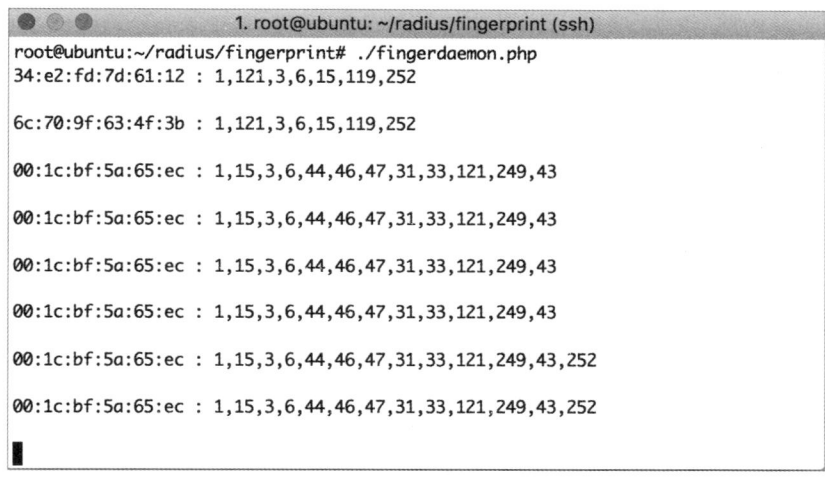

[그림 3.39] 핑거데몬 실행

핑거데몬을 통한 핑거프린트 수집이 완료되면 그림 3.40과 같이 핑거데몬이 수집한 핑거프린트가 데이터베이스에 저장됐는지 확인한다.

```
● ● ●                    2. sysop@ubuntu: ~ (ssh)
Type 'help;' or '\h' for help. Type '\c' to clear the current input statement.

mysql> use radius;
Reading table information for completion of table and column names
You can turn off this feature to get a quicker startup with -A

Database changed
mysql> select * from nac_device_fingerprint;
+-------------------+------------------------------------+-------------------
---+--------------------+
| macaddr           | fingerprint                        | detect_date
   | update_date        |
+-------------------+------------------------------------+-------------------
---+--------------------+
| 00:1c:bf:5a:65:ec | 1,15,3,6,44,46,47,31,33,121,249,43,252 | 2016-04-23 01:01:
55 | 2016-04-23 01:03:31 |
| 34:e2:fd:7d:61:12 | 1,121,3,6,15,119,252               | 2016-04-23 00:58:
01 | 2016-04-23 01:00:09 |
| 6c:70:9f:63:4f:3b | 1,121,3,6,15,119,252               | 2016-04-23 01:00:
37 | NULL               |
+-------------------+------------------------------------+-------------------
---+--------------------+
3 rows in set (0.00 sec)

mysql>
```

[그림 3.40] 데이터베이스에 저장된 단말기의 핑거프린트

2) 핑거데몬을 데몬으로 실행하기

핑거데몬 구현이 완료됐다. 이번에는 핑거데몬이 시스템 시작과 종료에 따라 자동으로 실행되고 종료되도록 해야 한다. 이를 위해서는 핑거데몬 프로그램을 데몬화해 등록해줘야 한다. PHP 스크립트를 데몬화하기 위한 코드는 이미 누군가 만들어두었다. 이번에는 누군가 만들어둔 코드를 이용해보자. 리스트 3.20은 PHP 스크립트를 데몬으로 실행하도록 만들어주는 코드다. 직접 입력하기 싫다면 58행의 URL에서 코드를 복사해 사용한다. 코드를 입력하거나 복사할 때는 20행과 21행에 PHP 실행 파일과 핑거데몬 파일의 위치를 주의해서 입력해야 한다. 그렇지 않으면 핑거데몬이 정상적으로 동작하지 않을 것이다.

[리스트 3.20] /etc/init.d/fingerdaemon

```
 1: #! /bin/sh
 2:
 3: # Installation
 4: # - Move this to /etc/init.d/fingerdaemon
 5: # - chmod +x this
 6: #
 7: # Starting and stopping
 8: # - Start: `service myservice start` or `/etc/init.d/
    fingerdaemon start`
 9: # - Stop: `service myservice stop` or `/etc/init.d/fingerdaemon
    stop`
10:
11: #ref http://till.klampaeckel.de/blog/archives/94-start-stop-
    daemon,-Gearman-and-a-little-PHP.html
12: #ref http://unix.stackexchange.com/questions/85033/use-start-
    stop-daemon-for-a-php-server/85570#85570
13: #ref http://serverfault.com/questions/229759/launching-a-php-
    daemon-from-an-lsb-init-script-w-start-stop-daemon
14:
15: NAME=fingerdaemon
16: DESC="Daemon for my magnificent PHP CLI script"
17: PIDFILE="/var/run/${NAME}.pid"
18: LOGFILE="/var/log/${NAME}.log"
19:
20: DAEMON="/usr/bin/php"
21: DAEMON_OPTS="/root/radius/fingerprint/fingerdaemon.php"
22:
23: START_OPTS="--start --background --make-pidfile --pidfile
    ${PIDFILE} --exec ${DAEMON} ${DAEMON_OPTS}"
24: STOP_OPTS="--stop --pidfile ${PIDFILE}"
25:
26: test -x $DAEMON || exit 0
27:
```

```
28:     set -e
29:
30:     case "$1" in
31:         start)
32:             echo -n "Starting ${DESC}: "
33:             start-stop-daemon $START_OPTS >> $LOGFILE
34:             echo "$NAME."
35:             ;;
36:         stop)
37:             echo -n "Stopping $DESC: "
38:             start-stop-daemon $STOP_OPTS
39:             echo "$NAME."
40:             rm -f $PIDFILE
41:             ;;
42:         restart|force-reload)
43:             echo -n "Restarting $DESC: "
44:             start-stop-daemon $STOP_OPTS
45:             sleep 1
46:             start-stop-daemon $START_OPTS >> $LOGFILE
47:             echo "$NAME."
48:             ;;
49:         *)
50:             N=/etc/init.d/$NAME
51:             echo "Usage: $N {start|stop|restart|force-reload}" >&2
52:             exit 1
53:             ;;
54:     esac
55:
56:     exit 0
57:
58:     #ref https://www.bram.us/2013/11/11/run-a-php-script-as-a-servicedaemon-using-start-stop-daemon/
```

리스트 3.20의 코드 작성이 완료되면, 그림 3.41과 같이 fingerdaemon에 실행 권한을 부여한 후 핑거데몬을 실행하고 프로세스 목록에서 핑거데몬 프로세스를 확인한다. 프로세스 목록에서 핑거데몬을 확인할 수 없다면, fingerdaemon 파일이 리스트 3.20과 동일한지 확인하고 다시 시도한다.

```
1. root@ubuntu: /etc/init.d (ssh)
root@ubuntu:/etc/init.d# chmod 755 fingerdaemon
root@ubuntu:/etc/init.d# /etc/init.d/fingerdaemon start
Starting Daemon for my magnificent PHP CLI script: fingerdaemon.
root@ubuntu:/etc/init.d# ps -ef | grep fingerdaemon
root      8457     1  0 01:18 ?        00:00:00 /usr/bin/php /root/radius/finger
print/fingerdaemon.php
root      8460  8361  0 01:18 pts/0    00:00:00 grep --color=auto fingerdaemon
root@ubuntu:/etc/init.d#
```

[그림 3.41] 핑거데몬 실행 확인

이제 수집된 DHCP 핑거프린트에 대한 운영체제를 확인해보자. MySQL DBMS에 radius 계정으로 로그인해 radius 데이터베이스를 선택한 후 리스트 3.21의 질의문을 수행한다.

[리스트 3.21] 수집된 핑거프린트별 운영체제 확인 질의문

```sql
SELECT distinct macaddr, fingerprint, E.name
  FROM nac_device_fingerprint as A
       LEFT JOIN dhcp_fingerprint as B
         ON B.value = A.fingerprint
       LEFT JOIN mac_vendor as C
         ON C.mac = left(replace(A.macaddr,":",""),6)
       LEFT JOIN combination as D
         ON D.dhcp_fingerprint_id = B.id
        AND D.mac_vendor_id = C.id
       LEFT JOIN device as E
         ON E.id = D.device_id
LIMIT 0,10;
```

그림 3.42는 리스트 3.21의 질의문 실행 결과를 보여준다. 결과에서 하나의 맥 주소와 핑거프린트에 여러 개의 운영체제가 매핑돼 있는 것을 볼 수 있다.

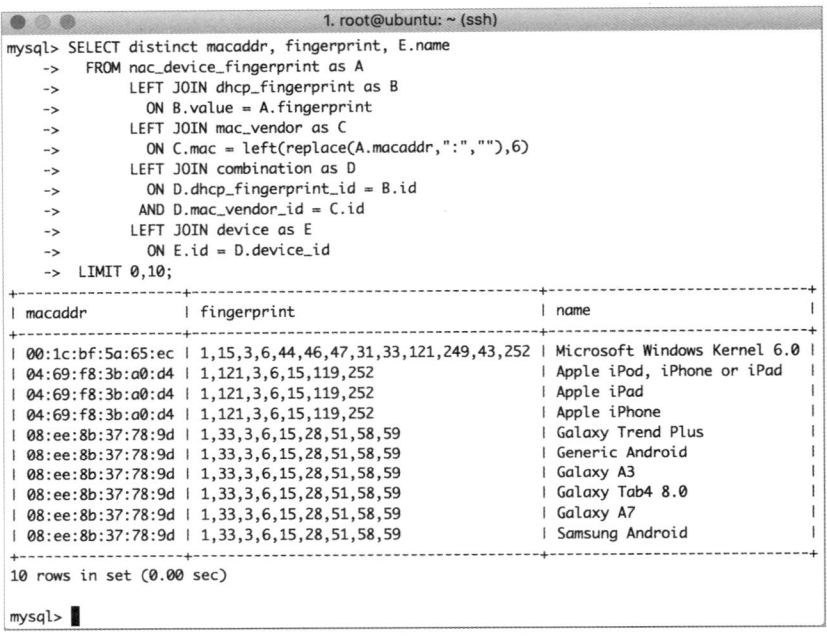

[그림 3.42] 핑거프린트별 운영체제

그 이유는 출시되는 단말기 종류가 다양해지기는 했지만, 단말기에 사용되는 운영체제가 동일해지면서 제조사는 다르지만 동일한 핑거프린트를 갖는 단말기가 증가했기 때문이다. 대부분의 단말기 제조사는 자사 단말기에 운영체제를 최적화해 설치하지만, 공통적으로 사용되는 부분들이 있다. 이 때문에 DHCP 핑거프린트가 중복돼 그림 3.42와 같은 결과가 나타나게 된다. 이를 개선하려면 맥 주소의 OUI^{Organizationally Unique Identifier}나 단말기에 사용되는 웹 브라우저의 에이전트 등을 추가해 운영체제 식별 정밀도를 향상해야 한다. 무선 네트워크 리모델링에서는 DHCP 핑거프린트와 OUI를 이용해 운영체제의 그룹을 식별하고 이를 기반으로 한 동적 네트워크를 구현하고자 한다.

3.3 사용자 프로파일링

네트워크에 접속한 모든 단말기와 사용자 정보를 확보하고 관리할 수 있다면, 즉 사용자 프로파일링을 효과적으로 수행할 수 있다면 네트워크 관리와 정보 보안 업무가 한결 수월해질 것이다. 이를 위한 대표적인 솔루션으로 정보 자산 관리ITAM, Information Technology Asset Management 시스템이 있으며, 네트워크 접근 통제, 바이러스 백신 관리 등의 정보보안 솔루션에서도 자산 관리 기능을 포함하고 있다. 이미 국내에서도 정부와 공공 기관, 기업을 포함하는 많은 조직에서 정보 자산 관리나 네트워크 접근통제 등의 시스템을 도입해 사용자 프로파일링을 수행하고 있다. 하지만 이러한 솔루션들은 사용자 프로파일링을 하는 데에 있어 몇 가지 한계를 갖고 있다.

첫째, 정보를 파악하는 데 제약이 있다. 앞에서 언급한 대부분의 시스템은 효과적인 통제, 단말기 정보와 사용자 정보 확보를 위해 에이전트 설치를 요구한다. 에이전트를 설치할 경우에는 정확한 단말기 유형과 사용자 정보를 파악할 수 있지만, 모든 종류의 단말기에 에이전트를 설치할 수 없을 뿐만 아니라 사용자의 협조가 없이는 정보를 파악하기가 어렵다는 단점이 있다.

둘째, 네트워크 관리와 정보보안을 위해 필요한 유용한 정보가 부족하고 확보한 정보조차 정확하지 않다. 정보 유출, 해킹과 같은 침해 사고가 발생하면 제일 먼저 파악하는 정보가 피해 대상 또는 사고의 원인이 되는 단말기 IP 주소와 단말기 사용자, 그리고 단말기 위치 정보일 것이다. 일부 관리자는 이러한 정보를 체계적으로 관리하고 있다고 말할 것이다. 과연 그럴까? 이는 독자들이 더 잘 알고 있을 것이다. 내가 생각하는 비율은 100%에 가까운 일치율을 말하는 것이다.

셋째, 정보 확보의 단계다. 정보 자산 관리, 네트워크 접근통제, 바이러스 백신 관리 등의 시스템은 단말기가 네트워크에 연결돼 정상적인 통신이 가능해진 이후에 에이전트 설치, 사용자 인증, 사용자 정보 등록 등을 요청해 정보를 확보한다. 이는 많은 예외 상황을 만들어 앞에서 언급한 에이전트 설치, 사용자 인증 등의 절차를 우회한다. 결과적으로 기존의 솔루션을 이용해 획보한 사용자 프로파일 정보는 불완전할 수밖에 없으며, 이를 개선하기 위한 방법이 필요하다.

802.1X는 앞에서 언급한 사용자 프로파일링 과정에서 발생하는 문제점들을 보완해 좀 더 효과적인 사용자 프로파일링을 가능하게 한다. 네트워크에 접속한 단말기와 사용자에 대한 정보를 효과적으로 파악하고 체계적으로 관리하게 되면, 이는 네트워크와 정보보안 시스템뿐만 아니라 기업의 정보 시스템에도 활용할 수 있을 것이다. 이번 절에서는 802.1X와 DHCP를 이용한 사용자 프로파일링 방법을 구체적으로 알아보자.

3.3.1 사용자 프로파일링 절차

무선 네트워크 환경에서 수행되는 일반적인 사용자 프로파일링 절차는 그림 3.43과 같다. 네트워크에 연결하고자 하는 단말기가 네트워크 접속을 시도하면 먼저 사용자 인증을 수행하고, 인증을 통과하면 해당 SSID에 할당된 네트워크의 IP 주소가 할당된다. 이후 단말기가 네트워크에 연결되면, 정보 자산 관리나 네트워크 접근통제 시스템에서 에이전트를 설치하고 해당 단말기의 사용자 프로파일링을 수행한다. 이 과정에서 앞에서 언급했던 문제들이 발생한다.

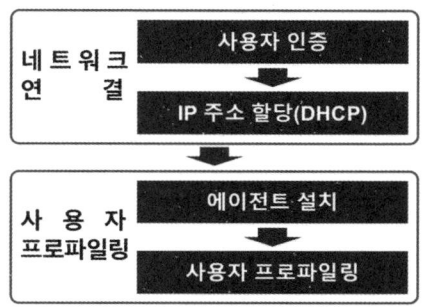

[그림 3.43] 일반적인 무선 네트워크 환경의 사용자 프로파일링 절차

앞에서 언급한 문제를 개선하려면 사용자 프로파일링을 그림 3.43과 같이 네트워크에 연결된 이후가 아니라 네트워크 연결 전이나 연결 도중에 수행해야 한다. 이렇게 하면 네트워크에 접속하는 대부분의 단말기에 대해 사용자 프로파일링을 실시할 수 있을 뿐만 아니라 사용자의 불편을 최소화하면서 정확한 프로파일링을 수행할 수 있다.

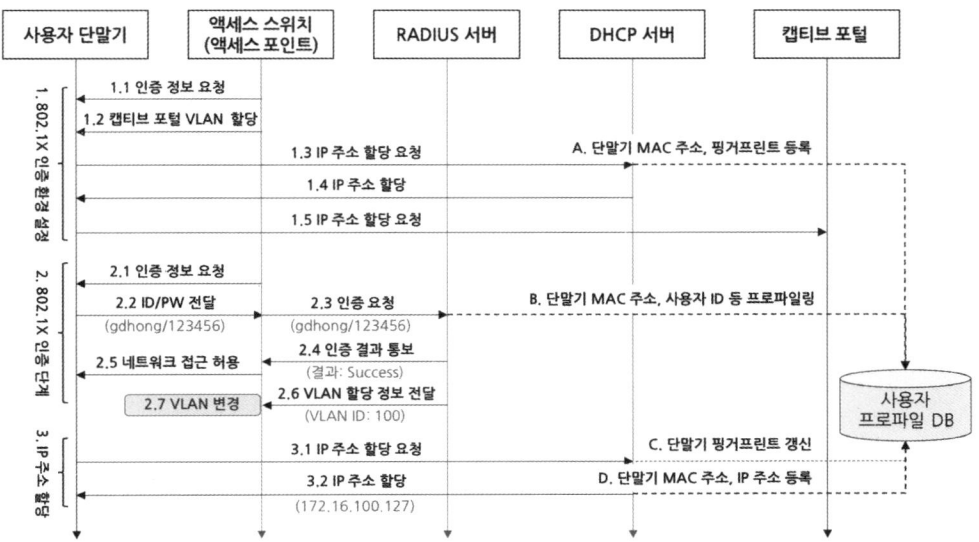

[그림 3.44] 802.1X와 사용자 프로파일링 절차

그림 3.44는 802.1X가 적용된 네트워크 환경에서 수행되는 사용자 프로파일링 절차를 보여준다. 단말기가 네트워크 접속을 시도하면, 802.1X 인증에 필요한 환경을 설정하기 위해 캡티브 포털에 접속한다. 이 과정에서 무선 네트워크 환경에서는 환경 설정을 위한 별도의 SSID를 두고, 이 SSID에 접속해 802.1X 인증에 필요한 환경 설정을 진행한다. 이 과정에서 DHCP 서버로부터 IP 주소를 할당 받고, 그림 3.44의 A와 같이 단말기의 맥 주소와 핑거프린트를 획득해 프로파일 데이터베이스에 등록한다. 그림 3.44의 1의 절차에서 환경 설정이 완료된 단말기는 그림 3.44의 2의 절차에서 802.1X 인증을 수행하고, 그림 3.41의 B와 같이 단말기의 맥 주소와 사용자 식별자를 추출해 프로파일 데이터베이스에 등록한다. 마지막으로 인증이 완료된 단말기는 그림 3.44의 3의 절차에서 네트워크 접속을 위한 IP 주소를 할당 받는다. 이때 DHCPREQEUST 메시지에서 핑거프린트를 수집해 기존에 등록된 정보와 일치하지 않는 경우 그림 3.44의 C와 같이 핑거프린트를 갱신한다. 그리고 그림 3.41의 D와 같이 DHCPACK 메시지에서 단말기에 할당된 IP 주소를 추출해 데이터베이스에 등록한다.

그림 3.44의 사용자 프로파일링 과정에서 획득할 수 있는 정보는 다음과 같다.

- 단말기 사용자 ID
- 단말기 접속 네트워크 유형(유/무선)
- 단말기 접속 위치(스위치 관리 IP 주소와 포트번호)
- 단말기 맥 주소와 IP 주소
- 단말기 설치 운영체제 종류
- 단말기의 네트워크 연결 및 종료 시간
- 단말기의 인/아웃바운드 트래픽 용량

위는 네트워크 관리와 정보보안 업무 수행에 있어서 업무 처리 효율을 높여주는 중요한 정보다. 아마도 대부분의 관리자가 원했던 정보일 것이다. 이러한 정보는 그 자체만으로도 충분한 가치가 있지만, 기존의 보안 시스템에서 확보한 정보와 연계됐을 때 더 큰 가치를 만들어 낼 수 있을 것이다.

3.3.2 테스트 환경 구성 및 인증 테스트

사용자 프로파일링을 위해서는 802.1X가 적용된 무선 네트워크 환경이 필요하다. 그림 3.45는 사용자 프로파일링 실습을 위한 네트워크 구성도다. 비록 실습을 위해 구성한 간단한 네트워크 환경이지만, 이 책에서 제시하는 모든 기능을 구현할 수 있다. 사실 그림 3.45의 네트워크는 내가 근무하고 있는 병원의 실제 네트워크 환경이기도 하다.

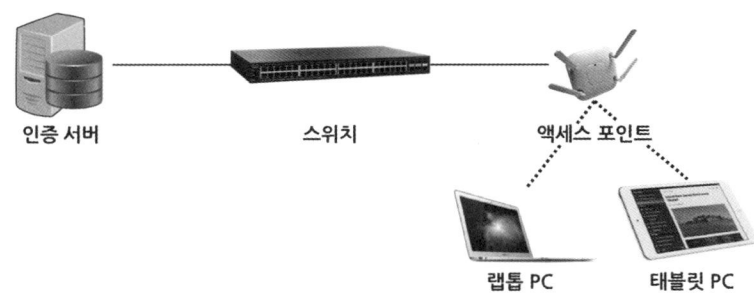

[그림 3.45] 단말기 프로파일링 테스트 환경 구성도

그림 3.45의 네트워크 환경 구성에는 시스코 스위치(C2960S)와 AP(AIR-AP1042N-K-K9)를 사용했다. 최근의 경향을 살펴보면 국내외에서 생산되는 대부분의 기업용 네트워크 장비는 802.1X를 지원한다. 따라서 타사의 네트워크 장비를 사용하고 있더라도 매뉴얼을 참조하거나 엔지니어의 도움을 받아 802.1X가 적용된 네트워크 환경을 구축할 수 있다. 다만, 아쉬운 점이라면 우

리나라에서는 아직 802.1X가 활성화되지 않아 한글로 된 구축 가이드를 찾기가 쉽지 않고, 구축 사례 또한 접하기 어렵다는 것이다.

표 3.3은 그림 3.45의 구성 내역을 간략히 정리한 것이다. 실습 네트워크 환경을 구축할 때 표 3.3의 구성을 반드시 따라야 하는 것은 아니지만, 원활한 실습 진행을 위해서는 제시한 구성에 따를 것을 권한다.

[표 3.3] 테스트 네트워크 구성 내역

구분	관리 IP 주소	VLAN	SSID	비고
액세스 스위치	172.16.50.1	500		Catalyst 2960S IOS Version 15.0(2)SE2
AP	172.16.50.11	500	UBMH	AIR-AP1042N-K-K9
인증 서버	172.16.50.5	500		DHCP 운영

1) 액세스 스위치 환경 설정

액세스 스위치에는 VLAN과 AP와 인증 서버가 연결될 스위치 포트에 대한 환경을 설정한다. 리스트 3.22는 500번 VLAN을 선언하고 인터페이스 VLAN을 정의했다. 인터페이스 VLAN은 그림 3.45의 네트워크에서 게이트웨이의 역할을 겸하도록 했다.

[리스트 3.22] 액세스 스위치 VLAN 선언

```
conf t
vlan 500
Name FOR_NETWORK_MGNT

interface Vlan500
description ## UBMH NETWORK MANAGEMENT ##
```

```
ip address 172.16.50.1 255.255.255.0

ip default-gateway 192.168.1.1
```

리스트 3.23은 AP와 인증 서버가 연결될 스위치 포트에 대한 환경 설정 내용이다. 각 포트는 다수의 VLAN 트래픽을 처리해야 하기 때문에 스위치 포트 모드를 트렁크^{trunk}로 정의했다.

[리스트 3.23] AP와 인증 서버가 연결되는 스위치 포트

```
interface gi1/0/10
description ## To Radius Server ##
switchport trunk native vlan 500
switchport mode trunk

interface gi1/0/20
description ## To AP ##
switchport trunk native vlan 500
switchport mode trunk
```

2) 액세스 포인트 환경 설정

AP에는 리스트 3.24와 같이 관리 IP 주소를 등록한 이후 웹 기반의 인터페이스를 통해 환경 설정을 진행한다. 사용자 프로파일링 테스트를 위한 환경 설정이지만, 802.1X 인증과 관련된 모든 설정이 이루어지므로 주의를 기울여야 한다.

[리스트 3.24] AP 관리 IP 주소 등록

```
interface BVI1
ip address 172.16.50.11 255.255.255.0
no ip redirects
no ip unreachables
no ip proxy-arp
no ip route-cache
ipv6 address dhcp
ipv6 address autoconfig
exit
ip default-gateway 172.16.50.1
```

AP 환경 설정은 다음 순서대로 진행한다. 웹 브라우저를 이용해 AP 관리 화면에 접속한 후 단계별 절차에 따라 환경 설정을 진행한다.

- VLAN 등록과 암호화 방법 결정
- RADIUS 서버 등록과 기본 RADIUS 서버 지정
- SSID 등록과 다중 SSID 브로드캐스팅 설정

(1) VLAN 등록

AP 환경 설정에서는 가장 먼저 네트워크에서 사용할 VLAN을 등록해야 한다. 사용자 프로파일링을 테스트하기 위해 표 3.3에서 제시했듯이 500번 VLAN 하나만 사용한다.

VLAN 등록을 위해 AP 관리자 화면의 메뉴에서 "SERVICES > VLAN" 메뉴를 클릭한다. VLAN 관리 화면에서 그림 3.46과 같이 500번 VLAN에 관한 기본 정보를 입력하고 "Apply" 버튼을 클릭해 VLAN 등록을 마무리한다.

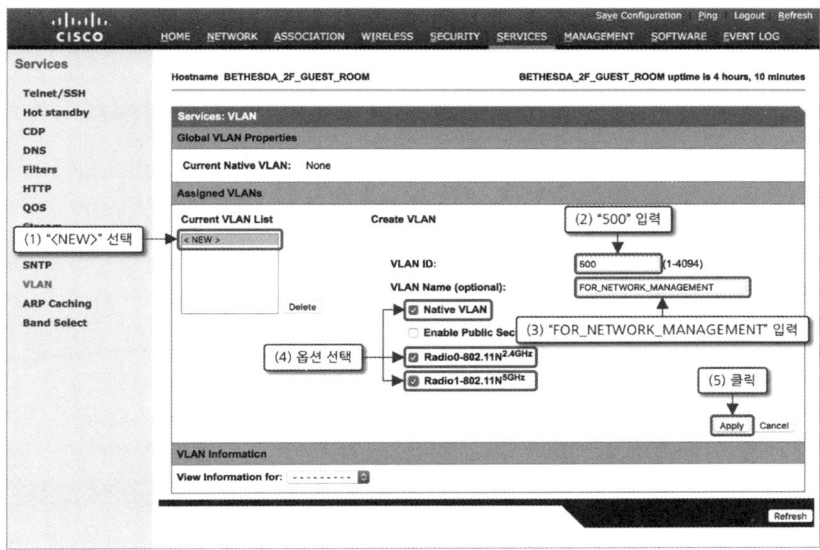

[그림 3.46] VLAN 등록

(2) VLAN 암호화 방법 결정

VLAN 등록을 마친 후 관리자 화면에서 "SECURITY > Encryption Manager" 메뉴를 클릭하고, 상단의 VLAN 목록에서 500번 VLAN을 선택한다. 그런 다음, 암호화 방법에서 "Cyper"와 "AES CCMP"를 선택하고, "Apply" 버튼을 클릭해 500번 VLAN에 대한 암호화 방법을 결정한다.

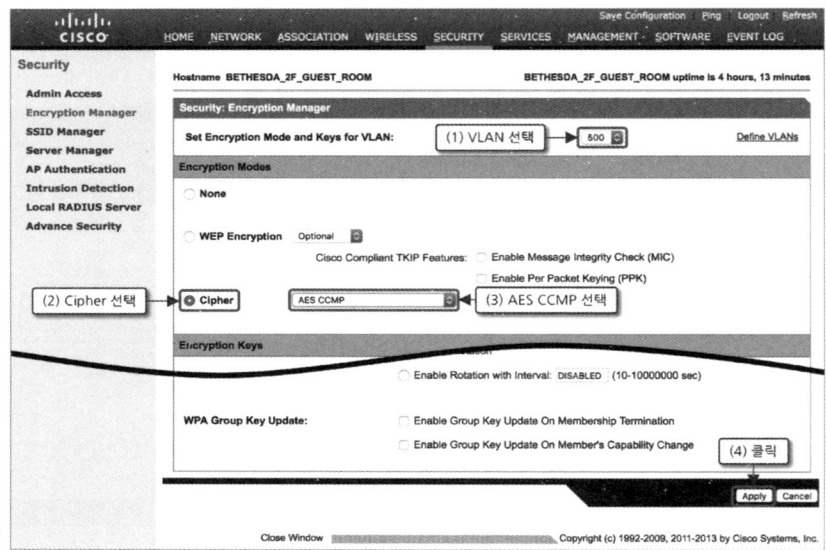

[그림 3.47] VLAN 암호화 방법 결정

(3) RADIUS 서버 등록 및 기본 인증 서버 선택

802.1X 사용자 인증을 위해 필요한 인증 서버 등록을 위해 관리자 화면에서 "SECURITY > Server Manager" 메뉴를 클릭한 후 그림 3.48과 같이 RADIUS 정보를 등록한다. 등록하는 정보 중 "Secret Key"는 FreeRadius 에서 AP가 요청한 사용자 인증을 처리하기 전에 AP를 인증하기 위한 용도로 사용되므로 기억해둬야 한다.

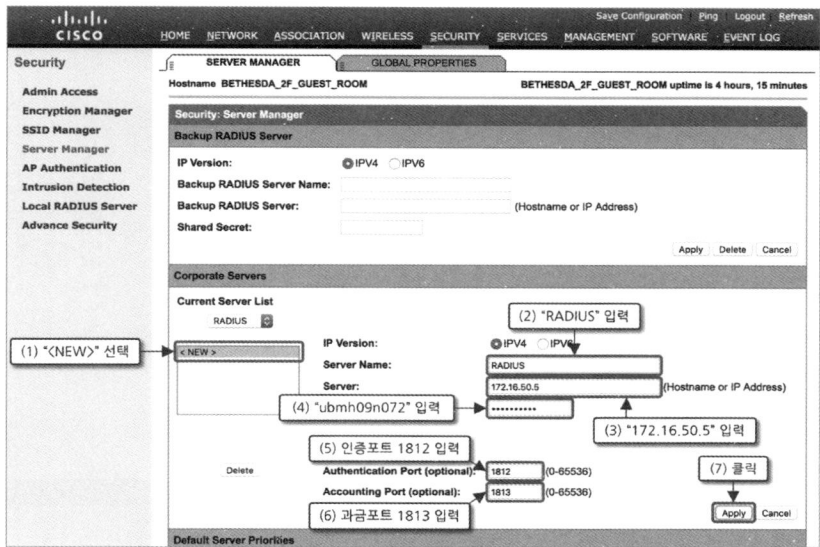

[그림 3.48] RADIUS 정보 등록

RADIUS 정보 등록을 마친 후에는 그림 3.49와 같이 RADIUS 등록 화면 아래에 있는 기본 서버 프로파일$^{Default Server Profile}$ 화면에서 EAP Authentication, Mac Authentication, Accounting 항목의 RADIUS를 선택하고 "Apply" 버튼을 클릭해 기본 서버를 지정한다.

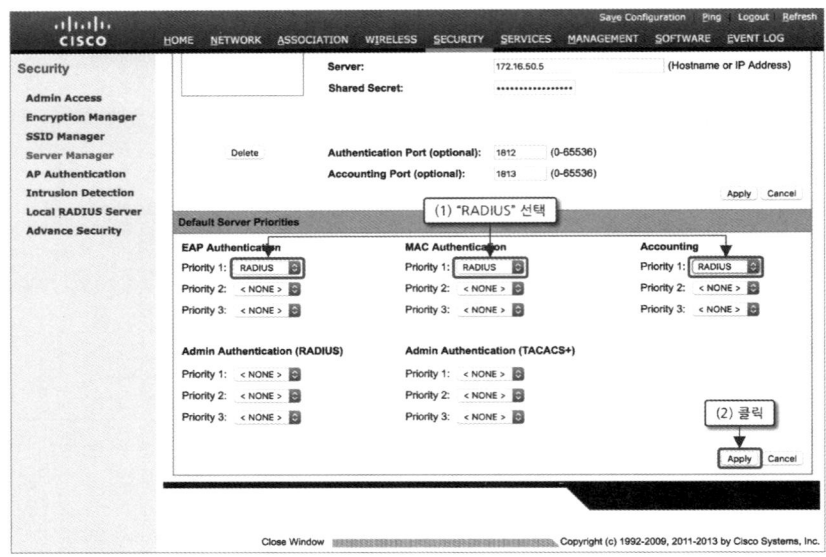

[그림 3.49] AP에서 사용할 기본 서버 지정

(4) SSID 등록과 다중 SSID 브로드캐스팅 설정

SSID 등록을 위해 관리자 화면에서 "SECURITY > SSID Manager" 메뉴를 클릭한다. SSID 관리자 화면에서 그림 3.50과 같이 SSID 등록에 필요한 기본 정보를 입력한다.

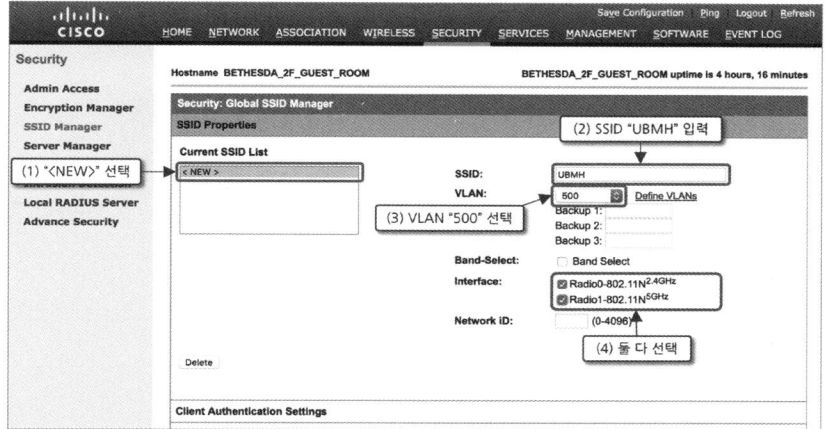

[그림 3.50] SSID 기본 정보 입력

기본 정보를 입력한 후 그림 3.51과 같이 앞에서 등록한 SSID에 적용할 인증 방법을 선택한다.

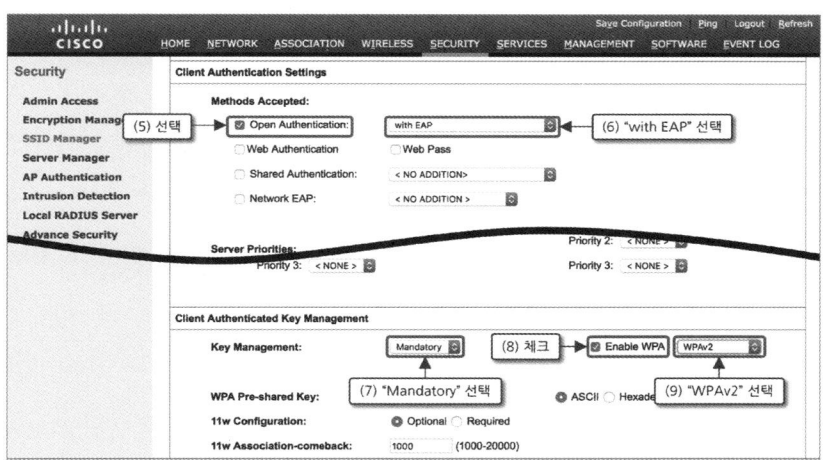

[그림 3.51] SSID 인증 방법 선택

이때 Open Authentication 세부 옵션에는 여러 가지 항목이 있으며, 각각의 의미는 다음과 같다.

3장 핵심 기능 구현 | 127

- with MAC Authentication: 맥 주소를 계정으로 사용해 단말기를 인증한다.
- with EAP: EAP 인증을 사용하며, 인증을 위해 사용자 계정 정보를 요청한다.
- with MAC Authentication and EAP: 인증을 위해 MAC Authentication과 EAP를 함께 사용한다. 네트워크 접속을 시도하는 단말기부터 MAC Authentication을 통해 단말기를 인증하고, 인증에 성공하면 EAP를 통해 사용자를 인증한다. 만약, 두 가지 인증 중 하나라도 실패하면 네트워크 접속을 차단한다.
- with MAC Authentication 또는 EAP: MAC Authentication과 EAP를 함께 사용한다. 그러나 앞의 방식과 달리 이 옵션은 둘 중 하나의 인증에만 성공하면 네트워크 접속을 허용한다.
- with Optional EAP: 단말기와 선택적 EAP 단말기에 대해 각각의 인증 방법을 적용하고자 할 때 선택한다.

각 옵션은 비즈니스 특성과 보안 정책에 따라 인증 방식을 결정하는 데 사용한다. 지금 구축하고 있는 테스트 환경에서는 'with EAP' 옵션을 선택한다. 그리고 인증키 관리 방식은 "WPA2"를 선택한다. 만약, 맥 인증[MAC Authentication]을 사용하려면 "Security > Advance Security" 관리 화면에서 "MAC ADDRESS AUTHENTICATION" 탭을 선택하고 "MAC Address Authentication" 항목에서 "Authentication Server Only"를 선택하거나 "Local List Only"를 선택하고 "List MAC Address List"에 인증 대상 단말기의 맥 주소를 등록해야 한다.

다음에는 그림 3.52와 같이 네트워크에 연결된 단말기의 네트워크 사용 내역을 기록하기 위해 과금 기능을 활성화[enable]한다. 그런 다음, 현재 등록 중인 SSID가 외부에 노출될 수 있도록 방문자 모드[Set SSID as Guest Mode]를 활성화하고 "Apply" 버튼을 클릭해 SSID 등록을 마무리한다.

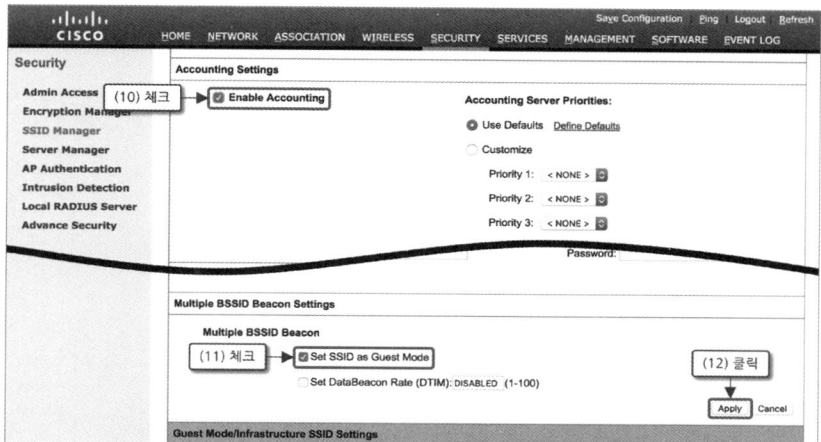

[그림 3.52] 과금 화성화, SSID Guest Mode 활성화 및 SSID 등록

마지막으로 AP에서 복수의 SSID를 브로드캐스팅할 수 있도록 그림 3.53과 같이 2.4Ghz와 5GHz 주파수 모두에서 다중 SSID 브로드캐스팅Multiple BSSID 옵션을 활성화하고 AP 설정을 마무리한다.

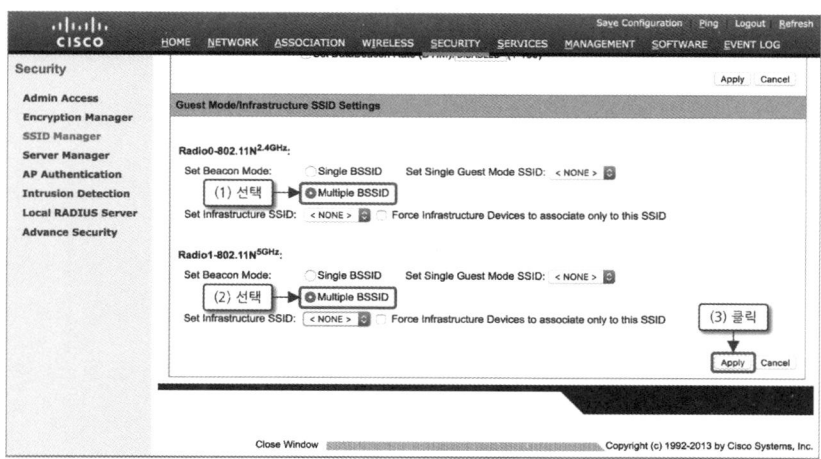

[그림 3.53] 다중 SSID 브로드캐스팅 활성화

AP가 방금 등록한 SSID가 정상적으로 서비스되는지 확인하기 위해 모바일 장치를 이용해 무선 네트워크에서 UBMH를 탐색하는지를 확인한다. UBMH가 탐색돼 연결을 시도했을 때 사용자 이름과 비밀번호를 요구했다면 정상적으로 서비스되고 있다고 판단할 수 있다. 그림 3.54는 아이폰을 이용해 UBMH에 접속을 시도했을 때의 화면이다. 아직까지 인증 서버에 대한 설정이 완료되지 않아 인증을 요청만 할 뿐 인증을 받을 수는 없다.

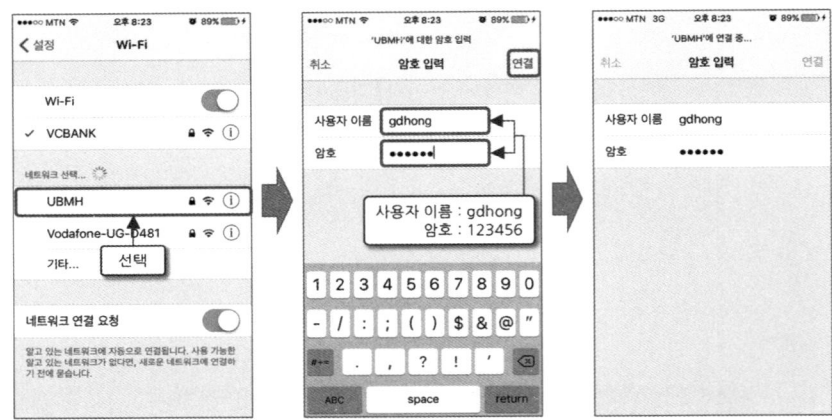

[그림 3.54] 아이폰을 이용한 UBMH 접속 시도 화면

3) 인증 서버 환경 설정

802.1X 인증을 위해서는 스위치와 AP에 대한 설정뿐만 아니라 인증 서버에 대한 환경 설정이 필요하다. 인증과 암호화에 필요한 인증서를 설치하고, 네트워크 설정을 표 3.3과 같이 변경하며, 인증 후 IP 주소를 할당하기 위해 DHCP 서버의 환경을 설정해야 한다. 이를 순서대로 진행해보자.

(1) 사설인증서 생성 및 설치

이 과정에서는 공인인증서 대신 사설인증서를 사용하고자 한다. 물론 SSL^{Secure}

Sockets Layer용 공인인증서를 보유하고 있다면, 공인인증서를 사용하는 것이 여러모로 유익하다. 공인인증서를 설치하면, 사용자 인증 과정에서 인증서가 필요한 경우 클라이언트가 자동으로 인증서를 내려받아 설치하는 반면, 사설인증서의 경우 자동으로 설치되지 않으므로 별도의 설치 과정을 거쳐야 한다. 하지만 사설인증서만으로도 802.1X 인증에 필요한 모든 기능을 수행할 수 있기 때문에 여기서는 사설인증서를 사용하고자 한다.

OpenSSL을 이용해 사설인증서를 생성하는 데에는 여러 가지 방법이 있다. 이 책에서는 FreeRadius에서 제공하는 인증서 환경 설정 템플릿과 bootstrap 스크립트를 이용해 인증서를 생성하고자 한다.

인증서 생성은 root 권한이 필요하므로, root로 사용자 계정을 변경한다. 그런 다음, /usr/share/doc/freeradius/examples/certs/ 디렉터리로 이동해 ca.cnf, client.cnf, server.cnf 파일의 내용을 리스트 3.25와 같이 변경한다.

[리스트 3.25] ca.cnf, client.cnf, server.cnf 변경사항

```
...
40: [ req ]
41: prompt                    = no
42: distinguished_name        = certificate_authority
43: default_bits              = 2048
44: input_password            = 09n072
45: output_password           = 09n072
46: x509_extensions           = v3_ca
47:
48: [certificate_authority]
49: countryName               = UG
50: stateOrProvinceName       = Kampala
51: localityName              = Kampala
52: organizationName          = Bethesda Medical Centre
```

```
53: emailAddress              = admin@ubmh.org
54: commonName                = "Bethesda Medical Centre"
...
```

세 파일의 내용 변경이 완료되면 그림 3.55와 같이 bootstrap 스크립트를 실행해 인증서를 생성하고, bootstrap 실행이 완료되면, 생성된 인증서를 확인한다.

```
root@ubuntu:/usr/share/doc/freeradius/examples/certs# ./bootstrap
Generating DH parameters, 1024 bit long safe prime, generator 2
This is going to take a long time
.........+.....................................................
................................................................+....
...+......+...............+.....................................
..........................+.+...................................
..............................+.................................
...........................++*++*++*
Generating a 2048 bit RSA private key
.....+++
...
            countryName            = UG
            stateOrProvinceName    = Kampala
            organizationName       = Bethesda Medical Centre
            commonName             = Bethesda Medical Centre
            emailAddress           = admin@ubmh.org
        X509v3 extensions:
            X509v3 Extended Key Usage:
                TLS Web Client Authentication
Certificate is to be certified until May  3 19:03:28 2017 GMT (365 days)
failed to update database
TXT_DB error number 2
root@ubuntu:/usr/share/doc/freeradius/examples/certs# ls
01.pem      ca.pem       dh              random        server.crt   xpextensions
bootstrap   client.cnf   index.txt       README        server.csr
ca.cnf      client.crt   index.txt.attr  serial        server.key
ca.der      client.csr   index.txt.old   serial.old    server.p12
ca.key      client.key   Makefile        server.cnf    server.pem
root@ubuntu:/usr/share/doc/freeradius/examples/certs#
root@ubuntu:/usr/share/doc/freeradius/examples/certs#
```

[그림 3.55] 사설인증서 생성 화면

그림 3.46의 하단과 같은 인증서 파일들을 확인했다면, 그림 3.56과 같이 생성된 파일들 중 ca.pem, dh, server.key, server.pem 파일을 FreeRadius의 인증서 디렉터리 /etc/freeradius/certs에 복사한다. 그리고 인증서 파일들 중 ca.der은 단말기의 802.1X 인증 환경 설정 과정에서 사용되므로 별도의 장소에 저장해둔다.

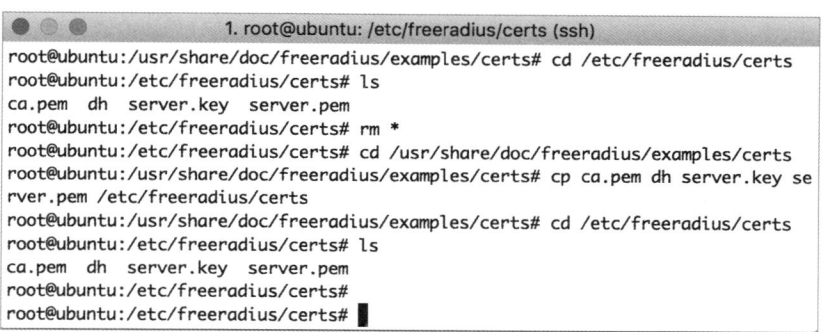

[그림 3.56] 생성된 인증서를 FreeRadius의 인증서 디렉터리에 복사

인증서를 복사한 후 FreeRadius에서 인증서를 사용할 수 있도록 리스트 3.26과 같이 eap.conf 파일에서 158행에 있는 인증서 암호를 등록한다.

[리스트 3.26] /etc/freeradius/eap.conf

```
...
151:        tls {
152:            #
153:            #   These is used to simplify later
                    configurations.
154:            #
155:            certdir = ${confdir}/certs
156:            cadir = ${confdir}/certs
157:
158:            private_key_password = 09n072
```

```
159:                private_key_file = ${certdir}/server.key
...
```

인증서 설치와 등록을 마친 후 그림 3.57과 같이 FreeRadius 서비스를 재시작한다.

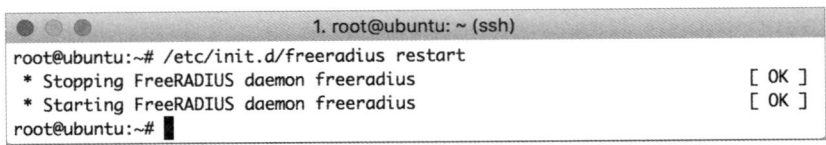

[그림 3.57] FreeRadius 서비스 재시작

(2) 인증 서버에 AP 등록

인증 서버는 인증을 요청하는 NAS^{Network Access Server}, 즉 AP 또는 스위치 등의 장치가 인증 요청이 허가된 장치인지 여부를 확인하기 위해 인증 서버에 장치 정보를 등록한다. 이때 등록하는 장치 정보에는 장치의 IP 주소, 장치의 이름, 장치와 인증 서버가 공유하는 비밀키 등이 있다. NAS 정보는 그림 3.58과 같이 radius 데이터베이스의 NAS 테이블에 등록한다.

```
1. sysop@ubuntu: ~ (ssh)
sysop@ubuntu:~$ mysql -uradius -p09n072
Warning: Using a password on the command line interface can be insecure.
Welcome to the MySQL monitor.  Commands end with ; or \g.
Your MySQL connection id is 62
Server version: 5.6.19-0ubuntu0.14.04.1 (Ubuntu)

Copyright (c) 2000, 2014, Oracle and/or its affiliates. All rights reserved.

Oracle is a registered trademark of Oracle Corporation and/or its
affiliates. Other names may be trademarks of their respective
owners.

Type 'help;' or '\h' for help. Type '\c' to clear the current input statement.

mysql> use radius;
Reading table information for completion of table and column names
You can turn off this feature to get a quicker startup with -A

Database changed
mysql> insert into nas( nasname, shortname, type, ports, secret )
    -> values ( '172.16.50.11', 'UBMH_1', 'cisco', 1812, 'ubmh09n072' );
Query OK, 1 row affected (0.00 sec)

mysql>
```

[그림 3.58] NAS 정보 등록

테이블 NAS를 구성하는 각 컬럼의 의미는 다음과 같다.

- id: 등록된 NAS의 식별자이며, 자동으로 증가된다.
- nasname: 인증을 요청하는 네트워크 장치의 IP 주소를 등록하는 컬럼이다.
- shortname: nasname을 대신하는 짧은 이름을 등록하는 컬럼으로, 인증과 관련된 로그 기록 시에 nasname을 대신해 기록된다.
- type: 인증을 요청하는 네트워크 장치의 유형을 등록하는 컬럼이며, 제조사의 이름을 주로 등록한다. 이 책에서는 시스코의 장비를 사용하므로 cisco를 지정했다.
- ports: 인증을 요청할 때 사용하는 서비스 포트를 등록하는 컬럼이다. 특별한 경우가 아니라면 기본 포트인 1812를 등록한다.

- secret: 인증을 요청하는 장치가 허가된 장치인지의 여부를 확인하기 위해 인증 서버와 네트워크 장치가 공유하는 비밀키를 저장하는 컬럼이다. 이 책에서는 비밀키로 ubmh09n072를 사용한다.
- server: 조건에 따라 서로 다른 정책, 즉 백엔드로 LDAP 또는 MS-SQL을 사용하거나 IP 주소 서브넷에 따라 서로 다른 인증 정책을 적용할 때 각 정책별 가상 서버Virtual Server를 구성하고, 서버를 지정하는 데 사용하는 컬럼이다.
- community: 장치에 등록돼 있는 SNMP Community를 등록하는 컬럼이다.
- description: 네트워크 장치에 대한 간단한 설명을 등록하는 컬럼이다.

(3) 네트워크 설정

인증 서버 환경을 표 3.3의 구성에 맞추기 위해 인증 서버의 네트워크 설정을 리스트 3.27과 같이 변경한다.

[리스트 3.27] /etc/network/interfaces

```
 1: # This file describes the network interfaces available on your system
 2: # and how to activate them. For more information, see interfaces(5).
 3:
 4: # The loopback network interface
 5: auto lo
 6: iface lo inet loopback
 7:
 8: # The primary network interface
 9: auto eth0
10: iface eth0 inet static
11:        address 172.16.50.5
12:        netmask 255.255.255.0
```

```
13:        network 172.16.50.0
14:        gateway 172.16.50.1
15:        broadcast 172.16.50.255
16:        dns-nameservers 8.8.8.8
```

네트워크 인터페이스 설정이 변경되면 네트워크 서비스를 다시 시작한다. 만약, 그림 3.62와 같이 오류가 발생하면, 그림 3.60과 같이 ifdown/ifup 명령을 이용해 네트워크를 다시 시작하고, 리스트 3.27의 설정 내용이 반영됐는지 확인한다.

```
root@ubuntu:~# service networking restart
stop: Job failed while stopping
start: Job is already running: networking
root@ubuntu:~#
```

[그림 3.59] 네트워크 서비스 재시작 오류

```
root@ubuntu:~# ifdown eth0 && ifup eth0
RTNETLINK answers: No such process
root@ubuntu:~# ifconfig
eth0      Link encap:Ethernet  HWaddr 00:1c:42:8e:f8:a5
          inet addr:172.16.50.5  Bcast:172.16.50.255  Mask:255.255.255.0
          inet6 addr: fe80::21c:42ff:fe8e:f8a5/64 Scope:Link
          UP BROADCAST RUNNING MULTICAST  MTU:1500  Metric:1
          RX packets:206 errors:0 dropped:6 overruns:0 frame:0
          TX packets:32 errors:0 dropped:0 overruns:0 carrier:0
          collisions:0 txqueuelen:1000
          RX bytes:20903 (20.9 KB)  TX bytes:2488 (2.4 KB)

lo        Link encap:Local Loopback
          inet addr:127.0.0.1  Mask:255.0.0.0
          inet6 addr: ::1/128 Scope:Host
          UP LOOPBACK RUNNING  MTU:65536  Metric:1
          RX packets:135 errors:0 dropped:0 overruns:0 frame:0
          TX packets:135 errors:0 dropped:0 overruns:0 carrier:0
          collisions:0 txqueuelen:0
          RX bytes:12579 (12.5 KB)  TX bytes:12579 (12.5 KB)

root@ubuntu:~#
```

[그림 3.60] ifdown/ifup 명령을 이용한 네트워크 재시작

두 가지 방법으로도 네트워크 서비스를 다시 시작할 수 없다면, 시스템을 다시 시작해야 한다. 아마도 Ubuntu 14.04 버전이 갖고 있는 오류인 듯하다.

(4) DHCP 서버 설정

마지막으로 인증된 단말기에 IP 주소를 할당하기 위해 DHCP 서버의 환경 설정을 진행해보자.

DHCP 서버에서 할당할 IP 주소는 인증 서버와 네트워크 장비에 사용했던 172.16.50.0/24 대역을 사용하며, 이미 할당된 IP 주소와 신규로 할당되는 IP 주소 간 충돌을 방지하기 위해 할당 대상 IP 주소 범위를 축소한다. 리스트 3.28과 같이 dhcpd.conf 파일을 변경한다.

[리스트 3.28] /etc/dhcp/dhcpd.conf

```
 1: authoritative;
 2: ddns-update-style none;
 3: deny bootp;
 4: one-lease-per-client            true;
 5: ignore client-updates;
 6:
 7: default-lease-time              86400;
 8: max-lease-time                  604800;
 9: option nis-domain               "ubmh.org";
10: option domain-name              "ubmh.org";
11: option domain-name-servers      8.8.8.8;
12: log-facility                    local7;
13:
14: subnet 172.16.50.0 netmask 255.255.255.0 {
15:         option routers          172.16.50.1;
16:         option subnet-mask      255.255.255.0;
17:
18:         range                   172.16.50.21 172.16.50.250;
```

```
19:        default-lease-time         1800;
20:        max-lease-time             3600;
21: }
```

DHCP 서버가 IP 주소 할당 요청 패킷을 정상적으로 수신하기 위해서는 리스트 3.28의 IP 주소 할당과 관련된 설정뿐만 아니라 IP 주소 할당 요청에 응답할 인터페이스를 지정해줘야 한다. 지금 구축하고 있는 네트워크 환경에서는 인증 서버, 네트워크 장비 그리고 사용자 단말기가 사용하는 네트워크가 동일하므로 DHCP와 관련된 요청도 eth0을 통해 접수할 것이다. 따라서 리스트 3.29의 21행과 같이 인터페이스 eth0을 DHCP 패킷 수신을 위한 인터페이스로 지정한다.

[리스트 3.29] /etc/default/isc-dhcp-server

```
19: # On what interfaces should the DHCP server (dhcpd) serve DHCP
       requests?
20: #       Separate multiple interfaces with spaces, e.g. "eth0
            eth1".
21: INTERFACES="eth0"
```

DHCP 서버 환경 설정이 완료됐다. 그림 3.61과 같이 DHCP 서비스를 다시 시작하는 것으로 네트워크와 인증 서버에 대한 환경 설정을 마무리해보자.

```
                    1. root@ubuntu: /etc/dhcp (ssh)
root@ubuntu:/etc/dhcp# service isc-dhcp-server restart
isc-dhcp-server stop/waiting
isc-dhcp-server start/running, process 1813
root@ubuntu:/etc/dhcp# ps -ef | grep dhcp
dhcpd      1855     1  0 12:27 ?        00:00:00 dhcpd -user dhcpd -group dhcpd -
f -q -4 -pf /run/dhcp-server/dhcpd.pid -cf /etc/dhcp/dhcpd.conf eth0
root       1862  1771  0 12:27 tty1     00:00:00 grep --color=auto dhcp
root@ubuntu:/etc/dhcp#
```

[그림 3.61] DHCP 서비스 재시작 및 프로세스 확인

4) 네트워크 연결 테스트

이제 네트워크와 인증 시스템이 정상적으로 동작하는지 모바일 장치를 이용해 확인해보자. 802.1X 인증을 위해서는 네트워크와 인증 서버뿐만 아니라 서플리컨트, 즉 단말기에 설치된 운영체제에도 802.1X 인증 환경을 구성해야 한다. 한 가지 다행인 점인 애플Apple OS X와 iOS, 마이크로소프트MS Windows 10과 같은 운영체제는 무선 네트워크 접속을 위한 별도의 환경 설정 절차 없이도 네트워크 접속 과정에서 필요한 환경을 구성해준다는 것이다. 따라서 테스트는 애플 아이폰iPhone, 마이크로소프트 Windows 10이 설치된 랩톱Laptop, 구글Google 안드로이드Android가 설치된 스마트폰을 이용해 진행한다.

(1) 아이폰

개인적으로 802.1X가 적용된 네트워크 환경에 최적화된 운영체제는 애플의 OS X과 iOS라고 생각한다. 애플 운영체제는 오래전부터 별도의 설정 절차를 진행하지 않더라도 네트워크 접속 과정에서 802.1X 인증 환경을 자동으로 구성해준다. 그뿐만 아니라 다른 운영체제와 달리 네트워크 환경에 따라 802.1X 인증 환경 설정뿐만 아니라 다양한 단말기 환경 설정 프로파일을 제작, 배포할 수 있는 Apple Configurator를 제공해 802.1X 환경 설정과 관련된 관리자의 고민을 해결해준다. Apple Configurator에 대해서는 부록 2를 참고하기 바란다.

아이폰에서 무선 네트워크 접속을 위해 "설정" 아이콘을 탭한 후 "Wi-Fi" 메뉴를 선택한다. 그런 다음, 그림 3.62와 같이 SSID 목록에서 "UBMH"를 선택하고, 사용자 이름과 암호에 gdhong과 123456을 입력한 후 "연결" 버튼을 클릭해 네트워크에 연결하고 IP 할당 내역을 확인한다.

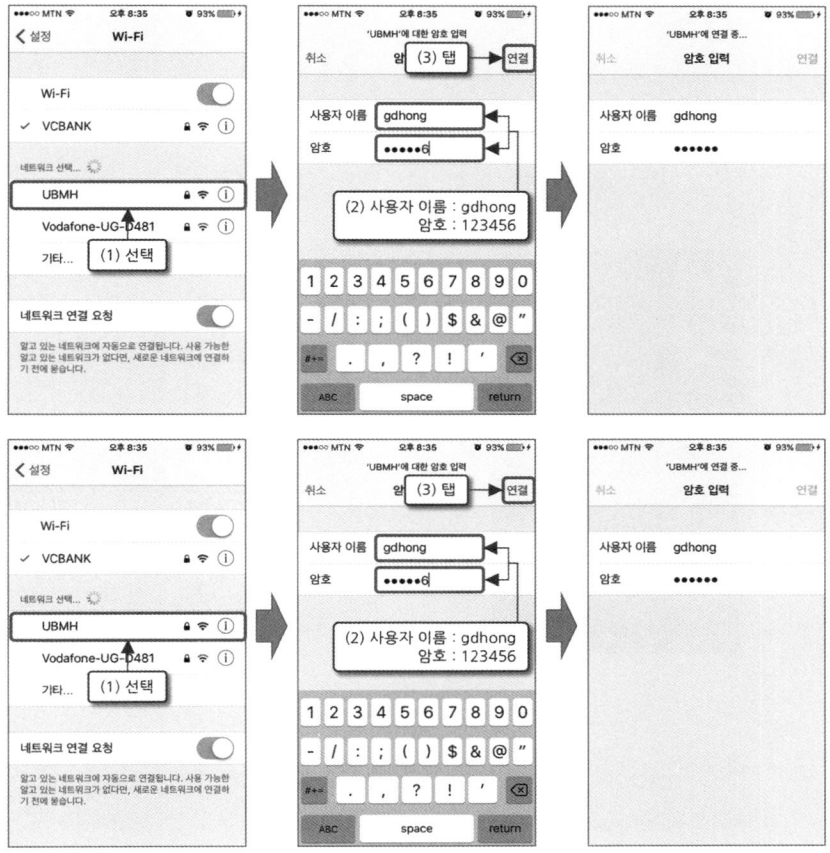

[그림 3.62] 아이폰 사용자 인증 및 IP 주소 할당 과정

만약, 네트워크 연결이 그림 3.62와 같이 진행되지 않는다면, FreeRadius와 DHCP 로그를 확인해 오류를 바로잡고 다시 테스트한다.

(2) 윈도우 10

MS는 윈도우 8 버전부터 802.1X와 관련된 별도의 환경 설정 없이도 802.1X 가 적용된 네트워크에 접속할 수 있도록 무선 네트워크 접속 환경이 개선됐다. 따라서 윈도우 8이나 10이 설치된 단말기라면 일반적인 무선 네트워크 접속 절차에 따라 앞에서 구축한 네트워크에 접속할 수 있다. 먼저 그림 3.63의 왼쪽 그림과 같이 무선 네트워크 SSID 목록에서 "UBMH"를 선택한 후 오른쪽 그림의 "네트워크 및 인터넷" 창에서 사용자 이름과 암호를 입력하고 "확인" 버튼을 클릭해 네트워크 접속을 요청한다.

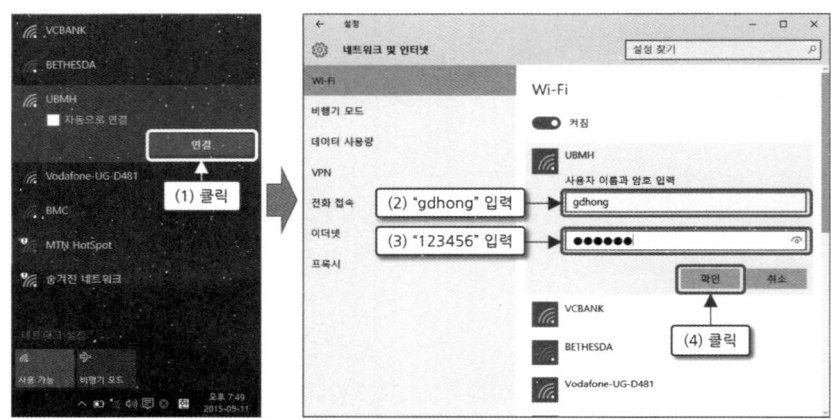

[그림 3.63] 무선 네트워크 접속을 위한 사용자 계정 입력

다음으로 그림 3.64의 왼쪽 그림과 같이 802.1X 네트워크 연결을 위해 서버에서 제공하는 인증서를 신뢰하고 네트워크에 연결할 것인지를 묻는 질문에서 "연결"을 클릭해 네트워크 연결을 마무리한다.

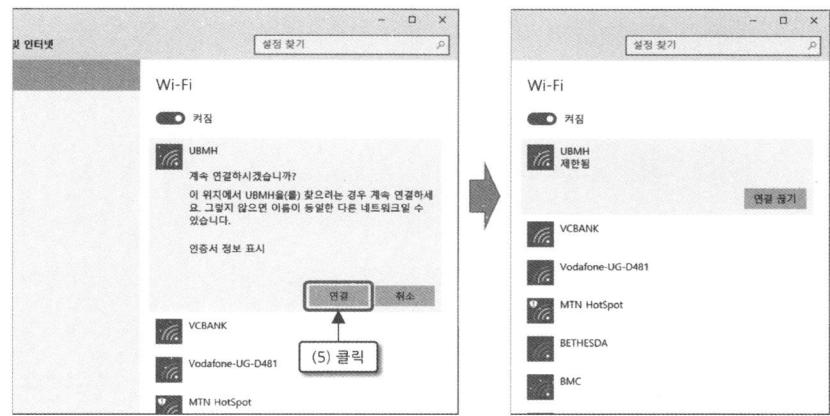

[그림 3.64] 서버 인증서 저장 및 네트워크 연결

그림 3.64의 오른쪽 그림과 같이 네트워크에 연결되면 그림 3.65와 같이 도스 명령 창에서 IP 주소가 제대로 할당됐는지 확인한다.

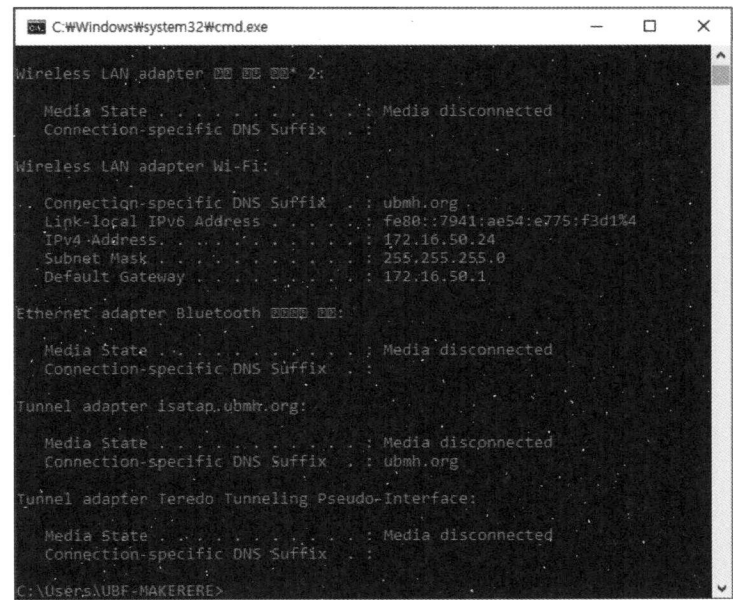

[그림 3.65] 윈도우에 할당된 IP 주소 확인

만약, 단말기에 윈도우 7 이하의 운영체제가 설치돼 있다면, 802.1X 인증을 위한 별도의 환경 설정 절차가 필요하다. 이는 부록 1을 참고하기 바란다.

(3) 안드로이드 스마트폰

안드로이드 운영체제의 최대 장점 중 하나는 자율성이다. 단말기 제조사가 자사 단말기에 최적화된 운영체제 환경을 만들 수 있기 때문이다. 하지만 이러한 자율성이 정보보안에 있어서는 위협 원인으로 작용하거나 통제에 어려움을 준다. 안드로이드 운영체제는 제조사별로 최적화돼 있을 뿐만 아니라 버전에 따라 다른 용어와 인터페이스를 제공한다. 이는 네트워크 연결과 보안 설정에 있어서도 다르지 않다. 이 때문에 안드로이드 운영체제가 설치된 단말기에 대한 802.1X 환경 설정에 있어서도 참고 가능한 공통 가이드라인밖에 제공할 수 없다. 리스트 3.30은 안드로이드 운영체제에 대한 공통적인 802.1X 환경 설정 방법이다. 이를 참고해 테스트용 단말기 또는 사용자 단말기에 대한 환경 설정을 진행하기 바란다.

[리스트 3.30] 안드로이드 OS 탑재 단말기 802.1X 환경 설정 방법

1) 단말기의 와이파이(Wi-Fi)를 활성화한 후 "네트워크 추가"를 선택한다.
2) 네트워크 추가 화면에서 SSID에 아이폰과 랩톱에서 선택했던 SSID, UBMH를 입력한다. 이때 숨겨진 SSID 옵션이 있으면 체크한다.
3) 보안 옵션에서 802.1X EAP 옵션을 선택한다.
4) 추가 옵션이 활성화되면 EAP 방식에서 PEAP 또는 TTLS를 선택한 후 단계 2 인증에서 MSCHAPv2를 선택한다.
5) ID와 비밀번호에 사용자 계정 정보를 입력한다.
6) 저장 버튼을 클릭해 네트워크 연결 정보를 저장한다. 단말기의 종류에 따라 3)과 4)에서 표시되는 옵션의 이름과 선택할 수 있는 값이 다를 수 있다. 예를 들어 3)의 보안 옵션에 802.1X EAP 옵션이 아니라 802.1X, WPA/WPA2 Enterprise 등으로 표시될 수 있다. 그리고 4)에서도 TTLS가 아닌 EAP-TTLS 항목으로 표시될 수 있다. 이러한 경우에도 동일한 의미를 내포하고 있는 항목이 있기 때문에 제공도는 항목별 의미를 파악해 선택하면 어렵지 않게 802.1X 인증 환경을 설정할 수 있다.

3.3.3 사용자 프로파일링 구현 및 테스트

테스트 네트워크 환경 구축 과정을 학습하면서 일반적인 기업 네트워크 환경 구축과 크게 다르지 않다는 것을 알 수 있었을 것이다. 기존의 무선 네트워크 구축과 다른 점이라면 인증 서버로 오픈소스 소프트웨어^{OSS, Open Source Software}인 FreeRadius를 사용한 것이다. 하지만 이번에 진행하는 과정에서부터 기존 네트워크와 차별화되는 기능들을 경험하게 될 것이다. 그 첫 번째 기능이 사용자 프로파일링이다. 기존의 네트워크에서도 어느 정도의 사용자 프로파일링이 가능했지만, 나의 관점에서는 그다지 체계적이지 않다고 생각한다. 이 책에서는 체계적인 사용자 프로파일링 방법에 대해 알아보자.

1) 시스템 로그 확인 및 정보 저장 테이블 생성

먼저 리스트 3.31을 살펴보자. 리스트 3.31은 앞의 사용자 인증을 테스트하는 과정에서 FreeRadius와 DHCP가 기록한 로그의 일부분이다. 로그를 살펴보면 일정한 규칙 또는 절차가 반복되고 있다는 것을 알 수 있다. 또한 단말기와 관련된 중요한 정보들이 로그에 포함돼 있다는 사실도 확인할 수 있다.

[리스트 3.31] syslog 중 일부

```
1: May 8 20:51:18 ubuntu freeradius[1382]: Login OK: [gdhong] (from
   client UBMH_1 port 382 cli 78-31-C1-D2-10-38 via TLS tunnel)
2: May 8 20:51:18 ubuntu freeradius[1382]: Login OK: [gdhong] (from
   client UBMH_1 port 382 cli 78-31-C1-D2-10-38)
3: May 8 20:51:18 ubuntu dhcp: DHCPDISCOVER from 78:31:c1:d2:10:38
   via eth0
4: May 8 20:51:19 ubuntu dhcp: DHCPOFFER on 172.16.50.23 to
   78:31:c1:d2:10:38 (VCBANKui-MBP) via eth0
5: May 8 20:51:21 ubuntu dhcp: DHCPREQUEST for 172.16.50.23
   (172.16.50.5) from 78:31:c1:d2:10:38 (VCBANKui-MBP) via eth0
```

```
 6: May 8 20:51:21 ubuntu dhcp: DHCPACK on 172.16.50.23 to
    78:31:c1:d2:10:38 (VCBANKui-MBP) via eth0
 7: May 8 20:53:53 ubuntu freeradius[1382]: Login OK: [gdhong] (from
    client UBMH_1 port 382 cli 23-E2-FD-7D-61-12 via TLS tunnel)
 8: May 8 20:53:53 ubuntu freeradius[1382]: Login OK: [gdhong] (from
    client UBMH_1 port 382 cli 23-E2-FD-7D-61-12)
 9: May 8 20:53:53 ubuntu dhcp: DHCPDISCOVER from 23:e2:fd:7d:61:12
    via eth0
10: May 8 20:53:54 ubuntu dhcp: DHCPOFFER on 172.16.50.21 to
    23:e2:fd:7d:61:12 (VCBANK-iPhone) via eth0
11: May 8 20:53:55 ubuntu dhcp: DHCPREQUEST for 172.16.50.21
    (172.16.50.5) from 23:e2:fd:7d:61:12 (VCBANK-iPhone) via eth0
12: May 8 20:53:55 ubuntu dhcp: DHCPACK on 172.16.50.21 to
    23:e2:fd:7d:61:12 (VCBANK-iPhone) via eth0
```

우선 로그에서 반복되는 규칙 또는 절차는 단말기에 IP 주소가 할당하기 전에 반드시 사용자 인증을 수행한다는 것이다. 802.1X가 적용된 유무선 네트워크 환경에서는 이 절차에 따라 사용자를 인증하고, 단말기에 IP 주소를 할당한다. 그림 3.66은 802.1X 환경에서의 네트워크 접속 절차를 간략하게 표현한 것이다. 앞에서 구성한 네트워크 환경에서는 네트워크 할당 절차가 생략돼 있지만, 최종 네트워크 구성에서는 사용자의 역할과 단말기 유형에 따라 네트워크가 할당하는 절차도 구현할 예정이다.

[그림 3.66] 802.1X 환경에서의 네트워크 접속 절차

로그에서 확인할 수 있는 정보에는 단말기 사용자 식별자, 단말기가 접속한 네트워크 장치 이름, 접속 포트, 단말기의 맥 주소, 단말기에 할당된 IP 주소,

단말기 호스트 이름 등이 있다. 기존 환경에서는 이러한 정보를 획득하기 위해 단말기의 네트워크 연결을 허용한 후 별도의 에이전트를 설치하거나 사용자 인증과 정보 입력 절차 등을 요구했다. 그러나 802.1X 환경에서는 이러한 정보를 네트워크 연결을 진행하는 과정에서 획득할 수 있기 때문에 사용자의 불편을 최소화할 수 있다. 일반적으로 보안을 강화할수록 사용자의 편의성은 떨어진다. 하지만 802.1X를 적절한 보안 정책과 방법론에 따라 적용하면 오히려 보안성뿐만 아니라 사용자의 편의성까지도 향상시킬 수 있다.

"구슬이 서말이라도 꿰어야 보배"라는 속담처럼 시스템 로그에 아무리 훌륭한 정보가 포함돼 있더라도 이를 활용할 수 없다면 아무런 의미도 없을 것이다. 어떻게 하면 로그에 포함된 정보를 활용할 수 있을까? 우리는 3.1절에서 인증 서버에 대한 준비 작업을 진행하면서 rsyslog-mysql 패키지를 설치했다. 따라서 리스트 3.31의 로그는 rsyslog-mysql 패키지에 의해 MySQL의 Syslog 데이터베이스에 저장돼 있다. 데이터베이스에 저장된 로그는 MySQL에 rsyslog 계정으로 로그인하고, 그림 3.67과 같이 FreeRadius, DHCP와 관련된 메시지가 저장돼 있는지 확인한다.

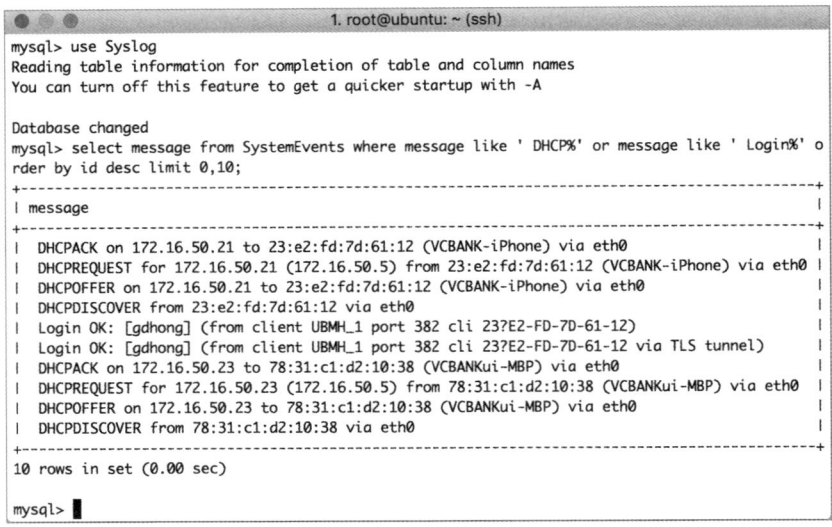

[그림 3.67] 데이터베이스에 저장된 인증 및 IP 주소 할당 로그

이제 데이터베이스에 저장된 로그에서 필요한 정보를 추출해 별도의 데이터베이스에 저장하는 일만 남았다. 그림 3.67에서 알 수 있듯이 시스템 로그의 메시지 부분은 message 컬럼에 저장돼 있다. 따라서 로그가 데이터베이스에 저장될 때 message 컬럼에 저장되는 값이 필요한 정보를 포함하고 있는 메시지인지 식별하고, 필요한 메시지를 추출해 지정된 데이터베이스의 테이블에 저장하면 된다. 이를 위해 트리거^{Trigger}를 이용할 수 있다. 이 책에서는 Syslog 데이터베이스의 SystemEvents 테이블에 트리거를 등록해 message 컬럼에 등록되는 메시지가 FreeRadius의 사용자 인증 관련 또는 DHCP의 IP 주소 할당 관련 메시지일 때 필요한 정보를 추출해 radius 데이터베이스의 지정된 테이블에 저장하고자 한다.

메시지에서 정보를 추출하기에 앞서 radius 데이터베이스에 정보 저장에 필요한 테이블을 만들자. 테이블은 표 3.4~표 3.6까지 3개의 테이블로, 단말기와 사용자 연결을 위한 테이블, 단말기 사용 위치 정보 저장 테이블, 그리고

ARP^{Address Resolution Protocol} 정보 관리를 위한 테이블이다.

[표 3.4] 단말기 사용자 테이블(nac_mac_user)

No	컬럼명	자료형	의미	비고
1	macaddr	varchar(20)	단말기 맥 주소	Primary Key
2	username	varchar(50)	사용자 식별자(ID)	
3	create_date	timestamp	최초 인증일	초깃값: CURRENT_TIMESTAMP)
4	update_date	timestamp	최종 인증일	

[표 3.5] 단말기 사용자 테이블(nac_device_position)

No	컬럼명	자료형	의미	비고
1	macaddr	varchar(20)	단말기 맥 주소	Primary Key
2	macstr	varchar(20)	맥 주소 문자열	구분자(:)가 제거된 맥 주소
3	auth_status	tinyint(4)	인증 상태	0=성공, 1=실패
4	username	varchar(50)	사용자 식별자(ID)	
5	nas_type	int(11)	네트워크 구분	0=유선, 1=무선
6	nas_name	varchar(50)	네트워크 장비 이름	NAS 테이블에 등록된 shortname
7	nas_ipaddr	varchar(20)	네트워크 장비 IP 주소	인증을 요청하는 IP 주소
8	nas_portid	varchar(10)	단말기 연결 포트	
9	date_start	timestamp	최초 접속일	초깃값: CURRENT_TIMESTAMP)
10	date_last	timestamp	최종 접속일	

[표 3.6] ARP 테이블(nac_arp)

No	컬럼명	자료형	의미	비고
1	ipaddr	varchar(20)	단말기 IP 주소	Primary Key
2	macaddr	varchar(20)	단말기 맥 주소	
3	create_date	timestamp	최초 할당일	초깃값: CURRENT_TIMESTAMP)
4	update_date	timestamp	최종 갱신일	

리스트 3.32에서 리스트 3.34의 테이블 생성 스크립트를 radius 데이터베이스에서 실행해 3개의 테이블을 생성한다.

[리스트 3.32] nac_mac_user 테이블 생성 스크립트

```
CREATE TABLE nac_mac_user (
  macaddr varchar(20) NOT NULL DEFAULT '',
  username varchar(50) DEFAULT NULL,
  create_date timestamp NULL DEFAULT CURRENT_TIMESTAMP,
  update_date timestamp NULL DEFAULT NULL,
  PRIMARY KEY (macaddr)
);
```

[리스트 3.33] nac_device_position 테이블 생성 스크립트

```
CREATE TABLE nac_device_position (
  macaddr varchar(20) NOT NULL DEFAULT '',
  macstr varchar(20) NOT NULL DEFAULT '',
  auth_status tinyint(4) DEFAULT '0' COMMENT '0=Success, 1=Fail',
  username varchar(50) DEFAULT NULL,
  nas_type int(11) NOT NULL DEFAULT '0' COMMENT '0=Wired, 1=Wireless',
```

```
  nas_name varchar(50) DEFAULT NULL,
  nas_ipaddr varchar(20) DEFAULT NULL,
  nas_portid varchar(10) DEFAULT NULL,
  date_start timestamp NULL DEFAULT CURRENT_TIMESTAMP,
  date_last_connect timestamp NULL DEFAULT NULL,
  PRIMARY KEY (macaddr)
);
```

[리스트 3.34] nac_arp 테이블 생성 스크립트

```
CREATE TABLE nac_arp (
  ipaddr varchar(20) NOT NULL DEFAULT '',
  macaddr varchar(20) DEFAULT '',
  create_date timestamp NOT NULL DEFAULT CURRENT_TIMESTAMP,
  update_date timestamp NULL DEFAULT NULL,
  PRIMARY KEY (ipaddr)
);
```

스크립트 실행을 완료한 후 그림 3.68과 같이 3개의 테이블이 생성됐는지 확인한다.

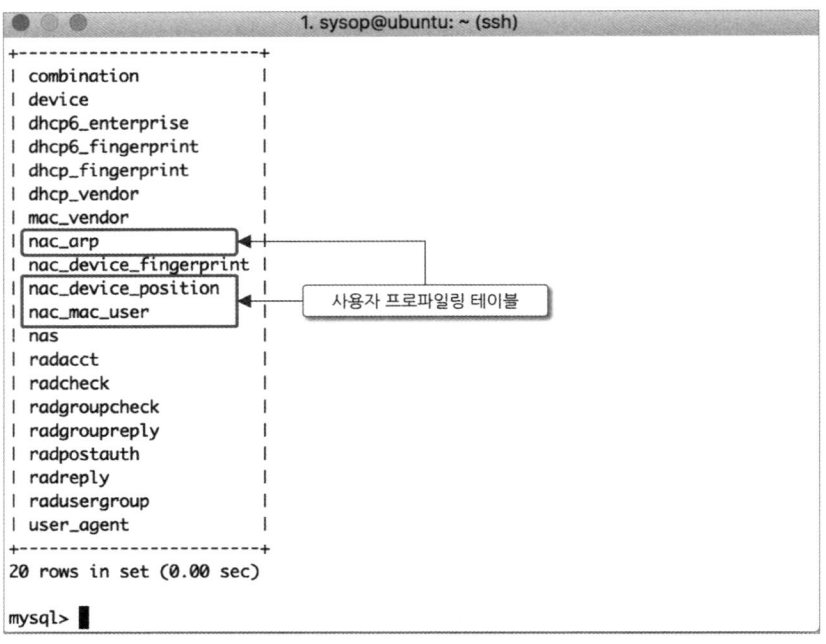

[그림 3.68] radius 데이터베이스의 테이블 목록 확인

2) 정보 추출 및 저장

이제 리스트 3.31의 로그 중에서 FreeRadius 인증 로그와 IP 주소 할당 로그를 통해 어떠한 정보들이 포함돼 있는지 그리고 이를 통해 부가적으로 얻을 수 있는 정보에는 어떠한 것들이 있는지 알아보자.

먼저 FreeRadius 인증 로그를 분해해 각각 어떠한 정보를 포함하고 있는지 살펴보자. 다음은 리스트 3.31의 2행에 있는 로그의 메시지 부분으로 사용자 인증에 성공했을 때 기록하는 메시지다. 메시지를 분해해 의미를 정리하면 표 3.7과 같다.

Login OK: (gdhong) (from client UBMH_1 port 382 cli 78-31-C1-D2-10-38)

[표 3.7] FreeRadius 인증 성공 메시지 의미

구분	내용
Login OK:	사용자 인증 성공
[gdhong]	사용자 계정 gdhong을 이용해 사용자 인증
from client UBMH_1	인증을 요청한 인증자(Authenticator), 즉 NAS 테이블의 shortname 컬럼에 등록한 스위치, AP 또는 무선 컨트롤러의 이름
port 382	단말기가 연결된 인증자의 포트 번호
cli 78-31-C1-D2-10-38	인증 대상 단말기의 맥 주소

표 3.7의 정보를 이용하면 사용자 인증을 요청한 AP 또는 스위치의 IP 주소를 추가로 얻을 수 있다. 'from client UBMH_1'에서 'UBMH_1'을 추출해 인증을 허용할 네트워크 장치 목록이 저장돼 있는 nas 테이블의 shortname 컬럼과 비교하면 AP 또는 스위치의 IP 주소를 얻을 수 있다. 또한 스위치의 IP 주소를 이용해 과금 정보가 저장되는 radacct 테이블을 조회하면 인증을 요청한 네트워크의 유무선 여부도 확인할 수 있다.

이번에는 DHCP 로그에서 IP 주소 할당과 관련된 메시지에 포함된 정보를 알아보자. 리스트 3.31의 로그를 보면 DHCP와 관련된 로그는 IP 주소 하나를 할당할 때마다 4개의 로그가 발생한다. 이는 IP 주소 할당 순서와 연관돼 있다. 클라이언트가 IP 주소 할당을 요청하기 위해 DHCPDISCOVER 메시지를 클라이언트가 소속된 네트워크에 브로드캐스팅한다. 해당 네트워크에 DHCP 서버가 있다면, 서버는 클라이언트에 할당할 수 있는 IP 주소를 포함하는 DHCPOFFER 메시지를 클라이언트에 전달한다. DHCPOFFER 메시지를 수신한 클라이언트는 DHCP 서버가 제안한 IP 주소를 할당 받기 위해 서버에 DHCPREQUEST를 전달한다. 만약, 클라이언트가 복수 개의 DHCPOFFER 메시지를 수신하는 경우, 클라이언트는 가장 먼저 수신한 DHCPOFFER 메시

지를 발송한 서버에 DHCPREQUEST 메시지를 전송한다. DHCPREQUEST 메시지를 수신한 DHCP 서버는 DHCPACK 메시지를 통해 최종적으로 클라이언트에 IP 주소를 할당한다. 따라서 단말기에 할당된 IP 주소 정보를 얻으려면 DHCPACK 메시지를 분석해야 한다.

```
DHCPACK on 172.16.50.23 to 78:31:c1:d2:10:38 (VCBANKui-MBP) via eth0
```

위는 리스트 3.31의 6행에 있는 DHCPACK 메시지로, 이를 분해한 후 의미를 정리하면 표 3.9와 같다. 표 3.9의 항목 중에서 클라이언트의 호스트 이름은 운영체제 종류에 따라 제공하지 않는 경우도 있기 때문에 모든 단말기에서 획득할 수 있는 정보는 아니다.

[표 3.8] DHCP 서버의 IP 주소 할당 메시지 의미

구분	내용
DHCPACK on	IP 주소 할당
172.16.50.23	클라이언트에 할당하는 IP 주소
78:31:c1:d2:10:38	클라이언트의 맥 주소
(VCBANKui-MBP)	클라이언트의 호스트 이름
via eth0	IP 주소 할당을 위해 사용되는 인터페이스

테이블 3.7과 3.8을 비교해보면 단말기의 맥 주소가 공통적으로 포함돼 있다는 것을 알 수 있다. 이는 사용자 인증 과정과 IP 주소 할당 과정에서 공통적으로 맥 주소를 이용해 단말기를 식별하기 때문이다. 따라서 맥 주소를 이용하면 인증 로그 메시지에서 얻은 정보와 IP 주소 할당 과정에서 얻은 정보를 통합할 수 있다.

데이터베이스에 저장돼 있는 사용자 인증과 IP 주소 할당 로그에서 필요한 정보를 추출할 때는 MySQL에서 제공하는 SUBSTR(), SUBSTRING_INDEX(), REPLACE(), LCASE()와 같은 문자열 처리 함수를 이용하면 된다. 다만, 데이터 처리의 실시간성, 즉 데이터베이스에 로그가 기록되는 즉시 필요한 정보를 추출해 저장할 수 있어야 한다. 이를 위해서는 데이터베이스에서 제공하는 트리거를 사용해야 한다. 트리거를 사용하면 데이터베이스에 데이터가 기록되거나 갱신 또는 삭제되기 전이나 후에 추가적인 데이터 처리 절차를 삽입할 수 있기 때문이다.

리스트 3.35는 시스템 로그가 기록되는 Syslog 데이터베이스의 SystemEvents 테이블에 기록되는 로그 중에서 사용자 인증 및 IP 주소 할당과 관련된 로그를 식별하고, 표 3.7과 표 3.8에서 열거한 정보를 추출해 radius 데이터베이스에 생성한 nac_mac_user, nac_device_position, nac_arp 테이블에 등록하는 트리거 코드다. 트리거를 쉽게 등록하기 위해서는 별도의 파일에 코드를 저장해야 한다. 나는 sysop 계정에 trigger 디렉터리를 만들고, 그 안에 ai_systemevents.sql 파일로 저장했다.

[리스트 3.35] /home/sysop/trigger/ai_systemevents.sql

```
1: DROP TRIGGER IF EXISTS ai_systemevents;
2: DELIMITER ;;
3: CREATE TRIGGER ai_systemevents AFTER INSERT ON SystemEvents
4: FOR EACH ROW
5: BEGIN
6:     ## 변수 선언
7:     DECLARE v_username VARCHAR(20);     ## 사용자 식별자(ID)
8:     DECLARE v_macaddr VARCHAR(20);      ## 단말기 맥 주소
9:     DECLARE v_macstr VARCHAR(20);       ## 맥 주소 구분자(:)가
       제거된 문자열
```

```
10:      DECLARE v_nasshortname VARCHAR(50);     ## 스위치 또는 AP 이름
11:      DECLARE v_port INT;                     ## 단말기가 연결된 물리적
                                                 (스위치) 포트 또는 가상(AP)
                                                 포트
12:      DECLARE v_authstatus TINYINT;           ## 인증 결과(0=성공,
                                                 1=실패)
13:      DECLARE v_nasipaddr VARCHAR(20);        ## 인증을 요청한 스위치
                                                 또는 AP의 IP 주소
14:      DECLARE v_nastype INT;                  ## 유무선 네트워크 구분
                                                 (0=유선, 1=무선)
15:      DECLARE v_authtype TINYINT default 0;   ## 인증 유형(0=사용자
                                                 계정 인증, 1=단말기 맥 주
                                                 소 인증)
16:      DECLARE v_ip VARCHAR(20);               ## 단말기에 할당된 IP
                                                 주소
17:
18:      ## 사용자 로그인 결과에 관계 없이 로그인 정보와 위치 기록
19:      IF NEW.message REGEXP '^ Login .* [[.left-square-
         bracket.]].*[[.right-square-bracket.]] [[.left-
         parenthesis.]]from client.*port [0-9]+ cli ([[:alnum:]]{2}
         [:-]){5}[[:alnum:]]{2}[[.right-parenthesis.]]' THEN
20:          SET v_username = SUBSTRING_INDEX(SUBSTRING_INDEX(NEW.
             message, ']', 1), '[',-1);
21:          SET v_macaddr = LCASE(REPLACE(SUBSTRING_
             INDEX(REPLACE(NEW.message,')',''),' ', -1),'-',':'));
22:          SET v_macstr = REPLACE(v_macaddr, ':', '');
23:          SET v_nasshortname = SUBSTRING_INDEX(SUBSTRING_
             INDEX(REPLACE(NEW.message,')',''),' ', -5),' ',1);
24:          SET v_port = SUBSTRING_INDEX(SUBSTRING_
             INDEX(REPLACE(NEW.message,')',''),' ', -3),' ',1);
25:          SET v_authstatus = IF('OK' = REPLACE(SUBSTRING_
             INDEX(SUBSTRING_INDEX(NEW.message, ' ', 3),' ',-
             1),':',''), 0, 1);
26:          SET v_nasipaddr = ( SELECT nasname FROM radius.nas
```

```
27:         WHERE shortname = v_nasshortname );
            SET v_nastype = ( SELECT IF(nasporttype = 'Ethernet',
            0, 1) FROM radius.radacct WHERE nasipaddress = v_
            nasipaddr ORDER BY radacctid desc LIMIT 0,1 );
28:         SET v_authtype = IF(v_username <> v_macstr, 0, 1);
29:
30:         IF v_username <> v_macstr THEN
31:             INSERT IGNORE INTO radius.nac_mac_user ( macaddr,
                username )
32:             VALUES ( v_macaddr, v_username )
33:                 ON DUPLICATE KEY UPDATE
34:                     username = v_username,
35:                     update_date = CURRENT_TIMESTAMP;
36:         ELSE
37:             SET v_username = '';
38:             SELECT username
39:               INTO v_username
40:               FROM radius.nac_mac_user
41:              WHERE macaddr = v_macaddr;
42:         END IF;
43:
44:         ## 최종 사용자 인증 위치 기록 및 갱신
45:         INSERT IGNORE INTO radius.nac_device_position (
            macaddr, macstr, auth_status, username, nas_type, nas_
            name, nas_ipaddr, nas_portid, date_last_connect )
46:         VALUES ( v_macaddr, v_macstr, v_authstatus, v_username,
            v_nastype, v_nasshortname, v_nasipaddr, v_port, NEW.
            ReceivedAt)
47:             ON DUPLICATE KEY UPDATE
48:                 auth_status = v_authstatus,
49:                 nas_type = v_nastype,
50:                 username = v_username,
51:                 nas_name = v_nasshortname,
52:                 nas_ipaddr = v_nasipaddr,
```

```
53:                    nas_portid = v_port,
54:                    date_last_connect = NEW.ReceivedAt;
55:        END IF;
56:
57:        ## 사용자 IP 주소 할당 내역 등록 및 갱신
58:        IF NEW.message REGEXP '^ DHCPACK on' THEN
59:            SET v_ip = SUBSTRING_INDEX(SUBSTR(NEW.
                   message,locate('DHCPACK on', NEW.message)+11),' ',1);
60:            SET v_macaddr = SUBSTRING_INDEX(SUBSTR(NEW.
                   message,locate(' to ', NEW.message)+4),' ',1);
61:
62:            ## RADIUS.NAC_ARP 테이블에 IP 주소와 MAC 주소 등록
63:            INSERT IGNORE INTO radius.nac_arp ( ipaddr, macaddr )
                   VALUES ( v_ip, v_macaddr )
64:            ON DUPLICATE KEY UPDATE macaddr = v_macaddr, update_
                   date = CURRENT_TIMESTAMP;
65:        END IF;
66:
67: END;;
68: DELIMITER ;
```

리스트 3.35의 트리거 코드 작성이 마무리되면, 그림 3.69와 같이 Syslog 데이터베이스에 트리거를 등록한다. 만약, radius 데이터베이스에 등록을 시도하면 그림 3.70과 같이 radius 데이터베이스에 SystemEvents 테이블이 존재하지 않는다는 에러 메시지가 출력되고, 트리거 등록이 중단된다.

```
sysop@ubuntu:~/trigger$ mysql -ursyslog -p09n072 Syslog < ai_systemevents.sql
sysop@ubuntu:~/trigger$
```

[그림 3.69] 트리거를 Syslog 데이터베이스에 등록

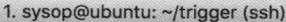

[그림 3.70] 트리거 등록 오류

데이터베이스에 대한 경험이 있는 독자라면, 리스트 3.35의 트리거 코드의 의미를 어렵지 않게 이해할 수 있을 것이다. 하지만 데이터베이스에 익숙하지 않은 독자를 위해 코드의 의미를 간략히 살펴보자.

다음 1행의 코드는 ai_systemevents라는 이름을 갖는 트리거가 이미 등록돼 있다면 기존의 트리거를 삭제하는 명령으로, 트리거의 수정 또는 삭제가 필요할 때 사용한다. MySQL은 트리거 수정과 관련된 명령을 지원하지 않으므로 트리거를 수정할 때는 반드시 삭제한 후에 다시 생성해야 한다.

```
1: DROP TRIGGER IF EXISTS ai_systemevents;
```

리스트 3.36의 코드는 ai_systemevents 트리거를 선언하는 코드다.

[리스트 3.36] ai_systemevents 트리거 선언

```
 2: DELIMITER ;;
 3: CREATE TRIGGER ai_systemevents AFTER INSERT ON SystemEvents
 4: FOR EACH ROW
...
68: DELIMITER ;
```

2행은 MySQL에서 실행하는 명령의 구분자^{delimiter}를 세미콜론(;)에서 더블 세미콜론(;;)으로 변경한다. 트리거의 내부에서도 각 명령의 끝을 구분하기 위해 세미콜론을 사용한다. MySQL 명령과 트리거 본문 사이의 혼란을 없애기 위

해 MySQL 명령의 끝을 표시하는 구분자를 세미콜론에서 더블슬래시로 일시적으로 변경하고, 68행에서 세미콜론으로 환원한다.

3행과 4행은 트리거를 선언하는 코드로, 트리거 ai_systemevents을 System Events 테이블에 등록하고 테이블에 새로운 레코드(FOR EACH ROW)가 삽입(INSERT)된 직후(AFTER)에 트리거가 실행되도록 하는 코드다. 일부 데이터베이스의 경우 트리거의 실행 범위를 컬럼(COLUMN), 레코드(ROW) 또는 테이블(TABLE)로 자유롭게 조정할 수 있지만, MySQL은 트리거의 실행 범위를 개별 레코드에만 지정할 수 있다.

리스트 3.37은 트리거 본문의 시작과 끝을 정의하는 코드다.

[리스트 3.37] 트리거 본문의 시작과 끝 정의

```
 5: BEGIN
...
67: END;;
```

67행의 마지막에는 더블 세미콜론(;;)이 사용됐는데, 그 이유는 2행에서 명령 구분자를 더블 세미콜론으로 변경했기 때문이다. 결국 트리거를 등록하는 동안에는 BEGIN에서 END 키워드 사이에 있는 모든 명령을 하나의 명령으로 인식한다.

리스트 3.38은 SystemEvents 테이블에 기록되는 시스템 로그 메시지 중에서 사용자 인증 또는 IP 주소 할당과 관련된 로그를 식별하기 위한 코드다.

[리스트 3.38] 메시지 식별

```
19:     IF NEW.message REGEXP '^ Login .* [[.left-square-
        bracket.]].*[[.right-square-bracket.]] [[.left-
```

```
             parenthesis.]]from client.*port [0-9]+ cli ([[:alnum:]]{2}
             [:-]){5}[[:alnum:]]{2}[[.right-parenthesis.]]' THEN
...
55:          END IF;
56:
57:          ## 사용자 IP 주소 할당 내역 등록 및 갱신
58:          IF NEW.message REGEXP '^ DHCPACK on' THEN
...
65:          END IF;
```

앞에서 살펴봤듯이 사용자 인증과 관련된 메시지는 'Login' 문자열로 시작하고, IP 주소 할당과 관련된 메시지는 'DHCPACK on' 문자열로 시작한다. 따라서 19행과 58행에서는 정규 표현식^{Regular Expression}을 이용해 두 가지 유형의 로그를 식별한다. 다만, 19행의 경우 'Login'으로 시작하는 메시지를 식별할 때에도 정규식이 복잡하게 정의돼 있다. 이는 FreeRadius에 요청하는 다양한 네트워크 또는 정보 시스템, 보안 시스템의 사용자 인증 요청 중에서 네트워크 장비에서 요청하는 802.1X 인증 요청만을 식별하기 위해서다.

리스트 3.39는 NEW.MESSAGE 변수에 저장돼 있는 사용자 인증 관련 메시지에서 MySQL에서 제공하는 문자열 처리 함수를 사용해 프로파일링을 위한 정보를 추출하는 코드다.

[리스트 3.39] 사용자 인증 관련 메시지에서 정보 추출

```
20:          SET v_username = SUBSTRING_INDEX(SUBSTRING_INDEX(NEW.
             message, ']', 1), '[',-1];
21:          SET v_macaddr = LCASE( REPLACE( SUBSTRING_INDEX(
             REPLACE( NEW.message, ')', ''), ' ', -1), '-', ':'));
22:          SET v_macstr = REPLACE( v_macaddr, ':', '');
23:          SET v_nasshortname = SUBSTRING_INDEX( SUBSTRING_INDEX(
             REPLACE( NEW.message, ')', ''), ' ', -5), ' ', 1);
```

```
24:         SET v_port = SUBSTRING_INDEX( SUBSTRING_INDEX( REPLACE(
            NEW.message, ')', ''), ' ', -3), ' ', 1);
25:         SET v_authstatus = IF('OK' = REPLACE( SUBSTRING_INDEX(
            SUBSTRING_INDEX( NEW.message, ' ', 3), ' ', -1), ':',
            ''), 0, 1);
26:         SET v_nasipaddr = ( SELECT nasname FROM radius.nas
            WHERE shortname = v_nasshortname );
27:         SET v_nastype = ( SELECT IF( nasporttype = 'Ethernet',
            0, 1) FROM radius.radacct WHERE nasipaddress = v_
            nasipaddr ORDER BY radacctid desc LIMIT 0,1 );
28:         SET v_authtype = IF(v_username <> v_macstr, 0, 1);
```

20~25행까지는 메시지를 파싱해 필요한 정보를 추출하는 반면, 26행과 27행은 메시지에서 추출한 정보를 이용해 부가 정보를 획득한다. 26행은 23행에서 추출한 인증자(NAS), 즉 스위치 또는 AP 이름을 이용해 radius 데이터베이스의 nas 테이블을 조회해 해당 장비의 IP 주소를 획득한다. 그리고 27행은 26행에서 획득한 인증자의 IP 주소를 이용해 유무선 네트워크를 식별한다.

[리스트 3.40] 단말기 맥 주소와 사용자 식별자를 nac_mac_user 테이블에 저장

```
30:         IF v_username <> v_macstr THEN
31:             INSERT IGNORE INTO radius.nac_mac_user ( macaddr,
                username )
32:             VALUES ( v_macaddr, v_username )
33:                ON DUPLICATE KEY UPDATE
34:                     username = v_username,
35:                     update_date = CURRENT_TIMESTAMP;
36:         ELSE
37:             SET v_username = '';
38:             SELECT username
39:               INTO v_username
40:               FROM radius.nac_mac_user
```

```
41:              WHERE macaddr = v_macaddr;
42:        END IF;
```

리스트 3.40은 단말기 맥 주소와 사용자 식별자(ID)를 nac_mac_user 테이블에 저장하는 코드로, 30행에서 사용자 식별자와 단말기 맥 주소를 비교해 인증 방식이 사용자 계정을 이용한 인증인지, 맥 주소를 이용한 인증인지를 식별한다. 인증 방식은 AP 환경 설정에서 살펴본 그림 3.48의 "Open Authentication" 항목에서 조정할 수 있다. 만약, 사용자 계정을 이용한 인증일 경우, 31~35행에서 nac_mac_user 테이블에 단말기 맥 주소와 사용자 식별자를 등록하거나 갱신하고, 맥 주소 인증일 경우 37~41행에서 해당 맥 주소의 사용자 식별자를 구해 v_username 변수에 저장한다.

[리스트 3.41] 단말기 최종 사용 위치 정보 등록 및 갱신

```
44:        ## 최종 사용자 인증 위치 기록 및 갱신
45:        INSERT IGNORE INTO radius.nac_device_position (
           macaddr, macstr, auth_status, username, nas_type, nas_
           name, nas_ipaddr, nas_portid, date_last_connect )
46:        VALUES ( v_macaddr, v_macstr, v_authstatus, v_username,
           v_nastype, v_nasshortname, v_nasipaddr, v_port, NEW.
           ReceivedAt)
47:            ON DUPLICATE KEY UPDATE
48:                auth_status = v_authstatus,
49:                nas_type = v_nastype,
50:                username = v_username,
51:                nas_name = v_nasshortname,
52:                nas_ipaddr = v_nasipaddr,
53:                nas_portid = v_port,
54:                date_last_connect = NEW.ReceivedAt;
```

리스트 3.41은 리스트 3.39에서 추출한 단말기 최종 사용 위치 정보를 등록하거나 갱신하는 코드다. 특이한 점이 있다면 54행에서 단말기의 위치를 갱신할 때 정확한 최종 접속일을 확인하기 위해 해당 컬럼에 로그가 기록된 일시를 저장하는 것이다.

[리스트 3.42] IP 주소 할당 내역 등록 및 갱신

```
59:      SET v_ip = SUBSTRING_INDEX(SUBSTR(NEW.
         message,locate('DHCPACK on', NEW.message)+11),' ',1);
60:      SET v_macaddr = SUBSTRING_INDEX(SUBSTR(NEW.
         message,locate(' to ', NEW.message)+4),' ',1);
61:
62:      ## RADIUS.NAC_ARP 테이블에 IP 주소와 MAC 주소 등록
63:      INSERT IGNORE INTO radius.nac_arp ( ipaddr, macaddr )
         VALUES ( v_ip, v_macaddr )
64:      ON DUPLICATE KEY UPDATE macaddr = v_macaddr, update_
         date = CURRENT_TIMESTAMP;
```

리스트 3.42는 'DHCPACK on'으로 시작하는 DHCP 로그에서 단말기에 할당하는 IP 주소와 IP 주소 할당 대상 단말기의 맥 주소를 추출해 nac_arp 테이블에 기록한다. 표 3.6의 테이블 명세서에서 확인할 수 있듯이 nac_arp 테이블은 다른 테이블에서 맥 주소 컬럼을 기본 키^{Primary Key}로 사용하는 것과 달리 IP 주소 컬럼을 기본 키로 사용한다. 이는 nac_mac_user, nac_device_position 테이블은 단말기를 기준으로 정보를 관리하는 반면, nac_arp 테이블은 테이블 이름에서 알 수 있듯이 ARP 정보를 관리를 위해 설계된 테이블이기 때문이다. ARP에서는 하나의 맥 주소에 복수 개의 IP 주소를 할당할 수 있지만, 이와 반대로 하나의 IP 주소에 복수 개의 맥 주소를 할당할 수는 없기 때문에 nac_arp 테이블에서는 IP 주소 컬럼을 기본 키로 사용했다. nac_arp 테이블의 구체적인 활용 방법은 다음 절에서 살펴볼 수 있다.

리스트 3.35의 트리거를 이해했을 것이라 생각한다. 어렵거나 복잡한 코드는 아니지만, 사용자 프로파일링에서 강력한 능력을 발휘한다. 독자의 필요에 따라 단말기별 사용자 인증 이력이나 IP 주소 할당 이력 등을 관리하기 위한 테이블과 트리거를 추가한다면 좀 더 강력한 로깅 시스템이나 네트워크 또는 정보보안을 위한 백엔드 데이터베이스를 생성할 수 있을 것이다.

트리거 등록이 완료되면 다양한 단말기를 이용해 UBMH 네트워크에 접속한 후 원하는 정보를 추출해 저장할 수 있는지 확인해본다. 그림 3.73은 OS X가 설치된 맥북, iOS가 설치된 아이폰과 아이패드, Windows 10이 설치된 랩톱을 이용해 테스트한 결과다.

```
1. sysop@ubuntu: ~/trigger (ssh)
mysql> select * from nac_mac_user;
+-------------------+----------+---------------------+---------------------+
| macaddr           | username | create_date         | update_date         |
+-------------------+----------+---------------------+---------------------+
| 34:e2:fd:7d:61:12 | gdhong   | 2016-05-15 13:28:24 | 2016-05-15 13:32:47 |
| 6c:70:9f:63:4f:3b | gdhong   | 2016-05-15 13:29:58 | NULL                |
| 78:31:c1:d2:10:38 | gdhong   | 2016-05-15 13:25:51 | 2016-05-15 13:26:18 |
| b8:86:87:6a:f1:57 | gdhong   | 2016-05-15 13:31:20 | 2016-05-15 13:31:30 |
+-------------------+----------+---------------------+---------------------+
4 rows in set (0.00 sec)

mysql>
```

(a) nac_mac_user 테이블

```
1. sysop@ubuntu: ~/trigger (ssh)
mysql> select macaddr, username, nas_type, nas_name, nas_ipaddr from nac_device_position;
+-------------------+----------+----------+----------+--------------+
| macaddr           | username | nas_type | nas_name | nas_ipaddr   |
+-------------------+----------+----------+----------+--------------+
| 34:e2:fd:7d:61:12 | gdhong   |        1 | UBMH_1   | 172.16.50.11 |
| 6c:70:9f:63:4f:3b | gdhong   |        1 | UBMH_1   | 172.16.50.11 |
| 78:31:c1:d2:10:38 | gdhong   |        1 | UBMH_1   | 172.16.50.11 |
| b8:86:87:6a:f1:57 | gdhong   |        1 | UBMH_1   | 172.16.50.11 |
+-------------------+----------+----------+----------+--------------+
4 rows in set (0.00 sec)

mysql>
```

(b) nac_device_position 테이블

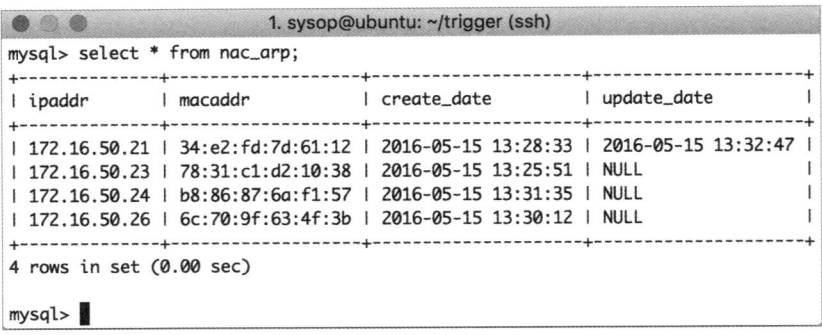

(c) nac_arp 테이블

[그림 3.71] 테이블에 저장돼 있는 사용자 프로파일

만약, 그림 3.71과 같이 3개의 테이블에 프로파일링 정보가 저장되지 않았을 때는 등록한 트리거가 3.30과 동일한지 확인하고 테스트를 다시 진행한다. 좀 더 구체적으로 오류를 추적해보고 싶은 독자는 그림 3.72와 같이 MySQL 서비스를 중지한다.

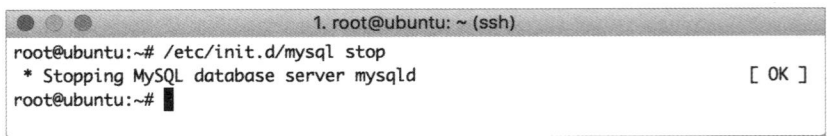

[그림 3.72] MySQL 서비스 시작

그리고 그림 3.73과 같이 MySQL 환경 설정 파일인 /etc/mysql/my.cnf 파일에서 72행과 73행의 주석(#)을 삭제해 질의문 실행과 관련된 모든 로그를 기록한다.

```
67 # * Logging and Replication
68 #
69 # Both location gets rotated by the cronjob.
70 # Be aware that this log type is a performance killer.
71 # As of 5.1 you can enable the log at runtime!
72 general_log_file        = /var/log/mysql/mysql.log
73 general_log             = 1
74 #
75 # Error log - should be very few entries.
76 #
77 log_error = /var/log/mysql/error.log
78 #
"/etc/mysql/my.cnf" 127L, 3504C written              72,1          57%
```

[그림 3.73] /etc/mysql/my.cnf

환경 설정을 변경한 후에 그림 3.74와 같이 MySQL 서비스를 시작한다. 그런 다음 /var/log/mysql/mysql.log에 기록된 로그를 확인하고 트리거의 오류를 수정한다.

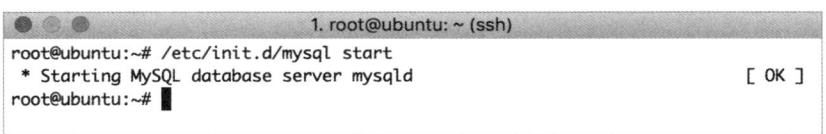

[그림 3.74] MySQL 서비스 시작

그림 3.74의 옵션을 활성화하면, 데이터베이스에서 실행하는 모든 질의문을 기록하게 돼 시스템에 부하를 주게 된다. 따라서 오류를 수정한 후에는 해당 옵션을 비활성화해 시스템의 부하를 줄여줘야 한다.

3.4 ARP 스푸핑 차단

앞 절에서는 사용자 프로파일링을 통해 사용자 단말기의 네트워크 접속과 관련된 다양한 정보를 획득할 수 있게 됐다. 이러한 정보들은 네트워크 또는 정보보안 업무뿐만 아니라 비즈니스 또는 보안 정책에 따라 다양한 목적으로 활용할 수 있다. 예를 들어 그룹웨어에 대한 접근통제를 강화하고자 하는 경우에는 네트워크에 접속할 때 사용한 사용자 식별자와 그룹웨어에 접속한 사용자 식별자를 비교해 식별자가 다르면 그룹웨어 접근을 차단하거나 접근 가능한 메뉴를 제한할 수 있다. 또한 특정 시스템에 대해 위치 기반 접근통제를 구현하고자 하는 경우에도 어렵지 않게 구현할 수 있으며, 최근 떠오르는 차세대 방화벽Next Generation Firewall에 실시간으로 사용자 계정과 IP 주소를 연동해 아이덴터티 기반 방화벽Identity based Firewall도 구현할 수 있다. 이번 절에서는 사용자 프로파일의 실제적인 활용으로 허가되지 않은 IP 주소 할당과 변경 그리고 ARP 스푸핑을 식별하거나 차단하는 방법을 알아보자.

3.4.1 IP 주소 할당과 ARP 스푸핑 차단

3.3절에서 살펴본 네트워크 접속을 위한 인증과 IP 주소 할당 그리고 사용자 프로파일링 절차는 이상적으로 느껴질 수 있다. 하지만 결정적으로 IP 주소 할당과 관련된 문제를 내포하고 있다. 그림 3.75를 살펴보면서 이 문제에 대해 알아보자. 앞에서 구축한 테스트 환경에서는 기본적으로 DHCP 시스템을 통해 IP 주소를 할당하고, IP 할당 과정에서 발생하는 로그 메시지에서 단말기에 할당한 IP 주소와 단말기의 맥 주소를 획득했다. 보통의 사용자라면 정의된 절차에 따라 사용자 인증을 거친 후 허가된 DHCP 서버로부터 IP 주소를 할당 받을 것이다. 그러나 가끔식 충만한 지식으로 무장한 똑똑한 사용자들이 문제가 된다. 똑똑한 사용자들이 그림 3.75의 (2)또는 (3)처럼 단말기에 고정 IP 주소를 할당하거나 고의 또는 실수로 DHCP 서버를 운영하는 경우, 공들여 구현한 프로파일링 절차를 간단히 우회하는 결과를 초래한다.

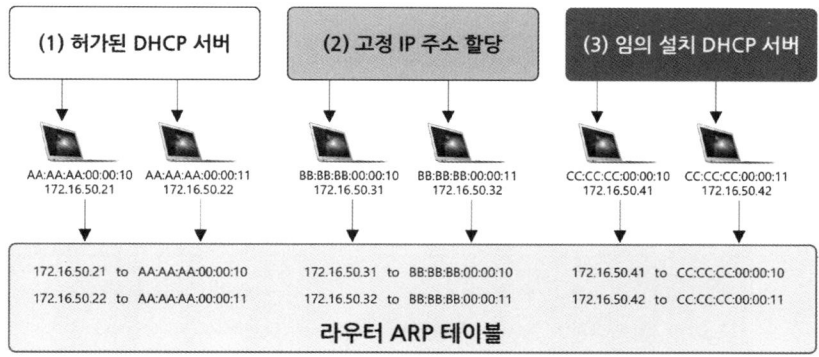

[그림 3.75] 다양한 IP 주소 할당 방법

우리는 앞에서 사용자 프로파일링을 구현하면서 그림 3.76과 같이 nac_arp 테이블에 IP 주소와 단말기의 맥 주소를 기록하는 방식으로 ARP 정보를 관리하도록 했다. 만약, 모든 사용자가 우리가 설계한 절차에 따라 네트워크에 접속한다면, 라우터에 등록된 ARP 정보와 nac_arp 테이블에 등록된 ARP 정보가 거의 일치할 것이다.

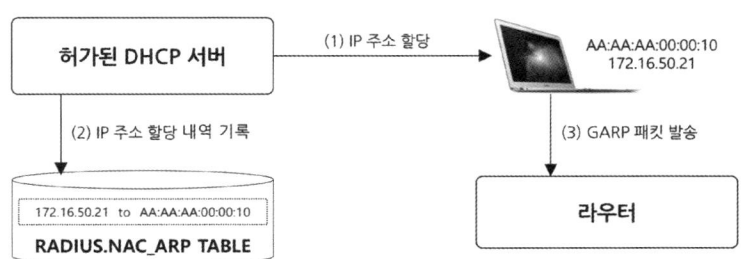

[그림 3.76] 정상적인 IP 주소 할당과 ARP 정보 등록

그러나 그림 3.75와 같이 허가된 DHCP 서버 이외에 고정 IP 주소 할당이나 임의로 설치된 DHCP 서버가 운영되고 있다면, 그림 3.77과 같이 라우터와 nac_arp 테이블에 등록된 ARP 정보에서 차이가 발생한다. 이러한 차이는 사용자가 확인되지 않는 IP 주소 사용으로 이어지고, 사용자의 실수 또는 고의

에 의한 ARP 스푸핑 공격이나 다른 침해 사고가 발생했을 때 공격 또는 피해 단말기에 대한 추적을 어렵게 하고, 개선된 네트워크와 정보보안 환경을 위해 구축한 사용자 프로파일의 신뢰도를 떨어뜨린다.

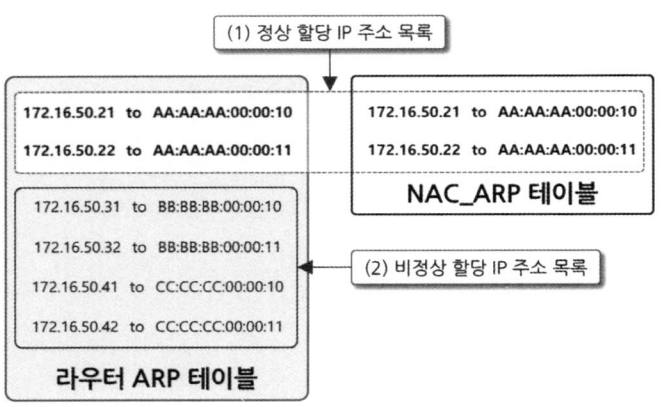

[그림 3.77] 라우터와 nac_arp 테이블의 ARP 정보 비교

이것이 바로 우리가 고민해야 할 문제다. 어떻게 하면 DHCP 환경에서 고정 IP 주소 할당과 허가되지 않은 DHCP 서버를 통한 IP 주소의 할당을 막을 수 있을까? 물론 별도의 솔루션을 통해 문제를 해결할 수도 있다. 그러나 프로파일링 정보를 잘 활용하면 상용 솔루션에 버금가는 효과적인 해결 방안을 도출할 수 있다. 문제 해결의 실마리는 그림 3.77에서 보여주는 라우터와 nac_arp 테이블이 갖고 있는 ARP 정보의 차이에 있다. 라우터와 nac_arp 테이블에 있는 ARP 정보를 비교해 nac_arp 테이블에 등록되지 않은 ARP 정보를 갖는 단말기의 네트워크 접속을 차단하면 된다. 매우 간단하고도 명쾌한 해결 방법이다. 하지만 문제는 어떻게 실시간으로 ARP 정보를 비교하고 네트워크 접속을 차단하는지에 있다.

그림 3.78은 방금 설명한 문제에 대한 해결 방법을 제시한다. 그림 3.78에서의 핵심 요소는 ARP 모니터ARP Monitor다. ARP 모니터는 ARP 정보를 분석한 후

네트워크 접속 차단 대상 단말기를 결정하고, 네트워크 장비에 네트워크 접속 차단 명령을 내리는 기능을 수행한다.

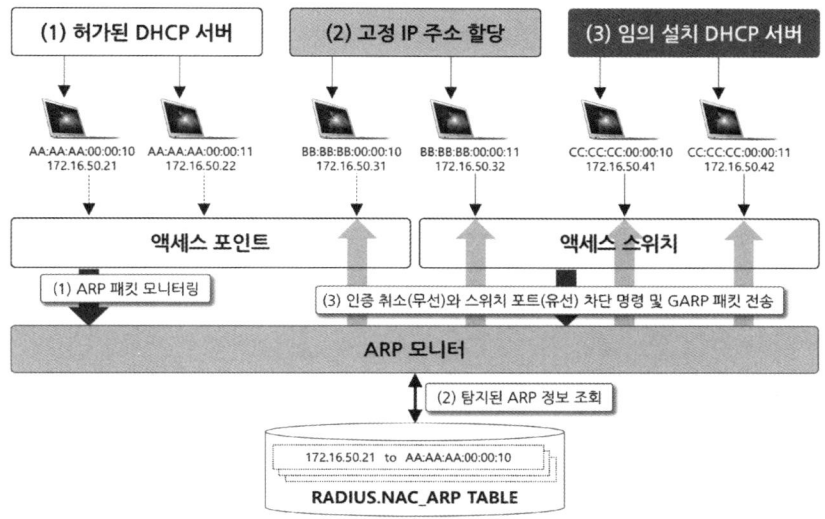

[그림 3.78] 미인가 IP 주소 할당 통제 개념도

ARP 모니터는 구체적으로 다음과 같이 동작한다.

(1) ARP 모니터는 무차별 수신 모드(PROMISCUOUS)로 설정된 네트워크 인터페이스를 통해 사용자 네트워크에서 주고받는 ARP 패킷을 수신한다.

(2) 수신한 ARP 패킷에서 IP 주소와 맥 주소를 추출해 radius의 nac_arp 테이블에 저장돼 있는 IP 주소와 맥 주소를 비교한 후 허가된 DHCP 서버에서 할당된 IP 주소인지 식별한다. 이 과정에서 ARP 모니터는 ARP 스푸핑 공격을 탐지한다. ARP 스푸핑 공격을 통해 기존에 할당된 단말기의 ARP 정보를 변경하려면, 변조된 ARP 패킷을 전송해야 한다. 변조된 ARP 패킷이 전송되면 ARP 모니터도 이를 수신하고, nac_arp 테이블에 저장된 IP/맥 주소와 동일한지 비교한 다음, 공격 여부를 탐지한다.

(3) 만약, 허가되지 않은 IP 주소 할당이거나 ARP 스푸핑 공격으로 탐지되면, ARP 모니터는 허가되지 않은 IP 주소가 할당된 단말기 또는 ARP 스푸핑 공격을 시도한 단말기가 연결된 AP 또는 액세스 스위치에 해당 단말기의 네트워크 접속 차단 명령을 전달한다. 단말기가 연결된 네트워크 장비는 프로파일링 과정에서 nac_device_position 테이블에 저장된 정보를 이용한다. 802.1X가 적용된 네트워크 환경이라도 사용자는 단말기의 IP 주소를 임의로 설정할 수 있다. 하지만 네트워크 접속에 필요한 사용자 인증을 회피할 수는 없다. 반드시 사용자 인증을 거쳐야 한다. 사용자 인증 후에는 nac_device_position 테이블에 모든 단말기의 접속 위치 정보가 저장되기 때문이다. 네트워크 접속을 차단할 때는 MIB와 OID를 이용한다. 아울러 네트워크 접속을 차단한 후에는 ARP 공격에 의해 변조됐을 수 있는 ARP 정보를 바로잡기 위해 공격을 당한 단말기의 GARP 패킷을 해당 네트워크에 전송한다.

네트워크 접속 차단은 전통적인 SNMP 명령을 사용하며, GARP 패킷 전송에도 오픈소스인 FAKE 패키지에 포함된 send_arp를 이용하고자 한다. 표 3.9는 SNMP 버전 2를 기준으로 액세스 스위치와 WLC의 네트워크 연결을 제어하기 위한 SNMP 명령과 MIB, OID를 정리한 것이다. 아쉽게도 시스코의 독립형 AP는 네트워크 연결 제어에 필요한 MIB 또는 OID는 제공하지 않는다. 따라서 독립형 AP에 대한 연결을 제어하는 내부 명령을 실행하는 자동화된 스크립트를 작성해 활용하고자 한다.

[표 3.9] 장비별 SNMP와 내부 명령을 이용한 네트워크 접속 차단

장비 구분	제어 구분	명령
액세스 스위치 (C2960S)	비활성화	snmpset -v 2c -c [snmp key] [스위치 IP 주소] IF-MIB::ifAdminStatus.[스위치 포트 ID] i 2
	활성화	snmpset -v 2c -c [snmp key] [스위치 IP 주소] IF-MIB::ifAdminStatus.[스위치 포트 ID] i 1
무선 랜 컨트롤러	정보 확인	snmpget -v 2c -c [snmp key] [WLC IP 주소] .1.3.6.1.4.1.14179.2.1.4.1.22.[맥 주소]
	인증 취소	snmpset -v 2c -c [snmp key] [WLC IP 주소] .1.3.6.1.4.1.14179.2.1.4.1.22.[맥 주소] i 1
독립형 AP	인증 취소	clear dot11 client [맥 주소]

유무선 네트워크의 유형에 따라 접속을 해제하는 방식에는 약간 차이가 있다. 그러나 네트워크 또는 보안 정책을 위반하는 단말기를 네트워크 연결로부터 단절시킬 수 있다는 점에서는 동일한 역할을 수행한다고 할 수 있다. 유선 네트워크에서 네트워크 연결을 해제하는 방법은 단말기가 연결돼 있는 스위치의 액세스 포트를 제어하는 것이다. 제어의 의미는 액세스 포트를 비활성화^{disable}함으로써 액세스 포트를 변경하지 않는 한 네트워크 접속을 영구적으로 차단하는 것이다. 또는 액세스 포트를 비활성화했다가 다시 활성화^{enable}함으로써 비정상 행위를 차단한 후에 네트워크 접속을 다시 허용할 수도 있다. 만약, 특정 단말기가 지속적으로 이상 행위를 한다면 네트워크 접속이 지속적으로 차단되면서 비정상 행위를 차단하는 효과를 얻게 된다.

무선 네트워크의 경우 물리적으로 독립된 포트가 존재하지 않으므로 유선 네트워크와 같이 포트를 비활성화시키거나 활성화시킬 수 없다. AP 또는 WLC는 각각의 단말기 식별을 위해 맥 주소를 사용한다. 따라서 AP와 WLC는 단말기의 맥 주소를 삭제 또는 인증을 해제하는 방법으로 네트워크 연결을 해제한다. 무선 네트워크에서 단말기의 인증이 해제되면 자동으로 네트워크 접속

이 차단되고, 해당 단말기는 연결을 회복하기 위해 다시 인증을 시도한다. 이와 같은 인증과 인증 해제를 반복하면서 비정상 행위를 하는 단말기의 무선 네트워크 접속을 차단한다.

지금까지 허가되지 않은 IP 주소 할당과 ARP 스푸핑 차단 원리를 알아봤다. 다음에는 이를 실제로 구현하는 데 필요한 스위치와 AP에 대한 몇 가지 환경 설정을 진행해보자.

3.4.2 ARP 모니터를 위한 환경 설정

ARP 모니터는 그림 3.78을 통해 설명했듯이, 네트워크를 통해 흘러다니는 모든 ARP 패킷을 모니터링하고 IP 주소가 허가된 절차에 의해 할당 받았는지, ARP 스푸핑을 시도하지 않았는지를 식별하고, 이상 동작을 시도하는 단말기의 네트워크 접속을 차단하고 인증을 취소하기 위해 SNMP와 텔넷(Telnet 또는 SSH)을 통해 네트워크 장치를 제어한다. 이를 위해서는 몇 가지 환경 설정과 스크립트 작성이 필요하다. 우선 ARP 모니터가 운영되는 시스템이 네트워크를 오가는 모든 ARP 패킷을 수신하도록 네트워크 인터페이스를 PROMISCUOUS 모드로 변경해야 한다. 그런 다음, 유무선 네트워크 장치를 SNMP를 이용해 제어할 수 있도록 SNMP를 활성화해야 한다. 마지막으로 독립형 AP 환경에서 단말기 인증 해지를 위해 AP의 텔넷 접속을 활성화하고, 인증 해지 자동화 스크립트를 작성해야 한다.

1) 네트워크 인터페이스 모드 변경

먼저 테스트 네트워크 환경에서 발생하는 모든 ARP 패킷을 수신하기 위해 인증 서버 네트워크 인터페이스를 PROMISCUOUS 모드로 변경해보자. 그림 3.79와 같이 ifconfig 명령을 이용해 현재 사용 중인 인터페이스의 모드를

PROMISCUOUS로 변경한다.

```
root@ubuntu:~# ifconfig eth0 up
root@ubuntu:~# ifconfig eth0 promisc
root@ubuntu:~#
```

[그림 3.79] 네트워크 인터페이스를 PROMISCUOUS 모드로 변경

인터페이스 모드 변경이 완료되면 그림 3.80과 같이 PROMISCUOUS 모드가 활성화됐는지 확인한다.

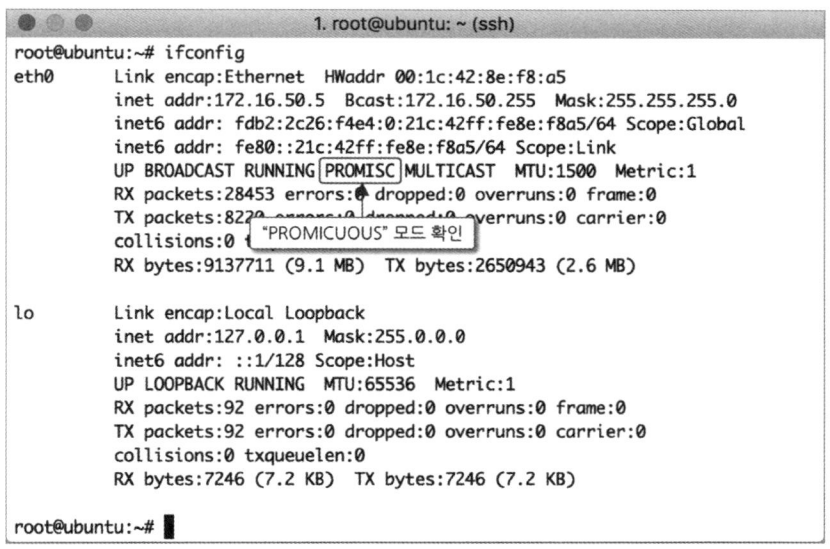

[그림 3.80] 인터페이스 모드 변경 확인

마지막으로 시스템이 다시 부팅됐을 때도 PROMISCUOUS 모드를 자동으로 활성화하도록 리스트 3.43과 같이 /etc/rc.local에 14, 15행의 두 명령을 등록한다.

[리스트 3.43] /etc/rc.local

```
12: # By default this script does nothing.
13:
14: ifconfig eth0 up
15: ifconfig eth0 promise
16: exit 0
```

2) 네트워크 장치 SNMP 활성화

이제 네트워크 장치 제어를 위해 SNMP를 활성화해보자. 앞에서도 설명했듯이 SNMP를 이용한 단말기 네트워크 접속 제어는 유선 네트워크와 WLC 기반의 네트워크 환경에서만 가능하다. 따라서 3.3절에서 구축한 독립형 AP 기반의 무선 네트워크 환경에서는 SNMP와 관련된 설정이 필요하지 않다. 따라서 액세스 스위치에 대한 SNMP 설정만 진행한다. 액세스 스위치의 SNMP 활성화를 위해 스위치의 Privileged EXEC 모드에 진입해 리스트 3.44의 명령을 실행한다. 리스트 3.44의 명령은 SNMP 버전 2에서 커뮤니티 스트링Community String을 ubmh09n072로 설정하고, 해당 커뮤니티로 접근하는 SNMP 요청에 대해 읽기와 쓰기를 허용하는 명령이다. WLC 기반의 네트워크 환경에서 직접 테스트하고 있다면, CLI Command Line Interface 또는 GUI Graphical User Interface 관리자 모드에서 SNMP를 활성화한다. 이때 커뮤니티 스트링은 리스트 3.44와 동일하게 설정한다.

[리스트 3.44] 액세스 스위치 SNMP 활성화

```
snmp-server community ubmh09n072 RW
```

SNMP가 활성화됐다면, 표 3.9의 SNMP 제어 명령을 이용해 실제로 액세스 스위치 포트를 제어할 수 있는지 확인해보자. 먼저 그림 3.81과 같이 특정 스위치 포트의 상태를 확인한다.

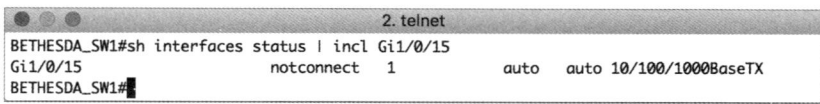

[그림 3.81] 스위치 포트 상태 확인

현재 Gi1/0/15 포트는 단말기가 연결되지 않은 상태다. 이 포트를 비활성화했다가 활성화해보자. 포트를 비활성화하기 위해 다음 명령을 실행한다.

snmpset -v 2c -c ubmh09n072 172.16.50.1 IF-MIB::ifAdminStatus.10115 i 2

명령을 실행하면 그림 3.82와 같이 해당 포트가 비활성화됐음을 알려준다.

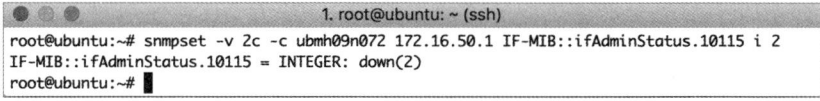

[그림 3.82] 스위치 포트 비활성화 명령 실행 결과

실제로 Gi1/0/15 포트가 비활성화됐는지 확인하기 위해 그림 3.83과 같이 해당 스위치 포트의 상태를 확인한다.

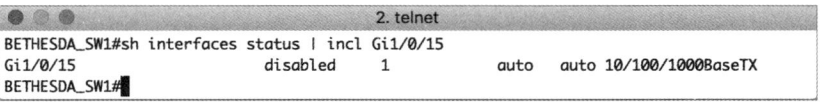

[그림 3.83] 스위치 포트 비활성화 상태 확인

이제 스위치 포트를 활성화해보자. Gi1/0/15 포트를 활성화하려면 다음과 명령을 실행해야 한다.

```
snmpset -v 2c -c ubmh09n072 172.16.50.1 IF-MIB::ifAdminStatus.10115 i 1
```

명령을 실행하면 그림 3.84와 같이 해당 포트가 활성화됐다는 것을 알려준다. 그림 3.85와 같이 스위치에서도 해당 포트가 활성화된 것을 확인할 수 있다.

```
1. root@ubuntu: ~ (ssh)
root@ubuntu:~# snmpset -v 2c -c ubmh09n072 172.16.50.1 IF-MIB::ifAdminStatus.10115 i 1
IF-MIB::ifAdminStatus.10115 = INTEGER: up(1)
root@ubuntu:~#
```

[그림 3.84] 스위치 포트 활성화 명령 실행 결과

```
2. telnet
BETHESDA_SW1#sh interfaces status | incl Gi1/0/15
Gi1/0/15                       notconnect    1         auto   auto 10/100/1000BaseTX
BETHESDA_SW1#
```

[그림 3.85] 스위치 포트 활성화 상태 확인

3) 독립형 AP 인증 해지 스크립트 작성

독립형 AP에 대한 인증을 해지하기 위해서는 AP에 텔넷telnet 또는 SSH 접속이 가능해야 한다. 이 책에서는 텔넷 접속을 기준으로 인증 해지 절차를 구현한다. 인증 해지 스크립트 작성에 앞서 AP의 텔넷 접속을 활성화해보자. AP에 텔넷으로 접속할 수 없다면, 콘솔console로 AP에 접속한 후 Privileged EXEC 모드에서 리스트 3.45의 명령을 실행해 텔넷 접속을 활성화한다.

[리스트 3.45] AP의 텔넷 접속 활성화 명령

```
conf terminal
line vty 0 4
password Bethesda12345
transport input all
end
write
```

다음으로 AP에 텔넷으로 접속해 무선 네트워크에 연결돼 있는 단말기의 인증을 해지해보자. 인증을 해지하기 위해서는 다음 명령을 Privileged EXEC 모드에서 입력한 후 명령의 맨 뒤에 인증을 해지하고자 하는 단말기의 맥 주소를 hhhh.hhhh.hhhh 형식으로 입력한다.

```
clear dot11 client (맥 주소:hhhh.hhhh.hhhh)
```

그림 3.86은 무선 네트워크에 연결돼 있는 아이폰에 대한 인증을 해지하는 명령을 실행한 화면이다.

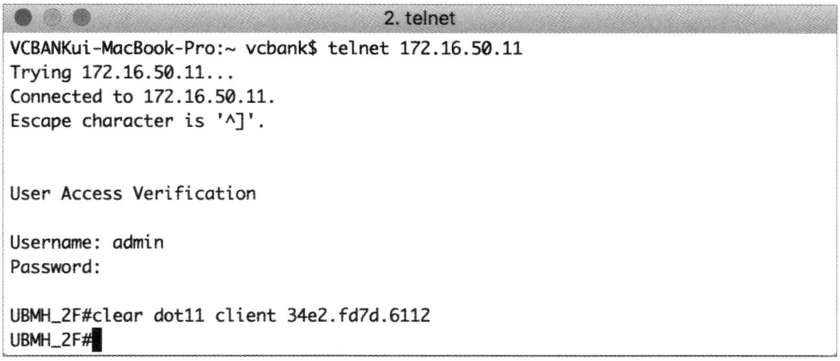

```
VCBANKui-MacBook-Pro:~ vcbank$ telnet 172.16.50.11
Trying 172.16.50.11...
Connected to 172.16.50.11.
Escape character is '^]'.


User Access Verification

Username: admin
Password:

UBMH_2F#clear dot11 client 34e2.fd7d.6112
UBMH_2F#
```

[그림 3.86] 단말기 인증 해지 명령 실행 화면

명령이 정상적으로 실행되면 그림 3.87과 같이 인증을 취소한 단말기 인증이 해지되면서 네트워크 접속이 끊어졌다가 다시 연결되는 것을 확인할 수 있다.

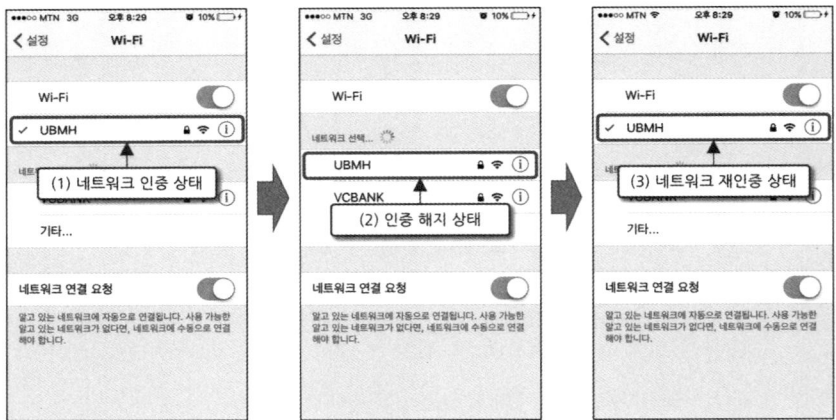

[그림 3.87] 단말기의 네트워크 연결 상태 변화

이제 독립형 AP에 연결돼 있는 단말기의 인증을 해지하는 스크립트를 작성해보자. 이번에는 PHP가 아닌 파이썬으로 텔넷을 통해 AP에 접속한다. 리스트 3.46은 AP의 관리용 IP 주소(host), 관리자 식별자(username)와 비밀번호(password) 그리고 인증 해지 대상 단말기의 맥 주소(macaddr)를 인수로 입력받은 후 AP에 접속해 인증 해지 명령 client dot11 client를 자동으로 실행하는 스크립트다. 나는 스크립트를 /root/cisco 디렉터리에 저장했다. 만약, 다른 경로에 저장한 경우에는 다음 절인 3.4.3의 리스트 3.66의 350행에서 deauth 스크립트 저장 경로를 변경된 경로에 지정한다. 스크립트 작성 시에는 들여쓰기에 유의해야 한다.

[리스트 3.46] /root/cisco/deauth

```
1: #!/usr/bin/python
2:
```

```
 3: import sys, getopt, string
 4: import telnetlib
 5:
 6: def main(argv):
 7:         host = ""      # AP ip address
 8:         username = "" # the username
 9:         password = "" # the password
10:         macaddr = ""   # target mac address
11:         cmd = "clear dot11 client " # deauthentication command
12:
13:         try:
14:                 opts, args = getopt.getopt(argv,"?h:u:p:m:",["host=","username=","password=","macaddr="])
15:         except getopt.GetoptError:
16:                 print 'deauth -h <ip address> -u <username> -p <password> -m <mac address:hhhh.hhhh.hhhh>'
17:                 sys.exit()
18:
19:         for opt, arg in opts:
20:                 if opt == '-?':
21:                         print 'deauth -h <ip address> -u <username> -p <password> -m <mac address:hhhh.hhhh.hhhh>'
22:                         sys.exit()
23:                 elif opt in ("-h", "--host"):
24:                         host = arg
25:                 elif opt in ("-u", "--username"):
26:                         username = arg
27:                 elif opt in ("-p", "--password"):
28:                         password = arg
29:                 elif opt in ("-m", "--macaddr"):
30:                         macaddr = arg
31:
32:         tn = telnetlib.Telnet(host)
```

```
33:        tn.read_until("Username:")
34:        tn.write(username + "\n")
35:        tn.read_until("Password:")
36:        tn.write(password + "\n")
37:        tn.write("enable" + "\n")
38:        response = tn.read_until("Password:", 3)
39:        if string.count(response, "Password:"):
40:            tn.write(password + "\n")
41:        tn.write(cmd + macaddr + "\n")
42:        tn.write("exit"+"\n")
43:        tn.read_all()
44:
45:        print "Deauthenticated " + macaddr
46:
47: if __name__ == "__main__":
48:        main(sys.argv[1:])
```

스크립트에 대해 간략히 알아보자. 먼저 7~11행은 인자로 넘겨진 AP의 IP 주소(host), 사용자 이름과 비밀번호(username, password), 인증 해지 대상 단말기 맥 주소(macaddr)와 인증 해지 명령(cmd)이 저장될 변수를 선언하고 초기화한다. 13~17행은 deauth에 전달된 인자의 이름을 확인한 후 허용되지 않은 이름이 지정됐을 경우 deauth의 사용 방법을 출력하고 스크립트를 종료한다. 19~30행은 deauth에 전달된 각 인자의 값을 7~10행에서 선언한 변수에 저장한다. 32~43행은 AP에 텔넷 접속을 시도하고 단말기 인증을 해지하는 코드다. 32행은 host 변수에 저장된 AP의 IP 주소를 사용해 텔넷 연결 객체를 생성한다. 33행과 34행은 AP에서 사용자 이름을 요청하는 프롬프트 "Username:"을 출력할 때까지 대기하다가 프롬프트가 출력되면 username 변수에 저장된 관리자 계정을 입력한다. 35행과 36행은 비밀번호를 입력하는 것으로 33행, 34행과 동일하게 동작한다. 37~40행은 Privileged EXEC 모드에 접근하기 위해 별도의 인증 과정을 요구하는 경우를 위한 코드다. 먼저 37행에서 enable 명령을 실행한 후 38행에서 3초 동안 "Password:" 프롬프트 응답을 기다린 다음, 3초 이후에 반환되는 값을 response 변수에 저장한다. 이후 39행에서 response 변수에 저장된 값이 "Password:"라면 password에 저장된 비밀번호를 입력해 Privileged EXEC 모드에 진입하고, 그렇지 않으면 이미 Privileged EXEC 모드에 진입한 것으로 간주한다. 그리고 41행에서 단말기 인증 해지 명령을 실행하고, 42행에서 텔넷 연결을 종료한다.

스크립트 작성이 완료되면 다음 명령을 실행해 deauth 스크립트에 실행 권한을 부여한다. 만약, 스크립트 저장 경로가 다르면, 독자가 지정한 경로를 지정한다.

```
chmod 700 /root/cisco/deauth
```

이제 deauth 스크립트를 이용해 그림 3.88과 같이 단말기의 인증을 해지해보자. 만약, 스크립트가 정상적으로 실행됐다면 그림 3.87에서와 같이 네트워크 연결이 끊어졌다가 다시 연결되는 것을 확인할 수 있을 것이다.

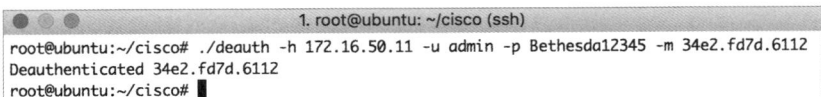

[그림 3.88] deauth 스크립트 실행을 통한 단말기 인증 해지

4) WLC 기반 환경에서의 단말기 인증 해지

WLC 기반의 무선 네트워크 환경이 구축돼 있다면, 표 3.9에서 제시한 명령을 활용해 단말기의 인증을 해지할 수 있다. 리스트 3.47은 앞에서 진행한 테스

트에 사용된 아이폰에 대한 인증을 해지하는 명령이다. 명령을 살펴보면 OID의 뒤에 오는 단말기 맥 주소가 16진수가 아니라 10진수라는 것을 알 수 있다.

[리스트 3.47] WLC 환경에서의 단말기 인증 해지 명령

- snmpget -v 2c -c ubmh09n072 172.16.50.18 .1.3.6.1.4.1.14179.2.1.4.1.22.52.226.253.125.97.18
- snmpset -v 2c -c ubmh09n072 172.16.50.18 .1.3.6.1.4.1.14179.2.1.4.1.22.52.226.253.125.97.18 i 1

OID를 이용해 단말기 인증을 해지하기 위해서는 리스트 3.48과 같이 맥 주소를 점(.)으로 구분되는 10진수로 변환해 OID 뒤에 추가해야 한다.

[리스트 3.48] 맥 주소 변환

- 인증 해지 대상 단말기 맥 주소: 34:e2:fd:7d:61:12
- OID에 연결하기 위한 맥 주소: 52.226.253.125.97.18

명령은 두 단계로 실행한다. 인증 해지를 위한 명령은 리스트 3.47의 두 번째 명령이다. 하지만 테스트 과정에서 확인한 바에 따르면, 인증 해지 명령을 전달하기 전에 인증 해지 대상 단말기의 인증 상태를 먼저 확인해야만 인증을 정상적으로 해지할 수 있다. 따라서 단말기 인증 해지를 위해서는 리스트 3.47의 명령을 순차적으로 실행해야 한다. 그림 3.89는 리스트 3.47의 명령을 실행한 결과를 보여준다. 첫 번째 명령의 실행 결과는 해당 단말기가 무선 네트워크에 연결돼 있다는 것을 의미하고, 두 번째 명령의 결과는 인증 해지가 정상적으로 수행됐다는 것을 의미한다. 명령을 실행한 후 단말기 상태는 앞에서 시행한 테스트에서와 마찬가지로 단말기의 네트워크 연결이 종료됐다가 다시 연결되는 것을 확인할 수 있다.

```
1. root@ubuntu: ~ (ssh)
root@ubuntu:~# snmpget -v 2c -c ubmh09n072 172.16.50.18 .1.3.6.1.4.1.14179.2.1.4.1.22.52.2
26.253.125.97.18
SNMPv2-SMI::enterprises.14179.2.1.4.1.22.24.244.106.152.177.225 = INTEGER: 0
root@ubuntu:~# snmpset -v 2c -c ubmh09n072 172.16.50.18 .1.3.6.1.4.1.14179.2.1.4.1.22.52.2
26.253.125.97.18 i 1
SNMPv2-SMI::enterprises.14179.2.1.4.1.22.24.244.106.152.177.225 = INTEGER: 1
root@ubuntu:~#
```

[그림 3.89] WLC 기반 무선 네트워크 환경에서 단말기 인증 해지

지금까지 ARP 모니터 구현과 운영에 필요한 제반 환경 설정과 스크립트 작성을 마쳤다. 다음 절에서는 본격적으로 ARP 모니터를 구현해보자. 지금까지 진행한 내용과는 달리 조금 어려울 수도 있다. 하지만 천천히 따라 하다 보면 충분히 이해할 수 있을 것이다.

3.4.3 ARP 모니터 구현

ARP 모니터는 핑거데몬과 사용자 프로파일링에서 사용한 PHP, 파이썬 또는 DBMS의 트리거가 아닌, C 언어로 구현한다. 독자들 중에서 C 언어를 모르거나 어려워하는 독자도 있겠지만, 전혀 걱정할 필요가 없다. 나 역시 프로그래밍에 익숙하지 않을 뿐만 아니라 C 언어에는 더더욱 익숙하지 않다. 그래서 ARP 모니터도 최대한 단순하게 구현했다. 그리고 ARP 모니터의 핵심 기능이라 할 수 있는 단말기 인증 해지와 네트워크 접속 차단, 그리고 GARP 패킷 전송과 관련된 기능도 직접 구현하기를 포기하고 과감히 SNMP와 FAKE 패키지를 사용했다. 따라서 독자들도 C 언어로 구현했기 때문에 어려울 것이라는 선입견을 갖지 말고 천천히 따라오면 ARP 모니터에 관해서 만큼은 충분히 이해할 수 있을 것이다. 다소 염려되는 것은 소스 코드가 500행을 넘어가다 보니 입력을 포기하고 그냥 넘어가지는 않을까 하는 것이다. 반드시 직접 손으로 입력하고, 컴파일하고, 오류를 수정하면서 꼭 자기 것으로 만들기 바란다.

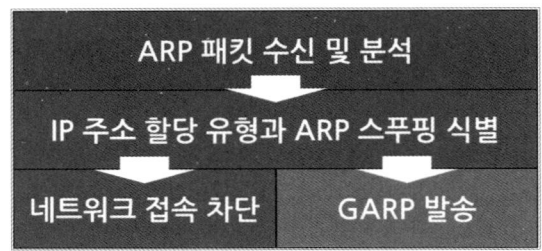

[그림 3.90] ARP 모니터 기능 구성

ARP 모니터는 그림 3.90과 같이 4개의 기능으로 구분할 수 있다.

첫째, ARP 모니터의 기반으로 네트워크에서 ARP 패킷을 수신하고 패킷을 분해해 우리가 이해할 수 있는 형태로 변환하는 기능이다. 둘째, ARP 패킷에 포함된 출발지 IP 주소와 맥 주소가 허가된 절차에 의해 할당된 IP 주소인지, ARP 스푸핑을 시도하고 있지 않은지를 식별하고 결과를 출력하는 기능이다. 셋째, 허용되지 않는 방법으로 IP 주소를 할당했거나 ARP 스푸핑을 시도한 것으로 판단되는 단말기의 네트워크 접속을 차단하는 기능이다. 넷째, ARP 스푸핑이 탐지됐을 때 공격 대상 단말기의 ARP 정보를 바로잡기 위해 해당 IP 주소와 맥 주소에 대해 GARP 패킷을 발송하는 기능이다.

물론 임의로 할당된 IP 주소나 ARP 스푸핑을 시도한 단말의 주소 등을 기록하는 기능도 추가할 수 있을 것이다. 하지만 이는 독자들이 앞으로 수행해야 할 영역으로 남겨두고자 한다. 이 장을 마칠 때 즈음이면 추가 기능을 개발하는 데 필요한 지식을 충분히 얻게 될 것이기 때문이다.

이제 한 기능씩 실제로 구현해보자. 각 기능에 대한 구체적인 내용은 코드의 구현과 함께 설명할 예정이다. 그러나 코드를 구성하는 개별 함수나 코드 라인에 대한 구체적인 설명은 지양하고 코드 그룹의 의미를 중심으로 설명하고자 한다.

1) ARP 패킷 수신과 분석 기능

첫 번째 기능은 ARP 모니터의 가장 근본이 되는 기능으로, 네트워크를 돌아다니는 ARP 패킷을 가로채고 이를 분해해 우리가 필요한 정보를 뽑아내는 기능을 수행한다. ARP 패킷의 구조는 그림 3.91과 같다. 이 요소 중에서 우리가 필요한 것은 ARP 요청ARP Request이나 ARP 응답ARP Reply을 식별하기 위한 오퍼레이션Operation, ARP 패킷의 출발지Source와 목적지Destination의 맥 주소와 IP 주소다.

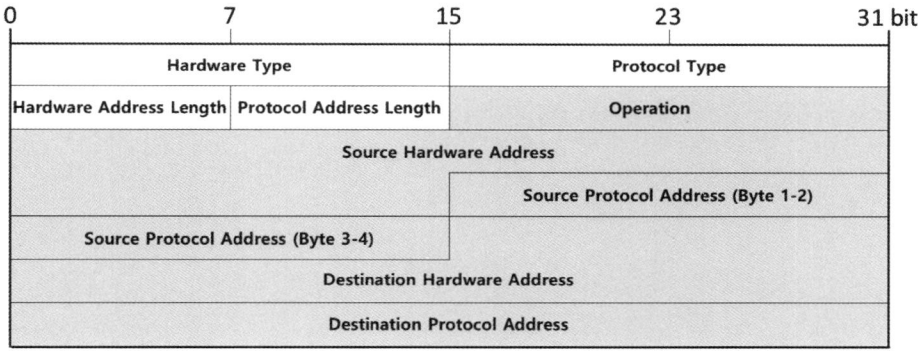

[그림 3.91] ARP 패킷 구조

리스트 3.49는 ARP 메시지를 수신해 우리가 필요로 하는 정보를 제공하는 프로그램이다. ARP 모니터는 실행 시에 root 권한을 필요로 한다. 따라서 나는 원활한 실행을 위해 소스 코드를 /root/arp 디렉터리에 저장했다.

[리스트 3.49] /root/arp/arp.c

```
1: #include <stdio.h>
2: #include <stdlib.h>
3: #include <signal.h>
4: #include <sys/ioctl.h>
5: #include <net/if.h>
```

```
 6: #include <net/if_arp.h>
 7: #include <net/ethernet.h>
 8: #include <netinet/ip.h>
 9: #include <netinet/tcp.h>
10: #include <netinet/if_ether.h>
11: #include <unistd.h>
12: #include <string.h>
13: #include <sys/socket.h>
14: #include <netinet/in.h>
15: #include <arpa/inet.h>
16: #include <time.h>
17:
18: #define STRING_IP_SIZE 16
19: #define STRING_MAC_SIZE 18
20: #define STRING_SNMP_SIZE 150
21:
22: struct arpMsg {
23:         struct ethhdr ethhdr;   /* Ethernet header */
24:         u_short htype;          /* hardware type (must be ARPHRD_ETHER) */
25:         u_short ptype;          /* protocol type (must be ETH_P_IP) */
26:         u_char hlen;            /* hardware address length (must be 6) */
27:         u_char plen;            /* protocol address length (must be 4) */
28:         u_short operation;      /* ARP opcode */
29:         u_char sHaddr[6];       /* sender's hardware address */
30:         u_char sInaddr[4];      /* sender's IP address */
31:         u_char tHaddr[6];       /* target's hardware address */
32:         u_char tInaddr[4];      /* target's IP address */
33:         u_char pad[18];         /* pad for min. Ethernet payload (60 bytes) */
34: };
```

```
35:
36: struct addrInfo {
37:         char opname[5];
38:         char smac[STRING_MAC_SIZE];
39:         char dmac[STRING_MAC_SIZE];
40:         char sip[STRING_IP_SIZE];
41:         char dip[STRING_IP_SIZE];
42: };
43:
44: char* timeToString(struct tm *t);
45:
46: int main (int argc, char *argv[]) {
47:         int sock = -1;
48:         int rst = -1 ;
49:         int optval = 1;
50:         int recv_len = 0;
51:
52:         struct arpMsg arp;
53:         struct addrInfo arpAddr;
54:
55:         struct tm *t;
56:         time_t timer;
57:
58: /* ARP 모니터링 시작*/
59:         // 소켓 생성
60:         memset(&arp, 0, sizeof(arp));
61:         sock = socket (PF_PACKET, SOCK_PACKET, htons(ETH_P_ARP));
62:         if (-1 == sock) {
63:                 printf("Could not open raw socket\n");
64:                 return -1;
65:         }
66:
67:         rst = setsockopt(sock, SOL_SOCKET, SO_BROADCAST,
```

```
68:                     &optval, sizeof(optval) );
69:
70:         if (-1 == rst) {
71:                 printf("Could not setsocketopt on raw
                    socket\n");
72:                 close(sock);
73:                 return -1;
74:         }
75:
76:         while (1) {
77:                 timer = time(NULL);
78:                 t = localtime(&timer);
79:
80:                 recv_len = recv(sock, &arp, sizeof(arp) , 0);
81:                 if (0 >= recv_len) { continue; }
82:
83:                 sprintf(arpAddr.smac, "%02x:%02x:%02x:%02x:%02x
                    :%02x",
84:                         arp.sHaddr[0], arp.sHaddr[1], arp.
                            sHaddr[2],
85:                         arp.sHaddr[3], arp.sHaddr[4], arp.
                            sHaddr[5]);
86:                 sprintf(arpAddr.dmac, "%02x:%02x:%02x:%02x:%02x
                    :%02x",
87:                         arp.tHaddr[0], arp.tHaddr[1], arp.
                            tHaddr[2],
88:                         arp.tHaddr[3], arp.tHaddr[4], arp.
                            tHaddr[5]);
89:                 sprintf(arpAddr.sip, "%d.%d.%d.%d",
90:                         arp.sInaddr[0], arp.sInaddr[1],
91:                         arp.sInaddr[2], arp.sInaddr[3]);
92:                 sprintf(arpAddr.dip, "%d.%d.%d.%d",
93:                         arp.tInaddr[0], arp.tInaddr[1],
94:                         arp.tInaddr[2], arp.tInaddr[3]);
```

```
 95:
 96:                    // ARP 패킷 유형 식별
 97:                    if (0 == strcmp(arp.sInaddr, arp.tInaddr)) {
 98:                            strncpy(arpAddr.opname, "GARP", 4);
 99:                    } else if (arp.operation == htons(ARPOP_
                        REQUEST)) {
100:                            strncpy(arpAddr.opname, "RQST", 4);
101:                    } else {
102:                            strncpy(arpAddr.opname, "RPLY", 4);
103:                    }
104:
105:                    // ARP 패킷 내용 출력
106:                    printf("%4s(%3X)  %s  [S] %15s : %s\n",
107:                            arpAddr.opname, arp.operation,
                            timeToString(t),
108:                            arpAddr.sip, arpAddr.smac);
109:                    printf("%31s [D] %15s : %s\n", "",
110:                            arpAddr.dip, arpAddr.dmac);
111:            }
112: }
113:
114: char* timeToString(struct tm *t) {
115:         // Reference: http://mwultong.blogspot.com/2006/12/c-
             time-to-string-function-vc.html
116:         static char s[20];
117:
118:         sprintf(s, "%04d-%02d-%02d %02d:%02d:%02d",
119:                 t->tm_year + 1900, t->tm_mon + 1, t->tm_mday,
120:                 t->tm_hour, t->tm_min, t->tm_sec);
121:
122:         return s;
123: }
```

리스트 3.49의 코드 작성이 완료되면, 소스 코드가 저장된 디렉터리에서 그림 3.92와 같이 arp.c를 컴파일한다. 컴파일중 오류가 발생했다면, 오류 수정은 당연히 독자들의 몫이다. C 언어의 규칙은 다른 언어에 비해 엄격하기 때문에 코드를 입력하는 도중 대소문자를 바꿔 입력하거나 콜론(:)과 세미콜론(;)을 잘못 입력했을 경우, 여지 없이 오류가 발생한다. 오류 없이 컴파일이 완료됐다면 arpmon 파일이 생성됐는지 확인한다.

```
1. root@ubuntu: ~/arp (ssh)
root@ubuntu:~/arp# gcc arp.c -o arpmon -lmysqlclient
root@ubuntu:~/arp# ls
arp.c  arpmon
root@ubuntu:~/arp# 
```

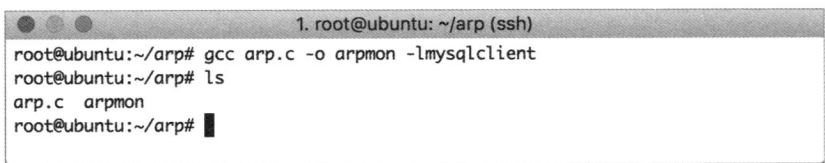

[그림 3.92] ARP 모니터 컴파일 및 실행 파일 확인

ARP 모니터[arpmon]를 실행해 그림 3.93과 같이 ARP 패킷을 수신하는지 확인한다.

```
2. root@ubuntu: ~/arp (ssh)
root@ubuntu:~/arp# ./arpmon
RQST(100)  2016-05-19 18:50:07  [S]    172.16.50.21 : 34:e2:fd:7d:61:12
                                [D]    172.16.50.21 : 00:00:00:00:00:00
RQST(100)  2016-05-19 18:50:17  [S]    172.16.50.21 : 34:e2:fd:7d:61:12
                                [D]     172.16.50.1 : 00:00:00:00:00:00
RQST(100)  2016-05-19 18:50:17  [S]    172.16.50.21 : 34:e2:fd:7d:61:12
                                [D]     172.16.50.1 : 00:00:00:00:00:00
GARP(100)  2016-05-19 18:50:18  [S]    172.16.50.21 : 34:e2:fd:7d:61:12
                                [D]    172.16.50.21 : 00:00:00:00:00:00
RQST(100)  2016-05-19 18:50:19  [S]    172.16.50.21 : 34:e2:fd:7d:61:12
                                [D]     172.16.50.1 : 00:00:00:00:00:00
RQST(100)  2016-05-19 18:50:19  [S]    172.16.50.23 : 78:31:c1:d2:10:38
                                [D]     172.16.50.1 : 00:00:00:00:00:00
RQST(100)  2016-05-19 18:50:28  [S]    172.16.50.23 : 78:31:c1:d2:10:38
                                [D]     172.16.50.1 : 00:00:00:00:00:00
RQST(100)  2016-05-19 18:50:47  [S]    172.16.50.23 : 78:31:c1:d2:10:38
                                [D]     172.16.50.1 : 00:00:00:00:00:00
RQST(100)  2016-05-19 18:51:01  [S]         0.0.0.0 : b8:86:87:6a:f1:57
                                [D] 169.254.243.209 : 00:00:00:00:00:00
```

[그림 3.93] ARP 패킷 수신 화면

그림 3.93의 ARP 리스트에서 맨 앞의 컬럼은 메시지 유형Operation이다. 이 중 RQST는 목적지 IP 주소에 대한 맥 주소 요청, GARP는 자신의 IP 주소에 대한 사용 여부를 확인하거나 자신이 속한 서브넷의 ARP 테이블을 갱신하기 위한 요청, 그리고 REPL는 접수한 요청에 대한 응답이다. 두 번째 컬럼은 ARP 모니터가 ARP 패킷을 수신한 일시를 나타내며, [S]와 [D] 이후에 나오는 주소들은 출발지Source, 목적지Destination의 IP 주소와 맥 주소를 나타낸다.

이제 ARP 모니터의 코드를 살펴보자. 앞에서 말했듯이 일반적인 내용은 설명하지 않고, ARP 모니터의 구현과 직접 관련된 코드를 중심으로 설명한다.

리스트 3.50의 22~34행은 ARP 모니터가 수신하는 ARP 패킷의 항목을 그림 3.91의 구조에 맞게 구분해 저장하기 위한 구조체struct를 선언한다.

[리스트 3.50] ARP 패킷 수신과 정보 추출용 구조체

```
...
22: struct arpMsg {
23:        struct ethhdr ethhdr;   /* Ethernet header */
24:        u_short htype;          /* hardware type (must be
                                      ARPHRD_ETHER) */
25:        u_short ptype;          /* protocol type (must be
                                      ETH_P_IP) */
26:        u_char hlen;            /* hardware address length
                                      (must be 6) */
27:        u_char plen;            /* protocol address length
                                      (must be 4) */
28:        u_short operation;      /* ARP opcode */
29:        u_char sHaddr[6];       /* sender's hardware address */
30:        u_char sInaddr[4];      /* sender's IP address */
31:        u_char tHaddr[6];       /* target's hardware address */
32:        u_char tInaddr[4];      /* target's IP address */
```

```
33:         u_char pad[18];              /* pad for min. Ethernet
            payload (60 bytes) */
34: };
35:
36: struct addrInfo {
37:         char opname[5];              /* 오퍼레이션 구분 */
38:         char smac[STRING_MAC_SIZE];  /* 출발지 맥 주소 */
39:         char dmac[STRING_MAC_SIZE];  /* 목적지 맥 주소 */
40:         char sip[STRING_IP_SIZE];    /* 출발지 IP 주소 */
41:         char dip[STRING_IP_SIZE];    /* 목적지 IP 주소 */
42: };
...
```

구조체를 살펴보면 그림 3.91의 구조와 차이가 있다는 것을 확인할 수 있다. 그림 3.91의 구조에는 이더넷ethernet 헤더를 제외한 순수한 ARP 패킷만을 표현한 것이기 때문이다. 실제 패킷 수신 시에는 이더넷 헤더를 포함한 패킷을 수신한다.

36~42행의 addrInfo 구조체는 arrMsg 구조체 형태로 저장된 ARP 패킷에서 우리가 사용하고자 하는 패킷 유형이나 출발지와 목적지 주소를 저장하기 위한 구조체 변수의 선언에 사용한다.

리스트 3.51은 ARP 패킷 수신을 위한 소켓socket을 생성하고 소켓에서 사용하는 옵션을 할당하는 코드다. C 언어를 이용해 소켓 프로그래밍을 해본 독자라면 소켓 생성 시에 사용하는 인자 값이 다르게 지정됐음을 알 수 있을 것이다.

[리스트 3.51] 소켓 생성

```
...
61:         sock = socket (PF_PACKET, SOCK_PACKET, htons(ETH_P_
            ARP));
```

```
62:        if (-1 == sock) {
63:                printf("Could not open raw socket\n");
64:                return -1;
65:        }
66:
67:        rst = setsockopt(sock, SOL_SOCKET, SO_BROADCAST,
68:                         &optval, sizeof(optval) );
69:
70:        if (-1 == rst) {
71:                printf("Could not setsocketopt on raw
                        socket\n");
72:                close(sock);
73:                return -1;
74:        }
...
```

소켓socket은 TCP^{Transmission Control Protocol}나 UDP^{User Diagram Protocol} 계층을 다룰 때 사용한다. TCP나 UDP 하위 계층을 다루기 위해서는 다른 방법이 필요하다. 지금 우리가 다루고자 하는 ARP는 TCP 또는 UDP의 하위 계층인 IP^{Internet Protocol} 계층보다 하위인 이더넷^{Ethernet} 계층이다. 일반적으로 이더넷 계층을 다루기 위해서는 pcap 라이브러리를 사용한다. pcap 라이브러리는 다양한 플랫폼에 포팅돼 있어서 소스 코드의 이식성을 높이기 때문이다. 그리고 다른 방법은 리눅스에서 제공하는 RAW 소켓을 사용하는 것이다. ARP 모니터에서는 후자의 방법을 사용했다. 다양한 플랫폼에 대한 포팅을 고려할 필요까지는 없다고 생각할 뿐만 아니라 pcap 라이브러리를 사용해야 할 만큼 복잡하지도 않기 때문이다.

리스트 3.51은 ARP 패킷 수신을 위한 소켓을 생성하고 소켓에 필요한 옵션을 할당하는 코드다. 61행에서 소켓을 생성할 때는 TCP나 UDP 소켓을 생

성할 때와는 달리 프로토콜 체계에 PF_PACKET을 지정했다. PF_PACKET
을 지정하면 특정 라이브러리를 사용하지 않고도 이더넷 계층을 다룰 수 있
게 된다. 두 번째 소켓의 유형에는 SOCK_PACKET을 지정해 데이터링크 계
층의 패킷을 수신하도록 했으며, 세 번째 프로토콜에는 ARP 패킷 수신을 위
해 htons(ETH_P_ARP)를 지정했다. 더 깊이 들어가면 어려워질 것이므로 '이
렇게 하면 리눅스에서 ARP 패킷 수신이 가능하구나'라는 정도만 이해하고 넘
어가자.

리스트 3.52는 리스트 3.51에서 생성한 소켓을 통해 ARP 패킷을 수신하
는 코드다. ARP 모니터가 실행되는 동안 지속적으로 패킷을 수신하기 위해
76~110행 사이를 while문으로 무한 반복하도록 했다. ARP 패킷은 80행에
서 recv() 함수를 통해 구조체 arpMsg의 변수인 arp가 수신하고, 81행은 수
신한 ARP 패킷의 길이(recv_len)를 통해 정상 패킷 여부를 식별한다. 만약,
recv_len에 0 이하의 값이 저장돼 있는 경우에는 비정상 패킷으로 판단해
while문의 처음으로 되돌아가 다음 패킷을 수신한다.

[리스트 3.52] ARP 패킷 수신

```
...
76:         while (1) {
77:             timer = time(NULL);
78:             t = localtime(&timer);
79:
80:             recv_len = recv(sock, &arp, sizeof(arp) , 0);
81:             if (0 >= recv_len) { continue; }
...
111:        }
...
```

리스트 3.53은 리스트 3.52에서 수신한 ARP 패킷에서 오퍼레이션 코드와 주소 정보를 추출해 화면에 출력하는 코드다. 오퍼레이션 코드는 구조체 변수 arp의 operation 속성에 저장돼 있고, 출발지와 목적지의 IP 주소와 맥 주소는 sInaddr, tInaddr, sHaddr, tHaddr 속성에 저장돼 있다.

[리스트 3.53] ARP 패킷 분석과 정보 출력

```
...
83:             sprintf(arpAddr.smac, "%02x:%02x:%02x:%02x:%02x
                :%02x",
84:                     arp.sHaddr[0], arp.sHaddr[1], arp.
                sHaddr[2],
85:                     arp.sHaddr[3], arp.sHaddr[4], arp.
                sHaddr[5]);
86:             sprintf(arpAddr.dmac, "%02x:%02x:%02x:%02x:%02x
                :%02x",
87:                     arp.tHaddr[0], arp.tHaddr[1], arp.
                tHaddr[2],
88:                     arp.tHaddr[3], arp.tHaddr[4], arp.
                tHaddr[5]);
89:             sprintf(arpAddr.sip, "%d.%d.%d.%d",
90:                     arp.sInaddr[0], arp.sInaddr[1],
91:                     arp.sInaddr[2], arp.sInaddr[3]);
92:             sprintf(arpAddr.dip, "%d.%d.%d.%d",
93:                     arp.tInaddr[0], arp.tInaddr[1],
94:                     arp.tInaddr[2], arp.tInaddr[3]);
95:
96:             // ARP 패킷 유형 식별
97:             if (0 == strcmp(arp.sInaddr, arp.tInaddr)) {
98:                     strncpy(arpAddr.opname, "GARP", 4);
99:             } else if (arp.operation == htons(ARPOP_
                REQUEST)) {
100:                    strncpy(arpAddr.opname, "RQST", 4);
```

```
101:                    } else {
102:                            strncpy(arpAddr.opname, "RPLY", 4);
103:                    }
104:
105:                    // ARP 패킷 내용 출력
106:                    printf("%4s(%3X)   %s  [S] %15s : %s\n",
107:                            arpAddr.opname, arp.operation,
                                timeToString(t),
108:                            arpAddr.sip, arpAddr.smac);
109:                    printf("%31s [D] %15s : %s\n", "",
110:                            arpAddr.dip, arpAddr.dmac);
...
```

83~94행은 구조체 변수인 arp에 저장된 출발지와 목적지의 주소 정보를 우리가 쉽게 이해할 수 있는 형식인 점(.)으로 구분되는 네 자리 10진수 형식의 IP 주소와 콜론(:)으로 구분되는 여섯 자리 16진수 형식의 맥 주소로 변환해 구조체 addrInfor의 변수인 arpAddr에 저장한다.

ARP 패킷은 크게 요청과 응답으로 구분하고, 요청은 다시 일반적인 요청과 GARP로 구분할 수 있다. 일반적인 ARP 요청은 상대방의 맥 주소를 알기 위해 목적지 IP 주소 필드에 상대방의 IP 주소를 넣어 ARP 요청을 보낸다. 그러나 GARP는 상대방의 맥 주소를 알기 위해서가 아니라 자신의 맥 주소를 알리기 위한 목적으로 목적지 IP 주소 필드에 자신의 IP 주소를 넣어 ARP 요청을 보낸다. 이렇게 하면 다른 호스트에서 자신의 IP 주소를 사용하고 있는지 확인할 수 있을 뿐만 아니라 다른 호스트와 라우터의 ARP 테이블을 갱신한다. 97~103행은 ARP 패킷의 유형을 식별하는 코드다. 방금 설명했듯이 97행은 발신지 IP 주소와 수신지 IP 주소를 비교해 GARP를 식별하고, 99행은 일반적인 ARP 요청, 그리고 두 가지에 포함되지 않으면 ARP 응답으로 결정한다.

마지막으로 106~110행은 수신한 ARP 패킷을 그림 3.94와 같이 출력한다.

```
RQST(100)   2016-05-19 20:19:40   [S]      172.16.50.21  :  34:e2:fd:7d:61:12
                                  [D]      172.16.50.1   :  00:00:00:00:00:00
```

[그림 3.94] ARP 패킷 출력

지금까지 ARP 모니터 구현의 시작점으로 ARP 패킷의 구조와 패킷 수신 방법 그리고 패킷에서 필요한 항목들을 추출해 출력하는 방법에 대해 알아봤다. 이제부터 여러분이 실제로 궁금해하는 IP 주소 할당의 적절성과 ARP 스푸핑 여부, 그리고 네트워크를 차단하는 방법 등에 대해 알아보자.

2) IP 주소 할당의 적절성과 ARP 스푸핑 식별

IP 주소 관리와 관련해 3.3절의 사용자 프로파일링에서 얻어진 정보를 활용할 수 있지는 않을까? 당연히 가능하다. 사용자 인증과 DHCP를 통한 동적 IP 주소 할당이라는 변하지 않는 절차를 통해 모든 단말기에 대한 사용자와 IP 주소 할당 내역을 체계적으로 관리하고 활용할 수 있기 때문이다. 하지만 DHCP를 이용한 IP 주소 관리에서는 피할 수 없는 두 가지 문제가 있다. 하나는 사용자 임의로 고정 IP 주소를 할당하는 것이고, 나머지는 허가되지 않은 다른 DHCP 서버가 운영되는 것이다. 이 두 가지를 문제를 해결하기 위해 NAC이나 IP 주소 관리 시스템을 도입하기도 한다. 하지만 별도의 IP 주소를 관리하기 위한 솔루션을 도입하지 않더라도 사용자 프로파일 정보와 ARP 패킷을 활용하면 IP 주소를 효과적으로 관리할 수 있을 뿐만 아니라 해킹이나 정보보안의 시작이라 할 수 있는 ARP 스푸핑도 식별할 수 있다.

3.2절의 프로파일링 결과, nac_arp 테이블에는 정상적인 절차에 의해 할당된 IP 주소와 단말기의 맥 주소가 저장돼 있다. ARP 모니터에서 ARP 패킷을 수

신하면, 패킷의 출발지 IP 주소와 맥 주소를 nac_arp 테이블의 주소 목록과 비교한다. 이때 ARP 패킷의 출발지 주소가 nac_arp 테이블에 존재한다면 이는 정상적인 절차에 의해 할당 받은 IP 주소다. 반면, ARP 패킷의 출발지 주소가 nac_arp 테이블에 존재하지 않는다면 이번에는 고정 IP 주소를 할당했거나 허가되지 않은 DHCP 서버로부터 IP 주소를 할당 받은 것이라고 판단할 수 있다. 마지막으로 IP 주소는 동일한데 맥 주소가 다르다면, 이는 ARP 스푸핑으로 간주할 수 있다. 일반적인 ARP 스푸핑은 IP 주소에 할당돼 있는 맥 주소를 변경하기 때문이다. 표 3.10은 IP 주소 할당의 적절성과 ARP 스푸핑 식별 방법을 정리한 것이다. ARP 모니터의 두 번째 기능에서는 방금 설명한 내용들을 구현한다.

[표 3.10] IP 주소 할당의 적절성과 ARP 스푸핑 식별 방법

No	구분	NAC_ARP 테이블	ARP 패킷	비교	판정
1	IP 주소	172.16.50.21	172.16.50.21	일치	정상적인 IP 주소 할당
	맥 주소	34:e2:fd:7d:61:12	34:e2:fd:7d:61:12	일치	
2	IP 주소	172.16.50.21	172.16.50.21	일치	ARP 스푸핑 판정
	맥 주소	34:e2:fd:7d:61:12	13:80:9f:e7:5a:a2	불일치	
3	IP 주소	비교 대상 없음	172.16.50.21	불일치	허가되지 않은 IP 주소 할당
	맥 주소	비교 대상 없음	34:e2:fd:7d:61:12	불일치	

사실 앞에서 설명한 내용은 네트워크 또는 정보보안 업무를 수행하는 담당자라면 누구라도 생각할 수 있는 방법이다. 다만, 신뢰할 수 있고 체계적으로 관리되는 사용자 프로파일이나 ARP 데이터베이스 구축의 어려움 때문에 구현 단계에 이르지 못했을 뿐이다. 하지만 네트워크에 802.1X와 DHCP를 적용하면 3.2절과 3.3절에서 살펴본 바와 같이 네트워크와 정보보안 관리자가 간절

히 원하는 정보를 획득할 수 있다. 지금 구현하고 있는 ARP 모니터는 앞에서 확보한 사용자 프로파일 데이터베이스를 이용하는 것에 불과하며, 독자들의 아이디어와 역량에 따라 더 많은 도구들을 직접 구현할 수 있다. 이를 위해서는 반드시 구현하고자 하는 도구와 데이터베이스를 연계해야 한다. ARP 모니터도 ARP 패킷에서 추출한 IP 주소와 맥 주소가 nac_arp 테이블에 등록돼 있는지 조회하려면 당연히 데이터베이스와 연계돼 있어야 한다.

두 번째 기능의 구현은 데이터베이스에 저장돼 있는 ARP 정보를 조회하기 위해 ARP 모니터와 데이터베이스를 연결하는 것으로 시작하고자 한다. 가장 먼저 리스트 3.54의 코드에서 행 번호에 '>'가 붙어 있는 코드를 리스트 3.49의 코드에 추가한다.

[리스트 3.54] MySQL 연결을 위한 접속 정보 상수와 함수 헤더 선언

```
...
16:    #include <time.h>
17:>   #include <mysql/mysql.h>
18:
19:    #define STRING_IP_SIZE 16
20:    #define STRING_MAC_SIZE 18
21:    #define STRING_SNMP_SIZE 150
22:
23:>   #define MYSQL_HOST      "localhost"
24:>   #define MYSQL_ID        "radius"
25:>   #define MYSQL_PW        "09n072"
26:>   #define MYSQL_DB        "radius"
27:>
28:    struct arpMsg {
...
50:    char* timeToString(struct tm *t);
51:>   void db_prepare_stmt(MYSQL *conn, MYSQL_STMT **stmt, char
       *sql, int line);
```

```
52:> void db_bind_param(MYSQL_STMT **stmt, MYSQL_BIND *param, int
      line);
53:> void db_bind_result(MYSQL_STMT **stmt, MYSQL_BIND *result, int
      line);
54:> void db_stmt_execute(MYSQL_STMT **stmt, int line);
55:
56:  int main (int argc, char *argv[]) {
...
```

리스트 3.54의 코드는 17행에서 데이터베이스 사용 시 라이브러리 호출에 필요한 헤더 파일을 불러오고, 23~26행에는 데이터베이스 연결에 필요한 파라미터 상수들을 선언한다. MYSQL_HOST는 접속할 DBMS의 호스트명이나 IP 주소로 ARP 모니터와 MySQL DBMS가 동일 장치에서 운영되기 때문에 localhost를 지정했다. MYSQL_ID, MYSQL_PW, MYSQL_DB 상수는 각각 데이터베이스에 로그인할 사용자의 식별자와 비밀번호 그리고 데이터베이스를 연결한 후에 사용할 디폴트 데이터베이스를 지정한다. 51~54행은 데이터베이스 연결과 관련된 함수들을 선언하고 있다.

리스트 3.55의 db_prepare_stmt() 함수는 질의문 처리 이전에 필요한 데이터베이스 연결, 스테이트먼트statement 초기화, 그리고 질의문 실행을 위한 프리페어드 스테이트먼트PS, Prepared Statement 준비에 필요한 일련의 함수 mysql_real_connect(), mysql_stmt_init(), mysql_stmt_prepare()를 실행하기 위한 래핑 함수다. 리스트 3.55는 arp.c 파일의 끝에 추가한다.

[리스트 3.55] MySQL 연결과 질의문 실행 준비 함수

```
...
134:>
135:> void db_prepare_stmt(MYSQL *conn, MYSQL_STMT **stmt, char
      *sql, int line) {
```

```
136:>          // MySQL 연결
137:>          if (NULL == mysql_real_connect(conn, MYSQL_HOST,
               MYSQL_ID, MYSQL_PW,
138:>                                          MYSQL_DB, 0, NULL, 0)) {
139:>                  fprintf(stderr, " Unable to connect
                       database\n");
140:>                  fprintf(stderr, " called by line %d \n", line);
141:>                  mysql_close(conn);
142:>                  exit(EXIT_FAILURE);
143:>          }
144:>
145:>          // Statement 초기화
146:>          *stmt = mysql_stmt_init(conn);
147:>          if (NULL == *stmt) {
148:>                  fprintf(stderr,
149:>                          " Failed to initiate the statement in
                               %s (%d) \n",
150:>                          __FILE__, __LINE__);
151:>                  fprintf(stderr, " called by line %d \n", line);
152:>                  mysql_close(conn);
153:>                  exit(EXIT_FAILURE);
154:>          }
155:>
156:>          // Prepared statement 생성
157:>          if (mysql_stmt_prepare(*stmt, sql, strlen(sql))) {
158:>                  fprintf(stderr,
159:>                          " Failed to ready prepared statement
                               in %s (%d) \n",
160:>                          __FILE__, __LINE__);
161:>                  fprintf(stderr, " called by line %d \n", line);
162:>                  fprintf(stderr, " %s\n", mysql_stmt_
                       error(*stmt));
163:>                  mysql_close(conn);
164:>                  exit(EXIT_FAILURE);
```

```
165:>          }
166:> }
```

137~143행은 리스트 3.54의 23~26행에 선언한 데이터베이스 관련 상수 MYSLQ_HOST, MYSQL_ID, MYSQL_PW, MYSQL_DB를 이용해 데이터베이스에 연결하고 해당 사항을 conn 변수에 저장한다. 146~154행은 스테이트먼트를 초기화한 후 초기화 과정에서 에러가 발생하면 에러 메시지를 출력하고 프로그램을 종료하는 구문이다. 157~165행은 앞에서 정의한 스테이트먼트에 sql 변수가 지시하고 있는 질의문을 할당해 PS를 생성한다. 135행에서 함수의 마지막 인자인 line은 함수 실행 도중 오류가 발생했을 때 함수의 호출 지점을 알려주기 위해 소스 코드의 행을 전달 받는다. 함수 호출부에서는 line 인자의 값으로 __LINE__ 상수를 사용해 함수를 호출하는 행을 전달한다.

> **스테이트먼트와 프리페어드 스테이트먼트**
>
> 데이터베이스에서 질의문 실행 방식은 크게 '스테이트먼트(Statement)'와 '프리페어드 스테이트먼트(Prepared Statement)'로 구분할 수 있다. 스테이트먼트 방식은 질의문 실행 요청이 들어오면 내부적으로 해당 질의문에 대한 파싱, 최적화, 그리고 실행 계획 수립 등의 일련의 절차를 수행한 후에 질의문을 수행한다. 다음과 같은 질의문이 들어오면 스테이트먼트 방식에서는 어떠한 일이 발생할까?
>
> SELECT name, address FROM student WHERE student_id = 980916
>
> 질의문 실행 요청이 들어오면 데이터베이스 엔진은 캐시에서 이전에 실행한 동일한 질의문이 있는지 검색한다. 동일한 질의문을 찾으면 캐싱된 질의문을 실행하고, 그렇지 않으면 새로운 질의문으로 인식하고 앞에서 말한 절차에 따라 새로운 실행 계획을 수립하고 질의문을 실행한다. 만약, 학번이 980916에서 980917로 바뀐 질의문 실행을 요청하면 어떻게 될까? 질의문이 모두 동일하고 마지막 한 글자만 다르다. 그렇다 하더라도 스테이트먼트 방식에서는 두 질의문을 전혀 다른 질의문으로 인식해 질의문 파싱, 최적화, 그리고 실행 계획 수립 등의 절차를 새로 수행한다.

반면, PS 방식은 질의문을 어떻게 실행할까? 프리페어드 방식도 처음 요청되는 질의문에 대해서는 스테이트먼트 방식과 동일한 파싱, 최적화, 실행 계획 수립 등의 절차를 수행한다. 그러나 동일한 질의문에 대한 실행이 요청되면 스테이트먼트 방식과 달리 곧바로 캐싱돼 있는 질의문을 실행한다. 여기에서 동일한 질의문은 파라미터 또는 변수를 제외한 질의문의 동일성 여부를 의미한다. 앞에서 예로 든 질의문은 PS 방식에서는 다음과 같이 작성한다.

SELECT name, address FROM student WHERE student_id = ?

학생 ID 값이 기재되지 않은 채 파라미터(?)로 대체됐다. PS 방식에서는 질의문 실행 요청 이전에 질의문에 대한 파싱, 최적화, 실행 계획을 수립해두고, 질의문 실행 단계에서 파라미터와 실제 값을 바인딩해 실행한다. 앞에서 사용한 예와 같이 학번이 980916에서 980917로 변경되는 경우, 파라미터와 바인딩돼 있는 학번 변수의 값을 변경하고, 질의문을 실행하면 질의문에 대한 파싱, 최적화, 실행 계획 수립 등과 같은 절차를 수행하지 않고 이미 수립된 절차에 따라 질의를 수행하고 결과를 반환해준다. 이 때문에 PS 방식은 스테이트먼트 방식에 비해 반복적으로 수행되는 질의문에서 향상된 성능을 보여주는 것으로 알려져 있다. 그러나 MySQL의 경우 두 방식의 성능 차에 관한 뚜렷한 리포트를 확인하지 못했다. 일부 데이터베이스 전문가들의 경우, 반복적으로 수행되는 질의문에는 PS를 사용할 것을 권한다. 나는 개인적으로 PS를 선호하기 때문에 ARP 모니터에서는 PS를 사용하기로 했다.

리스트 3.56은 PS에 파라미터 값을 전달하고, 질의문 실행 결과를 수신하기 위한 바인딩 구조체(MYSQL_BIND) 변수를 PS에 바인딩하는 함수와 스테이트먼트 실행 함수를 정의하고 있다. 각각의 함수는 리스트 3.54와 같이 MySQL에서 제공하는 함수를 래핑해 함수 실행 과정에서 발생하는 오류 처리를 간소화했다. 리스트 3.56는 리스트 3.55에 이어 작성한다.

[리스트 3.56] 파라미터 바인딩 및 질의문 실행 함수

```
...
167:>
168:> void db_bind_param(MYSQL_STMT **stmt, MYSQL_BIND *param, int
      line) {
169:>         if (mysql_stmt_bind_param(*stmt, param)) {
170:>                 fprintf(stderr, " Failed to bind parameter in
                      %s (%d) \n",
171:>                         __FILE__, __LINE__);
172:>                 fprintf(stderr, " called by line %d \n", line);
173:>                 fprintf(stderr, " %s\n", mysql_stmt_
                      error(*stmt));
174:>                 exit(EXIT_FAILURE);
175:>         }
176:> }
177:>
178:> void db_bind_result(MYSQL_STMT **stmt, MYSQL_BIND *result, int
      line) {
179:>         if (mysql_stmt_bind_result(*stmt, result)) {
180:>                 fprintf(stderr, " Failed to bind result in %s
                      (%d) \n",
181:>                         __FILE__, __LINE__);
182:>                 fprintf(stderr, " called by line %d \n",
                      line);
183:>                 fprintf(stderr, " %s\n", mysql_stmt_
                      error(*stmt));
184:>                 exit(EXIT_FAILURE);
185:>         }
186:> }
187:>
188:> void db_stmt_execute(MYSQL_STMT **stmt, int line) {
189:>         if (mysql_stmt_execute(*stmt)) {
190:>                 fprintf(stderr, " Failed to execute statement
                      in %s (%d) \n",
```

```
191:>                             __FILE__, __LINE__);
192:>                     fprintf(stderr, " called by line %d \n", line);
193:>                     fprintf(stderr, " %s\n", mysql_stmt_
                          error(*stmt));
194:>                     exit(EXIT_FAILURE);
195:>             }
196:> }
```

데이터베이스 연결과 파라미터 바인딩, 질의문 실행과 관련된 함수를 정의했다. 이번에는 이 함수들을 이용해 첫 번째 기능에서 추출한 ARP 패킷의 주소 정보를 대상으로 IP 주소 할당의 적정성을 판단하고 ARP 스푸핑 시도를 식별하는 기능을 구현해보자.

리스트 3.57은 IP 주소 할당의 적절성과 ARP 스푸핑 시도를 식별하기 위해 ARP 패킷에서 추출한 주소를 데이터베이스에 질의한 코드다. 코드에서는 PS를 준비하고, IP 주소와 맥 주소를 파라미터로 전달하고 결과 값을 수신하기 위한 구조체를 바인딩한다. 코드는 ARP 패킷 모니터링을 시작하는 코드 앞에 작성한다.

70~75행은 nas_arp 테이블에서 ARP 패킷에서 추출한 IP 주소와 맥 주소 조회를 위한 질의문으로, 2개의 질의문이 각각 실행돼 하나의 결과를 되돌려준다. 첫 번째는 IP 주소가 적절하게 할당됐는지 확인하는 질의문이고, 두 번째는 ARP 스푸핑을 확인하는 질의문이다. 질의문에 사용된 물음표(?)들이 PS 생성 이후에 파라미터 구조체와 바인딩되는 부분이다. 질의문에서는 4개의 물음표가 사용되고 있으므로 4개의 바인딩 구조체 변수가 필요하다. 질의문 수행 결과는 approve와 misuse로 반환되며, 결과를 수신하려면 2개의 바인딩 구조체 변수가 필요하다.

[리스트 3.57] 데이터베이스 연결과 Prepared Statement 준비

```
...
66:            time_t timer;
67:
68:>   /* ARP 패킷에 포함된 소스 IP/MAC 주소 할당과 동작 유형 확인 */
69:>           // 질의문 정의
70:>           #define CHECK_SOURCE "SELECT ( SELECT count(*) FROM
               nac_arp \
71:>                                  WHERE ipaddr = ? \
72:>                                  AND macaddr  = ? ) 
                                      as approve, \
73:>                                  ( SELECT count(*) 
                                      FROM nac_arp \
74:>                                  WHERE ipaddr = ? \
75:>                                  AND macaddr <> ? ) 
                                      as misuse "
76:>
77:>           // IP 주소 정상 할당: approve = 1
78:>           // IP 주소 임의 할당: approve = 0, misuse = 0
79:>           // ARP 스푸핑 의심: misuse = 1
80:>
81:>           MYSQL      *my_conn1 = mysql_init(NULL); // MySQL
               Connection 구조체
82:>           MYSQL_STMT *my_stmt1;   // Statement 구조체
83:>           MYSQL_BIND param_check[4], result_check[2]; // 파라미터
               바인딩 구조체
84:>
85:>           my_bool is_null[1];
86:>
87:>           // 파라미터 전달과 결과 수신에 사용되는 변수
88:>           char         csource_ipaddr[STRING_IP_SIZE];
89:>           char         csource_macaddr[STRING_MAC_SIZE];
90:>           unsigned long  ulsource_ipaddr_length ;
91:>           unsigned long  ulsource_macaddr_length;
```

```
 92:>        int           isource_approve = 0;
 93:>        int           isource_misuse = 0;
 94:>        char          *msg;
 95:>
 96:>        // 데이터베이스 연결 및 Prepared Statement 준비
 97:>        db_prepare_stmt(my_conn1, &my_stmt1, CHECK_SOURCE,
                __LINE__);
 98:>
 99:>        // 파라미터 전달과 결과 수신용 구조체 초기화
100:>        memset(param_check, 0, sizeof(param_check));
101:>        memset(result_check, 0, sizeof(result_check));
102:>
103:>        // 입력 파라미터 바인딩 구조체 프로퍼티 설정
104:>        param_check[0].buffer_type   = MYSQL_TYPE_STRING;
105:>        param_check[0].buffer        = (char *) csource_
                ipaddr;
106:>        param_check[0].buffer_length = STRING_IP_SIZE;
107:>        param_check[0].is_null       = 0;
108:>        param_check[0].length        = &ulsource_ipaddr_
                length;
109:>
110:>        param_check[1].buffer_type   = MYSQL_TYPE_STRING;
111:>        param_check[1].buffer        = (char *) csource_
                macaddr;
112:>        param_check[1].buffer_length = STRING_MAC_SIZE;
113:>        param_check[1].is_null       = 0;
114:>        param_check[1].length        = &ulsource_macaddr_
                length;
115:>
116:>        param_check[2] = param_check[0];
117:>        param_check[3] = param_check[1];
118:>
119:>        // 결과 값 수신용 바인딩 구조체 프로퍼티 설정
120:>        result_check[0].buffer_type  = MYSQL_TYPE_LONG;
```

```
121:>          result_check[0].buffer         = (void *) &isource_
                                                approve;
122:>          result_check[0].buffer_length  = 0;
123:>          result_check[0].is_null        = &is_null[0];
124:>          result_check[0].length         = 0;
125:>
126:>          result_check[1].buffer_type    = MYSQL_TYPE_LONG;
127:>          result_check[1].buffer         = (void *) &isource_
                                                misuse;
128:>          result_check[1].buffer_length  = 0;
129:>          result_check[1].is_null        = &is_null[0];
130:>          result_check[1].length         = 0;
131:>
132:>          // Prepared statement에 파라미터 전달용 구조체 바인딩
133:>          db_bind_param(&my_stmt1, param_check, __LINE__);
134:>
135:>          // Prepared statement에 결과 값 수신용 구조체 바인딩
136:>          db_bind_result(&my_stmt1, result_check, __LINE__);
137:>
138:   /* ARP 모니터링 시작*/
...
```

리스트 3.58은 리스트 3.57의 일부로, IP 주소 할당의 적절성과 ARP 스푸핑 식별에 사용되는 데이터베이스 연결과 PS와 정보를 주고받기 위해 바인딩에 사용할 변수를 선언하는 코드다. 81행은 데이터베이스 연결 지시자가 저장될 구조체 my_conn1을, 82행은 PS가 할당될 my_stmt1을 그리고 83행은 프리페어드 스테이트먼트에 입력 값을 전달하는 데 사용하는 바인딩 변수 param_check와 질의문 실행 결과 값을 수신하는 데 사용할 바인딩 변수 result_check를 선언한다. 바인딩 변수는 스테이트먼트에 전달하는 실제 값을 저장하는 변수가 아니라 실제 값이 저장돼 있는 변수와 질의문의 입출력

파라미터를 연결하기 위한 정보를 전달하는 구조체다. 구성 항목으로는 송수신하고자 하는 데이터의 유형, 질의문의 입출력 파라미터와 연결할 실제 변수, 변수의 길이, 송수신 값의 널Null 여부, 그리고 실제 송수신 데이터의 길이 등으로 구성된다. 85행은 송수신 결과의 Null 여부 식별을 위해 사용되는 is_null 변수를 선언하며, 입출력 파라미터가 Null이면 True, 그렇지 않으면 False 값이 설정된다.

[리스트 3.58] 데이터베이스 연결, PS 준비와 바인딩에 사용할 변수 선언

```
...
81:>       MYSQL         *my_conn1 = mysql_init(NULL); // MySQL
                         Connection 구조체
82:>       MYSQL_STMT    *my_stmt1;   // Statement 구조체
83:>       MYSQL_BIND    param_check[4], result_check[2]; // 파라미터
                         바인딩 구조체
84:>
85:>       my_bool is_null[1];
86:>
87:>       // 파라미터 전달과 결과 수신에 사용되는 변수
88:>       char          csource_ipaddr[STRING_IP_SIZE];
89:>       char          csource_macaddr[STRING_MAC_SIZE];
90:>       unsigned long ulsource_ipaddr_length ;
91:>       unsigned long ulsource_macaddr_length;
92:>       int           isource_approve = 0;
93:>       int           isource_misuse = 0;
94:>       char          *msg;
...
```

88~94행은 실제 입출력 파라미터와 바인딩될 변수들을 선언하고 있다. 88행, 89행의 csource_ipaddr과 csource_macaddr은 질의문에 입력 파라미터로 전달할 ARP 패킷의 IP 주소와 맥 주소가 저장될 변수이며, ulsource_ipaddr_ length와 ulsource_macaddr_length는 앞의 두 변수에 실제로 저장된 IP 주소와 맥 주소 길이가 저장되는 변수로, 파라미터 바인딩용 구조체를 설정할 때 length 프로퍼티에 할당한다. 92행과 93행의 변수 isource_approve와 isource_misuse는 70~75행의 질의문이 시행된 이후 반환하는 approve와 misuse 값을 저장하기 위한 변수다.

리스트 3.59는 97행에서 리스트 3.55에서 선언한 db_parepare_stmt() 함수를 이용해 리스트 3.57의 70~75행의 질의문 CHECK_SOURCE에 대한 PS my_stmt1을 준비한다. 100행과 101행에서는 my_stmt1에 입출력을 위해 사용할 바인딩 구조체 param_check와 result_check를 Null 값으로 초기화한다.

[리스트 3.59] 프리페어드 스테이트먼트 준비와 바인딩 구조체 초기화

```
...
96:>        // 데이터베이스 연결 및 Prepared Statement 준비
97:>        db_prepare_stmt(my_conn1, &my_stmt1, CHECK_SOURCE, __LINE__);
98:>
99:>        // 파라미터 전달과 결과 수신용 구조체 초기화
100:>       memset(param_check, 0, sizeof(param_check));
101:>       memset(result_check, 0, sizeof(result_check));
...
```

리스트 3.60은 PS my_stmt1에 입력 값을 전달하기 위한 바인딩 구조체의 프로퍼티 값을 설정하는 코드다. 앞에서 선언한 질의문 CHECK_SOURCE에서 4개의 파라미터를 선언했다. 이 때문에 83행에서 4개의 바인딩 구조체를 갖는 param_check를 선언하고, 리스트 3.60에서 각각의 구조체의 프로퍼티 값을 설정하고 있다. 각각의 바인딩 구조체는 CHECK_SOURCE에서 선언한 파

라미터의 순서에 따라 차례대로 바인딩된다.

[리스트 3.60] 입력 파라미터 바인딩 구조체 프로퍼티 설정

```
...
103:>          // 입력 파라미터 바인딩 구조체 프로퍼티 설정
104:>          param_check[0].buffer_type    = MYSQL_TYPE_STRING;
105:>          param_check[0].buffer         = (char *) csource_
               ipaddr;
106:>          param_check[0].buffer_length  = STRING_IP_SIZE;
107:>          param_check[0].is_null        = 0;
108:>          param_check[0].length         = &ulsource_ipaddr_
               length;
109:>
110:>          param_check[1].buffer_type    = MYSQL_TYPE_STRING;
111:>          param_check[1].buffer         = (char *) csource_
               macaddr;
112:>          param_check[1].buffer_length  = STRING_MAC_SIZE;
113:>          param_check[1].is_null        = 0;
114:>          param_check[1].length         = &ulsource_macaddr_
               length;
115:>
116:>          param_check[2] = param_check[0];
117:>          param_check[3] = param_check[1];
...
```

104~108행까지가 하나의 바인딩 구조체에 대한 값을 설정하는 코드로, 각각은 다음과 같다. 먼저 buffer_type 프로퍼티는 C 언어의 자료형으로 전달되는 값을 MySQL 서버에서 어떠한 자료형으로 받아야 하는지를 결정하는 지시자라고 할 수 있다. 표 3.11은 C 언어의 자료형에 대응되는 MySQL 자료형을 보여준다. 리스트 3.60의 104행과 110행에서는 MYSQL_TYPE_STRING 지시

자를 사용했다. 이는 IP 주소와 맥 주소가 문자 배열에 저장돼 있고, MySQL의 VARCHAR형에 대응되기 때문이다.

[표 3.11] 입력 값을 전달하기 위한 C 언어와 MySQL 자료형 대응 지시자

C 언어 자료형	buffer_type 지시자	MySQL 자료형
signed char	MYSQL_TYPE_TINY	TINYINT
short int	MYSQL_TYPE_SHORT	SMALLINT
int	MYSQL_TYPE_LONG	INT
long long int	MYSQL_TYPE_LONGLONG	BIGINT
float	MYSQL_TYPE_FLOAT	FLOAT
double	MYSQL_TYPE_DOUBLE	DOUBLE
MYSQL_TIME	MYSQL_TYPE_TIME	TIME
MYSQL_TIME	MYSQL_TYPE_DATE	DATE
MYSQL_TIME	MYSQL_TYPE_DATETIME	DATETIME
MYSQL_TIME	MYSQL_TYPE_TIMESTAMP	TIMESTAMP
char[ ]	MYSQL_TYPE_STRING	TEXT, CHAR, VARCHAR
char[ ]	MYSQL_TYPE_BLOB	BLOB, BINARY, VARBINARY
	MYSQL_TYPE_NULL	NULL

참조: https://dev.mysql.com/doc/refman/5.5/en/c-api-prepared-statement-type-codes.html

buffer는 PS my_stmt1의 첫 번째 입력 값으로 전달할 실제 값이 저장돼 있는 변수를 지정하는 프로퍼티로, ARP 패킷에서 추출한 출발지 IP 주소가 저장돼 있는 csource_ipaddr 변수를 지정하고 있다. 세 번째 buffer_length는 csource_ipaddr에 할당된 버퍼, 즉 메모리의 크기를 지정하는 프로퍼티로 csource_ipaddr 문자형 배열을 선언할 때 크기 지정에 사용된 STRING_IP_SIZE를 지정했다. STRING_IP_SIZE 대신 16을 지정해도 상관없지만, 일관성을 위해 STRING_IP_SIZE 지정했다. 네 번째 is_null 프로퍼티는 buffer로 지정된 csource_ipaddr 변수에 저장된 값이 Null인지를 나타낸다. csource_ ipaddr에는 Null이 아닌 IP 주소가 저장돼 있을 것이기 때문에 거짓^{false}을 의미하는 0을 대입한다. 마지막 프로퍼티인 length는 입력 값이 저장돼 있는 버퍼(csource_ipaddr)에 할당된 메모리 크기가 아니라 실제 저장돼 있는 데이터의 크기를 할당한다. 만약, 입력 값으로 전달되는 값이 숫자형일 때는 0을 지정하고, 문자형일 때는 실제 길이 또는 길이가 저장돼 있는 변수를 지정한다. 108행에서는 csource_ipaddr 변수에 저장돼 있는 IP 주소의 길이가 저장될 변수 ulsource_ipaddr_length를 지정했다. 변수를 지정한 경우, 스테이트먼트를 실행하기 이전에 변수에 실제 전달 값의 길이를 할당해줘야 한다.

110~114행까지의 내용은 파라미터로 전달할 맥 주소를 위한 바인딩 구조체의 프로퍼티를 설정하는 항목으로, 앞에서 설명한 것과 같은 내용이다. 116행과 117행은 my_stmt1과 바인딩할 세 번째, 네 번째 바인딩 구조체 설정을 위한 것으로, 세 번째에는 첫 번째와 동일한 IP 주소가 전달되고, 네 번째에는 두 번째와 동일한 맥 주소가 전달되기 때문에 별도로 프로퍼티를 설정하지 않고 앞의 것을 복사했다. 이것으로 입력 값으로 전달할 파라미터에 대한 바인딩이 완료됐다. 다음에는 my_stmt1가 실행된 이후 결과를 전달 받기 위한 바인딩 구조체의 프로퍼티 설정을 진행해보자.

리스트 3.61은 PS my_stmt1을 실행한 이후에 반환되는 결과 값 approve와 misuse를 두 변수 isource_approve와 isource_misuse에 수신하기 위해 바인딩 구조체의 프로퍼티를 설정하는 것이다.

[리스트 3.61] 결과 값 수신용 바인딩 구조체 프로퍼티 설정

```
...
119:>         // 결과 값 수신용 바인딩 구조체 프로퍼티 설정
120:>         result_check[0].buffer_type   = MYSQL_TYPE_LONG;
121:>         result_check[0].buffer        = (void *) &isource_
               approve;
```

```
122:>        result_check[0].buffer_length = 0;
123:>        result_check[0].is_null       = &is_null[0];
124:>        result_check[0].length        = 0;
125:>
126:>        result_check[1].buffer_type   = MYSQL_TYPE_LONG;
127:>        result_check[1].buffer        = (void *) &isource_
             misuse;
128:>        result_check[1].buffer_length = 0;
129:>        result_check[1].is_null       = &is_null[0];
130:>        result_check[1].length        = 0;
...
```

프로퍼티 설정 방법은 앞에서 진행한 입력 값 전달용 구조체 설정 방법과 동일하다. 다만, 차이점이라면 결과 값의 자료형이 숫자형이기 때문에 buffer_type 프로퍼티에 MYSQL_TYPE_LONG를 지정했고, buffer_length와 length 프로퍼티는 isource_approve의 자료형에 의해 길이가 결정되기 때문에 0을 지정했다. 그리고 is_null 프로퍼티는 결과 값의 Null 여부에 따라 참[True] 또는 거짓[False]이 지정돼 결과 값의 Null 여부를 식별하게 하지만, 여기에서는 이를 사용하지 않기 때문에 동일한 변수를 지정해 결과 값만 수신하도록 했다. 표 3.12는 결과 값 수신 시에 MySQL 자료형을 C 자료형으로 변환하기 위한 지시자를 나열했다. 입출력 바인딩 구조체의 buffer_type 프로퍼티에 지정되는 지시자가 서로 다르므로 바인딩 구조체의 사용 목적에 따라 표 3.11과 표 3.12를 참조해 정확하게 지정한다.

[표 3.12] 결과 값 수신을 위한 C 언어와 MySQL 자료형 대응 지시자

MySQL 자료형	buffer_type 지시자	C 언어 자료형
TINYINT	MYSQL_TYPE_TINY	signed char
SMALLINT	MYSQL_TYPE_SHORT	short int
MEDIUMINT	MYSQL_TYPE_INT24	int
INT	MYSQL_TYPE_LONG	int
BIGINT	MYSQL_TYPE_LONGLONG	long long int
FLOAT	MYSQL_TYPE_FLOAT	float
DOUBLE	MYSQL_TYPE_DOUBLE	double
DECIMAL	MYSQL_TYPE_NEWDECIMAL	char[]
YEAR	MYSQL_TYPE_SHORT	short int
TIME	MYSQL_TYPE_TIME	MYSQL_TIME
DATE	MYSQL_TYPE_DATE	MYSQL_TIME
DATETIME	MYSQL_TYPE_DATETIME	MYSQL_TIME
TIMESTAMP	MYSQL_TYPE_TIMESTAMP	MYSQL_TIME
CHAR, BINARY	MYSQL_TYPE_STRING	char[]
VARCHAR, VARBINARY	MYSQL_TYPE_VAR_STRING	char[]
TINY BLOB, TINYTEXT	MYSQL_TYPE_TINY_BLOB	char[]
BLOB, TEXT	MYSQL_TYPE_BLOB	char[]
MEDIUMBLOB, MEDIUMTEXT	MYSQL_TYPE_MEDIUM_BLOB	char[]
LONGBLOB, LONGTEXT	MYSQL_TYPE_LONG_BLOB	char[]
BIT	MYSQL_TYPE_BIT	char[]

참조: https://dev.mysql.com/doc/refman/5.5/en/c-api-prepared-statement-type-codes.html

PS my_stmt1와 my_stmt1에 입력 값을 전달하고 결과 값을 수신할 바인딩할 구조체가 준비됐다. 리스트 3.62는 my_stmt1과 입출력을 위한 바인딩 구조체 param_check와 result_check를 바인딩한다.

[리스트 3.62] 결과 값 수신용 바인딩 구조체 프로퍼티 설정

```
...
132:>           // Prepared statement에 파라미터 전달용 구조체 바인딩
133:>           db_bind_param(&my_stmt1, param_check, __LINE__);
134:>
135:>           // Prepared statement에 결과 값 수신용 구조체 바인딩
136:>           db_bind_result(&my_stmt1, result_check, __LINE__);
...
```

이로써 my_stmt1이 실행될 때 4개의 입력 파라미터는 각각 csource_ipaddr, csource_macaddr 변수에 저장된 값을 참조하고, 결과 값은 isosource_approve와 isource_misuse에 저장하도록 MySQL과 C 프로그램과의 바인딩을 완료했다. 이제 다음 단계는 my_stmt1에 입력 파라미터로 전달할 값을 csource_ipaddr, csource_macaddr 변수에 대입하고, my_stmt1을 실행하고, 결과 값을 가져오는 것이다. 리스트 3.63은 이를 수행하는 코드다. 이 코드는 리스트 3.49에서 ARP 패킷 내용을 출력하는 코드 다음에 입력한다.

194행에서 199행은 my_stmt1의 실행에 앞서 입력 파라미터 값으로 전달할 IP 주소와 맥 주소를 csource_ipaddr, csource_macaddr 변수에 저장하는 코드다. 194행과 195행에서는 memset() 함수를 이용해 두 변수를 Null 값으로 초기화하고 있다. 이는 메모리에 저장돼 있는 쓰레기garbage 값이 입력 값으로 전달되는 것을 방지하기 위해서다. 196행과 197행은 ARP 패킷에서 추출한 출발지 IP 주소와 맥 주소를 strlcpy() 함수를 이용해 초기화된 두 변수에 복사한다. 그리고 198행과 199행에서는 입력 파라미터 구조체의 length 프로퍼티 설정에 사용될 두 변수 ulsource_ipaddr_length와 ulsource_macaddr_length에 실제 입력 값의 길이, 즉 IP 주소와 맥 주소의 길이를 설정한다.

[리스트 3.63] IP 주소 할당의 적정성과 ARP 스푸핑 식별

```
...
185:                    // ARP 패킷 내용 출력
186:                    printf("%4s(%3X)   %s   [S] %15s : %s\n",
187:                            arpAddr.opname, arp.operation,
                                timeToString(t),
188:                            arpAddr.sip, arpAddr.smac);
189:                    printf("%31s [D] %15s : %s\n", "",
190:                            arpAddr.dip, arpAddr.dmac);
191:>
192:>                   // IP/MAC 주소의 할당과 동작 유형을 파악하기 위한
193:>                   // 질의문의 파라미터로 전송할 주소 할당
194:>                   memset(csource_ipaddr, 0, STRING_IP_SIZE);
195:>                   memset(csource_macaddr, 0, STRING_MAC_SIZE);
196:>                   strncpy(csource_ipaddr, arpAddr.sip, STRING_
                            IP_SIZE);
197:>                   strncpy(csource_macaddr, arpAddr.smac, STRING_
                            MAC_SIZE);
198:>                   ulsource_ipaddr_length = strlen(csource_
                            ipaddr);
199:>                   ulsource_macaddr_length = strlen(csource_
                            macaddr);
200:>
201:>                   // IP/MAC 주소 할당과 동작 유형 파악을 위한 statement
                            실행
202:>                   db_stmt_execute(&my_stmt1, __LINE__);
203:>
204:>                   // IP/MAC 주소 할당 및 동작 유형 패치
205:>                   if (mysql_stmt_fetch(my_stmt1)) {
206:>                       fprintf(stderr, " Address fetch failed
                                in %s (%d) \n",
207:>                                __FILE__, __LINE__);
208:>                       fprintf(stderr, " %s\n", mysql_stmt_
                                error(my_stmt1));
```

```
209:>                              exit(EXIT_FAILURE);
210:>                      }
211:>
212:>                      if (1 == isource_approve) { continue; } // IP
                           주소 정상 할당
213:>                      else if (1 == isource_misuse) {          // ARP
                           스푸핑 의심
214:>                              msg = "Detecting ARP Spoofing...";
215:>                      }
216:>                      else if (0 == isource_approve && 0 == isource_
                           misuse ) {
217:>                              // IP 주소 임의 할당
218:>                              msg = "Detecting Not Allowed IP
                                    Allocation.";
219:>                      }
220:>                      printf("%31s %s\n", "", msg);
245:            }
246:    }
...
```

202행에서 입력 파라미터 값이 설정된 my_stmt1을 실행한다. 실행 단계에서는 앞에서도 리스트 3.55에서 설명했듯이 질의문에 대한 파싱, 최적화, 실행 계획 수립 등이 미리 수행됐기 때문에 csource_ipaddr, csource_macaddr 변수에 저장된 값을 파라미터에 대입해 최적화된 실의문을 실행한다. my_stmt1 실행된 이후에는 결과 값을 가져와야 한다. 205행에서 `mysql_stmt_fetch()` 함수를 이용해 my_stmt1의 실행 결과를 isource_approve, isource_misuse 에 저장한다.

212~220행은 표 3.10에서 정리한 원칙에 따라 IP 주소 할당의 적절성과 ARP 스푸핑 시도 여부를 식별한다. 먼저 212행은 isource_approve 값이 1인 경우, IP 주소가 정상적으로 할당된 것으로 판단해 이후의 절차를 수행하지 않고

다음 ARP 메시지를 수신한다. 그런 다음, 213~215행은 212행에서 isource_approve 값이 1이 아닌 경우 isource_misuse 값을 비교해 ARP 스푸핑 여부를 식별한다. 만약, isource_misuse 값이 1인 경우, ARP 스푸핑으로 인식하고, msg 변수에 ARP 스푸핑 시도를 알리는 메시지를 저장한다. 마지막으로 216~219행은 앞의 두 조건이 만족하지 않을 경우, 허가되지 않은 IP 주소 할당으로 간주하고, msg 변수에 이를 알리는 메시지를 저장한다. IP 주소 할당의 적정성과 ARP 스푸핑 시도를 식별한 이후의 결과를 통보하기 위해 220행에서 msg 변수에 저장된 메시지를 출력한다.

코드 작성이 마무리됐다. 이제 코드를 컴파일해 우리 의도대로 작동하는지 살펴보자. 먼저 코드 컴파일을 위해 다음 명령을 실행한다. 리스트 3.59를 컴파일할 때와 달리, 이번에는 데이터베이스를 사용하기 때문에 데이터베이스와 관련된 라이브러리를 지정했다.

```
gcc arp.c -o arpmon -lmysqlclient
```

매번 위와 같이 컴파일 명령을 실행하는 것이 때로는 귀찮을 수 있다. 그래서 나는 위의 컴파일 명령을 별도의 셸 파일(c.sh)에 저장해두고, 이를 실행해 컴파일한다.

```
echo "gcc arp.c -o arpmon -lmysqlclient" > c.sh && chmod 700 c.sh
```

컴파일이 완료되면 ARP 모니터를 실행해 그림 3.95와 같이 ARP 모니터링 결과를 확인한다.

```
1. root@ubuntu: ~/arp (ssh)
root@ubuntu:~/arp# ./arpmon
RQST(100)   2016-05-19 20:19:33   [S]   172.16.50.21 : 34:e2:fd:7d:61:12
                                  [D]   172.16.50.21 : 00:00:00:00:00:00
RQST(100)   2016-05-19 20:19:40   [S]   172.16.50.21 : 34:e2:fd:7d:61:12
                                  [D]    172.16.50.1 : 00:00:00:00:00:00
RQST(100)   2016-05-19 20:19:41   [S]   172.16.50.21 : 34:e2:fd:7d:61:12
                                  [D]   172.16.50.21 : 00:00:00:00:00:00
RQST(100)   2016-05-19 20:19:41   [S]   172.16.50.21 : 34:e2:fd:7d:61:12
                                  [D]    172.16.50.1 : 00:00:00:00:00:00
RQST(100)   2016-05-19 20:19:42   [S]   172.16.50.23 : 78:31:c1:d2:10:38
                                  [D]    172.16.50.1 : 00:00:00:00:00:00
RQST(100)   2016-05-19 20:19:50   [S]   172.16.50.23 : 78:31:c1:d2:10:38
                                  [D]    172.16.50.1 : 00:00:00:00:00:00
```

[그림 3.95] 정상적인 IP 주소를 할당했을 때의 ARP 패킷

그림 3.95의 결과만 살펴보면 첫 번째 기능 구현 결과와 다른 것이 전혀 없다. 두 번째 기능을 테스트하기 위해서는 비정상적인 행위가 필요하지만, 테스트 환경에서는 비정상적인 행위가 쉽게 발생하지 않는다. 따라서 데이터베이스에 저장된 ARP 정보를 변경해 비정상적인 상황을 만든 후 이를 제대로 인식하는지 살펴보자.

비정상적인 상황을 만들기 위해 그림 3.96과 같이 nac_arp 테이블에 등록된 단말기의 ARP 정보 중 특정한 IP 주소에 할당된 맥 주소를 변경해보자. 이는 ARP 스푸핑 공격 여부를 탐지하는지 테스트하기 위한 조건을 만드는 것이다. 만약, 비정상적인 IP 주소 할당 여부를 테스트하려면 특정 단말기 정보를 삭제하면 된다.

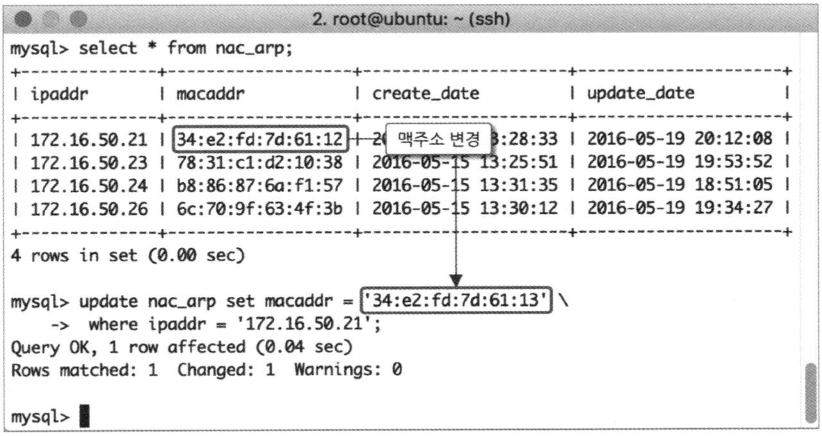

```
mysql> select * from nac_arp;
+--------------+-------------------+---------------------+---------------------+
| ipaddr       | macaddr           | create_date         | update_date         |
+--------------+-------------------+---------------------+---------------------+
| 172.16.50.21 | 34:e2:fd:7d:61:12 | 2016-05-15 13:28:33 | 2016-05-19 20:12:08 |
| 172.16.50.23 | 78:31:c1:d2:10:38 | 2016-05-15 13:25:51 | 2016-05-19 19:53:52 |
| 172.16.50.24 | b8:86:87:6a:f1:57 | 2016-05-15 13:31:35 | 2016-05-19 18:51:05 |
| 172.16.50.26 | 6c:70:9f:63:4f:3b | 2016-05-15 13:30:12 | 2016-05-19 19:34:27 |
+--------------+-------------------+---------------------+---------------------+
4 rows in set (0.00 sec)

mysql> update nac_arp set macaddr = '34:e2:fd:7d:61:13' \
    -> where ipaddr = '172.16.50.21';
Query OK, 1 row affected (0.04 sec)
Rows matched: 1  Changed: 1  Warnings: 0

mysql>
```

[그림 3.96] IP 주소에 할당된 맥 주소 임의 변경

데이터베이스에 저장된 정보의 변경이 완료된 후 해당 단말기에서 IP 주소 갱신을 시도하거나 인터넷 사이트 접속을 시도하면 그림 3.97과 같이 ARP 스푸핑을 탐지하는 것을 확인할 수 있다. 테스트를 진행할 때의 주의사항으로는 네트워크 연결을 끊었다가 다시 접속하면 nac_arp 테이블 정보가 정상적인 정보로 갱신되기 때문에 네트워크 접속이 유지된 상태에서 IP 주소 갱신을 요청하거나 웹 사이트 접속을 시도해야 한다는 것이다.

```
           1. root@ubuntu: ~/arp (ssh)
RQST(100)  2016-05-19 20:29:36  [S]  172.16.50.21 : 34:e2:fd:7d:61:12
                                [D]  172.16.50.1  : 00:00:00:00:00:00
                                Detecting ARP Spoofing...
RQST(100)  2016-05-19 20:29:42  [S]  172.16.50.23 : 78:31:c1:d2:10:38
                                [D]  172.16.50.1  : 00:00:00:00:00:00
RQST(100)  2016-05-19 20:29:52  [S]  172.16.50.23 : 78:31:c1:d2:10:38
                                [D]  172.16.50.1  : 00:00:00:00:00:00
RQST(100)  2016-05-19 20:30:05  [S]  172.16.50.21 : 34:e2:fd:7d:61:12
                                [D]  172.16.50.1  : 00:00:00:00:00:00
                                Detecting ARP Spoofing...
RQST(100)  2016-05-19 20:30:10  [S]  172.16.50.23 : 78:31:c1:d2:10:38
                                [D]  172.16.50.1  : 00:00:00:00:00:00
RQST(100)  2016-05-19 20:30:23  [S]  172.16.50.21 : 34:e2:fd:7d:61:12
                                [D]  172.16.50.1  : 00:00:00:00:00:00
                                Detecting ARP Spoofing...
RQST(100)  2016-05-19 20:30:36  [S]  172.16.50.23 : 78:31:c1:d2:10:38
```

[그림 3.97] ARP 스푸핑 시도 탐지

복잡하거나 어려운 알고리즘이 사용되지 않았음에도 불구하고 부적절한 IP 주소 사용과 ARP 스푸핑을 식별할 수 있게 됐다. 다시 한 번 말하지만, 이를 가능하게 한 것은 3.3절의 사용자 프로파일링이다. 여기에 좀 더 정교한 알고리즘이 더해진다면 네트워크에서 관리자가 얻고자 하는 많은 정보를 얻을 수 있고, 이를 이용해 좀 더 효과적인 네트워크 관리 또는 정보보안 업무를 수행할 수 있을 것이다. 이제 식별한 정보를 기반으로 통제를 위한 기능을 구현해보자.

3) IP 주소 임의 할당 또는 ARP 스푸핑 시도 단말기 네트워크 연결 차단

NAC 또는 IP 주소 관리 시스템에서 IP 주소 임의 할당을 차단하는 방법 중 하나는 ARP 스푸핑을 역이용해 IP 주소 충돌을 일으키는 것이다. 하지만 내가 네트워크와 정보보안 관리자로 근무할 때는 좀 더 강력하게 응징(?)할 수 있는 방법을 찾았다. 고민 끝에 찾아낸 방법은 아예 네트워크 연결을 해제하는 것이다. 원래는 장기간 사용하지 않는 단말기 인증 해제와 네트워크 접속 차단, 그리고 퇴직자가 사용하던 단말기의 네트워크 접속 차단을 위해 적용한 방법이었다. 하지만 비정상적인 IP 주소 할당과 ARP 스푸핑 차단에도 효과적이었기 때문에 ARP 모니터에도 적용했다.

이 절의 서두에서 설명했듯이 네트워크에 연결된 장비의 연결 해제에는 네트워크의 유형과 운영 방식에 따라 세 가지 방법을 사용한다. 유선 네트워크의 경우, SNMP로 MIB를 스위치에 전달해 포트를 비활성화 또는 활성화시킨다. 무선 네트워크가 WLC를 기반으로 운영되는 경우에는 SNMP를 이용해 단말기 인증 해제와 관련된 OID를 WLC에 전달해 해당 단말기의 인증을 해제한다. 그리고 AP를 독립형으로 운영하는 경우에는 자동화된 스크립트를 통해 텔넷이나 SSH로 AP에 접속해 단말기 인증 해제 명령을 실행한다.

이제 실제 코드를 작성해보자. 각각의 코드리스트는 앞에서 진행했듯이 코드의 행 번호를 참조해 적절한 위치에 작성한다. 리스트 3.64는 네트워크 장비 제어와 관련된 상수를 정의하는 코드다. 28행의 SNMP_COMMUNITY는 네트워크 장비에 설정된 커뮤니티 문자열을 정의하는 상수로, SNMP를 이용한 장비 제어 시에 보안을 위해 사용된다. 30행의 _DEAUTH_WLC 상수는 무선 네트워크 운영 방식에 따라 인증 해제 방식을 결정하기 위한 위한 상수로, WLC 기반의 네트워크일 때는 주석(//)을 제거해 _DEAUTH_WLC 상수를 선언하고, 독립형 AP 기반의 무선 네트워크 환경일 때는 주석을 유지한다. 32행의 _RUN_SYSTEM 상수는 단말기의 네트워크 연결을 해제할 때 실제 명령을 실행할 것인지의 여부를 결정하기 위한 상수로, 선언돼 있을 경우에는 실제 명령을 네트워크 장비에 전송하고, 선언돼 있지 않을 경우에는 실행 대상 명령을 화면에 출력하고 실제로 실행하지 않는다. 구현이 완료되고 실제 환경에 적용할 때는 32행의 주석을 삭제한다.

[리스트 3.64] SNMP 커뮤니티와 기타 상수 선언

```
...
26:    #define MYSQL_DB         "radius"
27:
28:>   #define SNMP_COMMUNITY   "ubmh09n072"
29:>
30:>   //#define _DEAUTH_WLC
31:>
32:>   //#define _RUN_SYSTEM
33:>
34:    struct arpMsg {
...
```

리스트 3.65는 세 번째 기능에서 사용할 네트워크 연결 차단과 인증 해지에 사용할 함수를 선언하는 코드다. 61행의 nas_wired_reset() 함수는 단말기가 연결돼 있는 스위치 포트를 비활성화시켜 단말기에 대한 네트워크 연결을 해지하는 함수다. 62행과 63행의 함수는 무선 네트워크에서 단말기 인증을 해지하는 함수로, nas_wlc_deauth() 함수는 WLC 기반 네트워크 환경에서 사용되는 함수이고, nas_ap_deauth() 함수는 독립형 AP 기반 네트워크 환경에서 사용되는 함수다.

[리스트 3.65] 유무선 네트워크 유형에 따른 접속 차단과 인증 해지 함수 선언

```
...
56:    char* timeToString(struct tm *t);
57:    void db_prepare_stmt(MYSQL *conn, MYSQL_STMT **stmt, char
       *sql, int line);
58:    void db_bind_param(MYSQL_STMT **stmt, MYSQL_BIND *param, int
       line);
59:    void db_bind_result(MYSQL_STMT **stmt, MYSQL_BIND *result, int
       line);
```

```
60:     void db_stmt_execute(MYSQL_STMT **stmt, int line);
61:>    void nas_wired_reset(char *snmp_community, char *cnas_ipaddr,
        char *cnas_portid);
62:>    void nas_wlc_deauth(char *snmp_community, char *cnas_ipaddr,
        char *chost_macaddr);
63:>    void nas_ap_deauth(char *cnas_ipaddr, char *cusername, char
        *cpassword, char *chost_macaddr);
64:
65:     int main (int argc, char *argv[]) {
...
```

리스트 3.66과 리스트 3.67은 앞에서 선언한 세 가지 함수, 즉 `nas_wired_reset()`, `nas_wlc_deauth()`, `nas_ap_deauth()`를 정의하는 코드다. 세 가지 함수는 직접 스위치 또는 액세스에 단말기 접속을 차단 또는 인증 해지와 관련된 명령을 내리지 않고, 이를 수행하는 외부 프로그램을 실행해주는 에이전트 역할을 수행한다. 먼저 리스트 3.66의 `nas_wired_reset()`과 `nas_wlc_deauth()` 함수는 구조가 비슷하다. 두 함수 모두 SNMP를 이용해 네트워크 연결을 차단하거나 인증을 해지하기 때문이다. 우선 `nas_wired_reset()` 함수를 살펴보면, 307행에 SNMP 커뮤니티(snmp_community), 네트워크 장비의 IP 주소(cnas_ipaddr), 그리고 단말기가 연결된 스위치 포트 ID(cnas_portid)를 인자로 받는다. 3개의 인자 값은 313~316행에서 `sprintf()` 함수의 인자로 전달돼 SNMP 실행 명령 구문을 만드는 데 사용된다. 308행은 액세스 스위치 제어에 사용되는 MIB를 MIB 상수로 정의한다. 상수 MIB는 앞에서 설명한 SNMP 실행 구문을 만드는 `sprintf()` 함수의 세 번째 인자로 전달된다. 310행과 311행의 두 변수 snmp_cmd_1st와 snmp_cmd_2nd는 이후 행에서 `sprintf()` 함수에서 만들어진 SNMP 명령을 저장하기 위한 문자 배열 변수다. 313행과 314행은 액세스 스위치에 cnas_portid가 지시하는 스위치 포트를 비활성화하는 snmp 명령을 만드는 구문이다. 다음 두 줄은 비활성화된 스위치 포트를 다시 활성화시키는 명령문을 생성하는 코드다. 스위치 포트를 제어하는 명령을 생성한 후에는 리스트 3.64에서 언급한 상수 _RUN_SYSTEM의 선언 여부에 따라 system() 함수를 이용해 snmp_cmd_1st와 snmp_cmd_2nd에 저장된 명령을 순서대로 실행하거나 생성된 명령을 화면에 출력한다.

[리스트 3.66] 유무선 네트워크 유형에 따른 인증 취소 및 접속 차단 함수 정의

```
...
306:>
307:> void nas_wired_reset(char *snmp_community, char *cnas_ipaddr,
       char *cnas_portid) {
308:>          #define MIB "IF-MIB::ifAdminStatus"
309:>
310:>          char snmp_cmd_1st[STRING_SNMP_SIZE];
311:>          char snmp_cmd_2nd[STRING_SNMP_SIZE];
312:>
313:>          sprintf(snmp_cmd_1st, "snmpset -v 2c -c %s %s %s.%s i 2",
314:>                  snmp_community, cnas_ipaddr, MIB, cnas_
                      portid);
315:>          sprintf(snmp_cmd_2nd, "snmpset -v 2c -c %s %s %s.%s i 1",
316:>                  snmp_community, cnas_ipaddr, MIB, cnas_portid);
317:>
318:>          #ifdef _RUN_SYSTEM
319:>                  system(snmp_cmd_1st);
320:>                  system(snmp_cmd_2nd);
321:>          #else
322:>                  printf("%s\n", snmp_cmd_1st);
323:>                  printf("%s\n", snmp_cmd_2nd);
324:>          #endif
325:> }
326:>
```

```
327:>   void nas_wireless_deauth(char *snmp_community, char *cnas_
        ipaddr, char *chost_macaddr) {
328:>           #define OID ".1.3.6.1.4.1.14179.2.1.4.1.22"
329:>
330:>           char snmp_cmd_1st[STRING_SNMP_SIZE];
331:>           char snmp_cmd_2nd[STRING_SNMP_SIZE];
332:>
333:>           sprintf(snmp_cmd_1st, "snmpget -v 2c -c %s %s %s.%s",
334:>                   snmp_community, cnas_ipaddr, OID, chost_
                        macaddr);
335:>           sprintf(snmp_cmd_2dn, "snmpget -v 2c -c %s %s %s.%s i 1",
336:>                   snmp_community, cnas_ipaddr, OID, chost_
                        macaddr);
337:>
338:>           #ifdef _RUN_SYSTEM
339:>                   system(snmp_cmd_1St);
340:>                   system(snmp_cmd_2nd);
341:>           #else
342:>                   printf("%s\n", snmp_cmd_1St);
343:>                   printf("%s\n", snmp_cmd_2nd);
344:>           #endif
345:>   }
...
```

리스트 3.66의 327~345행에 있는 `nas_wireless_deauth()` 함수는 기본적으로 `nas_wired_reset()` 함수와 동일하게 동작한다. 눈에 띄는 차이점이라면 유선 네트워크의 경우 MIB를 이용해 스위치 포트를 제어하는 반면, 무선 네트워크에서는 OID와 단말기 맥 주소를 이용해 단말기 인증을 해지한다는 것이다. 이 때문에 `nas_wired_reset()` 함수에서는 마지막 인자로서 제어 대상 스위치 포트의 식별자를 전달 받았다면, `nas_wireless_deauth()` 함수는 마지막 인자로 인증을 해지 대상 단말기 맥 주소로 전달 받는다. 이때 맥 주소는

콜론(:)으로 구분되는 16진수 형식의 주소가 아니라 각 자리는 10진수로 변환되고, 콜론은 점(.)으로 구분된다. 예를 들면 다음과 같다.

- 일반적인 맥 주소: 34:e2:fd:7d:61:12
- OID에 사용되는 맥 주소: 52.226.253.125.97.18

리스트 3.67은 독립형 AP 기반 무선 네트워크 환경에서 단말기 인증을 해지하는 함수로, SNMP를 이용한 이전의 두 함수와 달리 텔넷을 이용해 AP에 접속한 후 단말기 인증 해지 명령을 직접 실행한다. 이와 관련된 실제적인 동작은 앞에서 파이썬으로 작성한 deauth 스크립트가 수행한다. 리스트 3.67은 deauth 스크립트의 실행에 필요한 인수argument를 전달한다. 만약, deauth 스크립트가 /root/cisco/ 디렉터리가 아닌 다른 디렉터리에 위치하고 있다면 350행에서 스크립트의 경로를 변경한다.

[리스트 3.67] 유무선 네트워크 유형에 따른 인증 취소 및 접속 차단 함수 정의

```
...
346:>
347:>   void nas_ap_deauth(char *cnas_ipaddr, char *cusername, char
        *cpassword, char *chost_macaddr) {
348:>        char cmd[STRING_SNMP_SIZE];
349:>
350:>        sprintf(cmd, "../cisco/deauth -h %s -u %s -p %s -m %s",
351:>            cnas_ipaddr, cusername, cpassword, chost_
                macaddr);
352:>
353:>        #ifdef _RUN_SYSTEM
354:>            system(cmd);
355:>        #else
356:>            printf("%s\n", cmd);
```

```
357:>        #endif
358:> }
```

이제 비정상 행위를 수행하는 단말기가 연결된 네트워크 장비 정보를 가져올 수 있도록 질의문을 처리하기 위한 PS를 준비하고, 입력 파라미터 전달과 결과 수신에 필요한 구조체를 바인딩해보자. 리스트 3.68은 앞에서 살펴봤던 리스트 3.57과 동일한 형식의 코드다. 가장 먼저 질의문 상수와 바인딩을 위한 변수를 선언하고, 스테이트먼트를 준비하고, 바인딩 구조체를 초기화하고, 스테이트먼트에 바인딩 구조체를 바인딩한다.

네트워크 접속을 통제하기 위해서는 통제 대상 네트워크 장비와 단말기 접속 위치 등과 같은 정보가 필요하다. 3.3절의 프로파일링 과정의 사용자 인증 수행 과정에서 단말기의 맥 주소와 단말기가 연결된 네트워크 유형과 장치에 할당된 IP 주소, 접속 포트 등의 정보를 nac_device_position 테이블에 저장했다. 150~156행의 상수 GET_NAS_PORT는 네트워크 연결 통제를 위해 IP 주소가 비정상적으로 할당됐거나 ARP 스푸핑을 시도한 단말기의 맥 주소를 기준으로 네트워크 유형(nas_type)과 네트워크 장치에 할당된 IP 주소(nas_ipaddr), 단말기가 연결된 물리적 포트 등의 네트워크 접속 정보를 nac_device_position 테이블에서 조회하는 질의문이다. 질의문 중 152~154행은 문제의 단말기가 유선 네트워크에 접속했을 경우 프로파일링 과정에서 획득된 스위치 포트 식별자(ID)를 앞에서 선언한 nas_wired_reset() 함수의 MIB 형식에서 요구하는 식별자 형태로 변환하는 것이다. 포트 식별자는 스위치의 종류에 따라 표현 방법이 달라질 수 있으므로 미리 확인해 계산식을 변경한다.

질의문을 선언한 이후 158행에서 다시 데이터베이스 연결을 위한 구조체 변수를 선언했다. 대개의 경우 복수의 스테이트먼트를 처리하더라도 동일한 세

션이나 프로세스에서는 하나의 데이터베이스 연결 객체를 사용한다. 하지만 PS의 경우 하나의 데이터베이스 연결을 공유했을 때 오류를 유발하므로 PS마다 각각 데이터베이스 연결을 체결하도록 했다.

[리스트.3.68] 단말기가 접속돼 있는 네트워크 장비 정보 조회

```
...
145:            db_bind_result(&my_stmt1, result_check, __LINE__);
146:
147:> /* ARP 패킷의 주소를 사용하고 있는 단말기가 연결된 NAS 정보 확인 */
148:>           // 질의문 정의
149:>           #define GET_NAS_PORT \
150:>                   "SELECT nas_type, \
151:>                           nas_ipaddr, \
152:>                           IF( nas_type = 0, \
153:>                               CONCAT( (CAST(SUBSTR(nas_portid, 3, 1) as UNSIGNED) * 5 - 4 + 100), \
154:>                                       SUBSTR(nas_portid, 4, 2) ), nas_portid ) as nasportid \
155:>                    FROM nac_device_position \
156:>                    WHERE macaddr = ?"
157:>
158:>           MYSQL      *my_conn2 = mysql_init(NULL);
159:>           MYSQL_STMT *my_stmt2;
160:>           MYSQL_BIND param_macaddr[1], result_nas[3];
161:>
162:>           // 파라미터 전달과 결과 수신에 사용되는 변수
163:>           int           inas_type = 0;
164:>           char          cnas_ipaddr[STRING_IP_SIZE];
165:>           char          cnas_portid[6];
166:>           unsigned long ulnas_ipaddr_length;
167:>           unsigned long ulnas_portid_length;
```

```
168:>          char            cmac_decimal[23];
169:>
170:>          // 데이터베이스 연결 및 Prepared Statement 준비
171:>          db_prepare_stmt(my_conn2, &my_stmt2, GET_NAS_PORT,
                  __LINE__);
172:>
173:>          // 파라미터 전달과 결과 수신용 구조체 초기화
174:>          memset(param_macaddr, 0, sizeof(param_macaddr));
175:>          memset(result_nas, 0, sizeof(result_nas));
176:>
177:>          // 입력 파라미터 바인딩 구조체 프로퍼티 설정
178:>          param_macaddr[0].buffer_type   = MYSQL_TYPE_STRING;
179:>          param_macaddr[0].buffer        = (char *) csource_
                  macaddr;
180:>          param_macaddr[0].buffer_length = STRING_MAC_SIZE;
181:>          param_macaddr[0].is_null       = 0;
182:>          param_macaddr[0].length        = &ulsource_macaddr_
                  length;
183:>
184:>          // 결과 값 수신용 바인딩 구조체 프로퍼티 설정
185:>          result_nas[0].buffer_type    = MYSQL_TYPE_LONG;
186:>          result_nas[0].buffer         = (void *) &inas_type;
187:>          result_nas[0].buffer_length  = 0;
188:>          result_nas[0].is_null        = &is_null[0];
189:>          result_nas[0].length         = 0;
190:>
191:>          result_nas[1].buffer_type    = MYSQL_TYPE_VAR_STRING;
192:>          result_nas[1].buffer         = (void *) &cnas_ipaddr;
193:>          result_nas[1].buffer_length  = STRING_IP_SIZE;
194:>          result_nas[1].is_null        = 0;
195:>          result_nas[1].length         = &ulnas_ipaddr_length;
196:>
197:>          result_nas[2].buffer_type    = MYSQL_TYPE_VAR_STRING;
198:>          result_nas[2].buffer         = (void *) &cnas_portid;
```

```
199:>           result_nas[2].buffer_length = 6;
200:>           result_nas[2].is_null       = 0;
201:>           result_nas[2].length        = &ulnas_portid_length;
202:>
203:>           // Prepared statement에 파라미터 전달용 구조체 바인딩
204:>           db_bind_param(&my_stmt2, param_macaddr, __LINE__);
205:>
206:>           // Prepared statement에 결과 값 수신용 구조체 바인딩
207:>           db_bind_result(&my_stmt2, result_nas, __LINE__);
208:>
209:    /* ARP 모니터링 시작*/
...
```

리스트 3.68에서 주의해야 할 부분은 191~201행의 코드다. 리스트 3.57의 코드에서는 질의문의 결과 값이 숫자형이었지만, 이번에 수신하는 결과 값은 정수형뿐만 아니라 문자형도 포함한다. 따라서 문자형 데이터를 수신하기 위한 바인딩 구조체가 필요하며, 191~201행에서 문자형 데이터를 수신하기 위한 바인딩 구조체의 프로퍼티 값을 설정해야 한다. 프로퍼티 설정 방법과 내용은 입력 파라미터용 구조체와 동일하다. 다만, 표 3.11와 표 3.12에서 확인했듯이 동일한 유형의 데이터라 하더라도 바인딩 구조체의 목적에 따라 buffer_type 프로퍼티에 할당하는 지시자가 달라지므로 주의해야 한다. 178행과 191행에서 볼 수 있듯이 입력용 구조체의 buffer_type에는 MYSQL_TYPE_STRING이 지정됐지만, 결과 값 수신용 구조체의 프로퍼티에는 MYSQL_TYPE_VAR_STRING를 지정했다. 바인딩 구조체를 설정한 후에는 204행과 206행에서 PS에 바인딩 구조체를 바인딩한다.

리스트 3.69는 준비된 PS를 실행하고, 반환된 네트워크 정보를 이용해 네트워크 유형과 구성 환경에 따라 액세스 스위치의 포트를 비활성화하거나 인증을 해지하는 함수를 호출하는 코드다.

[리스트 3.69] 단말기가 접속된 장비 및 위치에 따라 네트워크 접속 차단

```
...
291:                    printf("%31s %s\n", "", msg);
292:>
293:>                   // 비정상 행위가 탐지된 단말기가 연결된 NAS 정보 질의
294:>                   db_stmt_execute(&my_stmt2, __LINE__);
295:>
296:>                   // NAS 정보 패치
297:>                   if (mysql_stmt_fetch(my_stmt2)) {
298:>                           printf("%31s Failed Disconnecting
                                Network.\n", "");
299:>                           continue;
300:>                   }
301:>
302:>                   if (0 == inas_type) { // 액세스 스위치 포트 비활성화
303:>                           printf("%32s > Reset switch
                                port...\n", "");
304:>                           nas_wired_reset(SNMP_COMMUNITY,
305:>                                   cnas_ipaddr, cnas_portid);
306:>                   } else { // WLC 또는 AP에서 단말기 인증 해제
307:>                           printf("%32s > Deauthenticating
                                suspect device...\n", "");
308:>
309:>                   #ifdef _DEAUTH_WLC
310:>                           sprintf(cmac_decimal,
                                "%d.%d.%d.%d.%d.%d",
311:>                                   arp.sHaddr[0], arp.
                                        sHaddr[1],
312:>                                   arp.sHaddr[2], arp.
                                        sHaddr[3],
313:>                                   arp.sHaddr[4], arp.
                                        sHaddr[5]);
314:>                           nas_wlc_deauth(SNMP_COMMUNITY,
```

```
315:>                                    cnas_ipaddr, cmac_
                                         decimal);
316:>                    #else
317:>                            sprintf(cmac_decimal,
318:>                                    "%02x%02x.%02x%02x
                                         .%02x%02x",
319:>                                    arp.sHaddr[0], arp.
                                         sHaddr[1],
320:>                                    arp.sHaddr[2], arp.
                                         sHaddr[3],
321:>                                    arp.sHaddr[4], arp.
                                         sHaddr[5]);
322:>                            nas_ap_deauth(cnas_ipaddr,
                                         "admin",
323:>                                    "Bethesda12345", cmac_
                                         decimal);
324:>                    #endif
325:>                }
326:        }
327: }
...
```

294행은 리스트 3.68에서 준비한 PS를 실행하고, 실행 도중 오류가 발생하면 "Failed Disconnecting Network." 메시지를 출력하고, 다음에 수신한 ARP 패킷을 처리한다. 오류가 없다면, 299행에서 네트워크 유형을 확인해 유선 네트워크일 때는 "> Reset switch port…" 메시지를 출력하고 `nas_wired_reset()` 함수를 실행한다. 그리고 무선 네트워크일 때는 "> Deauthenticating suspect device…" 메시지를 출력하고 무선 네트워크 운영 방식, 즉 WLC 기반인지 독립형 AP 기반인지의 여부에 따라 `nas_wlc_deauth()` 함수 또는 `nas_ap_deauth()` 함수를 실행해 인증을 해지한다. 307행과 314행의 `sprintf()` 함수는 인증 해지 방식별로 요구하는 맥 주소를 cmac_decimal 변수에 저장한다. 단말기의 맥 주소가 "34:e2:fd:7d:61:12"라면 인증 해지 방식에 따라 리스트 3.70과 같이 맥 주소를 변경한다.

[리스트 3.70] 맥 주소 변환

- SNMP를 이용한 인증 해지: 52.226.253.125.97.18
- Cisco iOS 명령을 이용한 인증 해지: 34e2.fd7d.6112

이제 작성한 소스 코드를 컴파일해보자. 컴파일이 완료되면 ARP 모니터를 실행하기 전에 ARP 스푸핑 상황을 유발하기 위해 그림 3.98과 같이 네트워크에 연결돼 있는 단말기의 맥 주소를 변경하고, ARP 모니터를 실행한다.

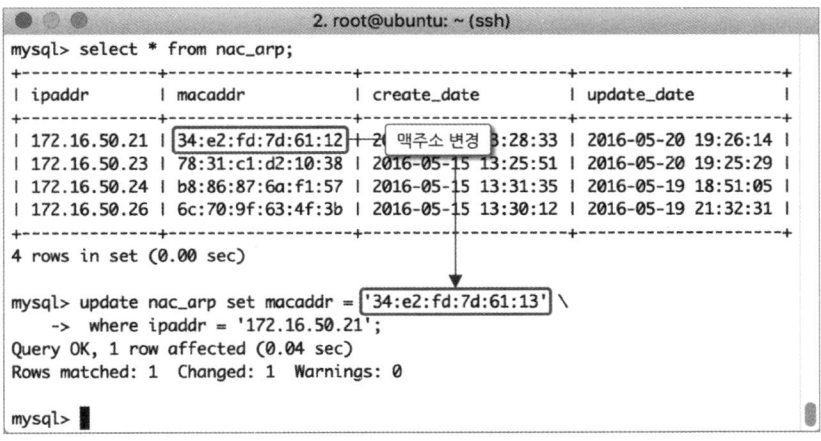

[그림 3.98] IP 주소에 할당된 맥 주소 임의 변경

그리고 맥 주소가 변경된 단말기로 인터넷 접속을 시도해 그림 3.99와 같이 ARP 스푸핑 상황을 인식하고 인증 해제를 시도하는지 확인한다.

```
1. root@ubuntu: ~ (ssh)
root@ubuntu:~/arp# ./arpmon
RQST(100)  2016-06-02 20:22:33  [S]  172.16.50.23 : 78:31:c1:d2:10:38
                                [D]  172.16.50.1  : 00:00:00:00:00:00
RQST(100)  2016-06-02 20:22:42  [S]  172.16.50.21 : 34:e2:fd:7d:61:12
                                [D]  172.16.50.1  : 00:00:00:00:00:00
                                Detecting ARP Spoofing...
                                > Deauthenticating suspect device...
../cisco/deauth -h 172.16.50.11 -u admin -p Bethesda12345 -m 34e2.fd7d.6112
RQST(100)  2016-06-02 20:22:51  [S]  172.16.50.23 : 78:31:c1:d2:10:38
                                [D]  172.16.50.1  : 00:00:00:00:00:00
RQST(100)  2016-06-02 20:23:02  [S]  172.16.50.23 : 78:31:c1:d2:10:38
                                [D]  172.16.50.1  : 00:00:00:00:00:00
RQST(100)  2016-06-02 20:23:17  [S]  172.16.50.21 : 34:e2:fd:7d:61:12
                                [D]  172.16.50.1  : 00:00:00:00:00:00
                                Detecting ARP Spoofing...
                                > Deauthenticating suspect device...
../cisco/deauth -h 172.16.50.11 -u admin -p Bethesda12345 -m 34e2.fd7d.6112
RQST(100)  2016-06-02 20:23:23  [S]  172.16.50.23 : 78:31:c1:d2:10:38
```

[그림 3.99] ARP 스푸핑 탐지와 대응

4) ARP 스푸핑 공격을 받은 단말기의 GARP 전송 구현

이제 마지막 기능인 ARP 스푸핑 공격이 시도된 단말기의 ARP 정보를 복구시키는 기능만 남겨두고 있다. 앞에서 세 가지 기능을 구현하면서 어떠한 방식으로 기능을 구현하는지 학습했다. 마지막 기능은 코드 작성을 시작하기 전에 각 단계별로 구현 방법을 고민해본다면 이를 응용한 추가적인 기능들도 좀 더 쉽게 구현할 수 있을 것이다. 그러면 마지막 기능 구현을 시작해보자.

앞과 마찬가지로 주요 기능을 수행하는 함수 헤더를 선언하는 것으로 시작한다. 리스트 3.71의 64행은 GARP 발송을 위해 ARP 정보 복구 대상 단말 함수 send_garp()을 선언한다. send_garp() 함수는 ARP 정보를 복구할 단말기의 IP 주소(dest_ipaddr)와 맥 주소(dest_macaddr) 그리고 브로드캐스팅 IP 주소(dest_broadcast)를 인자로 받는다.

[리스트 3.71] GARP 전송용 함수 헤더 선언

```
...
 61:   void nas_wired_reset(char *snmp_community, char *cnas_ipaddr,
       char *cnas_portid);
 62:   void nas_wlc_deauth(char *snmp_community, char *cnas_ipaddr,
       char *chost_macaddr);
 63:   void nas_ap_deauth(char *cnas_ipaddr, char *cusername, char
       *cpassword, char *chost_macaddr);
 64:>  void send_garp(char *dest_ipaddr, char *dest_macaddr, char
       *dest_broadcast);
 65:
 66:   int main (int argc, char *argv[]) {
...
```

리스트 3.72는 send_garp() 함수를 정의하는 코드로, arp.c 파일의 끝에 추가한다. GARP 발송 시에는 FAKE 패키지에 포함돼 있는 send_arp 도구를 사용한다. send_garp() 함수는 GARP 발송을 위해 458행과 459행의 sprintf() 함수를 이용해 GARP 발송을 위한 send_arp 실행 명령 구문을 생성한 후 garp_cmd 변수에 저장한다.

```
send_arp (발신자 IP 주소) (발신자 맥 주소) (브로드캐스트 IP 주소) ff:ff:ff:ff:ff:ff
```

[리스트 3.72] GARP 전송용 함수 정의

```
...
457:>
458:>  void send_garp(char *dest_ipaddr, char *dest_macaddr, char
       *dest_broadcast) {
459:>         char garp_cmd[STRING_SNMP_SIZE];
460:>
```

```
461:>           sprintf(garp_cmd, "send_arp %s %s %s
                ff:ff:ff:ff:ff:ff",
462:>                   dest_ipaddr, dest_macaddr, dest_broadcast);
463:>
464:>           #ifdef _RUN_SYSTEM
465:>                   system(garp_cmd);
466:>                   system(garp_cmd);
467:>                   system(garp_cmd);
468:>           #else
469:>                   printf("%s\n", garp_cmd);
470:>           #endif
471:> }
```

GARP 발송을 위한 실행 명령 구문이 생성된 후 _RUN_SYSTEM 상수가 선언 됐을 때는 system() 함수를 이용해 garp_cmd 변수에 저장된 send_arp 명령 을 세 번 실행해 동일 서브넷에 있는 모든 단말기의 ARP 캐시 정보 변경을 요 청하고, _RUN_SYSTEM 상수가 선언되지 않았을 경우에는 garp_cmd 변수에 저장돼 있는 실행 명령을 화면에 출력한다.

리스트 3.73은 데이베이스로부터 ARP 스푸핑 피해가 의심되는 단말기 IP 주 소와 맥 주소를 가져오기 위한 PS를 준비하는 코드다. GET_GARPADDR 상 수로 정의된 213~219행의 질의문은 nac_arp 테이블로부터 ARP 스푸핑이 시 도된 IP 주소와 일치하는 IP 주소와 맥 주소, 브로드캐스트 IP 주소를 가져온 다. 브로드캐스트 IP 주소는 214~217행의 식에 의해 계산되며, 현재 계산식 은 ARP 스푸핑 대상 IP 주소를 대상으로 C 클래스의 브로스캐스트 IP 주소를 계산한다. 만약, 서브넷 크기를 변경하려면 계산식 pow(2, 32-24)에서 서브넷 마스크 비트 수를 의미하는 24를 변경한다. 이후의 코드는 앞에서 설명했던 내용들과 유사하며, 최종적으로 PS를 준비한다.

[리스트 3.73] GARP 발송 대상 단말기 주소 정보 조회

```
...
208:            db_bind_result(&my_stmt2, result_nas, __LINE__);
209:
210:> /* GARP 발송 대상 단말기 주소 가져오기 */
211:>           // 질의문 정의
212:>           #define GET_GARPADDR \
213:>                   "SELECT ipaddr, macaddr, \
214:>                       inet_ntoa( inet_aton(ipaddr) & \
215:>                           (pow(2, 32) - pow(2, 32-24)) | \
216:>                           ((pow(2, 32) - pow(2, 32-24)) ^ \
                                0xffffffff) \
217:>                       ) as broadcast \
218:>                   FROM nac_arp \
219:>                   WHERE ipaddr = ?"
220:>
221:>           MYSQL       *my_conn3 = mysql_init(NULL);
222:>           MYSQL_STMT *my_stmt3;
223:>           MYSQL_BIND param_destaddr[1], result_destaddr[3];
224:>
225:>           // 파라미터 전달과 결과 수신에 사용되는 변수
226:>           char        cdest_ipaddr[STRING_IP_SIZE];
227:>           char        cdest_macaddr[STRING_MAC_SIZE];
228:>           char        cdest_broadcast[STRING_IP_SIZE];
229:>           unsigned long  uldest_ipaddr_length;
230:>           unsigned long  uldest_macaddr_length;
231:>           unsigned long  uldest_broadcast_length;
232:>
233:>           // 데이터베이스 연결 및 Prepared Statement 준비
234:>           db_prepare_stmt(my_conn3, &my_stmt3, GET_GARPADDR,
                    __LINE__);
235:>
236:>           // 파라미터 전달과 결과 수신용 구조체 초기화
237:>           memset(param_destaddr, 0, sizeof(param_destaddr));
```

```
238:>          memset(result_destaddr, 0, sizeof(result_destaddr));
239:>
240:>          // 파라미터 구조체 값 설정
241:>          param_destaddr[0].buffer_type   = MYSQL_TYPE_STRING;
242:>          param_destaddr[0].buffer        = (char *) csource_
               ipaddr;
243:>          param_destaddr[0].buffer_length = STRING_IP_SIZE;
244:>          param_destaddr[0].is_null       = 0;
245:>          param_destaddr[0].length        = &ulsource_ipaddr_
               length;
246:>
247:>          // // 결과 값 수신용 구조체 값 설정
248:>          result_destaddr[0].buffer_type   = MYSQL_TYPE_VAR_
               STRING;
249:>          result_destaddr[0].buffer        = (void *) &cdest_
               ipaddr;
250:>          result_destaddr[0].buffer_length = STRING_IP_SIZE;
251:>          result_destaddr[0].is_null       = 0;
252:>          result_destaddr[0].length        = &uldest_ipaddr_
               length;
253:>
254:>          result_destaddr[1].buffer_type   = MYSQL_TYPE_VAR_
               STRING;
255:>          result_destaddr[1].buffer        = (void *) &cdest_
               macaddr;
256:>          result_destaddr[1].buffer_length = STRING_MAC_SIZE;
257:>          result_destaddr[1].is_null       = 0;
258:>          result_destaddr[1].length        = &uldest_macaddr_
               length;
259:>
260:>          result_destaddr[2].buffer_type   = MYSQL_TYPE_VAR_
               STRING;
261:>          result_destaddr[2].buffer        = (void *) &cdest_
               broadcast;
```

```
262:>          result_destaddr[2].buffer_length = STRING_IP_SIZE;
263:>          result_destaddr[2].is_null        = 0;
264:>          result_destaddr[2].length         = &uldest_broadcast_
               length;
265:>
266:>          // Prepared statement에 파라미터 전달용 구조체 바인딩
267:>          db_bind_param(&my_stmt3, param_destaddr, __LINE__);
268:>
269:>          // Prepared statement에 결과 값 수신용 구조체 바인딩
270:>          db_bind_result(&my_stmt3, result_destaddr, __LINE__);
271:>
272:   /* ARP 모니터링 시작*/
...
```

이제 ARP 모니터의 마지막 코드만을 남겨두고 있다. 지금까지 코드를 한 줄 한 줄 입력하고 실행해오면서 프로파일을 어떻게 활용할 수 있는지 이해할 수 있게 됐기를 바란다. 앞에서 설명했던 내용들을 어느 정도 이해했다면, 리스트 3.74의 코드는 굳이 설명하지 않아도 이미 이해했을 것이다. 따라서 다음 코드에 대한 설명은 생략한다.

[리스트 3.74] GARP 발송

```
...
387:                          #endif
388:                      }
389:>
390:>                     // ARP 스푸핑 시도일 때 GARP 발송
391:>                     if (1 == isource_misuse) {
392:>                         // ARP 스푸핑 피해 단말기 주소 정보 질의
393:>                         db_stmt_execute(&my_stmt3, __LINE__);
394:>
395:>                         // GARP 패킷 발송 대상 주소 정보 패치
```

```
396:>                        if (0 == mysql_stmt_fetch(my_stmt3)){
397:>                            // GARP 패킷 발송
398:>                            printf("%32s > Send GARP
                                    packets...\n", "");
399:>                            send_garp(cdest_ipaddr, cdest_
                                    macaddr,
400:>                                    cdest_broadcast);
401:>                        } else {
402:>                            printf("%31s Failed Sending
                                    the GARP.\n", "");
403:>                        }
404:>                    }
405:                }
406:  }
...
```

코드 작성이 마무리되면 컴파일을 한 후 ARP 모니터를 실행한다. 그런 다음 테스트를 하기 위해 테스트용 단말기를 네트워크에 연결하고 단말기의 맥 주소를 그림 3.100과 같이 변경한다.

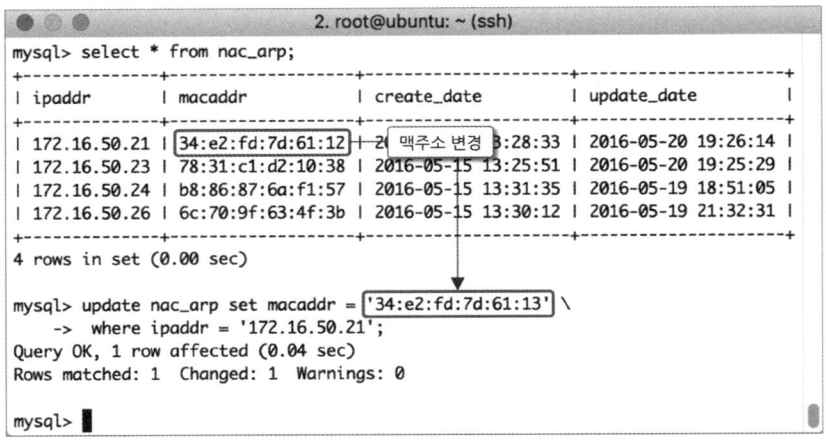

[그림 3.100] IP 주소에 할당된 맥 주소 임의 변경

이제 ARP 모니터를 실행하고 앞에서 변경한 단말기의 이상 동작을 탐지해 단말기의 인증을 해지하고, ARP 정보를 갱신하는지 확인해보자. 결과가 그림 3.101과 비슷하다면 ARP 모니터가 정상적으로 작동하고 있는 것이다.

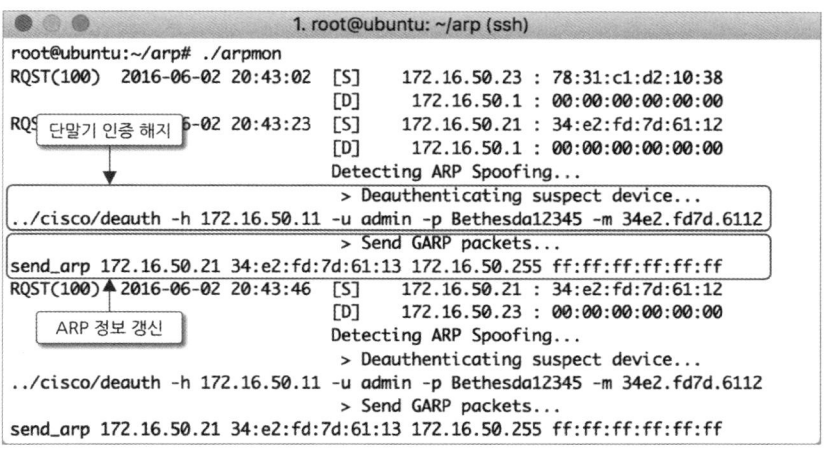

[그림 3.101] 단말기 인증 해지와 ARP 정보 갱신

지금까지 ARP 모니터 구현 과정에서는 _RUN_SYSTEM 상수를 주석 처리해 실제 네트워크 장치에 명령이 전해지는 것을 차단했다. 실제 네트워크 장치에 명령을 전달하기 위해서는 _RUN_SYSTEM 상수의 주석을 삭제하고 컴파일해야 한다.

보안을 담당하는 독자라면 ARP 모니터에 존재하는 취약점들을 확인할 수 있고, 또 어떻게 개선해야 하는지도 알고 있을 것이다. 이는 독자들이 충분히 해결할 수 있으리라 생각한다. 이제 몇 가지 숙제로 ARP 모니터 구현을 마무리하고자 한다.

> **숙제**
>
> 1. 현재까지 구현된 ARP 모니터는 네트워크 장치나 네트워크 저장 장치 또는 필수적으로 고정 IP 주소가 할당돼야 하는 장치 등에 할당된 IP 주소를 허가되지 않은 IP 주소 할당으로 인식하게 된다. 이를 방지하려면 어떻게 해야 할까?
> 2. 허가되지 않은 IP 주소 할당이나 ARP 스푸핑이 의심되는 이벤트가 발생하면 관리자에게 이메일을 발송하고자 한다. 이는 어떻게 구현할 수 있을까?
> 3. NAC_ARP 테이블에 등록된 IP 주소의 경우, 단말기에서 IP 주소 사용이 종료되더라도 삭제되지 않고 계속 남아 있게 된다. 사용이 종료된 IP 주소는 NAC_ARP 테이블에서 어떻게 삭제할 수 있을까?
> 4. 3.2절의 리스트 3.20을 참조해 ARP 모니터를 데몬으로 실행하는 스크립트를 작성해보자.

3.5 캡티브 포털

공공장소가 아닌 기업 네트워크 환경에서 내부 시스템에 접근할 수 있는 무선 네트워크의 SSID를 공개하는 일은 위험천만한 일이다. 정부 또는 정보 보호 기관에서 발행하는 무선 네트워크 구축 가이드를 보더라도 업무용 무선 네트워크에서는 SSID 공개를 금지하고 있다. 이때 발생하는 문제점은 '어떻게 허가된 사용자가 무선 네트워크에 접속하도록 할 것인가? 하는 것이다. 이에는 여러 가지 방법이 있을 수 있다. 네트워크 관리자가 개별적으로 무선 네트워크에 접속하려고 하는 사용자에게 SSID와 무선 네트워크 연결 방법을 알려주거나 내부 인트라넷에 공지하는 방법이 있을 수 있다. 호텔이나 카페 등에서 볼 수 있듯이 SSID를 공개하고 네트워크 접속을 위해 SSID를 선택하면 사용자 인증 페이지를 띄워 사용자 인증 후에 인터넷 접속을 허용하도록 하는 방법도 있다. 이 밖에 업무용 네트워크와 상관없는 공개용 SSID를 만든 후 사용자 인증 후에 업무용 네트워크 연결을 자동으로 설정해주는 프로파일 배포 도구를 실행하도록 하거나 무선 네트워크 접속 방법을 안내하는 방법도 있다.

위 세 가지 방법 중 첫 번째 방법을 제외한 두 가지 방법이 캡티브 포털을 이용한 방법이다. 캡티브 포털은 네트워크 접근을 위한 사용자 인증에 많이 활용된다. NAC 시스템이 설치된 경우 네트워크에 접속하면 사용자 인증을 요구 받는다. 정보보안 솔루션에서 사용자 단말기에 에이전트를 배포하기 위해 사용하기도 한다. 이처럼 캡티브 포털은 다양한 목적으로 사용한다. 이번 장에서는 세 번째 방법, 즉 무선 네트워크에 접속하는 데 필요한 프로파일 배포와 네트워크 접속 방법 안내에 사용하는 캡티브 포털 구현 방법을 알아보자.

3.5.1 캡티브 포털 개념

우선 간단하게 캡티브 포털이 무엇인지 알아보자. 이번 장을 시작하면서 간단하게 설명했듯이 캡티브 포털은 인터넷을 사용하기 전에 웹 브라우저를 이용해 인증을 수행하는 기술을 의미한다. 무선 인터넷의 보급 확대에 따라 인구 밀집도가 높은 공공장소에서는 무선 인터넷 서비스를 무료로 이용할 수 있다.

[그림 3.102] 캡티브 포털 사례

다만, 무선 인터넷 서비스를 무료로 이용하기 위해서는 웹 페이지를 통해 간단한 인증 절차를 거쳐야 한다. 통신사에서 제공하는 Wi-Fi를 사용하기 위해서는 통신사에 가입돼 있는 사용자 계정 정보나 단말기의 맥 주소를 이용해 인증을 수행한다. 그러나 스타벅스와 같은 커피숍에서는 통신사와의 제휴를 통해 마케팅 목적으로 수집하는 사용자 정보를 제공한 후 무료로 무선 인터넷을 사용한다. 이와 같이 무선 인터넷 접속 이전에 사용자를 인증하거나 개인 정보를 제공하기 위해 접속하는 페이지가 바로 캡티브 포털이다. 위키피디아^{Wikipedia}에서는 캡티브 포털을 리스트 3.75와 같이 정의하고 있다.

[리스트 3.75] 캡티브 포털의 정의   출처: http://en.wikipedia.org/wiki/Captive_portal

캡티브 포털 기술은 네트워크에 연결된 HTTP 클라이언트가 인터넷에 연결되기 전에 사용자 인증 등을 목적으로 특정 웹 페이지를 강제적으로 보여주는 것을 말한다. 캡티브 포털은 웹 브라우저를 이용해 장치 인증을 수행한다. 이는 사용자가 웹 브라우저를 이용해 인터넷 접속을 시도할 때 IP 주소 또는 서비스 포트에 관계없이 패킷을 가로채는 방법을 이용한다. 이때 웹 브라우저는 사용자가 접속하려고 했던 웹 페이지에서 사용자 인증 또는 과금을 요청하거나 서비스 이용 정책에 대한 동의 등을 요청하는 웹 페이지로 전환한다. 캡티브 포털은 Wi-Fi 제공 지역에서 사용될 뿐만 아니라 공공 주택, 호텔 객실, 비즈니스 센터 등과 같은 다양한 장소에서 제공되는 유선 네트워크의 통제를 위해서도 사용될 수 있다. 외부 접근이 차단된 네트워크 환경에서 캡티브 포털을 통해 서비스되는 로그인 페이지는 사용자의 접근이 가능해야 한다. 따라서 해당 페이지는 게이트웨이에 저장돼 서비스되거나 접근이 통제된 네트워크 환경(walled garden)에서 별도의 인증 절차 없이 로그인 페이지에 접근할 수 있도록 화이트리스트에 포함된 웹 서버를 통해 서비스돼야 한다. 게이트웨이는 기능에 따라 로그인 페이지에 iframe 또는 링크(link)를 포함할 수 있도록 여러 웹 서버를 화이트리스트에 등록할 수 있으며, 일부 게이트웨이는 TCP 포트도 등록할 수 있다. 또한 캡티브 포털에서는 클라이언트의 맥 주소 등록을 통해 로그인 절차를 우회하는 방법도 제공한다.

이번에는 캡티브 포털을 구현하는 방법을 알아보기 위해 위키피디아에서 설명하고 있는 세 가지 캡티브 포털 구현 방법에 대해 알아보자.

1) Redirection by HTTP

HTTP 요청^{HTTP Request}을 이용한 방법이다. 만약, 인증 받지 못한 클라이언트가 웹 사이트에 접속하려고 하더라도 DNS 서버는 보통의 경우와 마찬가지로 요청된 URL에 대한 IP 주소를 클라이언트에 반환한다. 그리고 클라이언트의 웹 브라우저는 DNS 서버에서 반환된 IP 주소에 대해 HTTP 요청을 보낸다. 이때 투명 프록시transparent proxy가 설정된 방화벽Firewall에서 인증되지 않은 클라이언트의 HTTP 요청을 리다이렉트 서버로 전달한다. HTTP 요청을 받은 리다이렉트 서버는 캡티브 포털의 주소가 포함된 HTTP 상태 코드 302를 클라이언트 웹 브라우저에 전달해 캡티브 포털에 접속한다. 클라이언트 입장에서는 이러한 과정이 지극히 정상적인 절차로 인식되며, 초기에 요청된 URL의 응답 페이지에 의해 웹 사이트가 캡티브 포털로 전환되는 것으로 받아들인다. 그림 3.103은 방금 설명한 내용을 표현하고 있다.

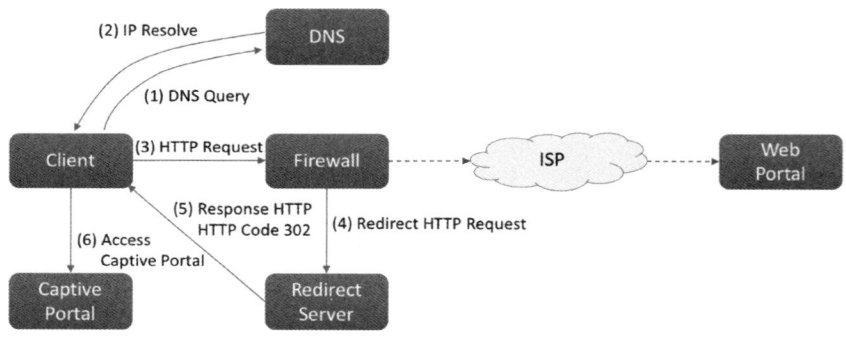

[그림 3.103] Redirection by HTTP 개념도

2) IP redirect

IP 주소를 리다이렉트하는 방법으로, 클라이언트에서 네트워크에 접근해 목적지로 지정된 IP 주소를 캡티브 포털의 IP 주소로 변환한다. 이 방법 또한 HTTP 요청을 리다이렉트하는 방법과 마찬가지로 인증되지 않은 단말기의 IP 주소에 대해 방화벽을 이용하거나 별도의 장치를 이용해 리다이렉션을 수행한다. 그림 3.104는 IP 리다이렉트를 보여준다.

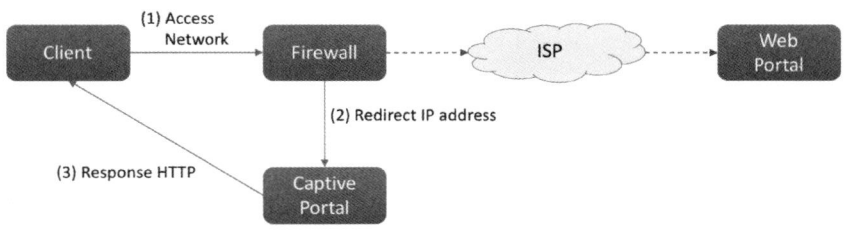

[그림 3.104] IP redirect 개념도

3) Redirection by DNS

DNS를 이용한 리다이렉션 방법이다. DNS 리다이렉션은 정상적인 DNS 서버 외에 모든 도메인 이름 질의에 대해 캡티브 포털의 IP 주소만을 반환하는 별도의 DNS 서버가 필요하다. 이 방법은 DNS 캐시 포이즈닝$^{DNS\ Cache\ Poisoning}$을 이용해 구현된다. 만약, 클라이언트가 웹 사이트에 접속하려고 할 때, 클라이언트 웹 브라우저는 DNS에 해당 도메인 이름의 IP 주소를 요청한다. 이때 방화벽 또는 인증 장치에서는 클라이언트의 인증 여부에 따라 사용할 DNS 서버를 선택해 요청된 도메인 이름의 질의를 전달한다. 만약, 클라이언트가 인증 받지 않았다면 캡티브 포털용 DNS 서버에 질의가 전달되고, DNS 서버는 캡티브 포털의 IP 주소를 반환해 클라이언트의 웹 브라우저가 캡티브 포털에 접속한다. 일반적으로 DNS 캐시 포이즈닝의 영향을 최소화하기 위해 캡티브 포털용 DNS의 TTL 값을 0으로 설정한다. 그림 3.105는 DNS에 의한 리다이렉션을 표현하고 있다.

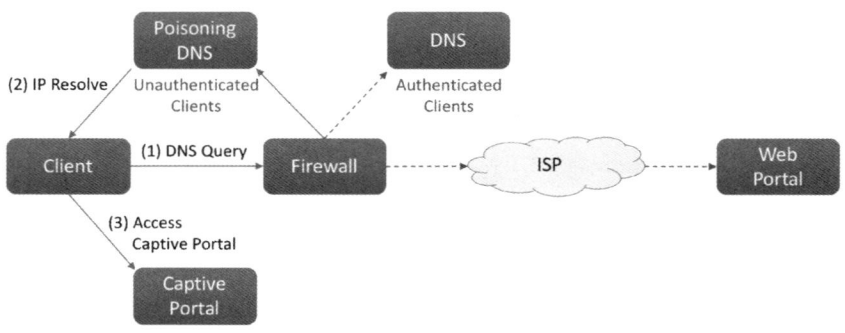

[그림 3.105] Redirection by DNS 개념도

지금까지 캡티브 포털의 개념과 구현 방법들을 간략히 살펴봤다. 이번 장에서 구현할 캡티브 포털은 세 번째 구현 방법인 Redirection by DNS 방법과 비슷한 방법을 사용한다. 최대한 간단한 방법으로 우리가 필요로 하는 캡티브 포털을 구현해보자.

3.5.2 시나리오와 캡티브 포털 구성

앞에서는 캡티브 포털이 무엇인지, 구축 방법에는 어떠한 방법들이 있는지 알아봤다. 하지만 구체적으로 어떻게 구축해야 하는지 감을 잡기에는 어려움이 있다. 전통적인 네트워크 환경, 즉 802.1X가 적용되지 않은 네트워크 환경에서는 네트워크 패킷을 감시하고, 평가하고, 조작하는 등의 기술들을 이용해야 한다. 일반적인 네트워크 관리자라면 엄두가 나지 않는 일이다. 하지만 802.1X가 적용된 환경이라면 캡티브 포털을 어렵지 않게 구현할 수 있다. 이번 절에서는 DNS 서버를 이용한 캡티브 포털 구축 방법을 알아보자.

1) 캡티브 포털 시나리오

이 절에서 구현하고자 하는 캡티브 포털의 목적은 802.1X가 적용된 무선 네트워크 환경에서 네트워크 접속에 필요한 사용자 단말의 환경 설정을 자동화하거나 자동화를 지원하지 않는 단말기에 대한 환경 설정 방법을 안내하기 위한 것이다. 그림 3.106은 캡티브 포털을 이용한 업무용 네트워크 연결 절차를 보여준다.

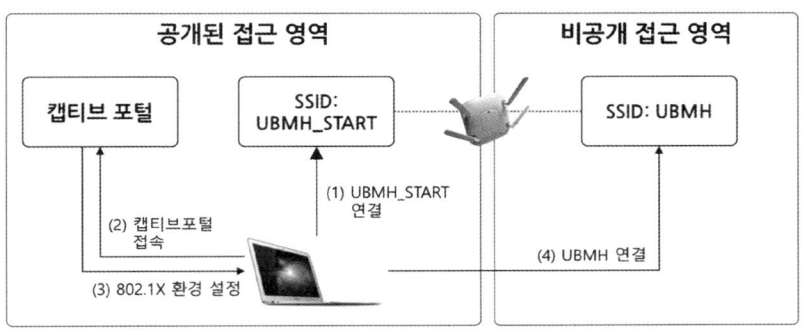

[그림 3.106] 캡티브 포털 동작 개념도

사용자가 업무용 네트워크에 처음 접속하는 경우, 사용자는 공개된 SSID인 UBMH_START에 접속한다. 웹 브라우저를 통해 인터넷 접속을 시도하면 DNS 서버는 사용자가 요청한 URL에 대해 캡티브 포털의 IP 주소를 반환한다. 사용자는 캡티브 포털에 접속해 운영체제 또는 플랫폼에 따라 공개되지 않은 SSID인 UBMH 연결에 필요한 환경을 설정하고 UBMH 네트워크에 연결한다. 이 과정에서 중요한 역할을 수행하는 것은 DNS 서버다. DNS 서버가 모든 URL 요청을 캡티브 포털에 접속할 수 있도록 리다이렉트시키는 역할을 수행하기 때문이다. 다음은 네트워크 구성이다. UBMH_START에 할당된 네트워크는 어떠한 네트워크에도 연결할 수 없는 격리된 네트워크다. 따라서 네트워크에 연결한 후 DNS 서버의 주소를 변경한다 하더라도 UBMH_START에 할당된 서브넷 밖으로는 벗어날 수 없다. 그림 3.107은 UBMH_START 네트워크에서 단말기를 격리하고 캡티브 포털에 접속하는 방법과 절차를 보여준다.

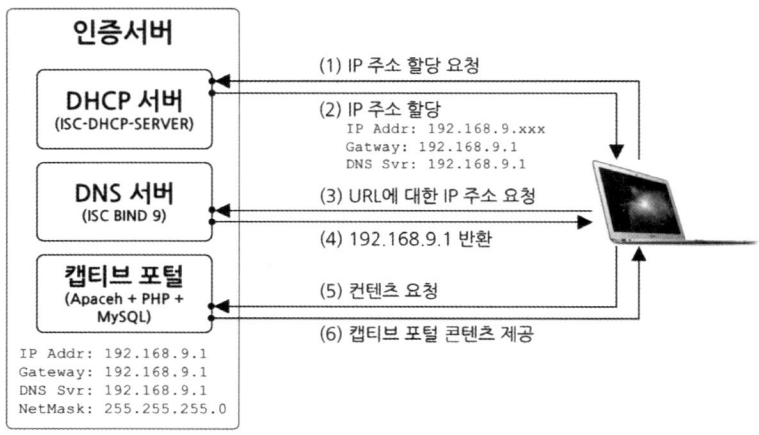

[그림 3.107] 캡티브 포털 접속 유도 절차

UBMH_START 네트워크는 격리된 네트워크로 라우팅을 차단했고, 게이트웨이, DNS, 캡티브 포털 등의 모든 서비스가 인증 서버에서 운영하도록 했다. 시스템의 안정성과 보안성, 그리고 부하 분산Load Balancing을 위해 각 서비스를 별도의 서버에서 운영하는 것이 바람직하겠지만, 이 책에서는 효과적인 학습을 위해 하나의 시스템에서 모든 서비스가 운영되도록 구성했다.

그림 3.107에서 보여주듯이 사용자 단말기는 UBMH_START 네트워크에 접속하고 DHCP 서버로부터 격리된 네트워크Isolated Network 서브넷 192.168.9.0/24에 해당하는 IP 주소를 할당 받는다. 이때 게이트웨이와 DNS 서버 등의 IP 주소는 인증 서버의 IP 주소로 설정된다. 이 때문에 사용자 단말기로부터 외부로 발송되는 모든 패킷은 인증 서버로 전달된다. 물론 DNS 질의도 인증 서버로 전송된다. 인증 서버에서 운영되는 DNS 서버는 192.168.9.0/24 네트워크에서 요청되는 질의에 대해 캡티브 포털의 IP 주소인 192.168.9.1을 반환한다. 사용자 단말기에서 웹 브라우저를 통해 웹 사이트 접속을 시도하면 모든 URL 요청에 대해 URL 리다이렉션을 통해 자동으로 캡티브 포털 접속을 유도한다.

비교적 간단한 구성 방식이지만, 구성 방법을 알고나면 다양한 목적으로 활용할 수 있을 것이다. 이제 이를 구현하는 데 필요한 몇 가지 환경을 설정해 보자. 가장 먼저 UBMH_START 네트워크를 등록한 후 DNS 서버와 웹 서버 설정 등을 진행한다.

2) 네트워크 환경 설정

UBMH_START 네트워크를 구성하기 위해 액세스 스위치와 AP 두 장치에서 설정을 추가한다. 먼저 액세스 스위치에는 UBMH_START SSID에서 사용할 VLAN 999을 선언한다. 그런 다음, 액세스 스위치에 로그인하고 Privileged EXEC 모드에서 리스트 3.76의 명령을 실행해 VLAN을 선언한다.

[리스트 3.76] 액세스 스위치에 UBMH_START용 VLAN 선언

```
conf t
vlan 999
name UBMH_START
end
write
```

다음으로는 AP 환경 설정을 진행해야 하는데, 이때에는 3.3.2에서와 같이 웹 기반의 GUI 인터페이스를 이용한다. 환경 설정을 위해 AP에 로그인하고, AP 관리자 화면의 메뉴에서 "SERVICES > VLAN" 메뉴를 클릭한다. VLAN 관리 화면에서 그림 3.108과 같이 999번 VLAN에 관한 기본 정보를 입력하고 "Apply" 버튼을 클릭해 VLAN 등록을 마무리한다.

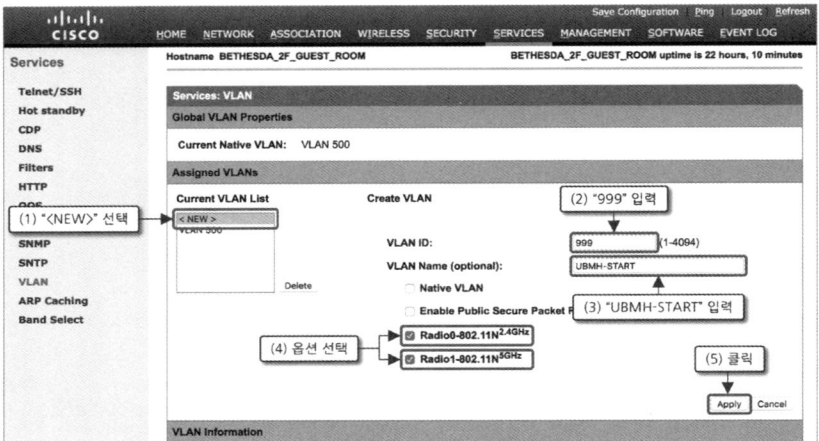

[그림 3.108] VLAN 등록

VLAN 등록이 완료되면 SSID 등록을 하기 위해 관리자 메뉴에서 "SECURITY > SSID Manager" 메뉴를 클릭한다. SSID 관리자 화면에서 그림 3.109와 같이 "UBMH_START" SSID 등록에 필요한 기본 정보를 입력한다.

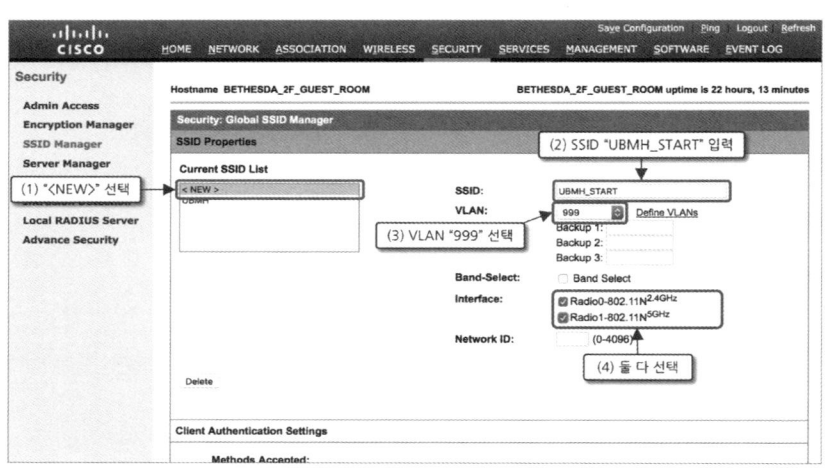

[그림 3.109] SSID 등록

그런 다음, 그림 3.110과 같이 화면 하단부에서 현재 등록 중인 SSID가 외부에 노출될 수 있도록 방문자 모드Set SSID as Guest Mode를 활성화하고 "Apply" 버튼을 클릭해 SSID 등록을 마무리한다.

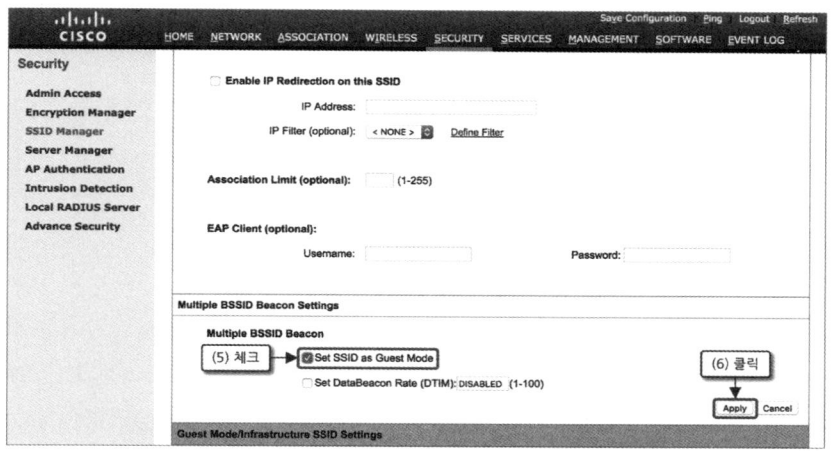

[그림 3.110] SSID Guest Mode 활성화 및 SSID 등록

SSID 등록이 마무리되면 그림 3.111과 같이 SSID 목록에서 UBMH_START가 등록됐는지 확인하고, 테스트용 단말기를 통해 UBMH_START SSID가 브로드캐스팅되고 있는지 확인한다.

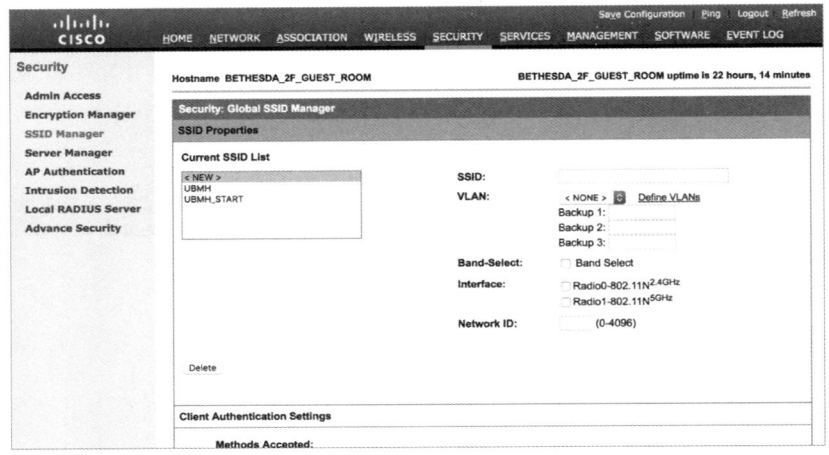

[그림 3.111] SSID 목록 확인

이것으로 네트워크에 대한 환경 설정이 완료됐다. 이번에는 UBMH_START에 연결했을 때 IP 주소를 할당할 수 있도록 인증 서버에서 네트워크 인터페이스와 DHCP 서버 설정을 진행해보자.

3) 인증 서버 네트워크 인터페이스와 DHCP 서버 설정

하나의 서버에서 복수의 네트워크에 대한 DHCP 서비스를 제공하기 위해서는 각각의 네트워크에 대한 별도의 인터페이스가 필요하다. 이를 위한 가장 쉬운 방법은 네트워크 인터페이스를 네트워크 수에 맞춰 설치하는 것이다. 하지만 관리 대상 네트워크가 증가할수록 인터페이스를 증설해야 하는 단점이 있다. 이러한 단점을 효과적으로 극복할 수 있는 방법은 하나의 물리적 인터페이스를 가상화Virtualization해 복수 개의 인터페이스로 사용하는 것이다. 이를 위해 3.1절의 준비 과정에서 VLAN 패키지를 설치했다. VLAN 패키지를 설치하지 않았더라도 인터페이스를 가상화하고, 개별 인터페이스에 서로 다른 IP 주소를 할당할 수 있다. 그러나 동일한 서브넷으로 제한된다. VLAN 패키지를 활용할 경우에는 개별 인터페이스에 서로 다른 VLAN을 할당해 네트워크를 운영할 수 있다.

리스트 3.77은 UBMH_START 네트워크에 할당한 999번 VLAN에 사용할 가상 인터페이스Virtual Interface를 정의하고, IP 주소를 할당한다. 가상 인터페이스는 18행과 19행에서와 같이 기반이 되는 인터페이스 이름에 VLAN ID를 점(.)으로 연결해 정의한다. 다만, 가상 인터페이스가 정의된 인터페이스가 연결된 네트워크 포트가 트렁크 모드로 선언돼 있어야 한다. 이는 3.3.2절에서 미리 선언해두었다. 24행과 25행의 게이트웨이와 DNS 서버 주소를 인증 서버의 IP 주소로 설정했다. 이러한 방법으로 UBMH_START에 접속하는 단말기의 외부 네트워크 접속을 차단하고, 캡티브 포털 접속을 유도한다. 26행은 가상 인터페이스의 기반이 되는 인터페이스를 지정한다. 가상 인터페이스를 등록한 후에는 네트워크를 다시 시작하거나 등록된 인터페이스만 활성화한다.

[리스트 3.77] /etc/network/interfaces

```
...
17:
18: auto eth0.999
19: iface eth0.999 inet static
20:         address 192.168.9.1
21:         netmask 255.255.255.0
22:         network 192.168.9.0
23:         broadcast 192.168.9.255
24:         gateway 192.168.9.1
25:         dns-nameservers 192.168.9.1
26:         vlan_raw_device eth0
```

다음으로 UBMH_START에 할당한 999번 VLAN에 IP 주소를 할당하기 위해 DHCP 서버 환경을 설정해보자. 먼저 리스트 3.78과 같이 IP 주소 할당 범위와 게이트웨이, 서브넷 마스크, DNS 서버 등과 같은 정보를 dhcpd.conf 파일에 등록한다. 24행과 26행에서 게이트웨이와 DNS 서버를 인증 서버의 IP 주소로 지정해 단말기의 네트워크 접속을 격리하도록 했다.

[리스트 3.78] /etc/dhcp/dhcpd.conf

```
...
22:
23: subnet 192.168.9.0 netmask 255.255.255.0 {
24:         option routers              192.168.9.1;
25:         option subnet-mask          255.255.255.0;
26:         option domain-name-servers  192.168.9.1;
27:
28:         range                       192.168.9.11 192.168.9.250;
39:         default-lease-time          1800;
30:         max-lease-time              3600;
31: }
```

서브넷 정보 등록이 완료되면 리스트 3.79와 같이 DHCP 요청 패킷을 수신할 수 있도록 eth0.999 인터페이스를 isc-dhcp-server 파일에 등록한다.

[리스트 3.79] /etc/default/isc-dhcp-server

```
19: # On what interfaces should the DHCP server (dhcpd) serve DHCP
    requests?
20: #       Separate multiple interfaces with spaces, e.g. "eth0
            eth1".
21: INTERFACES="eth0 eth0.999"
```

이제 DHCP 서버를 다시 시작하고, 단말기를 네트워크에 접속해 IP 주소를 할당 받는지 확인한다. 이제 웹 브라우저를 통해 인터넷 접속을 시도할 때 캡티브 포털로 접속하도록 DNS 서버의 환경 설정을 진행해보자.

4) DNS 설정 변경

도메인 네임 서비스는 그림 3.112와 같이 계층적인 구조로 구성돼 있다. DNS 서버에 도메인에 대한 질의를 요청하면 DNS 서버는 해당 도메인 캐싱cashing 여부를 확인하고, 도메인 정보를 저장하고 있다면 해당 도메인에 해당하는 IP 주소를 반환한다.

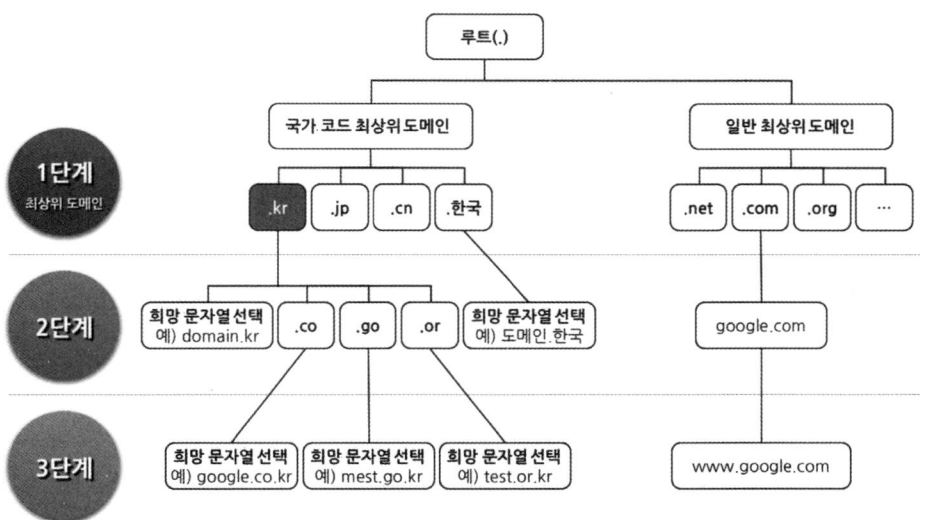

[그림 3.112] 도메인 구조(참조: http://webdir.tistory.com/161)

만약, 질의를 요청한 도메인 정보가 단말기가 사용하는 DNS 서버에 캐시돼 있지 않다면, DNS 서버는 루트 네임 서버Root Name Server에 도메인에 대한 질의를 요청한다. 만약, 요청 도메인이 www.google.com이라면 루트 도메인(.)

>com>google>www 단계로 단계별 DNS 서버에 질의해 도메인에 할당된 IP 주소를 얻어온다.

모든 도메인 질의에 동일한 IP 주소를 반환하도록 하려면 어떻게 해야 할까? DNS 서버에 캐시되지 않은 도메인 질의는 루트 도메인에 질의한다. 이를 위해 BIND 9의 경우, 환경 설정 파일 named.conf.default-zones에서 리스트 3.80과 같이 힌트를 통해 루트 네임 서버에 질의를 전달하도록 하고 있다. 4행에서 지시하고 있는 db.root 파일은 루트 네임 서버의 IP 주소를 저장하고 있다.

[리스트 3.80] /etc/bind/named.conf.default-zones

```
1: // prime the server with knowledge of the root servers
2: zone "." {
3:         type hint;
4:         file "/etc/bind/db.root";
5: };
...
```

만약, 루트 네임 서버 주소를 변경하거나 루트 네임 서버로 도메인 질의를 전달하지 않고 해당 도메인 서버에서 직접 처리할 수 있다면, 모든 도메인 질의에 대해 동일한 IP 주소를 반환할 수 있을 것이다. 즉, UBMH_START 네트워크에 접속한 모든 단말기의 도메인 질의에 대해 캡티브 포털의 IP 주소 반환이 가능해지는 것이다. 이를 위해 도메인 서버의 환경 설정을 변경해보자.

먼저 기존의 /etc/bind/named.conf 파일을 리스트 3.81과 같이 변경해보자. 10행과 12행을 추가하고 기존에 있던 11행과 13행은 주석(#) 처리한다. 11행과 13행은 모든 도메인 질의를 루트 네임 서버로 전달하기 위한 환경 설정 파일로 캡티브 포털용 도메인 서버에서는 사용하지 않는다.

[리스트 3.81] /etc/bind/named.conf

```
 9: include "/etc/bind/named.conf.options";
10: include "/etc/bind/named.conf.acl";
11: # include "/etc/bind/named.conf.local";
12: include "/etc/bind/named.conf.captive";
13: # include "/etc/bind/named.conf.default-zones";
```

리스트 3.81에서 10행의 named.conf.acl 파일은 도메인 서버에 대한 접근 통제 리스트[ACL, Access Control List]를 정의하는 환경 설정 파일로, 도메인 질의를 허용하거나 차단할 IP 주소 또는 서브넷 그룹을 정의한다. 리스트 3.82는 UBMH_START에서 사용하는 서브넷 192.168.9.0/24를 captiveportal이라는 이름으로 ACL 그룹을 정의했다. ACL 그룹에는 단일 호스트 또는 서브넷을 포함할 수 있으며, 이름을 달리해 서로 다른 ACL 그룹을 정의할 수 있다. DNS에 ACL을 적용하면 하나의 DNS를 통해 서브넷 또는 네트워크별로 서로 다른 DNS를 운영할 수 있다.

[리스트 3.82] /etc/bind/named.conf.acl

```
1: acl "captiveportal" {
2:     192.168.9.0/24;
3: };
```

리스트 3.82에서 정의한 ACL을 정의하기 위해서는 뷰[view]가 필요하다. 뷰는 도메인 네임 서비스 영역을 구분하기 위한 구문으로, 각각의 뷰는 match-clients { … }에 포함된 ACL 그룹을 대상으로 독립된 도메인 네임 서비스를 제공한다. 리스트 3.83은 앞에서 생성한 captiveportal ACL에 적용할 뷰를 정의한 것이다.

[리스트 3.83] /etc/bind/named.conf.captive

```
 1: view "captive" {
 2:     match-clients {
 3:         "captiveportal";
 4:     };
 5:
 6:     zone "." {
 7:         type master;
 8:         file "/etc/bind/db.fakeroot";
 9:     };
10: };
```

2~4행은 네임서비스를 적용 대상 클라이언트 범위를 지정하는 구문으로 리스트 3.82에서 정의한 captiveportal, 즉 192.168.9.0/24 서브넷을 지정했다. 6~9행은 도메인 서비스를 위한 존^{zone}을 지정하는 구문으로 루트(.) 도메인 서버를 리스트 3.80과 같이 힌트를 통해 루트 도메인 서버를 지정하지 않고, 변조된 루트 도메인 서비스를 위해 db.fakeroot 파일을 지정했다. 리스트 3.80과 리스트 3.83의 존 파일 지정 방식의 다른 점은 type에 지정된 hint와 master다. hint를 지정한 경우, 존 파일에 지정된 IP 주소에 요청된 질의를 전달한다. 그러나 master를 지정한 경우, 지정된 존 파일에서 요청된 질의를 직접 처리한다. 리스트 3.84는 루트 도메인에 요청된 모든 질의에 대해 캡티브 포털의 IP 주소를 반환하는 존 파일이다.

[리스트 3.84] /etc/bind/db.fakeroot

```
1: @ IN SOA ns.ubmh.org. root.ubmh.org. ( 1 3h 1h 1w 1d )
2:   IN NS 192.168.9.1
3: * IN A 192.168.9.1
```

리스트 3.81에서 리스트 3.84의 환경 설정을 완료했다면, 그림 3.113과 같이 DNS를 다시 시작해야 한다.

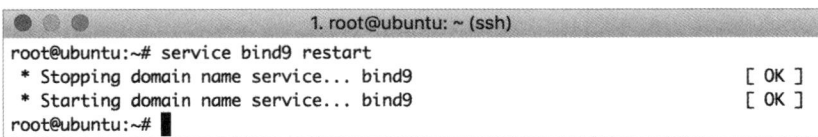

[그림 3.113] BIND9 서비스 재시작

DNS가 다시 시작되면 그림 3.114와 같이 nslookup을 실행하고, DNS 서버를 192.168.9.1로 변경한다. 그리고 모든 도메인 질의에 대해 캡티브 포털의 IP 주소 192.168.9.1을 반환하는지 확인한다.

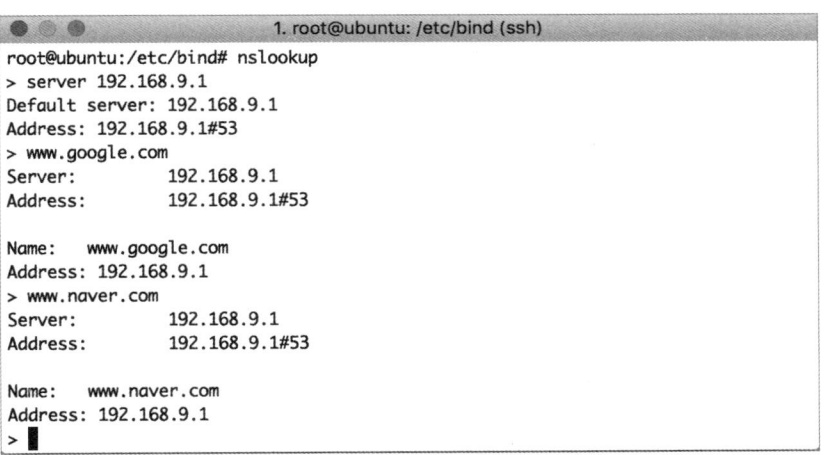

[그림 3.114] 도메인 질의 테스트

5) 웹 서버 설정

웹 서버 설정은 크게 네 단계로 진행하고자 한다. 첫 번째 단계는 3.1절에서 설치한 웹 서버가 정상적으로 작동하고 있는지 확인한다. 두 번째 단계는 일반적인 웹 서버 환경 설정으로 기본적인 웹 서버 이름 설정과 PHP 스크립트가 .html 확장자를 갖는 파일에서도 실행되도록 변경한다. 세 번째 단계는 존재하지 않는 웹 페이지 접근 시 에러 처리와 관련된 환경을 설정한다. 마지막 단계는 UBMH_START 캡티브 포털 운영을 위한 가상 호스트$^{Virtual\ Host}$를 정의한다.

(1) 웹 서버 작동 여부 확인

특별한 문제가 없다면 3.1절에서 설치한 Apache 웹 서버가 정상적으로 작동하고 있을 것이다. 설사 그렇더라도 돌다리도 두들겨본다는 마음으로 웹 서버 작동 여부를 확인해보자. 웹 서버 작동 여부를 확인하기 위해 UBMH 네트워크에 연결된 단말기에서 웹 브라우저의 주소 창에 인증 서버의 IP 주소를 입력해 그림 3.115와 같은 결과가 나오는지 확인한다.

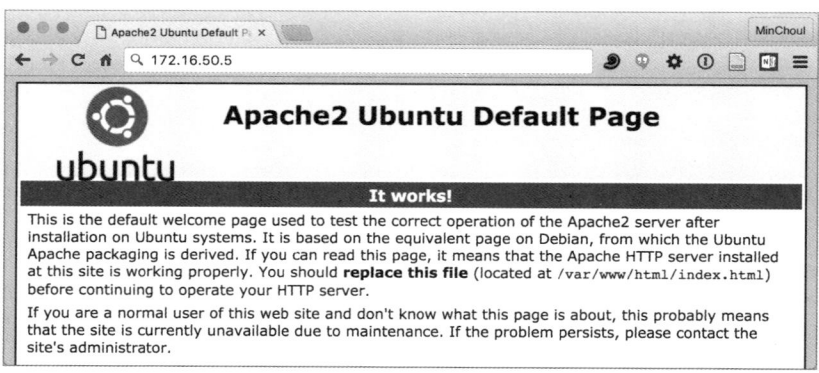

[그림 3.115] 캡티브 포털용 웹 서버 접속 성공 화면

웹 서버가 정상적으로 작동하는 것을 확인한 후 PHP 모듈이 정상적으로 작동하는지 확인하기 위해 그림 3.116과 같이 test.php 파일을 기본 문서 디렉터리인 /var/www/html에 생성한다.

```
1. root@ubuntu: /var/www/html (ssh)
root@ubuntu:/etc/apache2# cd /var/www/html/
root@ubuntu:/var/www/html# echo "<?php phpinfo(); ?>" > test.php
root@ubuntu:/var/www/html# ls
index.html  test.php
root@ubuntu:/var/www/html#
```

[그림 3.116] 테스트용 PHP 스크립트 작성

그리고 웹 브라우저에서 test.php에 접근해 그림 3.117과 같이 정상 작동의 결과로 PHP와 웹 서버 환경 설정 정보가 출력되는지 확인한다.

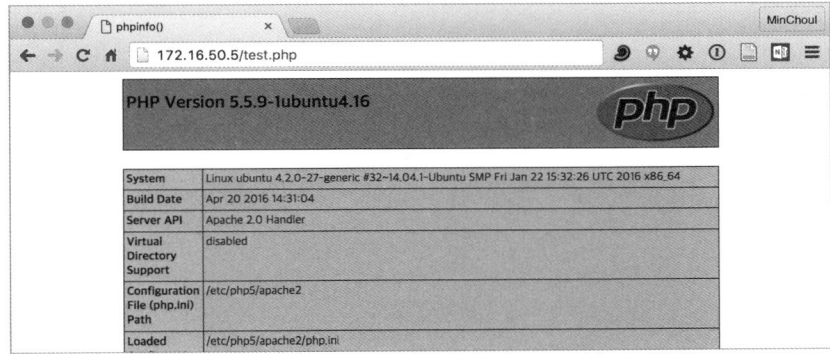

[그림3.117] PHP 모듈 정상 작동 확인 화면

웹 서버와 PHP가 정상적으로 동작하는 것을 확인했으므로, 이제 본격적으로 캡티브 포털용 웹 서버 환경 설정을 진행해보자.

(2) 일반 환경 설정

앞에서 언급했듯이 이번에는 웹 서버의 이름을 지정하고, .html 확장자를 갖는 웹 페이지에서 PHP 스크립트가 실행될 수 있는 환경을 설정한다. 가장 먼저 그림 3.118과 같이 apache2.conf 파일에 echo 명령을 이용해 서버 이름을 등록한다. 서버 이름이 등록되지 않았더라도 웹 서버 운영에는 아무런 영향이 없지만, 웹 서버 실행 시 경고 메시지가 출력되기 때문에 이를 방지하기 위해서다.

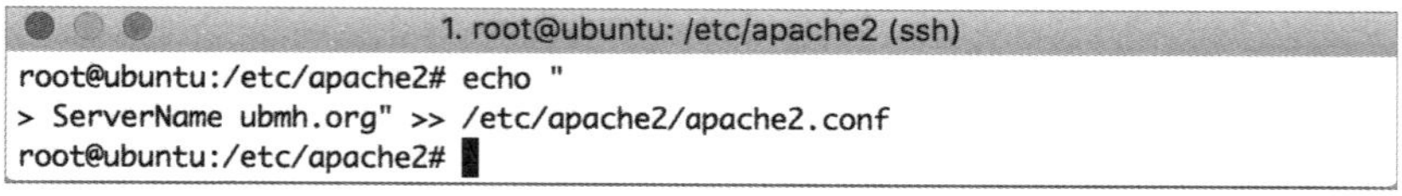
1. root@ubuntu: /etc/apache2 (ssh)
root@ubuntu:/etc/apache2# echo "
> ServerName ubmh.org" >> /etc/apache2/apache2.conf
root@ubuntu:/etc/apache2#

[그림 3.118] 서버 이름 추가

다음으로 *.html 파일에 포함된 PHP 스크립트를 실행할 수 있도록 php5.conf 파일에 리스트 3.85와 같이 1~3행의 내용을 추가한다.

[리스트 3.85] /etc/apache2/mods-enabled/php5.conf

```
 1:> <FilesMatch ".+\.html$">
 2:>     SetHandler application/x-httpd-php
 3:> </FilesMatch>
 4:  <FilesMatch ".+\.ph(p[345]?|t|tml)$">
 5:      SetHandler application/x-httpd-php
 6:  </FilesMatch>
 7:  <FilesMatch ".+\.phps$">
 8:      SetHandler application/x-httpd-php-source
 9:      # Deny access to raw php sources by default
10:      # To re-enable it's recommended to enable access to the files
11:      # only in specific virtual host or directory
12:      Order Deny,Allow
13:      Deny from all
14:  </FilesMatch>
...
```

리스트 3.85에 등록한 환경 설정이 제대로 적용됐는지 확인하기 위해 그림 3.119와 같이 웹 서버를 다시 시작하고, test.php 파일을 복사해 test.html 파일을 생성한다. 그리고 test.html 페이지에 접속해 그림 3.117과 동일한 결과를 출력하는지 확인한다.

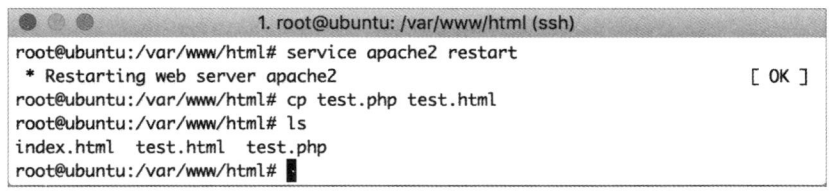

[그림 3.119] 웹 서버 재시작 및 테스트 페이지 생성

(3) 에러 페이지 처리

캡티브 포털을 구현하는데 갑자기 에러 페이지를 언급하는 이유는 무엇 때문일까? DNS 서버를 통해 웹 브라우저에서 요청한 URL의 IP 주소를 캡티브 포털의 IP 주소로 변경하는 것만으로도 캡티브 포털 접속이 가능할까?

이 질문에 대한 답은 "예"일 수도, "아니오"일 수도 있다. 그림 3.120을 살펴보자. 만약, 요청한 URL이 왼쪽과 같이 도메인 이름으로만 구성돼 있다면 앞의 질문에 대한 대답은 "예"가 된다. 그러나 오른쪽과 같이 도메인 이름 외에 하위 디렉터리와 웹 페이지가 지정된 경우의 대답은 "아니오"가 된다. 이러한 상황에서 오른쪽의 경우에도 정상적인 캡티브 포털로의 접속을 유도하기 위해 에러 페이지를 이용하려고 한다.

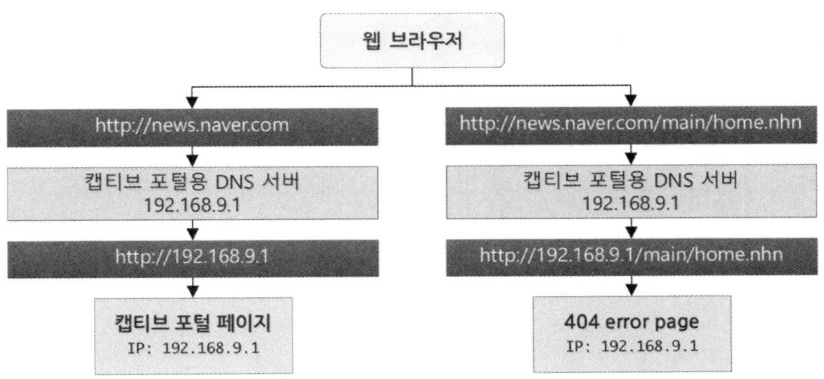

[그림 3.120] URL에 따른 캡티브 포털 접속

포털 사이트 또는 검색 엔진에 존재하지 않는 URL 정보를 요청하면 그림 3.121과 같이 사이트별로 특화된 404 에러 페이지를 제공한다.

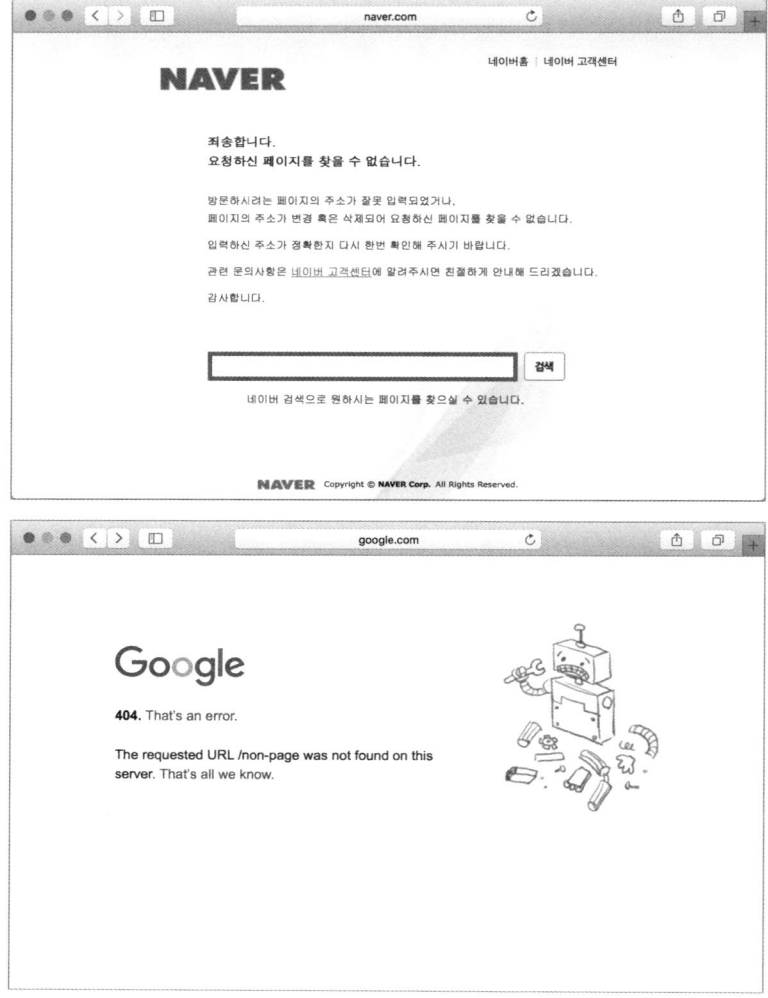

[그림 3.121] 네이버와 구글의 404 에러 페이지

만약, UBMH_START에 접속한 단말기가 캡티브 포털에 존재하지 않는 URL 을 요청하는 경우, 그림 3.121의 예와 같이 특화된 에러 페이지를 제공한다면,

사용자 편의성을 향상시킬 수 있을 것이다. 한 걸음 더 나가보자. 그림 3.122가 보여주는 것처럼 특화된 에러 페이지 자체를 캡티브 포털로 만들어 버리면 어떻게 될까? 만약 그렇다면 어떤 URL이나 존재하지 않는 페이지를 요청하더라도 항상 캡티브 포털에 접속할 수 있게 될 것이다.

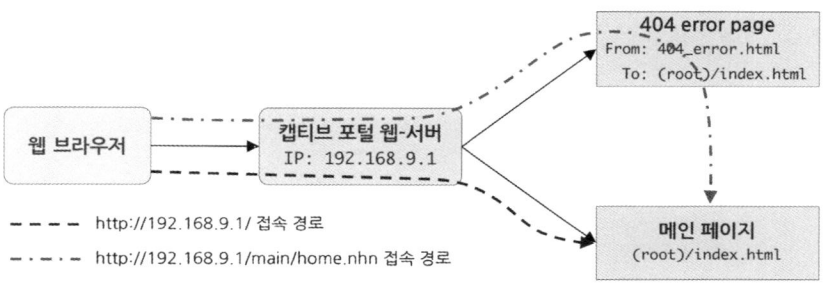

[그림 3.122] 캡티브 포털용 404 에러 페이지 설정

에러 페이지 설정에 들어가기 전에 먼저 인증 서버에 존재하지 않는 페이지인 non-page.html을 요청해 그림 3.123과 같이 에러 페이지를 출력하는지 확인해보자. 이제 에러 페이지를 그림 3.115와 같은 웹 서버의 시작 페이지로 출력하도록 웹 서버의 설정을 변경해보자.

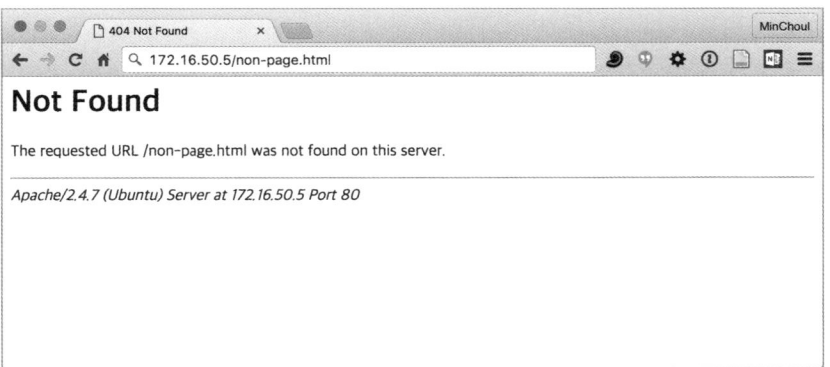

[그림 3.123] 존재하지 않는 웹 페이지에 접근했을 때 출력되는 에러 페이지

웹 브라우저에서 존재하지 않는 페이지 URL을 요청했을 때 그림 3.122에서 설명하는 것처럼 에러 페이지를 시작 페이지로 리다이렉션하기 위해서는 mod_rewrite 모듈을 사용해야 한다. mod_rewrite는 URL을 조작하기 위한 Apache 모듈로, 웹 서버 설치 과정에서 자동으로 설치된다. 하지만 설치만 돼 있으므로 별도의 활성화 과정을 거쳐야 한다. 그림 3.124와 같이 a2enmod 명령으로 mod_rewrite 모듈을 활성화한다.

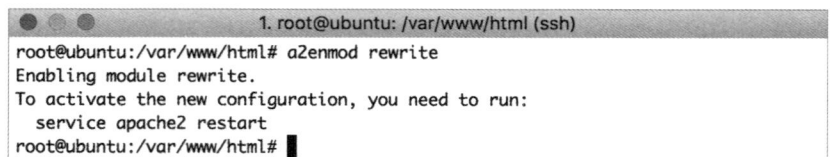

[그림 3.124] mod_rewrite 활성화

기본 웹 서버에서 mod_rewrite가 작동하도록 리스트 3.86과 같이 000-default.conf에 14~20행의 내용을 추가한다.

[리스트 3.86] /etc/apache2/sites-enabled/000-default.conf

```
11:         ServerAdmin webmaster@localhost
12:         DocumentRoot /var/www/html
13:
14:>        <Directory /var/www/html/>
15:>            Options FollowSymLinks MultiViews
16:>            AllowOverride all
17:>            Order allow,deny
18:>            Allow from all
19:>        </Directory>
20:>
21          # Available loglevels: trace8, ..., trace1, debug, info,
            notice, warn,
```

마지막으로 기본 웹 서버의 홈 디렉터리인 /var/www/html에 404 에러 발생 시 홈 디렉터리로 페이지를 변경하는 규칙을 .htaccess 파일에 등록한다. 그림 3.125는 echo 명령을 사용해 .htaccess 파일을 생성한 후 .htaccess 파일 생성 여부를 확인하고, 웹 서버를 다시 시작하는 과정을 보여준다.

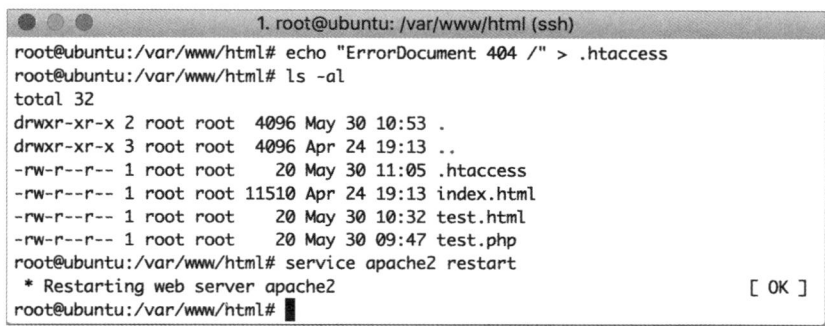

[그림 3.125] 404 에러 페이지를 홈 디렉터리로 변경하는 규칙 등록

웹 서버가 다시 시작되면, 웹 브라우저를 통해 존재하지 않는 페이지를 요청해보자. 그 결과가 그림 3.126과 같다면 모든 설정 과정이 잘 진행된 것이다. 이를 바탕으로 UBMH_START 네트워크용 캡티브 포털을 운영하는 데 필요한 가상 호스트를 등록해보자.

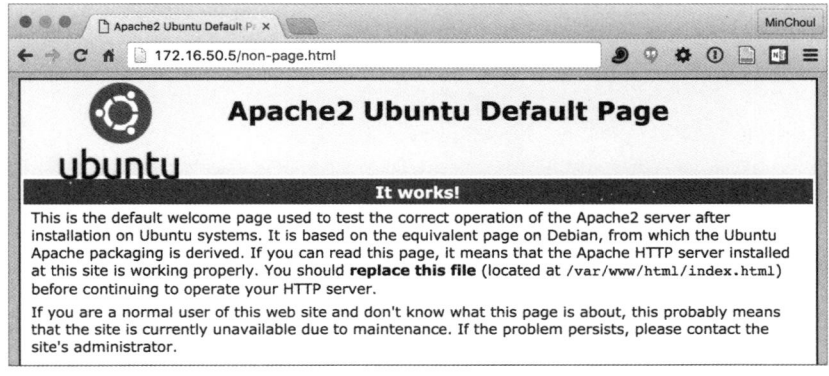

[그림 3.126] 존재하지 않는 웹 페이지에 접근했을 때 시작 페이지에 접근하는 화면

(4) 가상 호스트 등록

가상 호스트는 하나의 웹 서버에서 서로 다른 도메인이나 IP 주소로 구별되는 복수의 홈페이지 운영을 위해 사용된다. UBMH_START용 캡티브 포털의 IP 주소는 192.168.9.1을 갖는다. 앞에서 테스트를 위해 사용했던 홈페이지의 IP 주소인 172.16.50.5과 다른 주소다. 따라서 UBMH_START용 캡티브 포털을 운영하려면 별도의 가상 호스트 등록이 필요하다. 물론 인증 서버에서 운영하는 홈페이지를 UBMH_START용 캡티브 포털로 한정하면 추가적인 가상 호스트 등록은 필요하지 않다. 하지만 향후 각각의 네트워크별 캡티브 포털 또는 정보 제공용 웹 서비스 운영을 고려해 가상 호스트를 사용하고자 한다.

캡티브 포털용 가상 호스트는 사용할 IP 주소는 앞에서 등록한 가상 인터페이스에 할당한 IP 주소 192.168.9.1을 사용한다. 리스트 3.87과 같이 가상 호스트를 정의한다.

[리스트 3.87] /etc/apache2/sites-available/ubmh-start.conf

```
 1: <VirtualHost 192.168.9.1:80>
 2:         ServerAdmin webmaster@localhost
 3:         ServerName start.ubmh.org
 4:         DocumentRoot /var/www/ubmh_start
 5:
 6:         <Directory /var/www/ubmh_start/>
 7:                 Options FollowSymLinks MultiViews
 8:                 AllowOverride all
 9:                 Order allow,deny
10:                 Allow from all
11:         </Directory>
12:
13:         ErrorLog ${APACHE_LOG_DIR}/ubmh_start_error.log
14:         CustomLog ${APACHE_LOG_DIR}/ubmh_start_access.log
                combined
```

```
15: </VirtualHost>
```

가상 호스트 정의 파일은 /etc/apache2/sites-available 디렉터리에 저장한다. 가상 호스트를 정의하는 파일들을 /etc/apache2/sites-available 디렉터리에 저장하는 것은 사용 가능한 가상 호스트 풀^{Pool}을 만드는 것과 같다. 즉, /etc/apache2/sites-available 디렉터리에 저장돼 있는 가상 호스트를 사용하려면 사용하고자 하는 가상 호스트를 활성화해줘야 한다. 가상 호스트를 활성화하려면 /etc/apache/sites-enable 디렉터리에 가상 호스트 파일을 생성하거나 /etc/apache2/sites-available 저장돼 있는 파일의 링크를 생성하고, 웹 서버를 다시 시작해야 한다. 리스트 3.88의 명령 중 하나를 실행한 후 /etc/apache/sites-enable 디렉터리에 리스트 3.87에서 작성한 ubmh-start.conf 파일의 심볼릭 링크를 생성한다.

[리스트 3.88] ubmh-start.conf 심볼릭 링크 생성 명령

```
1) a2ensite ubmh-start
2) ln -s /etc/apache2/sites-available/ubmh-start.conf /etc/apache2/
   sites-enabled/ubmh-start.conf
```

리스트 3.87에 대한 심볼릭 링크를 생성한 후 그림 3.127과 같이 가상 호스트의 홈 디렉터리 ubmh_start를 생성하고, 디렉터리가 생성됐는지 확인한다.

```
root@ubuntu:/var/www/html# cd ..
root@ubuntu:/var/www# mkdir ubmh_start && chmod 755 ubmh_start
root@ubuntu:/var/www# ls -al
total 16
drwxr-xr-x   4 root root 4096 May 31 02:56 .
drwxr-xr-x  13 root root 4096 Apr 24 19:13 ..
drwxr-xr-x   2 root root 4096 May 31 00:47 html
drwxr-xr-x   2 root root 4096 May 31 02:56 ubmh_start
root@ubuntu:/var/www#
```

[그림 3.127] 캡티브 포털용 디렉터리 생성

다음으로 그림 3.128과 같이 ubmh_start 디렉터리에 index.html 파일과 .htaccess 파일을 생성한다. index.html 파일에는 캡티브 포털임을 표시하는 간단한 텍스트를 등록하고, .htaccess 파일에는 404 에러가 발생했을 때 에러 페이지를 홈 디렉터리로 변경하는 규칙을 등록한다.

```
1. root@ubuntu: /var/www/ubmh_start (ssh)
root@ubuntu:/var/www# cd ubmh_start
root@ubuntu:/var/www/ubmh_start# echo "Captive Portal" > index.html
root@ubuntu:/var/www/ubmh_start# chmod 755 index.html
root@ubuntu:/var/www/ubmh_start#
root@ubuntu:/var/www/ubmh_start# echo "ErrorDocument 404 /" > .htaccess
root@ubuntu:/var/www/ubmh_start# ls -al
total 16
drwxr-xr-x 2 root root 4096 May 31 03:00 .
drwxr-xr-x 4 root root 4096 May 31 02:56 ..
-rw-r--r-- 1 root root   20 May 31 03:01 .htaccess
-rwxr-xr-x 1 root root   15 May 31 03:00 index.html
root@ubuntu:/var/www/ubmh_start#
```

[그림 3.128] 캡티브 포털용 시작 페이지와 mod_rewrite 정책 파일 생성

두 파일 index.html과 .htaccess 파일을 생성한 후 그림 3.129와 같이 웹 서버를 다시 시작한다.

```
1. root@ubuntu: /var/www/ubmh_start (ssh)
root@ubuntu:/var/www/ubmh_start# service apache2 restart
 * Restarting web server apache2                                    [ OK ]
root@ubuntu:/var/www/ubmh_start#
```

[그림 3.129] Apache 웹 서버 재시작

이제 192.168.9.1 가상 호스트가 정상적으로 동작하는지 확인하기 위해 테스트용 단말기를 UBMH_START에 연결해보자. 그리고 웹 브라우저를 통해 네이버 또는 다른 웹 사이트 접속을 시도한다. 앞에서 수행한 과정을 올바르게 수행했다면, 그림 3.130과 같이 앞에서 작성한 캡티브 포털에 접속하는 것을 확인할 수 있을 것이다.

[그림 3.130] UBMH_START 접속 후 네이버 연결 화면

캡티브 포털 접속을 확인했다면, 이제 존재하지 않는 페이지를 요청해보자. 그림 3.131은 네이버에 존재하지 않는 페이지인 non-page.html를 요청했을 때 캡티브 포털로 접속되는 것을 보여준다.

[그림 3.131] UBMH_START 접속 후 네이버의 존재하지 않는 페이지 연결 화면

이것으로 캡티브 포털을 구현하는 데 필요한 네트워크, 서버 및 웹 서버 절정의 완료했다. 다음에는 이를 기반으로 단말기 유형에 따른 802.1X 환경 설정을 위한 프로파일 배포, 802.1X 환경 설정 방법 안내 또는 필수 에이전트 배포를 위한 캡티브 포털을 만들어 보자.

3.5.3 캡티브 포털 페이지 등록

아무리 좋은 기능을 제공하는 시스템이라 하더라도 사용자가 불편을 느낀다면 사용자는 금방 멀어질 것이다. 특히, 정보보안 시스템 구축에서 보안의 강도와 사용자 편의성은 반비례하는 것으로 알려져 있다. 이러한 상황에서 무선 네트워크를 리모델링하면서 기존 네트워크에 반해 사용자에게 불편을 가중시킨다면 그렇지 않아도 곱지 않은 정보보안 담당자에 대한 시선을 더욱 냉랭하게 만드는 계기가 될 것이다.

캡티브 포털은 복잡하게만 느껴지는 802.1X가 적용된 네트워크 시스템에 대한 사용자의 접근을 편안하게 유도하는 관문이 될 수 있다. 이 절에서 구현하는 캡티브 포털의 목적은 사용자 단말에 대한 802.1X 환경 설정을 도와주는 것이다. 따라서 캡티브 포털 페이지에서는 MS 윈도우, 애플의 OS X과 iOS, 그리고 안드로이드와 같은 주요 운영체제의 802.1X 환경 설정을 도와주는 도구와 가이드를 배포하고자 한다.

캡티브 포털 페이지는 그림 3.132와 같이 크게 세 가지 정보로 구성된다. 첫 번째는 캡티브 포털 제목, 두 번째는 현재 네트워크 연결을 시도하는 단말기에 관한 정보로서 단말기에 할당된 IP 주소와 맥 주소, 그리고 핑거프린트를 통해 유추된 운영체제 종류를 출력한다. 마지막으로 주로 사용되는 애플의 OS X과 iOS, MS 윈도우, 안드로이드의 802.1X 환경 설정에 필요한 프로파일 배포와 프로파일 배포를 지원하지 않는 운영체제의 경우, 환경 설정에 필요한 문서를 제공한다.

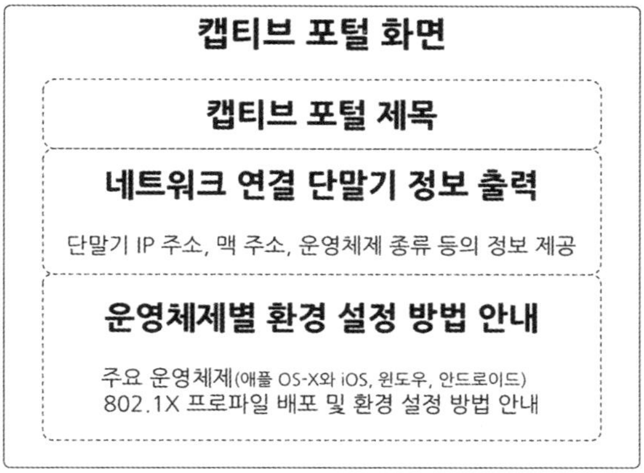

```
┌─────────────────────────────────────────┐
│            캡티브 포털 화면              │
│  ┌───────────────────────────────────┐  │
│  │         캡티브 포털 제목          │  │
│  ├───────────────────────────────────┤  │
│  │    네트워크 연결 단말기 정보 출력 │  │
│  │                                   │  │
│  │  단말기 IP 주소, 맥 주소, 운영체제 종류 등의 정보 제공 │
│  ├───────────────────────────────────┤  │
│  │     운영체제별 환경 설정 방법 안내│  │
│  │                                   │  │
│  │  주요 운영체제(애플 OS-X와 iOS, 윈도우, 안드로이드) │
│  │  802.1X 프로파일 배포 및 환경 설정 방법 안내 │
│  └───────────────────────────────────┘  │
└─────────────────────────────────────────┘
```

[그림 3.132] 캡티브 포털 페이지 정보 구성

시장에는 운영체제에 따라 802.1X 인증 환경을 자동으로 구성해주는 다양한 도구들이 출시돼 있다. 상용 제품으로는 HP에 인수 합병된 아루바네트웍스Aruba Networks의 클리어패스 퀵-커넥트ClearPass QuickConnect, 주니퍼Juniper의 OACOdyssey Access Client, 시스코의 AnyConnect Mobility Client를 들 수 있다. 오픈소스로는 에듀롬Eduroam 서비스를 위해 개발된 SU1X라는 도구가 있지만, 사설인증서 배포에 제한이 있어 이 책에서는 소개하지 않는다.

애플의 경우, 운영체제 제조사로는 유일하게 802.1X를 포함하는 다양한 단말기 환경 설정을 지원하는 도구인 Apple Configurator를 무료로 제공한다. 불행하게도 이곳 우간다에서는 클리어 패스 퀵-커넥트와 OAC를 테스트해볼 수 없었다. 따라서 해당 도구의 사용법에 관한 내용은 이 책에서 제외한다. 그 대신 윈도우와 안드로이드 운영체제에 대한 802.1X 환경 설정 방법은 문서로 제공한다. 따라서 캡티브 포털에서 제공하는 자동화된 프로파일 배포는 애플의 단말기를 대상으로 한다.

애플 단말기에 배포할 프로파일은 [부록 2]를 참고해 Apple Configurator를 사용해 만들고, 윈도우 운영체제와 관련된 802.1X 인증 환경 설정 안내 문서는 [부록 1]을 참고해 조직의 특성을 반영해 작성한다. 마지막으로 안드로이드 운영체제는 802.1X 환경 설정 시 이용되는 키워드가 다르다. 따라서 3.3.2절의 마지막에 소개한 안드로이드 스마트폰 설정 방법을 참고해 조직 내에서 주로 사용되는 단말기에 맞춰 가이드를 제작해 배포한다.

리스트 3.89는 그림 3.132의 내용을 구현하는 PHP 코드다. UBMH_START 네트워크의 캡티브 포털 경로인 /var/www/ubmh_start 디렉터리에 index.html 파일로 저장한다.

[리스트 3.89] /var/www/ubmh_start/index.html

```
 1: <?php
 2:
 3: $_my_username = "radius";
 4: $_my_password = "09n072";
 5: $_my_host = "localhost";
 6: $_my_dbname = "radius";
 7:
 8: $dsn = "mysql:dbname=$_my_dbname;host=$_my_host";
 9: $dbo = new PDO($dsn, $_my_username, $_my_password);
10:
11: $remote_ipaddr = $_SERVER["REMOTE_ADDR"];
12:
13: // 단말기의 맥 주소 확인
14: $query_mac = "SELECT macaddr FROM nac_arp WHERE ipaddr =
    :ipaddr";
15: $stmt_mac = $dbo->prepare($query_mac);
16: $stmt_mac->bindParam(":ipaddr", $remote_ipaddr, PDO::PARAM_
    STR);
17: $stmt_mac->execute();
18: $result_mac = $stmt_mac->fetchColumn();
19:
20: // 단말기의 운영체제 확인
```

```
21: $query_os = "SELECT distinct e.name
22:               FROM nac_arp a,
23:                    nac_device_fingerprint b,
24:                    dhcp_fingerprint c,
25:                    combination d,
26:                    device e
27:               WHERE a.ipaddr = :ipaddr
28:                 AND b.macaddr = a.macaddr
29:                 AND c.value = b.fingerprint
30:                 AND d.dhcp_fingerprint_id = c.id
31:                 AND d.mac_vendor_id =
32:                     ( SELECT id
33:                         FROM mac_vendor
34:                        WHERE mac = LEFT(REPLACE(a.macaddr, ':',
                                    ''),6) )
35:                 AND e.id = d.device_id
36:               ORDER BY e.id";
37:
38: $stmt_os = $dbo->prepare($query_os);
39: $stmt_os->bindParam(":ipaddr", $remote_ipaddr, PDO::PARAM_STR);
40: $stmt_os->execute();
41: $result_os = $stmt_os->fetchAll(PDO::FETCH_COLUMN);
42: ?>
43:
44: <html>
45: <head>
46:   <title>UBMH NETWORK ACCESS GUIDE</title>
47:   <meta http-equiv="Content-Type" content="text/html; charset=utf-8"/>
48:   <meta name="viewport" content="width=device-width, initial-scale=1.0, maximum-scale=2.0, user-scalable=yes" />
49:   <style>
50:     #guideContainer {
51:       position: relative;
```

```
52:       width: 600px;
53:       left: 50%;
54:       margin-left: -300px;
55:       padding-bottom: 10px;
56:       border: solid 2px #ccc;
57:       border-radius: 10px;
58:       background: #efefef;
59:     }
60:     .title {
61:       font-size: 20pt;
62:       text-align: center;
63:     }
64:     fieldset { margin: 0px 20px 15px; }
65:     p.notice { color:red; margin: 0px; }
66:     ul {
67:       margin: 0px;
68:       padding-left: 20px;
69:     }
70:     ul.guide_list { padding-left: 40px; }
71:     ul.guide_list li { padding: 0 10px 10px 0;}
72:     a { text-decoration: none; }
73:   </style>
74:   <script language="javascript">
75:     function resizeDiv() {
76:       var divTop = ( window.innerHeight - document.getElementById("guideContainer").clientHeight ) / 2
77:       document.getElementById("guideContainer").style.top = Math.round(divTop).toString() + "px";
78:     }
79:   </script>
80: </head>
81: <body onLoad="resizeDiv()" onresize="resizeDiv()">
82:   <div id="guideContainer">
83:     <h2 class="title">베데스다 선교병원 네트워크 연결 가이드</h2>
```

```
 84:     <hr>
 85:     <fieldset name="device">
 86:       <legend>단말기 정보</legend>
 87:       <ul class="device">
 88:         <li>IP 주소: <?php echo $remote_ipaddr; ?></li>
 89:         <li>맥 주소: <?php echo $result_mac; ?></li>
 90:         <li>운영체제 종류(아래의 목록 중 하나로 추정됨)
 91:           <ul class="os_list">
 92:             <?php foreach($result_os as $os_name) { ?>
 93:             <li><?php echo $os_name; ?></li>
 94:             <?php } ?>
 95:           </ul>
 96:         </li>
 97:       </ul>
 98:       <p class="notice">운영체제의 종류에 따라 아래에 링크된 프로파일을 설치하거나 도움말을 참조해 802.1X 연결에 필요한 환경을 설정합니다.</p>
 99:     </fieldset>
100:     <hr>
101:     <ul class="guide_list">
102:       <li><a href="UBMH.mobileconfig">애플(Apple) 단말기(자동 설정) 프로파일</a><br>
103:           상기 프로파일을 다운로드해 802.1X 환경을 설정합니다.</li>
104:       <li><a href="Windows.pdf">윈도우 운영체제 단말기(수동 설정)</a><br>
105:           상기 윈도우 운영체제용 환경 설정 가이드의 안내에 따라 802.1X 연결에 필요한 환경 설정을 진행합니다.</li>
106:       <li><a href="Android.pdf">안드로이드 운영체제 단말기(수동 설정)</a><br>
107:           상기 안드로이드 운영체제용 환경 설정 가이드의 안내에 따라 802.1X 연결에 필요한 환경 설정을 진행합니다.</li>
108:     </ul>
109:   </div>
110: </body>
111: <html>
```

코드 작성이 마무리됐다면, 테스트용 단말기를 이용해 UBMH_START에 접속한 후 캡티브 포털이 접속되는지 확인한다. 그림 3.133은 웹 브라우저를 이용해 네이버 접속을 시도했을 때 캡티브 포털로 리다이렉션된 화면이다.

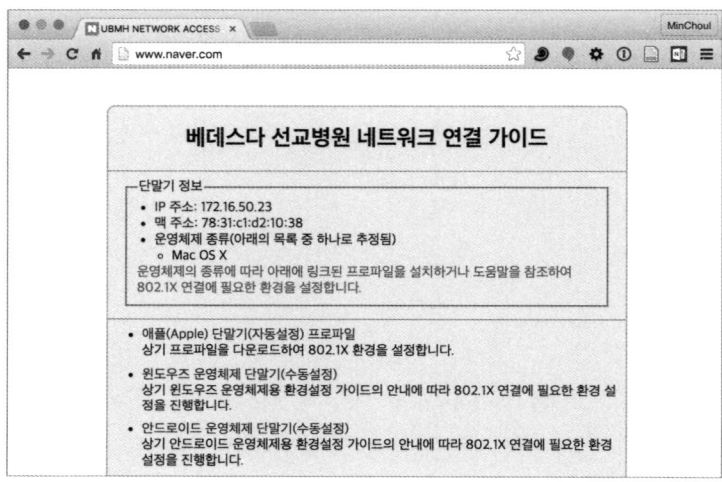

(a) OS X가 설치된 맥북을 이용했을 때

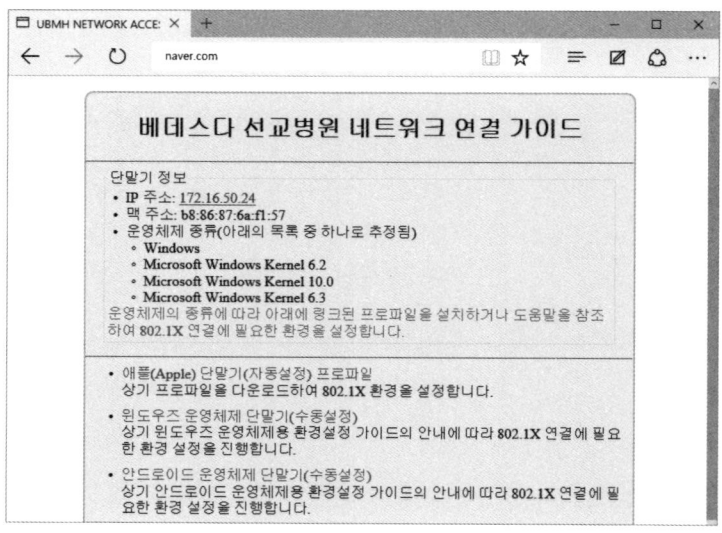

(b) 윈도우 10이 설치된 노트북을 이용했을 때

[그림 3.133] 802.1X 환경 설정 방법을 안내하는 캡티브 포털 페이지

앞에서 제작한 웹 페이지에서 알 수 있듯이 캡티프 포털이라고 해서 특별한 것은 아니다. 오히려 더 간단한 웹 페이지다. 하지만 조직의 정보보안 정책과 관리자의 노력에 따라 캡티브 포털에 다양한 기능들을 추가할 수 있다. 예를 들어, 프로파일 배포 도구 또는 안내 문서의 유출을 방지하기 위해 사용자 인증 기능을 추가할 수 있다. 또한 운영체제 유형에 따라 기업의 정보보안 정책 기준을 충족시키기 위해 필요한 다양한 소프트웨어나 정보보안 에이전트를 캡티브 포털을 통해 배포할 수도 있다. 간단하게 소개한 캡티브 포털을 이용해 보다 나은 정보보안 체계를 구축하면서도 사용자의 편의성을 높일 수 있는 계기를 만들어 나가기 바란다.

지금까지 무선 네트워크 리모델링에 필요한 다섯 가지 기능들에 대한 개념과 구현 방법을 알아봤다. 이 장에서 소개한 기능들은 굳이 무선 네트워크 리모델링 목적이 아니더라도 현장에 적용할 수 있다. 4장으로 넘어가기에 앞서 3장에서 구현한 기능들을 어떻게 현장에서 활용할 수 있을지 다시 한 번 고민해보기 바란다.

무선 네트워크 리모델링 적용

이 책의 서두에서 언급했듯이 유무선 네트워크는 유선과 무선이라는 전송 미디어 차이로 인해 네트워크와 정보보안 업무 수행에 있어 다양한 문제들을 유발한다. 특히, 무선 네트워크는 상대적으로 보안에 취약하다는 오명(?)까지 뒤집어 쓰고 있다. 하지만 무선 네트워크 환경이 확대되면서 이러한 오명을 극복하기 위한 다양한 방안들이 제시되고 있으며, 이 책에서는 802.1X에 기반을 둔 무선 네트워크 리모델링 기업을 제시했다. 3장에서는 무선 네트워크 리모델링과 보안 강화의 기본이 되는 기능들을 알아보고 이를 구현해봤다. 이번 장에서는 3장에서 학습한 기능들이 적용된 무선 네트워크 환경을 구현해보자.

이번 장은 간단한 무선 네트워크 리모델링 시나리오를 살펴보는 것으로 시작한다. 그런 다음, 유무선 네트워크 장치의 환경 설정을 변경하고, 사용자 역할 또는 권한과 단말기 유형에 따라 사용자 단말기에 동적으로 네트워크^{VLAN}를 할당하기 위해 FreeRadius의 네트워크 할당 절차를 변경한다. 마지막으로 접근이 허가되지 않은 단말기로 네트워크 접속을 시도할 경우, 웹 브라우저를 통해 접근이 허용되지 않은 단말기라는 것을 알리는 캡티브 포털을 구현한다.

4.1 리모델링 시나리오

무선 네트워크의 확산과 함께 단말기 이동성이 향상되고 네트워크 접속 절차가 간단해지면서 비즈니스 생산성 향상이라는 긍정적 효과를 기대할 수 있게 됐다. 반면, 직급과 권한, 단말기 유형에 관계없이 대부분의 사용자 단말기가 하나의 무선 네트워크에 연결되면서 보안 취약점이라는 문제를 유발하게 됐다. 우리나라에 보편적으로 구현돼 있는 무선 네트워크 환경에서 이는 극복 불가능한 문제로 여겨지기도 한다. 무선 네트워크 구축 사례를 살펴보더라도 이러한 문제를 극복하기 위한 노력을 쉽게 찾아볼 수 없기 때문이다. 일부 사례에서는 무선 네트워크를 세분화하기보다 이동성 보장을 목적으로 사옥 전체의 무선 네트워크에 하나의 슈퍼 서브넷$^{Super\ Subnet}$을 할당하기도 한다. 물론 무선 네트워크의 이면에 다양한 정보보안 솔루션을 설치해 취약한 보안을 강화할 수도 있다. 그렇지만 이는 많은 예산 투자를 수반하고 보편적으로 적용하기 어렵다는 단점이 있다. 따라서 네트워크 구축 단계에서부터 보안성을 고려하는 것이 필요하며, 이를 구현하는 방법으로는 네트워크 분할$^{Network\ Segmentation}$, 사용자 역할^{role}과 권한^{authority}, 그리고 단말기 유형에 따른 네트워크 접근통제를 들 수 있다. 이를 구현하기 위해 가장 먼저 시나리오를 살펴보자.

리모델링은 베데스다선교병원Bethesda Mission Hospital의 무선 네트워크를 대상으로 했다. 먼저 네트워크 접속 절차는 3장의 캡티브 포털 구현 시에 살펴본 절차에 따른다. 즉, 네트워크 접속을 원하는 사용자는 공개된 무선 네트워크 UBMH_START에 접속해 단말기에 802.1X 인증 환경을 설정한다. 환경 설정이 완료된 단말기는 감춰져 있는 무선 네트워크 UBMH에 접속한다. 네트워크에 단말기가 접속되면 인증 서버는 단말기의 유형과 사용자 권한을 참조해 사용자에게 할당할 네트워크를 결정하고 IP 주소를 할당한다. 네트워크 접속이 완료된 단말기는 사전에 정의된 ACL에 따라 네트워크나 시스템에 대한 접근을 통제 받는다.

병원 무선 네트워크에서 사용되는 VLAN은 표 4.1과 같이 구성했다. 먼저 직원은 원장, 과장, 직원 직위로 구분했으며, 각 직위에 따라 510, 520, 530 VLAN을 할당했다. 500 VLAN은 사용자에게 사용이 허가되지 않는 단말기로 네트워크 접속을 시도했을 때 네트워크 접속을 차단하고, 사용자에게 경고 메시지를 전달하기 위한 용도로 사용한다.

[표 4.1] 직위별 할당 네트워크 및 허용 단말기

직위	대상 직원	네트워크	적용 단말기
원장	원장	510	모든 단말기
과장	의사	520	MS-Windows, OS X, iOS, Android
직원	간호, 행정 및 지원	530	MS-Windows
-	모든 직원	500	사용 미허용 단말기

사용자별로 네트워크 접근이 허가되는 단말기는 직위에 따라 상이하게 적용된다. 원장의 경우에는 어떠한 단말기를 사용하더라도 네트워크 접근을 허용하고, 과장의 경우에는 주요 4대 운영체제, 즉 MS 윈도우, 애플의 OS X과

iOS, 그리고 안드로이드 운영체제를 사용하는 단말기만 네트워크 접근을 허용한다. 마지막으로 일반 직원에게는 MS 윈도우 운영체제가 설치된 단말기를 사용하는 경우에 한해 네트워크 접근을 허용한다.

네트워크 동작을 구체적으로 살펴보면 다음과 같다. 먼저 그림 4.1은 원장의 무선 네트워크 접근에 따른 네트워크 할당과 접근통제의 흐름을 보여준다. 표 4.1에서 정의한 바에 따라 원장에게는 모든 단말기의 접근을 허용하고, 510 VLAN을 할당한다. 따라서 원장이 사용하는 랩톱과 스마트폰, 태블릿 등의 단말기에는 510 VLAN을 할당하고, 외부 인터넷 접속과 경영 정보 시스템, 그리고 의료 정보 시스템 등에 대한 제한 없는 접근을 허용한다.

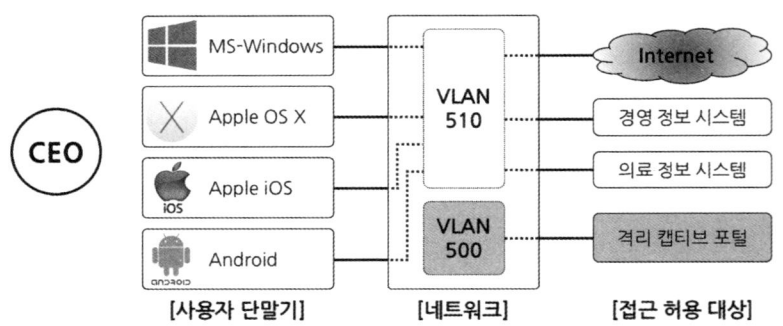

[그림 4.1] CEO 사용 단말기별 할당 네트워크와 접근 허용 범위

반면, 일반 직원의 경우에는 앞에서 정의한 규칙에 따라 원장과는 다른 네트워크 접근 규칙을 적용 받는다. 그림 4.2는 일반 직원에 대한 무선 네트워크 할당과 접근통제의 흐름을 보여준다.

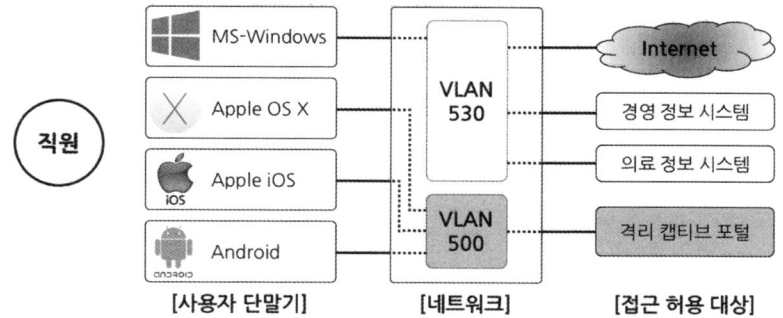

[그림 4.2] 일반 직원 사용 단말기별 할당 네트워크와 접근 허용 범위

직원이 모바일 단말기로 네트워크 접근을 시도하면, MS 윈도우가 설치된 단말기에는 VLAN 530을 할당한다. 그리고 인터넷과 내부 정보 시스템에 대한 접근을 허용한다. 만약, 사용자에게 허가되지 않은 단말기로 네트워크 접속을 시도하면, 3.5절의 캡티브 포털에서와 같이 인터넷과 내부 정보 시스템 접근이 차단된 VLAN 500을 할당한다. 그리고 웹 브라우저를 이용해 웹 사이트 접속을 시도하면, 캡티브 포털을 통해 권한에 적합하지 않은 네트워크 접속이라는 것을 사용자에게 알린다.

간단한 시나리오다. 하지만 어떻게 적용하는지에 따라 현재보다 훨씬 강화된 무선 네트워크 보안 체계를 구축할 수 있다. 기업 정보 시스템의 중요도에 따라 접근 권한과 네트워크 그룹을 세분화하고, 각 네트워크에 따라 최소한의 접근 권한을 부여할 수 있을 것이다. 또한 기업 소유 단말기와 개인 소유 단말기를 구분해 별도의 접근통제 정책을 수립해 적용할 수도 있다. 이 밖에도 다양한 적용이 가능할 것이다. 다음 절로 넘어가기 전에 독자가 속한 기업 또는 조직에 필요한 리모델링 시나리오를 작성하는 것도 리모델링을 이해하는 데 많은 도움이 될 것이다. 이제 본격적으로 리모델링을 시작해보자.

4.2 네트워크 환경 구성

3장에서 테스트를 위해 구현한 무선 네트워크 환경은 우리가 일반적으로 경험하고 있는 것과 동일하다. 이 네트워크를 2장에서 설명한 동적 네트워크 환경으로 리모델링하려면, 다양한 요소에 대한 설정 값 변경과 인증 및 인가 절차에 대한 변경이 요구된다. 이번 절에서는 유무선 네트워크 장치에 사용자 역할과 권한에 따라 할당할 네트워크^{VLAN}를 등록한다. 다음으로 인증 서버에 각 네트워크에 해당하는 가상 인터페이스를 등록하고, 각 네트워크에 할당할 IP 주소의 서브넷을 DHCP 서버에 등록한다.

1) 액세스 스위치 설정

제일 먼저 액세스 스위치에 네트워크에서 사용할 VLAN을 선언한다. 대상 VLAN은 표 5.1에 나와 있는 3개의 VLAN(510, 520, 530)으로 액세스 스위치에 접속한 후 리스트 4.1의 명령을 실행해 VLAN을 선언한다.

[리스트 4.1] 액세스 스위치에 UBMH_START용 VLAN 선언

```
conf t
vlan 510
name UBMH_CEO
vlan 520
name UBMH_DIRECTORS
vlan 530
name UBMH_STAFFS
end
write
```

2) AP 설정

다음으로는 AP에 VLAN을 등록한다. VLAN에 등록하기 위해 AP(172.16.50.11)에 로그인하고, 관리자 화면의 메뉴에서 "SERVICES > VLAN" 메뉴를 클릭한다. VLAN 관리 화면에서 그림 4.3과 같이 510번 VLAN에 관한 기본 정보를 입력하고 "Apply" 버튼을 클릭해 VLAN을 등록한다. 이와 동일한 방법으로 520과 530 VLAN도 등록한다.

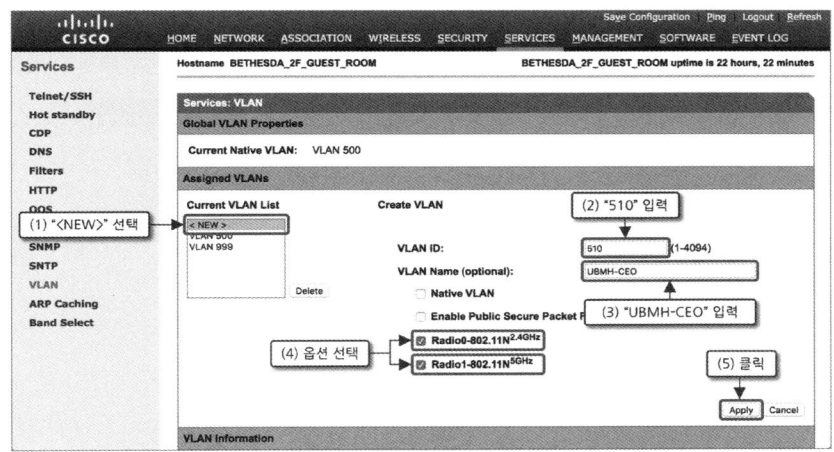

[그림 4.3] VLAN 등록

3개의 VLAN 등록이 완료되면 VLAN별 암호화 방법을 결정하기 위해 관리자 화면에서 "SECURITY > Encryption Manager" 메뉴를 클릭하고, 상단의 VLAN 목록에서 앞에서 등록한 VLAN 중 510번 VLAN을 선택한다. 그리고 암호화 방법에서 "Cyper"와 "AES CCMP"를 선택하고, "Apply" 버튼을 클릭해 510번 VLAN에 대한 암호화 방법을 결정한다. 나머지 2개의 VLAN 520, 530에 대해서도 동일한 암호화 방법을 설정한다.

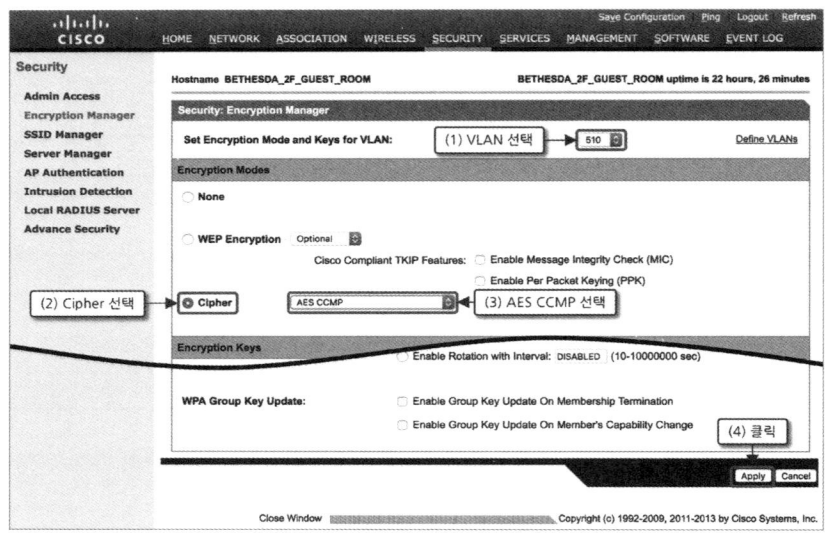

[그림 4.4] VLAN 암호화 방법 결정

유선 네트워크에 사용하는 액세스 스위치의 경우, VLAN을 선언하는 것만으로도 각각의 스위치 포트에 VLAN을 동적으로 할당할 수 있고, VLAN 할당 후에 통신이 이루어진다. 스위치의 경우, 각각의 포트를 구분할 수 있고 각각 따로 동작하기 때문이다. 그러나 무선 네트워크 환경에서는 VLAN을 선언한 이후에 VLAN이 사용될 SSID에 추가로 VLAN을 사용하겠다는 명시적인 선언이 필요하다. 그렇지 않으면 동적으로 VLAN을 할당할 수 있지만, VLAN 할당 이후에는 어떠한 통신도 불가능하다. 이를 위해 backup 지시자를 사용해 SSID에 기본적으로 할당돼 있는 VLAN 이외에 추가로 사용할 VLAN을 선언한다. 리스트 4.2는 UBMH SSID에서 기본적으로 사용되는 500번 VLAN 이외에 추가로 사용할 510, 520, 530 VLAN을 선언하는 명령이다. AP에 텔넷으로 접속해 리스트 4.2의 명령을 실행한다.

[리스트 4.2] UBMH SSID 환경 설정 변경

```
conf t
dot11 ssid UBMH
vlan 500 backup 510 520 530
end
write
```

3) 인증 서버 설정

인증 서버는 네트워크에 접속하는 사용자를 인증하고, 사용자에 적합한 네트워크를 할당하며, 단말기가 사용할 IP 주소를 할당한다. 인증 서버가 이러한 역할을 수행하기 위해서는 모든 네트워크에 연결돼 있어야 한다. 3.5절에서 캡티브 포털을 구현하면서 가상 인터페이스를 통해 UBMH_START 네트워크에 접속하는 단말기가 인증 서버에서 운영되는 캡티브 포털에 접속할 수 있도록 했다. 앞에서 선언한 3개 VLAN(510, 520, 530) 관리를 위해서도 인증 서버에 가상 인터페이스 선언이 필요하다. 그리고 3개 VLAN이 할당된 후 단말기에 IP 주소를 할당하기 위해서는 네트워크별로 IP 주소 할당을 위한 DHCP 환경 구성이 필요하다.

(1) 가상 인터페이스 등록

먼저 인증 서버에 가상 인터페이스를 등록해보자. 가상 인터페이스 등록을 위해 /etc/network/interface 파일에 리스트 4.3과 같이 eth0 인터페이스를 기반으로 각 VLAN 인터페이스를 등록해보자. 가상 인터페이스를 등록할 때는 인터페이스에 할당하는 IP 주소와 네트워크, 브로드캐스트, 게이트웨이 등의 주소를 제대로 등록했는지 확인한다.

[리스트 4.3] /etc/network/interfaces

```
...
27:
28: auto eth0.510
29: iface eth0.510 inet static
30:         address 172.16.51.5
31:         netmask 255.255.255.0
32:         network 172.16.51.0
33:         broadcast 172.16.51.255
34:         gateway 172.16.51.1
35:         dns-nameservers 8.8.8.8
36:         vlan_raw_device eth0
37:
38: auto eth0.520
39: iface eth0.520 inet static
40:         address 172.16.52.5
41:         netmask 255.255.255.0
42:         network 172.16.52.0
43:         broadcast 172.16.52.255
44:         gateway 172.16.52.1
45:         dns-nameservers 8.8.8.8
46:         vlan_raw_device eth0
47:
48: auto eth0.530
49: iface eth0.530 inet static
50:         address 172.16.53.5
51:         netmask 255.255.255.0
52:         network 172.16.53.0
53:         broadcast 172.16.53.255
54:         gateway 172.16.53.1
55:         dns-nameservers 8.8.8.8
56:         vlan_raw_device eth0
```

(2) DHCP 서버 설정

다음으로 DHCP 서버에 각 네트워크에 접속하는 단말기에 할당할 IP 주소 서브넷을 등록한다. 리스트 4.4는 앞에서 추가한 510, 520 530 VLAN에 할당할 IP 주소 서브넷 설정으로 /etc/dhcp/dhcpd.conf의 뒤에 추가한다. DHCP 환경 설정 파일에 등록하는 IP 주소 서브넷은 리스트 4.3에서 가상 인터페이스 등록 시에 사용했던 네트워크 정보와 일치해야 한다.

[리스트 4.4] /etc/dhcp/dhcpd.conf

```
...
32:
33: subnet 172.16.51.0 netmask 255.255.255.0 {
34:         option routers              172.16.51.1;
35:         option subnet-mask          255.255.255.0;
36:         option domain-name-servers    8.8.8.8;
37:
38:         range                       172.16.51.11 172.16.51.250;
39:         default-lease-time          1800;
40:         max-lease-time              3600;
41: }
42:
43: subnet 172.16.52.0 netmask 255.255.255.0 {
44:         option routers              172.16.52.1;
45:         option subnet-mask          255.255.255.0;
46:         option domain-name-servers    8.8.8.8;
47:
48:         range                       172.16.52.11 172.16.52.250;
49:         default-lease-time          1800;
50:         max-lease-time              3600;
51: }
52:
53: subnet 172.16.53.0 netmask 255.255.255.0 {
```

```
54:         option routers              172.16.53.1;
55:         option subnet-mask          255.255.255.0;
56:         option domain-name-servers      8.8.8.8;
57:
58:         range                       172.16.53.11 172.16.53.250;
59:         default-lease-time          1800;
60:         max-lease-time              3600;
61: }
```

dhcpd.conf 파일에 서브넷을 등록한 후에는 단말기가 요청하는 IP 주소 할당 메시지를 수신하기 위해 리스트 4.5와 같이 /etc/default/isc-dhcp-server 파일에 DHCP 메시지 수신 대상 인터페이스를 등록한다.

[리스트 4.5] /etc/default/isc-dhcp-server

```
19: # On what interfaces should the DHCP server (dhcpd) serve DHCP
    requests?
20: #       Separate multiple interfaces with spaces, e.g. "eth0
    eth1".
21: INTERFACES="eth0 eth0.510 eth0.520 eth0.530 eth0.999"
```

인증 서버에 가상 인터페이스를 등록하고 DHCP 환경 설정을 완료했다면, 네트워크와 DHCP 서비스를 다시 시작해 서비스가 정상적으로 동작하고 있는지 확인한다. 가상 인터페이스가 정상적으로 등록됐다면 ifconfig 명령을 실행해 그림 4.5의 결과를 확인할 수 있다.

```
root@ubuntu:~# ifconfig
eth0      Link encap:Ethernet  HWaddr 00:1c:42:8e:f8:a5
          inet addr:172.16.50.5  Bcast:172.16.50.255  Mask:255.255.255.0
          ...

eth0.510  Link encap:Ethernet  HWaddr 00:1c:42:8e:f8:a5
          inet addr:172.16.51.5  Bcast:172.16.51.255  Mask:255.255.255.0
          ...

eth0.520  Link encap:Ethernet  HWaddr 00:1c:42:8e:f8:a5
          inet addr:172.16.52.5  Bcast:172.16.52.255  Mask:255.255.255.0
          ...

eth0.530  Link encap:Ethernet  HWaddr 00:1c:42:8e:f8:a5
          inet addr:172.16.53.5  Bcast:172.16.53.255  Mask:255.255.255.0
          ...

eth0.999  Link encap:Ethernet  HWaddr 00:1c:42:8e:f8:a5
          inet addr:192.168.9.1  Bcast:192.168.9.255  Mask:255.255.255.0
          ...

lo        Link encap:Local Loopback
          inet addr:127.0.0.1  Mask:255.0.0.0
          inet6 addr: ::1/128 Scope:Host
          UP LOOPBACK RUNNING  MTU:65536  Metric:1
          RX packets:58 errors:0 dropped:0 overruns:0 frame:0
          TX packets:58 errors:0 dropped:0 overruns:0 carrier:0
          collisions:0 txqueuelen:0
          RX bytes:4884 (4.8 KB)  TX bytes:4884 (4.8 KB)

root@ubuntu:~#
```

[그림 4.5] 가상 인터페이스 등록 결과

또한 DHCP는 그림 4.6에서 볼 수 있듯이 eth0, eth0.510, eth0.520, eth0.530, eth0.999 5개의 인터페이스를 대상으로 서비스를 제공하고 있다는 것을 확인할 수 있다.

```
root@ubuntu:~# ps -ef | grep dhcp
dhcpd     1387     1  0 21:20 ?        00:00:00 dhcpd -user dhcpd -group dhcpd -
f -q -4 -pf /run/dhcp-server/dhcpd.pid -cf /etc/dhcp/dhcpd.conf eth0 eth0.510 et
h0.520 eth0.530 eth0.999
root      2131  2041  0 21:40 pts/1    00:00:00 grep --color=auto dhcp
root@ubuntu:~#
```

[그림 4.6] DHCP 서비스 확인

이것으로 무선 네트워크 리모델링을 통한 동적 네트워크 환경 구성에 필요한 기본적인 네트워크 환경과 인증 서버 환경 설정을 끝마쳤다. 다음 절에서는 지금까지 구성한 네트워크 환경을 바탕으로 사용자의 역할 또는 권한과 단말기 유형에 따라 동적으로 네트워크를 할당하는 방법을 구체적으로 살펴보자.

4.3 네트워크 할당 절차 변경

2장에서 802.1X가 제공하는 인증, 인가, 과금에 대해 설명했다. 이번 장에서 구현하는 기능은 세 가지 기능 중 어떤 기능에 해당하는 것일까? 3장에서 사용자 프로파일링을 구현하면서 이미 인증과 과금에서 획득할 수 있는 정보를 이용했다. 그렇다면 남은 기능은 인가뿐이다. 이번 장에서 구현하는 기능, 즉 사용자 역할 또는 권한 그리고 단말기 유형에 따라 네트워크를 할당하는 것은 인가에 해당한다.

인가는 크게 두 가지로 구분할 수 있다. 첫 번째 인가는 이번 장에서 구현하는 네트워크VLAN를 할당하는 것이다. 사용자 단말기가 네트워크에 접속한 이후 사용자에 따라 미리 정의돼 있는 네트워크를 단말기가 연결된 스위치의 액세스 포트나 무선 네트워크의 가상 포트에 할당해 사용자별로 서로 다른 네트워크에 접속하도록 하는 것을 말한다. 두 번째 인가는 네트워크 할당 이후 사용자에 따라 스위치 포트 제어에 필요한 정책을 할당하는 것이다. 예를 들어 유선 네트워크 환경이라면 사용자 단말기가 연결된 각각의 액세스 포트에 사용자별로 정의돼 있는 ACL을 할당하고, 무선 네트워크 환경에서는 단말기가 연결된 가상 포트에 이름으로 정의된 ACL Named ACL을 할당해 액세스 포트 단위로, 각각의 사용자별로 네트워크 또는 시스템에 대한 접근을 통제한다. 여기에서는 첫 번째 인가만 구현하고자 한다. 두 번째 인가를 구현하기 위해서는 고성능의 네트워크 장비가 요구되기 때문이다.

1) AVP 등록

RADIUS에서는 인가를 위해 AVP^{Attribute Value Pair}를 사용한다. AVP는 네트워크 장비의 제어를 위해 사용되는 속성과 값의 쌍이라고 할 수 있으며, IEEE에서 정의한 표준 AVP와 네트워크 장비 제조사에서 독자적으로 정의한 VSA^{Vendor Specific Attribute}가 있다. 표 4.2는 표준 AVP로 네트워크 장치에 VLAN 할당을 위해 사용되는 AVP다. 이는 Tunnel-Type에 VLAN이 지정돼 있어 VLAN을 할당하고자 한다는 것을 나타낸다. 그리고 Tunnel-Medium-Type에 지정된 IEEE-802는 이더넷^{Ethernet}을 대상으로 인가를 수행하며, 마지막으로 Tunnel-Private-Group-ID에 지정된 510은 할당할 VLAN ID 값이다. AVP를 이용해 VLAN을 할당하는 방식을 동적 VLAN^{DVLAN, Dynamic VLAN}이라고 한다.

[표 4.2] VLAN 할당 AVP

속성(Attribute)	값(Value)
Tunnel-Type	VLAN
Tunnel-Medium-Type	IEEE-802
Tunnel-Private-Group-ID	510

[표 4.3]은 시스코 스위치에 할당하기 위한 VSA의 사례다. 속성으로 지정된 Cisco-AVPair를 통해 시스코 장치에 적용할 수 있는 AVP라는 것을 알리고, 장치에서는 속성을 통해 네트워크 장치는 자기에게 적용해야 하는 AVP라는 것을 알린다. 값으로 지정된 "ip:inacl#"로 시작하는 문자열은 스위치에서 사용하는 ACL이다.

[표 4.3] ACL 할당 AVP

속성(Attribute)	값(Value)
Cisco-AVPair	ip:inacl#101=deny ip any 172.16.10.0 0.0.0.255
Cisco-AVPair	ip:inacl#102=permit ip any any
Tunnel-Private-Group-ID	510

만약, 사용자에게 표 4.3의 ACL이 지정돼 있다면, 네트워크 할당 이후 ACL에 의해 네트워크 접근이 통제될 것이다. 이러한 ACL을 DACL$^{Downloadable\ ACL}$이라고 한다. 우리나라에서 DACL을 구현한 사례는 소수에 불과하다. 하지만 앞으로 SDN$^{Software\ Defined\ Network}$과 가상화가 확대되면 DACL의 필요성이 증가하지 않을까 하는 기대를 해본다.

다시 본론으로 되돌아가보자. AVP를 이용해 조건에 따라 서로 다른 VLAN을 할당하기 위해서는 AVP가 어딘가에 등록돼 있어야 한다. FreeRadius에서는 radgroupreply 테이블에 AVP를 등록한다. AVP는 표 4.2와 표 4.3에서 볼 수 있듯이, 하나의 동작을 위해 복수 개의 AVP가 그룹으로 사용된다. 따라서 AVP를 등록할 때는 AVP를 대표하는 그룹 이름을 지정하고, 그룹 이름을 통해 AVP를 선택하고, 스위치에 전달해야 한다.

앞에서 등록한 3개의 VLAN 할당을 위해서는 3개의 AVP 그룹이 필요하다. 그림 4.7은 510번 VLAN 할당에 사용되는 AVP 등록을 보여준다.

```
1. root@ubuntu: ~ (ssh)
mysql> use radius;
Reading table information for completion of table and column names
You can turn off this feature to get a quicker startup with -A

Database changed
mysql> insert into radgroupreply (groupname, attribute, op, value)
    -> values ('VLAN_510','Tunnel-Type','=','VLAN');
Query OK, 1 row affected (0.00 sec)

mysql> insert into radgroupreply (groupname, attribute, op, value)
    -> values ('VLAN_510','Tunnel-Medium-Type','=','IEEE-802');
Query OK, 1 row affected (0.00 sec)

mysql> insert into radgroupreply (groupname, attribute, op, value)
    -> values ('VLAN_510','Tunnel-Private-Group-ID','=','510');
Query OK, 1 row affected (0.00 sec)

mysql> select * from radgroupreply;
+----+-----------+-------------------------+----+----------+
| id | groupname | attribute               | op | value    |
+----+-----------+-------------------------+----+----------+
|  1 | VLAN_510  | Tunnel-Type             | =  | VLAN     |
|  2 | VLAN_510  | Tunnel-Medium-Type      | =  | IEEE-802 |
|  3 | VLAN_510  | Tunnel-Private-Group-ID | =  | 510      |
+----+-----------+-------------------------+----+----------+
3 rows in set (0.00 sec)

mysql>
```

[그림 4.7] VLAN 할당을 위한 속성 정보 등록

MySQL에 접속해 radius 데이터베이스를 선택하고 리스트 4.6의 질의문을 실행해 3개의 VLAN 510, 520, 530 할당에 필요한 AVP 그룹을 등록한다.

[리스트 4.6] AVP 등록 질의문

```
insert into radgroupreply (groupname, attribute, op, value)
values ('VLAN_510','Tunnel-Type','=','VLAN');
insert into radgroupreply (groupname, attribute, op, value)
values ('VLAN_510','Tunnel-Medium-Type','=','IEEE-802');
insert into radgroupreply (groupname, attribute, op, value)
values ('VLAN_510','Tunnel-Private-Group-ID','=','510');

insert into radgroupreply (groupname, attribute, op, value)
```

```
values ('VLAN_520','Tunnel-Type','=','VLAN');
insert into radgroupreply (groupname, attribute, op, value)
values ('VLAN_520','Tunnel-Medium-Type','=','IEEE-802');
insert into radgroupreply (groupname, attribute, op, value)
values ('VLAN_520','Tunnel-Private-Group-ID','=','520');

insert into radgroupreply (groupname, attribute, op, value)
values ('VLAN_530','Tunnel-Type','=','VLAN');
insert into radgroupreply (groupname, attribute, op, value)
values ('VLAN_530','Tunnel-Medium-Type','=','IEEE-802');
insert into radgroupreply (groupname, attribute, op, value)
values ('VLAN_530','Tunnel-Private-Group-ID','=','530');
```

AVP 그룹을 등록한 후 radgroupreply 테이블에 등록돼 있는 AVP 그룹을 확인한다. 그림 4.8은 정상적으로 등록돼 있는 AVP 그룹을 보여준다.

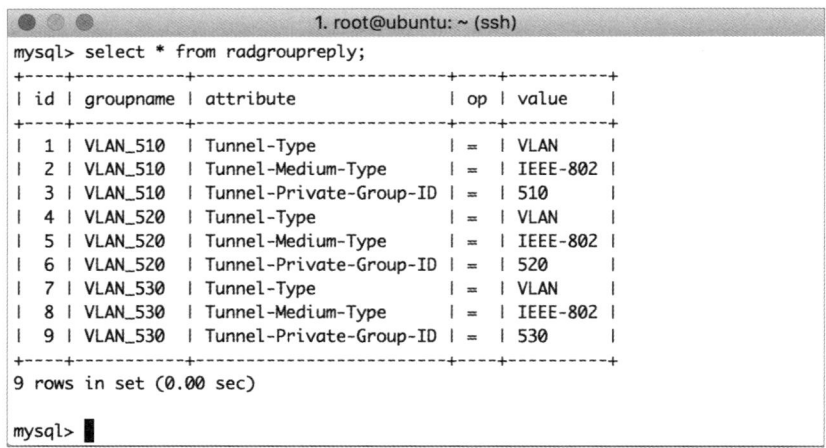

[그림 4.8] 등록된 VLAN별 속성 정보 확인

AVP 그룹 등록이 마무리됐다. 그렇다면 사용자와 네트워크 할당을 위한 AVP 그룹은 어떻게 연결할까? 사용자와 AVP 그룹을 연결해주는 별도의 테이블이 존재한다. 테이블의 이름은 radusergroup이며, 사용자 이름^{username}, 그룹 이름^{groupname}, 그리고 우선순위^{priority}의 3개 컬럼으로 구성돼 있다. 표 4.4는 사용자와 그룹 간의 연결 사례다.

[표 4.4] 사용자와 AVP 그룹 연결 사례

사용자 이름(username)	그룹 이름(groupname)	우선순위(priority)
gdhong	VLAN_510	1
kckang	VLAN_520	1
sslee	VLAN_530	1

사용자 gdhong은 VLAN_510 그룹과 연결돼 있어서 사용자 인증이 완료되면 radgroupreply 테이블에 등록돼 있는 AVP 그룹 중에서 VALN_510 그룹에 속하는 AVP가 할당된다. 마지막 컬럼에 있는 우선순위는 어떤 목적으로 사용되는 것일까? 이 절의 서두에서 두 가지 인가에 대해 설명했다. 모든 인가는 AVP에 의해 이루어진다. 만약, 복수 개의 인가를 사용한다면, 즉 VLAN 할당과 ACL 할당 두 가지가 동시에 이루어져야 한다면, 인가를 위해 사용되는 AVP의 할당 순서를 결정하기 위해 우선순위를 사용해야 한다. 표 4.4에서는 각각의 사용자에게 하나의 AVP 그룹만 할당돼 있기 때문에 우선순위는 모두 '1'이다.

이 장에서는 네트워크 할당을 위한 인가 절차에 radgroupreply 테이블을 사용하지 않는다. FreeRadius에 구현돼 있는 인가 절차는 사용자 역할이나 권한, 단말기 유형을 고려하지 않고 동일한 사용자에게는 동일한 AVP 그룹을 할당하도록 구현돼 있다. 따라서 우리가 구현하고자 하는 인가 절차의 구현을 위해서는 별도의 AVP 그룹 선택 절차를 구현해야 한다. 이를 위해 별도의 테이블을 이용할 계획이다.

2) 사용자 역할과 접근 허용 단말기 정의

사용자 역할과 권한에 따라 네트워크 접근 허용 여부를 결정하기 위해서는 이를 관리할 수 있어야 한다. 앞에서 설명했듯이, FreeRadius에서는 인가를 위해 사용자와 AVP 그룹, 그리고 사용자와 AVP 그룹을 연결하는 정보만 관리할 뿐 사용자 권한이나 네트워크 접근을 허용할 단말기 유형 등과 같은 정보는 관리하지 않는다. 따라서 사용자 역할과 역할별로 할당할 VLAN, 그리고 VLAN별로 접근을 허용할 단말기 목록 등을 관리할 테이블을 생성해야 하며, 관련 정보를 등록해야 한다. 이를 위해 3개의 테이블을 정의하고자 한다. 각각의 테이블은 간단한 사용자 정보, 사용자 역할별로 할당할 VLAN의 AVP 그룹, 그리고 VLAN별로 접근을 허용할 단말기 목록을 관리한다. 표 4.5에서 4.7은 세 가지 테이블의 설계 명세다.

[표 4.5] 사용자 정보 테이블

No	컬럼명(영문)	컬럼명(한글)	자료형	길이	비고
1	emp_id	사용자 식별자	VARCHAR	20	Pimary Key
2	emp_name	사용자 이름	VARCHAR	40	
3	position_code	직위 코드	VARCHAR	10	

[표 4.6] 사용자 역할별 VLAN AVP 그룹 테이블

No	컬럼명(영문)	컬럼명(한글)	자료형	길이	비고
1	position_code	직위 코드	VARCHAR	10	Primary Key
2	vlan_group	AVP 그룹 이름	VARCHAR	45	

[표 4.7] VLAN별 접근 허용 단말기 목록 테이블

No	컬럼명(영문)	컬럼명(한글)	자료형	길이	비고
1	vlan_group	AVP 그룹 이름	VARCHAR	45	Primary Key
2	os_group_id	운영체제 그룹	INT	11	Primary Key

명세에 따라 테이블을 생성한다. 리스트 4.7은 테이블 생성을 위한 질의문이다.

[리스트 4.7] 테이블 생성 질의문

```
CREATE TABLE nac_emp_info (
  emp_id varchar(20) NOT NULL DEFAULT '',
  emp_name varchar(40) DEFAULT NULL,
  position_code varchar(10) DEFAULT NULL,
  PRIMARY KEY (emp_id)
);

CREATE TABLE nac_assign_vlan (
  position_code varchar(10) NOT NULL DEFAULT '',
  vlan_group varchar(45) NOT NULL DEFAULT '',
  PRIMARY KEY (position_code)
);

CREATE TABLE nac_allow_device (
  vlan_group varchar(45) NOT NULL DEFAULT '',
  os_group_id int(11) NOT NULL DEFAULT '0',
  PRIMARY KEY (vlan_group,os_group_id)
);
```

테이블 생성을 완료했다면 표 4.8~표 4.10을 참고해 각각의 테이블에 정보를 등록한다.

[표 4.8] 직원 리스트

직원 ID	비밀번호	이름	직위 코드
gdhong	123456	Gildong Hong	1000
kckang	123456	Kamchan Kang	2000
Sslee	123456	Sunsin Lee	3000

[표 4.9] 직위별 VLAN 할당 내역

직위코드	직위명	할당 VLAN 그룹
1000	병원장	VLAN_510
2000	과장	VLAN_520
3000	직원	VLAN_530

[표 4.10] VLAN별 접근 허용 단말기

VLAN 그룹 명	운영체제 ID	운영체제 이름
VLAN_510	0	ALL
VLAN_520	1	Windows
	2	Macintosh
	193	Apple iPod, iPhone or iPad
	202	Generic Android
VLAN_530	1	Windows

표 4.10의 운영체제 ID는 3.2절에서 등록한 핑거프린트 데이터베이스의 device 테이블에 등록돼 있는 운영체제 목록 중에서 각 운영체제 유형을 대표하는 운영체제의 식별자(ID)를 등록한 것이다. device 테이블에 등록돼 있는 운영체제들은 부모와 자식 관계로 계층을 이루고 있다. 그림 4.9는 device 테이블에 등록돼 있는 운영체제의 계층 구조다.

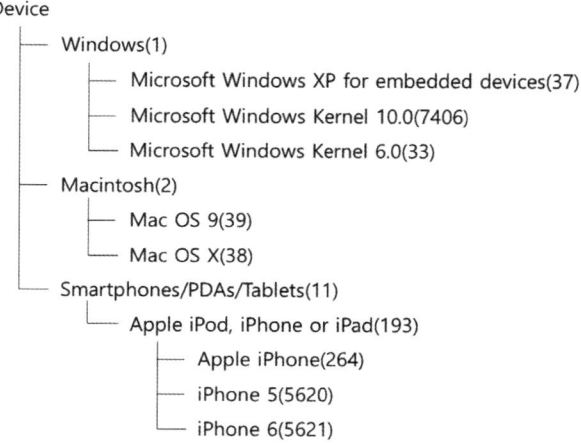

[그림 4.9] 트리(Tree) 구조로 표현한 운영체제 계층 구조

그림 4.9에서 "Apple iPod, iPhone or iPad(193)"은 애플의 스마트폰과 태블릿에서 사용되는 iOS 운영체제 계열을 대표하는 식별자로, 지금까지 출시된 모든 iOS를 자식으로 두고 있다. 따라서 nac_allow_device 테이블에 접근을 허용하고자 하는 운영체제의 조상 노드를 등록하고, 해당 노드의 하위에 등록돼 있는 운영체제가 사용되는 단말기의 접근을 허용하는 방식으로 단말기에 대한 접근을 통제하고자 한다. 표 4.8에서 4.10의 정보를 각각의 테이블에 등록하고 그림 4.10과 비교해 정보가 정상적으로 등록됐는지 확인한다.

```
mysql> select * from nac_emp_info;
+--------+--------------+---------------+
| emp_id | emp_name     | position_code |
+--------+--------------+---------------+
| gdhong | Gildong Hong | 1000          |
| kckang | Kamchan Kang | 2000          |
| sslee  | Sunsin Lee   | 3000          |
+--------+--------------+---------------+
3 rows in set (0.00 sec)

mysql> select * from nac_assign_vlan;
+---------------+------------+
| position_code | vlan_group |
+---------------+------------+
| 1000          | VLAN_510   |
| 2000          | VLAN_520   |
| 3000          | VLAN_530   |
+---------------+------------+
3 rows in set (0.00 sec)
```

```
mysql> select * from nac_allow_device;
+------------+-------------+
| vlan_group | os_group_id |
+------------+-------------+
| VLAN_510   |           0 |
| VLAN_520   |           1 |
| VLAN_520   |           2 |
| VLAN_520   |         193 |
| VLAN_520   |         202 |
| VLAN_530   |           1 |
+------------+-------------+
6 rows in set (0.00 sec)
```

[그림 4.10] 테이블에 등록된 사용자 및 접근 허용 단말기 정보

사용자 역할과 권한 그리고 단말기 유형에 따른 네트워크 할당에 필요한 정보를 등록했다. 하지만 한 가지 중요한 정보 등록이 필요하다. 바로 사용자계정 등록이다. 표 4.8의 직원 목록에서 gdhong 사용자만 3장을 시작하면서 FreeRadius 설치 도중에 등록해두었다. 나머지 두 사용자 계정을 radcheck 테이블에 등록한다. 그림 4.11은 radcheck 테이블에 등록된 사용자 계정 목록이다.

```
mysql> select * from radcheck;
+----+----------+--------------------+----+--------+
| id | username | attribute          | op | value  |
+----+----------+--------------------+----+--------+
|  1 | gdhong   | Cleartext-Password | := | 123456 |
|  2 | kckang   | Cleartext-Password | := | 123456 |
|  3 | sslee    | Cleartext-Password | := | 123456 |
+----+----------+--------------------+----+--------+
3 rows in set (0.00 sec)

mysql>
```

[그림 4.11] 사용자 계정 등록 내역

혹시 보안업무를 담당하는 독자라면 '비밀번호가 평문으로 저장돼 있어 위험하지 않을까?"라는 생각을 할 수 있다. 의문이 생겼다면 해결 방법을 모색해야 할 것이다. 비밀번호 암호화는 독자들이 풀어야 할 숙제로 남겨두고자 한다. 암호화 방법을 찾아가는 과정에서 FreeRadius에 대해 좀 더 많은 지식을 습득할 수 있기 때문이다.

3) 단말기 운영체제 테이블 마이그레이션

이번에는 운영체제 정보가 저장돼 있는 device 테이블의 구조를 변경하고자 한다. device 테이블 구조는 그림 4.12와 같이 트리 구조로 구현돼 있다. 따라서 각 노드 간 부모^{Parent}와 자식^{Child} 간의 관계 식별을 위해 자식 노드는 부모의 식별자를 저장하고 있다. 이러한 구조에서 노드 간 깊이가 2 이하면, 운영체제의 그룹을 식별해 각 운영체제 간 포함 관계를 파악하기 쉽다. 하지만 깊이가 2 이상이면 운영체제 간 포함 관계를 식별하기 위해 복잡한 질의문 연산을 수행해야 한다.

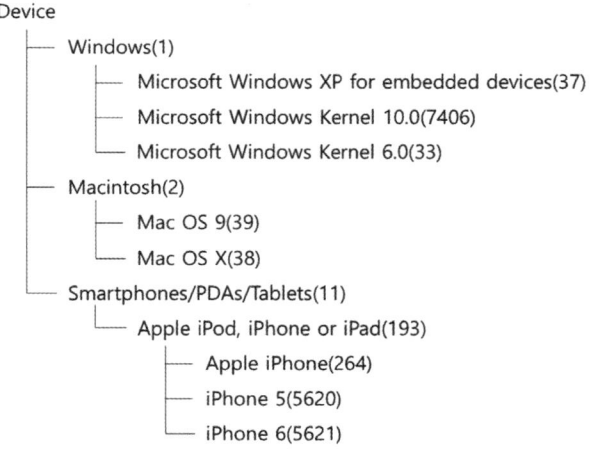

[그림 4.12] 트리 구조로 표현한 운영체제 계층 구조

예를 들어 그림 4.11과 같은 구조에서 SQL 질의문으로 Microsoft Windows Kernel 10.0이 Windows 그룹에 속해 있는지 확인하는 것은 어렵지 않다. iPhone 5가 Smartphones/PDAs/Tablets 그룹에 소속돼 있는지 파악하는 것은 어떨까? 이 또한 질의문이 전자에 비해 복잡해지기는 하지만, 하나의 질의문으로 구현할 수 있다. 그렇다면 두 사례가 뒤섞여 서로 다른 깊이를 갖고 있는 각각의 운영체제가 특정 운영체제 그룹에 소속돼 있는지 파악하는 공통적인 질의문을 만든다면 어떨까? 저장 프로시저$^{Stored\ Procedure}$ 등과 같은 별도의 기능을 이용하지 않는 한, 이는 쉽지 않은 일이다. 이를 해소하기 위해 트리 구조로 저장돼 있는 운영체제를 포함 집합 모델$^{Nested\ Sets\ Model}$로 변경하고자 한다. 그림 4.13은 그림 4.12에 표시된 운영체제의 일부를 포함 집합 모델로 표현한 것이다.

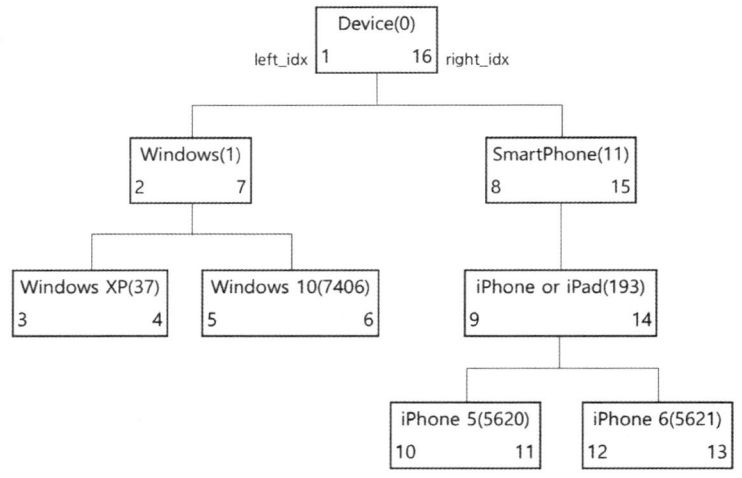

[그림 4.13] 포함 집합 모델(Nested Sets Model)로 표현한 운영체제 계층구조

트리 구조를 갖는 데이터를 RDBMS에 저장하기 위한 가장 간단한 방법은 부모와 자식 관계, 즉 자식 노드에 부모의 식별자를 저장하는 것이다. 이 방법은 데이터의 추가나 갱신에 있어 강점이 있다. 즉, 자식 노드를 추가하기 위해서

는 추가하는 자식 노드에 부모 노드의 식별자만 추가하면 간단하게 부모 자식 관계가 형성된다. 또한 특정 노드의 자식들을 다른 노드의 자식으로 옮기고자 할 때도 부모의 식별자를 변경하는 것으로 종속 관계를 변경할 수 있다. 반면, 앞에서 설명했듯이 노드의 깊이가 깊어질수록 트리 형태를 갖는 데이터 조회의 어려움이 증가한다.

트리 구조Tree Structure를 갖는 데이터를 RDBMS에 저장하는 또 다른 방법은 포함 집합 모델을 이용하는 것이다. 이는 그림 4.13에서 보여주듯이, 노드 간의 포함 관계를 표현하기 위해 노드의 좌우에 인덱스 컬럼을 갖고 있다. 좌측의 인덱스 컬럼left_idx은 우측의 인덱스 컬럼right_idx 또는 자식 노드보다 작은 값을 갖는다. 반면, 오른쪽 인덱스 컬럼right_idx은 자식 노드들의 오른쪽 인덱스 최댓값보다 큰 값을 갖는다. 그림 4.14는 포함 집합 모델에서 노드가 추가되는 과정을 보여준다.

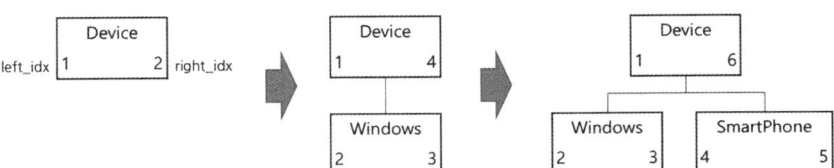

[그림 4.14] 포함 집합 모델을 이용한 트리 구조 데이터 등록 절차

맨 처음 루트 노드 Device가 추가되면 좌우 인덱스는 1과 2가 저장된다. 다음으로 Device 노드에 자식 노드 Windows가 추가되면 부모와 자식 관계를 좌우의 인덱스를 통해 표현한다. 즉, Windows 노드 좌측 인덱스는 부모인 Device 좌측 인덱스 값보다 1이 큰 값인 2가 저장되고, Windows 노드 우측 인덱스에는 좌측 인덱스보다 1이 큰 값인 3이 저장된다. 그리고 Device 우측 인덱스는 자식 노드의 우측 인덱스 값의 최댓값인 3보다 1이 큰 4가 지정된다. 마지막으로 Device 노드에 Windows와 동일한 깊이의 자

식 노드 SmartPhone이 추가될 때는 Windows의 우측 인덱스 다음 값들이 SmartPhone 좌우 인덱스 값으로 지정된다. 그리고 Device 우측 인덱스 값은 역시 자식 노드들의 우측 값의 최댓값인 5보다 1이 큰 값인 6으로 갱신된다. 노드가 추가되거나 삭제될 때마다 좌우 인덱스를 증감하는 방식으로 트리 구조를 유지하게 된다.

포함 집합 모델은 부모와 자식 관계 모델과 비교했을 때 데이터의 추가와 관리에 있어 상대적으로 많은 노력이 요구된다. 하지만 데이터 조회와 포함 관계 확인에 있어 상당한 강점을 갖고 있다. 예를 들어 그림 4.15와 같이 iPhone 6를 포함하는 조상 노드들을 선택하려면, 전체 데이터 중에서 좌측 인덱스 값이 iPhone 6의 좌측 인덱스와 같거나 작고, 우측 인덱스 값이 iPhone 6의 우측 인덱스와 같거나 큰 노드를 선택하면 된다.

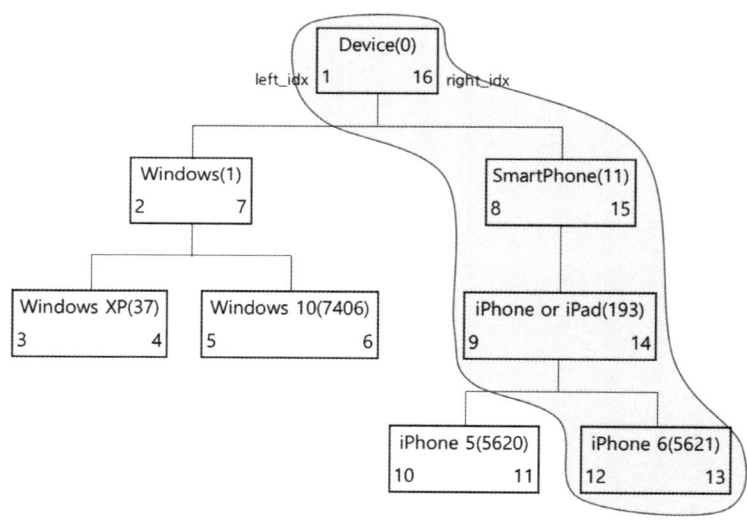

[그림 4.15] iPhone 6의 부모 노드 질의

이제 device 테이블에 부모와 자식 모델로 저장돼 있는 단말기 정보를 포함 집합 관계 모델의 테이블로 마이그레이션해보자. 마이그레이션을 위해 먼저 마이그레이션된 데이터가 저장될 테이블을 생성한다. 리스트 4.8은 device 테이블에 좌우측 인덱스 left_idx와 right_idx 컬럼을 추가해 device_neo 테이블을 생성하는 명령이다. MySQL에 로그인해 radius 데이터베이스를 선택하고 명령을 실행해 device_neo 테이블을 생성한다.

[리스트 4.8] device_neo 테이블 생성 명령

```
CREATE TABLE device_neo (
  id int(11) NOT NULL,
  name varchar(255) DEFAULT NULL,
  mobile tinyint(1) DEFAULT NULL,
  tablet tinyint(1) DEFAULT NULL,
  created_at datetime DEFAULT NULL,
  updated_at datetime DEFAULT NULL,
  parent_id int(11) DEFAULT NULL,
  inherit tinyint(1) DEFAULT NULL,
  submitter_id int(11) DEFAULT NULL,
  approved tinyint(1) DEFAULT '1',
  devices_count int(11) DEFAULT '0',
  left_idx int(11) DEFAULT NULL,
  right_idx int(11) DEFAULT NULL,
  PRIMARY KEY (id),
  KEY idx_left_idx (left_idx,right_idx)
);
```

이제 리스트 4.9의 데이터 마이그레이션 스크립트를 작성해보자. 스크립트는 PHP로 작성했다. 스크립트는 device 테이블에 저장된 운영체제 목록을 자식 노드에 저장된 부모 노드의 ID와 자식 노드의 순서대로 정렬해 읽어들이고, 그림 4.14에서 보여주는 데이터 등록 절차에 따라 device_neo 테이블에 등록하도록 구현했다.

[리스트 4.9] /root/radius/fingerprint/migrate.php

```
 1: #!/usr/bin/php
 2: <?php
 3: error_reporting(~E_ALL);
 4:
 5: $_my_username = "radius";
 6: $_my_password = "09n072";
 7: $_my_host = "localhost";
 8: $_my_dbname = "radius";
 9:
10: $dsn = "mysql:dbname=$_my_dbname;host=$_my_host";
11: $dbo = new PDO($dsn, $_my_username, $_my_password);
12:
13: $query = "DELETE FROM device_neo";
14: $stmt = $dbo->prepare($query);
15: $stmt->execute();
16:
17: $query = "SELECT * FROM device ORDER BY parent_id, id";
18: $stmt = $dbo->prepare($query);
19: $stmt->execute();
20:
21: $query_idx = "SELECT IF( ISNULL(:parent_id),
22:                          ( SELECT IFNULL(max(right_idx),0)+1
23:                              FROM device_neo ),
24:                          ( SELECT IFNULL(max(a.left_idx),
                                 b.right_idx)
25:                              FROM device_neo a,
26:                                  ( SELECT left_idx, right_idx
27:                                      FROM device_neo
28:                                     WHERE id = :parent_id ) b
29:                             WHERE a.left_idx > b.left_idx
30:                               AND a.right_idx < b.right_idx ) )
                                 as left_idx,
31:                   IF( ISNULL(:parent_id),
```

```
32:                         ( SELECT IFNULL(max(right_idx),0)+2
33:                             FROM device_neo ),
34:                         ( SELECT IFNULL(max(a.left_idx),
                                b.right_idx) + 1
35:                             FROM device_neo a,
36:                                 ( SELECT left_idx, right_idx
37:                                     FROM device_neo
38:                                     WHERE id = :parent_id ) b
39:                             WHERE a.left_idx > b.left_idx
40:                                 AND a.right_idx < b.right_idx ) )
                                as right_idx";
41: $stmt_idx = $dbo->prepare($query_idx);
42:
43: $query_insert = "INSERT INTO device_neo
44:                 VALUES ( :id, :name, :mobile, :tablet,
                        :created_at,
45:                         :updated_at, :parent_id, :inherit,
                            :submitter_id,
46:                         :approved, :devices_count, :left_idx,
                            :right_idx )";
47: $stmt_insert = $dbo->prepare($query_insert);
48:
49: $query_update_il = "UPDATE device_neo
50:                     SET left_idx = left_idx + 2
51:                     WHERE left_idx >= :idx";
52: $stmt_update_il = $dbo->prepare($query_update_il);
53:
54: $query_update_ir = "UPDATE device_neo
55:                     SET right_idx = right_idx + 2
56:                     WHERE right_idx >= :idx";
57: $stmt_update_ir = $dbo->prepare($query_update_ir);
58:
59: while($row = $stmt->fetch(PDO::FETCH_ASSOC)) {
60:     $stmt_idx->bindParam(":parent_id", $row[parent_id],
        PDO::PARAM_INT);
```

```php
61:        $stmt_idx->execute();
62:        $row_idx = $stmt_idx->fetch(PDO::FETCH_ASSOC);
63:
64:        $stmt_update_il->bindParam(":idx", $row_idx[left_idx],
           PDO::PARAM_INT);
65:        $stmt_update_il->execute();
66:        $stmt_update_ir->bindParam(":idx", $row_idx[left_idx],
           PDO::PARAM_INT);
67:        $stmt_update_ir->execute();
68:
69:        $stmt_insert->bindParam(":id", $row[id], PDO::PARAM_
           INT);
70:        $stmt_insert->bindParam(":name", $row[name],
           PDO::PARAM_STR);
71:        $stmt_insert->bindParam(":mobile", $row[mobile],
           PDO::PARAM_INT);
72:        $stmt_insert->bindParam(":tablet", $row[tablet],
           PDO::PARAM_INT);
73:        $stmt_insert->bindParam(":created_at", $row[created_
           at], PDO::PARAM_STR);
74:        $stmt_insert->bindParam(":updated_at", $row[updated_
           at], PDO::PARAM_STR);
75:        $stmt_insert->bindParam(":parent_id", $row[parent_id],
           PDO::PARAM_INT);
76:        $stmt_insert->bindParam(":inherit", $row[inherit],
           PDO::PARAM_INT);
77:        $stmt_insert->bindParam(":submitter_id",
           $row[submitter_id], PDO::PARAM_INT);
78:        $stmt_insert->bindParam(":approved", $row[approved],
           PDO::PARAM_INT);
79:        $stmt_insert->bindParam(":devices_count", $row[devices_
           count], PDO::PARAM_INT);
80:        $stmt_insert->bindParam(":left_idx", $row_idx[left_
           idx], PDO::PARAM_INT);
```

```
81:         $stmt_insert->bindParam(":right_idx", $row_idx[right_
            idx], PDO::PARAM_INT);
82:         $stmt_insert->execute();
83: }
84: ?>
```

스크립트 작성이 완료되면, 해당 스크립트에 실행 권한을 부여하고, 스크립트를 실행해 device 테이블에 저장된 데이터를 device_neo 테이블로 마이그레이션한다.

4) AVP 그룹 선택 절차 변경

그림 4.16에서 보여주듯이 사용자 인증이 완료되면 해당 사용자에게 미리 할당된 AVP를 정적으로 할당한다. 즉, 사용자 식별자(ID) 이외에 이 장에서 적용하고자 하는 사용자 역할이나 권한, 단말기 유형 같은 조건에 따라 AVP를 유연하게 할당할 수 없다.

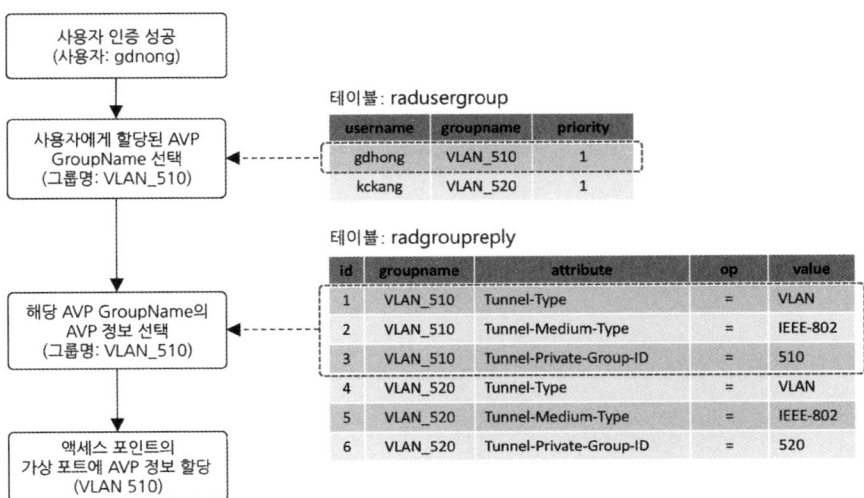

[그림 4.16] FreeRadius의 AVP 할당 절차

사용자 역할이나 권한, 단말기 유형에 따라 네트워크VLAN를 유연하게 할당하려면, AVP를 조건에 따라 가변적으로 선택할 수 있도록 할당 절차를 변경해야 한다. 다행스럽게도 FreeRadius는 이 절차를 변경할 수 있도록 설계돼 있다. FreeRadius의 운영에 사용되는 데이터베이스 관련 질의문을 별도의 파일에 저장해두고 있다. 따라서 AVP 할당을 담당하는 질의문을 변경하면 그림 4.16의 고정된 AVP 할당 절차를 앞에서 등록한 직원 정보, 사용자 역할별 VLAN, VLAN별 접근 허용 단말기 정보를 이용해 조건에 따라 가변적으로 AVP를 할당함으로써 VLAN의 유연한 할당이 가능해진다. 그림 4.17은 간략히 표현한 조건에 따른 AVP 할당 절차다. 각 단계별 절차를 좀 더 구체적으로 살펴본 후 전체 절차를 포함하는 SQL 질의문을 작성해보자.

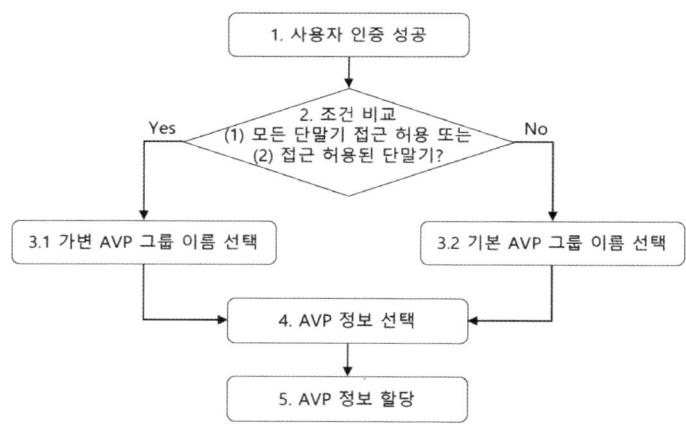

[그림 4.17] 조건에 따른 AVP 할당 절차

그림 4.17의 첫 번째 단계 사용자 인증 절차에 대한 설명은 생략하고, 두 번째 단계 조건 비교부터 살펴보자.

(1) 네트워크 접근이 허가된 사용자 단말기 여부 확인

조건 비교 단계에서는 두 가지 조건, 사용자에게 모든 단말기의 네트워크 접근이 허용됐는지와 현재 인증을 통과한 단말기가 네트워크 접근이 허용됐는지를 비교한다. 첫 번째 조건은 사용자에게 할당될 VLAN에서 접근을 허용할 단말기 그룹 식별자(ID)에 0이 포함돼 있는지 확인하면 된다. 이를 위해서는 nac_allow_device에 저장된 VLAN별 허용 단말기 목록을 확인하면 된다. 리스트 4.10의 질의문은 gdhong 사용자에게 모든 단말기의 접근이 허용됐는지 확인하는 질의문이다. 결과 값이 1이면 모든 단말기에 대한 접근을 허용하는 것이고, 0이면 허용하지 않는 것이다.

[리스트 4.10] 모든 단말기 접근 허용 여부 확인 질의문

```
1: SELECT IF( count(*) > 0, 1, 0 ) as is_true
2:   FROM nac_emp_info a,
3:        nac_assign_vlan b,
4:        nac_allow_device c
5:  WHERE a.emp_id = 'gdhong'
6:    AND b.position_code = a.position_code
7:    AND c.vlan_group = b.vlan_group
8:    AND c.os_group_id = 0
```

질의문은 앞에서 등록한 3개의 테이블을 조인JOIN해 구성했다. 먼저 nac_emp_info 테이블에서 사용자의 직위 코드(position_code)를 구하고 nac_assign_vlan 테이블과 position_code 컬럼으로 조인해 사용자에게 할당될 VLAN 그룹 이름을 구한다. 그리고 VLAN 그룹 이름(vlan_group) 컬럼으로 nac_allow_device 테이블과 조인해 해당 VLAN 그룹에 허용된 단말기 그룹 목록을 구하고, 그중 식별자가 0인 레코드의 개수를 카운트한다.

두 번째 조건은 네트워크 접속을 시도하는 단말기가 단말기 사용자에게 할당할 네트워크에 대한 접근이 허용된 단말기인지의 여부를 확인하는 것이다. 이를 위해서는 2개의 데이터 집합을 만든 후, 이를 비교해 일치하는 레코드가 있는지 확인하면 된다. 첫 번째 집합은 VLAN에 접근이 허가된 단말기 목록이고, 두 번째 집합은 네트워크 접속을 시도하는 단말기가 속해 있는 단말기 목록이다. 그림 4.18은 kckang 사용자가 iPhone 6로 네트워크 접속을 시도했을 때 접근이 허용된 단말기인지의 여부를 확인하는 방법을 보여준다.

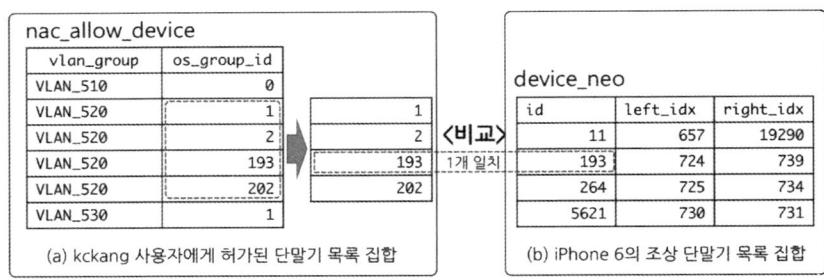

[그림 4.18] kckang 사용자에게 iPhone 6의 네트워크 접근 허용 여부 확인

그림 4.18의 (a)와 (b) 집합은 리스트 4.11과 4.12의 질의문으로 도출하고, 리스트 4.13의 질의문 실행 결과로 접근이 허용된 단말기인지의 여부를 판별한다. 리스트 4.13의 결과가 1이면 접근이 허용된 단말기이고, 0이면 허용되지 않은 단말기다.

[리스트 4.11] 사용자에게 사용이 허가된 단말기 집합을 구하는 질의문

```
1: SELECT c.os_group_id
2:   FROM nac_emp_info a,
3:        nac_assign_vlan b,
4:        nac_allow_device c
5:  WHERE a.emp_id = '사용자 식별자'
6:    AND b.position_code = a.position_code
7:    AND c.vlan_group = b.vlan_group
```

[리스트 4.12] iPhone 6와 조상 단말기 목록 집합을 구하는 질의문

```
1: SELECT distinct c.id
2:   FROM ( SELECT distinct c.device_id
3:            FROM nac_device_fingerprint a,
4:                 dhcp_fingerprint b,
5:                 combination c
6:           WHERE a.macaddr = '단말기 맥 주소'
7:             AND b.value = a.fingerprint
8:             AND c.dhcp_fingerprint_id = b.id
9:             AND c.mac_vendor_id =
10:               ( SELECT id
11:                   FROM mac_vendor
12:                  WHERE mac = LEFT(REPLACE(a.macaddr, ':',
                             ''),6) ) ) a,
13:        device_neo b,
14:        device_neo c
15:  WHERE b.id = a.device_id
16:    AND c.left_idx <= b.left_idx
17:    AND c.right_idx >= b.right_idx
```

[리스트 4.13] 두 집합을 비교해 접근이 허가된 단말기인지 확인하는 질의문

```
1: SELECT IF( count(*) > 0, 1, 0 ) as is_allowed_device
2:   FROM ( 리스트 4.12의 질의문 ) a,
3:        ( 리스트 4.11의 질의문 ) b
4:  WHERE a.id = b.os_group_id
```

(2) 조건별 할당 대상 AVP 그룹 이름 선택

세 번째 단계는 두 번째 단계의 결과에 따라 네트워크 장치에 할당하고자 하는 AVP 그룹 이름을 선택한다. 하지만 두 번째 단계의 결과와 관계없이 두 조건에 대한 AVP 그룹을 선택해둔다. 그림 4.17의 3.1은 사용자 정보 테이블

(nac_emp_info)과 사용자 역할별 VLAN AVP 그룹 테이블(nac_assign_vlan)을 조인해 AVP 그룹을 선택한다. 리스트 4.14는 인증을 요청한 사용자에게 할당된 AVP 그룹을 선택하는 질의문이다.

[리스트 4.14] 단말기 사용자에게 할당된 AVP 그룹 선택 질의문

```
1: SELECT b.vlan_group
2:   FROM nac_emp_info a,
3:        nac_assign_vlan b
4:  WHERE a.emp_id = '사용자 식별자'
5:    AND b.position_code = a.position_code
```

다음으로 기본 AVP 그룹 이름 결정 방법을 살펴보자. 기본 AVP 그룹 이름은 두 가지 방법으로 결정할 수 있다.

첫째, 질의문에 기본 AVP 그룹 이름을 고정해두는 방식이다. 예를 들어, 리스트 4.13의 결과 값이 0이면, VLAN_500을 할당하도록 하는 것이다. 둘째, 앞에서 잠깐 설명했듯이 radusergroup 테이블에 사용자 식별자별로 할당하고자 하는 AVP 그룹 이름을 등록하고, 이를 선택하는 방식이다.

두 가지 방법 모두 radgroupreply 테이블에 500번 VLAN 할당과 관련된 AVP가 등록돼 있어야 한다. 이 책에서는 첫 번째 방법을 사용해 기본 AVP 그룹 이름을 결정할 것이다.

(3) 네트워크 장치에 할당할 AVP 그룹 결정

네 번째 단계는 앞 단계에서 획득한 정보를 이용해 네트워크 장치에 할당할 AVP 그룹을 결정하는 것이다. 이를 위해서는 앞에서 살펴본 리스트 4.10~리스트 4.11까지 5개의 질의문을 하나로 통합해야 한다. 즉, 서브쿼리$^{Sub\ Query}$를 이용해 하나의 큰 질의문으로 만든다. 리스트 4.15는 하나의 질의문으로 만들기 위한 기본 틀이다. 기본 틀에 앞에서 작성했던 질의문을 위치에 맞춰 넣어주면 된다.

[리스트 4.15] AVP 그룹 결정에 사용할 통합된 질의문 구조

```
1: SELECT IF ( is_allow_all_device.is_true = 1
2:              OR is_allowed_device.is_true = 1,
3:              vg.vlan_group, 'VLAN_500' ) as groupname
4:    FROM ( SELECT IF( count(*) > 0, 1, 0 ) as is_true
5:             FROM ( 리스트 4.12의 질의문 ) a,
6:                  ( 리스트 4.11의 질의문 ) b
7:             WHERE a.id = b.os_group_id ) is_allowed_device,
8:         ( 리스트 4.10의 질의문 ) is_allow_all_device,
9:         ( 리스트 4.14의 질의문 ) vg
```

AVP 그룹 리스트 4.15의 질의문 1~3행에서 IF() 함수에서 결정한다. 두 번째 단계에서 확인한 두 가지 조건의 결과 중 하나 이상의 결과가 1이면, 사용자의 역할과 권한, 그리고 단말기 유형에 따라 할당하기로 약속한 VLAN을 할당하기 위한 AVP 그룹 이름(vg.vlan_group)을 선택한다. 만약, 두 조건의 결과가 모두 0이라면 VLAN_500을 반환해 기본 VLAN을 할당한다.

감각 있는 독자라면 이쯤에서 의문이 생길 것이다. 지금까지 작성한 질의문을 실행할 때는 질의문에서 요구하는 사용자 식별자와 단말기 맥 주소를 직접 기입해 실행할 수 있었다. 그렇다면 FreeRadius 시스템 안에서 실행하게 될 때는 어떻게 사용자 식별자와 단말기 맥 주소를 질의문에 전달할 수 있는지가 궁금할 것이다. 이를 위해 FreeRadius는 몇 가지 변수를 제공한다. 우리가 사용할 변수는 다음 2개의 변수다.

- 사용자 식별자: %{SQL-User-Name}
- 단말기 맥 주소: %{Calling-Station-Id}

질의문에서 사용자 식별자와 단말기 맥 주소가 필요한 곳에 두 변수 %{SQL-User-Name}와 %{Calling-Station-Id}를 사용하면 질의문 실행 전에 사용자 식별자와 단말기 맥 주소로 자동 치환된다. 리스트 4.16은 앞에서 작성한 질의문에서 사용자 식별자와 단말기 맥 주소가 사용되는 곳을 변수로 치환한 질의문이다. 이때 한 가지 주의해야 할 점은 단말기 맥 주소가 저장되는 변수 %{Calling-Station-Id}에 저장되는 맥 주소가 "HH-HH-HH-HH-HH-HH" 형태로 저장되므로, 우리가 앞에서 저장한 맥 주소 형식과 일치시키기 위해 변수를 사용할 때 REPLACE() 함수를 이용해 대시(-)를 콜론(:)으로 변경해줘야 한다는 것이다.

[리스트 4.16] 파라미터를 변수로 치환한 질의문

```
 1: SELECT IF ( is_allow_all_device.is_true = 1
 2:             OR is_allowed_device.is_true = 1,
 3:             vg.vlan_group, 'VLAN_500' ) as groupname
 4:    FROM ( SELECT IF( count(*) > 0, 1, 0 ) as is_true
 5:             FROM ( SELECT distinct c.id
 6:                      FROM ( SELECT distinct c.device_id
 7:                               FROM nac_device_fingerprint a,
 8:                                    dhcp_fingerprint b,
 9:                                    combination c
10:                              WHERE a.macaddr = REPLACE
                                   ('%{Calling-Station-Id}','-',':')
11:                                AND b.value = a.fingerprint
12:                                AND c.dhcp_fingerprint_id = b.id
13:                                AND c.mac_vendor_id =
14:                                    ( SELECT id
```

```
15:                             FROM mac_vendor
16:                             WHERE mac = LEFT(REPLACE(a.
                                macaddr,':',''),6) ) ) a,
17:                   device_neo b,
18:                   device_neo c
19:             WHERE b.id = a.device_id
20:               AND c.left_idx <= b.left_idx
21:               AND c.right_idx >= b.right_idx ) a,
22:           ( SELECT c.os_group_id
23:             FROM nac_emp_info a,
24:                  nac_assign_vlan b,
25:                  nac_allow_device c
26:             WHERE a.emp_id = '%{SQL-User-Name}'
27:               AND b.position_code = a.position_code
28:               AND c.vlan_group = b.vlan_group ) b
29:       WHERE a.id = b.os_group_id ) is_allowed_device,
30:      ( SELECT count(*) as is_true
31:        FROM nac_emp_info a,
32:             nac_assign_vlan b,
33:             nac_allow_device c
34:        WHERE a.emp_id = '%{SQL-User-Name}'
35:          AND b.position_code = a.position_code
36:          AND c.vlan_group = b.vlan_group
37:          AND c.os_group_id = 0 ) is_allow_all_device,
38:      ( SELECT b.vlan_group
39:        FROM nac_emp_info a,
40:             nac_assign_vlan b
41:        WHERE a.emp_id = '%{SQL-User-Name}'
42:          AND b.position_code = a.position_code ) vg
```

(4) FreeRadius에 적용하기

이제 리스트 4.16의 질의문을 FreeRadius에 적용해보자. 적용 방법은 앞에서 설명한 것과 같이 질의문이 저장돼 있는 파일에서 AVP 그룹을 선택하는 질의문을 새로운 질의문으로 바꿔주기만 하면 된다. 리스트 4.17은 기존의 AVP 그룹 선택 질의문을 리스트 4.16으로 변경한 것이다. 원래의 AVP 그룹 선택 질의문은 리스트 4.17의 109~112행까지로, group_membership_query 변수에 저장돼 있다. 원래의 질의문을 주석(#) 처리하고, group_membership_query 변수에 리스트 4.16의 질의문을 등록한다. 새 질의문을 등록할 때에는 각 행의 끝에 구분자로 백슬래시(\)를 덧붙여준다.

[리스트 4.17] /etc/freeradius/sql/mysql/dialup.conf

```
...
104:    #       group_membership_query = "SELECT groupname \
105:    #           FROM ${usergroup_table} \
106:    #           WHERE username = BINARY '%{SQL-User-Name}' \
107:    #           ORDER BY priority"
108:
109:>   #       group_membership_query = "SELECT groupname \
110:>   #           FROM ${usergroup_table} \
111:>   #           WHERE username = '%{SQL-User-Name}' \
112:>   #           ORDER BY priority"
113:>
114:>           group_membership_query = "SELECT IF ( is_allow_all_
                device.is_true = 1 \
115:>               OR is_allowed_device.is_true = 1, \
116:>               vg.vlan_group, 'VLAN_500' ) as groupname \
117:>       FROM ( SELECT IF( count(*) > 0, 1, 0 ) as is_true \
...
151:>           ( SELECT b.vlan_group \
152:>               FROM nac_emp_info a, \
```

```
153:>                    nac_assign_vlan b \
154:>          WHERE a.emp_id = '%{SQL-User-Name}' \
155:>            AND b.position_code = a.position_code ) vg" \
156:
157:       authorize_group_check_query = "SELECT id, groupname,
           attribute, \
158:         Value, op \
159:         FROM ${groupcheck_table} \
160:         WHERE groupname = '%{Sql-Group}' \
161:         ORDER BY id"
...
```

질의문 수정을 완료한 후 변경된 사항을 적용하기 위해 FreeRadius를 다시 시작한다.

(5) 사용자 따른 VLAN 할당 테스트

이제 테스트용 단말기를 이용해 설계된 방식대로 사용자의 역할이나 권한, 그리고 단말기 유형에 따라 서로 다른 VLAN을 할당하는지 확인해보자. 테스트는 아이폰을 대상으로 등록된 세 가지 사용자 계정으로 번갈아 로그인하고, 단말기에 할당되는 IP 주소를 확인한다.

가장 먼저 UBMH SSID에 접속해 gdhong 계정으로 로그인한다. 인증서 설치 과정을 거쳐 IP 주소가 할당되면 IP 주소를 확인한다. gdhong 사용자에게는 모든 단말기 접속을 허용하고, 접근이 허용된 단말기에 510 VLAN이 할당되도록 정책을 정의했다. 따라서 정상적인 결과라면 그림 4.19와 같이 172.16.51.0/24 네트워크 영역의 IP 주소가 할당될 것이다.

[그림 4.19] 510번 VLAN이 할당된 iPhone 5

다음은 kckang 계정에 대한 테스트다. 사용자 계정을 변경해 테스트하기 위해 기존에 연결됐던 네트워크 환경을 삭제하고, UBMH SSID에 다시 접속한다. kckang 사용자에게는 윈도우, 맥, 아이폰 또는 아이패드, 안드로이드 단말기에 대한 접근을 허용하고, 접근이 허용된 단말기에는 520 VLAN을 할당한다. 만약, kckang 사용자 계정도 정상적으로 로그인됐다면, 그림 4.20처럼 520 VLAN의 서브넷 172.16.52.0/24 범위의 IP 주소가 할당됐을 것이다.

[그림 4.20] 520번 VLAN이 할당된 iPhone 5

마지막으로 sslee 계정을 테스트해보자. sslee 계정에는 오직 윈도우 OS가 설치된 단말기의 접속만을 허용하고, 접근이 허용된 단말기에 대해 530 VLAN을 할당하는 정책이 할당돼 있다. 따라서 테스트를 위해 사용하는 아이폰은 윈도우 운영체제가 아니므로 530 VLAN이 아닌 500 VLAN이 할당돼야 한다. 그리고 172.16.50.0/24 서브넷의 IP 주소가 할당돼야 한다. 그림 4.21은 sslee 계정으로 아이폰을 이용해 로그인했을 때의 결과다.

[그림 4.21] 500번 VLAN이 할당된 iPhone 5

만약, 세 가지 테스트의 결과가 올바르지 않다면, 리스트 4.17에서 등록한 질의문이나 AVP 또는 사용자 권한 부여가 잘못됐을 가능성이 있다. 각각의 테이블에 등록된 정보와 질의문을 꼼꼼히 확인한다.

이 절을 마치면서 한 가지 주의사항에 대해 말한 후, 다음 절로 넘어가고자 한다. 우리가 사용하는 핑거뱅크 데이터베이스는 전 세계에 있는 사용자로부터 매일 새로운 데이터가 등록된다. 그렇기 때문에 일부 오류가 있을 수도 있다. 따라서 실제 네트워크 환경에 적용할 때는 충분한 테스트를 통해 오류 유무에 대한 검증이 필요하다. 또한 기업 내에서 자주 사용하는 단말기 정보를 추출해 별도의 데이터베이스로 관리하거나 오류가 있는 데이터를 제거한 후에 사용하는 지혜가 필요하다.

이제 마지막 기능만을 남겨두고 있다. 마지막 테스트와 같이 네트워크 접근이 허용되지 않는 단말기로 네트워크 접속을 시도했을 때 VLAN 500을 할당하고, 인터넷 접속을 시도하면 허가되지 않은 단말기라는 것을 캡티브 포털을 통해 사용자에게 알리는 기능이다. 앞에서 캡티브 포털을 구축할 때와 동일한 방법을 사용한다. 따라서 다음 절로 넘어가기 전에 캡티브 포털을 구축해보기를 권한다.

4.4 접근 미허용 단말기 메시지 출력

마지막 기능을 구현해보자. 기능의 원리는 3.5절에서 구현한 캡티브 포털과 동일하다. 따라서 캡티브 포털의 개념과 기능에 대한 설명은 생략하고 바로 구현을 시작해보자. 이번 절에서는 DNS 서버, DHCP 서버, 웹 서버에 대한 환경 설정을 진행한다.

1) DNS 서버 설정

DNS는 500번 VLAN에 접속한 네트워크 단말기가 요청하는 도메인 질의에 대해 캡티브 포털의 IP 주소 172.16.50.5를 반환하는 역할을 수행한다. 이를 위해서는 새로운 존^{zone} 파일과 172.16.50.0/24 서브넷에 대한 ACL 등록, 그리고 가짜 루트 DB 등록이 요구된다.

먼저 리스트 4.18의 13행과 같이 DNS 환경 설정 파일 named.conf에 500번 VLAN을 위한 존파일 named.conf.vlan500을 등록한다.

[리스트 4.18] /etc/bind/named.conf

```
 9:    include "/etc/bind/named.conf.options";
10:    include "/etc/bind/named.conf.acl";
11:  # include "/etc/bind/named.conf.local";
12:    include "/etc/bind/named.conf.captive";
13:>   include "/etc/bind/named.conf.vlan500";
13:  # include "/etc/bind/named.conf.default-zones";
```

다음에는 리스트 4.19와 같이 named.conf.acl 파일에 acl_vlan500으로 이름 붙여진 ACL을 등록한다. ACL은 DNS 서버에 도메인 질의를 요청하는 단말기 중에서 캡티브 포털 접속을 유도할 단말기를 식별한다. 즉, 다음에 작성할 존 파일 named.conf.vlan500의 match-clients { … } 영역에서 변조된 루트 도메인에 의해 캡티브 포털의 IP 주소를 반환할 클라이언트를 결정한다.

[리스트 4.19] /etc/bind/named.conf.acl

```
1: acl "captiveportal" {
2:      192.168.9.0/24;
3: };
4:>
5:> acl "acl_vlan500" {
6:>     172.16.50.0/24;
7:> };
```

세 번째는 리스트 4.18에서 등록한 존 파일 named.conf.vlan500을 작성한다. 리스트 4.20에서는 500번 VLAN에 대한 독립적인 도메인 네임 서비스를 제공하기 위해 view { … } 구분을 이용해 vlan500 뷰를 등록한다. 뷰 vlan500은 ACL acl_vlan500에 등록된 서브넷에 포함되는 단말기를 대상으로 db.fakeroot.vlan500에 등록된 캡티브 포털의 IP 주소 172.16.50.5를 반환한다.

[리스트 4.20] /etc/bind/named.conf.vlan500

```
1: view "vlan500" {
2:      match-clients {
3:          "acv_lan500";
4:      };
5:
6:      zone "." {
```

```
 7:         type master;
 8:         file "/etc/bind/db.fakeroot.vlan500";
 9:     };
10: };
```

마지막으로 acl_vlan500에 등록된 서브넷에 포함되는 단말기에 반환할 캡티브 포털의 IP 주소를 리스트 4.21과 같이 등록한다.

[리스트 4.21] /etc/bind/db.fakeroot.vlan500

```
1: @ IN SOA ns.ubmh.org. root.ubmh.org. ( 1 3h 1h 1w 1d )
2:   IN NS 172.16.50.5
3: * IN A 172.16.50.5
```

DNS 서버 환경 설정이 마무리되면 그림 4.22와 같이 DNS 서버로 사용 중인 BIND9 서비스를 다시 시작한다.

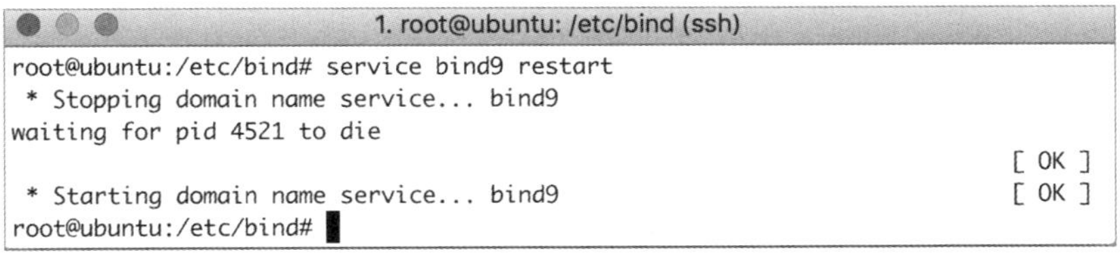

```
1. root@ubuntu: /etc/bind (ssh)
root@ubuntu:/etc/bind# service bind9 restart
 * Stopping domain name service... bind9
waiting for pid 4521 to die
                                                          [ OK ]
 * Starting domain name service... bind9                  [ OK ]
root@ubuntu:/etc/bind#
```

[그림 4.22] BIND9 서비스 재시작

2) DHCP 서버 설정 변경

DHCP 서버는 VLAN 500에 연결된 단말기에 IP 주소를 할당하면서 단말기의 DNS 서버를 인증 서버의 IP 주소 172.16.50.5로 설정하는 역할을 한다. DHCP 서버의 설정은 새로 등록하지 않고, 기존에 등록된 설정을 변경한다. 리스트 4.22와 같이 맨 처음 등록했던 VLAN 500의 서브넷 172.16.50.0/24

에 17행의 옵션을 추가한다. 그리고 VLAN 500을 격리 네트워크로 운영하기 위해 15행에 설정된 게이트웨이 IP 주소를 172.16.50.1에서 172.16.50.5로 변경한다.

[리스트 4.22] /etc/dhcp/dhcpd.conf

```
 1:   authoritative;
 2:   ddns-update-style none;
 3:   deny bootp;
 4:   one-lease-per-client              true;
 5:   ignore client-updates;
 6:
 7:   default-lease-time                86400;
 8:   max-lease-time                    604800;
 9:   option nis-domain                 "ubmh.org";
10:   option domain-name                "ubmh.org";
11:   option domain-name-servers        8.8.8.8;
12:   log-facility                      local7;
13:
14:   subnet 172.16.50.0 netmask 255.255.255.0 {
15:>          option routers             172.16.50.5;
16:           option subnet-mask         255.255.255.0;
17:>          option domain-name-servers     172.16.50.5;
18:
19:           range                      172.16.50.21 172.16.50.250;
20:           default-lease-time         1800;
21:           max-lease-time             3600;
22:   }
```

변경된 내용을 저장하고, 그림 4.23과 같이 DHCP 서비스를 다시 시작한다.

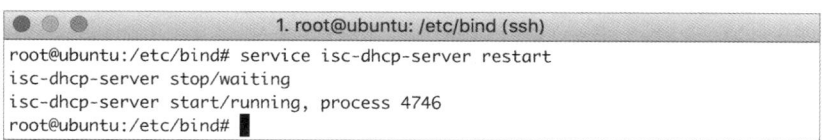

[그림 4.23] DHCP 서비스 재시작

3) 캡티브 포털 제작과 테스트

마지막으로 허가되지 않은 단말기로 네트워크에 연결했다는 것을 알리는 간단한 캡티브 포털을 만들어 보자. 가장 먼저 리스트 4.23의 가상 호스트 파일인 vlan500.conf를 /etc/apache2/sites-available 디렉터리에 작성한다.

[리스트 4.23] /etc/apache2/sites-available/vlan500.conf

```
 1: <VirtualHost 172.16.50.5:80>
 2:         ServerAdmin webmaster@localhost
 3:         ServerName vlan500.ubmh.org
 4:         DocumentRoot /var/www/vlan500
 5:
 6:         <Directory /var/www/vlan500/>
 7:                 Options FollowSymLinks MultiViews
 8:                 AllowOverride all
 9:                 Order allow,deny
10:                 Allow from all
11:         </Directory>
12:
13:         ErrorLog ${APACHE_LOG_DIR}/vlan500_error.log
14:         CustomLog ${APACHE_LOG_DIR}/vlan500_access.log combined
15: </VirtualHost>
```

가상 호스트 파일을 등록한 후 리스트 4.24의 명령 중 하나를 실행해 가상 호스트 vlan500.conf를 활성화한다.

[리스트 4.24] vlan500.conf 심볼릭 링크 생성 명령

```
1) a2ensite vlan500
2) ln -s /etc/apache2/sites-available/vlan500.conf /etc/apache2/sites-enabled/vlan500.conf
```

다음에는 그림 4.24와 같이 /var/www 디렉터리 안에 캡티브 포털의 홈 디렉터리를 vlan500로 생성한다. 그리고 홈 디렉터리 허가되지 않은 단말기로 접속했다는 것을 알리는 간단한 메시지가 저장된 시작 페이지 index.html과 에러 페이지를 홈 디렉터리로 변경하기는 규칙 파일 .htaccess를 생성한다.

```
root@ubuntu:/etc/apache2/sites-available# cd /var/www
root@ubuntu:/var/www# mkdir vlan500 && chmod 755 vlan500
root@ubuntu:/var/www# cd vlan500
root@ubuntu:/var/www/vlan500# echo "Not allowed device!!!" > index.html
echo "Not allowed devicecd vlan500!" > index.html
root@ubuntu:/var/www/vlan500# ls
index.html
root@ubuntu:/var/www/vlan500# echo "ErrorDocument 404 /" > .htaccess
root@ubuntu:/var/www/vlan500# ls -al
total 16
drwxr-xr-x 2 root root 4096 Jul 10 10:30 .
drwxr-xr-x 5 root root 4096 Jul 10 10:28 ..
-rw-r--r-- 1 root root   20 Jul 10 10:30 .htaccess
-rw-r--r-- 1 root root   30 Jul 10 10:29 index.html
root@ubuntu:/var/www/vlan500#
```

[그림 4.24] 캡티브 포털 운영 디렉터리와 페이지 생성

이제 모든 설정이 마무리됐다. 그림 4.25와 같이 웹 서버를 다시 시작하고, 캡티브 포털이 정상적으로 동작하는지 확인해보자.

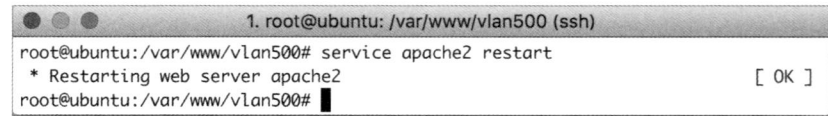

[그림 4.25] Apache 웹 서버 재시작

이 책에서는 캡티브 포털을 테스트하기 위해 맥북Mac Book을 사용했다. 테스트를 위한 단말기가 윈도우용 단말기밖에 없다면, nac_allow_device 테이블에 등록된 VLAN별 네트워크 접속 허용 단말기 목록에서 윈도우가 아닌 다른 운영체제를 등록하고 테스트를 진행해야 한다. 네트워크에는 윈도우 운영체제가 설치된 단말기의 연결만 허용하는 sslee 계정을 사용했다. 그림 4.26은 접근이 허용되지 않는 단말기로 네트워크 연결을 시도했을 때 캡티브 포털에 접속된 화면이다. 캡티브 포털 페이지는 기업의 디자인 가이드에 따라 제작한다.

[그림 4.26] sslee 계정으로 맥북을 네트워크에 연결했을 때 캡티브 포털 접속 화면

지금까지 우리는 네트워크 무선 네트워크 리모델링을 통해 네트워크 접속을 통제하는 방법을 알아보고 실제로 구축해봤다. 이제 마지막 하나를 남겨두고 있다. 그것은 바로 인증 서버에 대한 보안 조치와 서비스의 자동 실행이다. 불필요한 서비스를 제거하고, 관리자 외에는 SSH에 접속하지 못하도록 조치하고, DHCP 핑거프린팅 데몬과 ARP 모니터를 자동으로 실행될 수 있도록 환경설정 파일에 등록해야 한다. 이는 독자들에게 맡기고자 한다.

4.5 무선 네트워크 리모델링의 장점

지금까지 살펴본 바와 같이 무선 네트워크 리모델링은 쉽지 않다. 네트워크 설계부터 구현까지 기존에 알고 있던 방법과는 사뭇 다르기 때문이다. 일부 독자는 이렇게까지 하면서 무선 네트워크 리모델링을 해야 하느냐고 질문할 것이다. 질문에 대한 대답은 독자들의 판단에 맡겨두고 싶다. 사실 무선 네트워크 리모델링은 장점만 있을 뿐, 단점은 없다고 생각한다. 단점 대신 리모델링을 결정하고 적용하기까지 극복해야 하는 어려움들이 산적해 있을 뿐이다. 이번 절에서는 무선 네트워크 리모델링 과정에서 직면하는 어려움과 리모델링 이후 얻게 될 장점을 구체적으로 살펴보자.

1) 무선 네트워크 리모델링의 어려움

무선 네트워크 리모델링의 어려움은 굳이 설명하지 않더라도 이 책을 처음부터 정독한 독자라면 이미 알고 있을 것이다. 이는 802.1X 이해의 어려움, 네트워크 설계의 어려움, 리모델링 적용의 어려움으로 정리할 수 있다.

첫째, 802.1X에 대한 이해의 어려움이다. 네트워크 또는 정보보안을 공부했거나 실무를 담당하고 있는 독자라 하더라도 802.1X에 대해 구체적인 지식을 갖고 적용해본 경험이 있는 독자는 많지 않을 것이다. 일반적인 보안 시스템은 단일 포인트에서 단일 객체 또는 보안 시스템과 사용자 단말 간의 연계를 통해 구축한다. 그러나 802.1X는 2장에서 살펴봤듯이, 인증 서버, 네트워크 장비, 사용자 단말기 조화를 이루는 네트워크와 정보보안 체계다. 이 때문에 개별 구성 요소와 구성 요소들의 역할, 기능과 동작 원리 그리고 각 요소 간 상호작용에 대한 구체적인 지식을 갖고 있어야 한다. 만약, 802.1X에 대한 이해가 선행되지 않는다면 무선 네트워크 리모델링은 시작부터 어려움에 직면하게 될 것이다.

둘째, 네트워크 설계의 어려움이다. 어찌보면 큰 어려움이 아닐 수도 있다. 독자가 근무하는 조직의 특성과 조직에서 수행하는 비즈니스에 대한 지식이 충분하다면, 네트워크 설계는 크게 어렵지 않을 것이다. 하지만 관점의 전환이라는 측면에서 어려움이 발생할 수 있다. 전통적인 무선 네트워크 설계는 물리적인 공간에 따라 SSID나 VLAN을 할당하는 방식이다. 하지만 리모델링을 위해서는 물리적 공간이 아니라 조직에서 수행하는 비즈니스 특성과 사용자의 역할과 권한에 따라 네트워크를 설계해야 한다. 만약, 비즈니스 구조가 복잡하고 보안 이슈에 민감한 조직이라면 이해관계자들과 면밀한 토론을 통해 네트워크를 설계해야 할 것이다.

셋째, 리모델링 적용의 어려움이다. 만약, 무선 네트워크를 처음 구축하거나 새로 구축하는 경우라면 적용 과정에서 충분한 테스트를 진행할 수 있기 때문에 어려움이 덜 할 것이다. 그러나 전통적인 방법으로 구축된 네트워크를 운영 중이라면 리모델링 적용은 관리자의 치기 어려운 도전에 불과할 수 있다. 리모델링 적용에 있어서 가장 큰 난관은 리모델링 적용을 결정하는 것이다. 도전 정신이 넘치는 일부 관리자를 제외한 대부분의 관리자는 급격한 변화에 대한 두려움을 갖고 있을 것이다. 특히, 직급이 높은 관리자일수록 변화를 거부하는 경향이 크다. 변화에 대한 두려움을 극복하기 위해서는 다음에 살펴볼 장점에 주의를 기울여야 한다. 리모델링을 결정했다 하더라도 구현 과정에서도 어려움이 발생한다. 3장과 4장에서 살펴봤듯이, 조직의 특성에 맞는 리모델링을 위해서는 구성 요소 배치와 환경 설정뿐만 아니라 네트워크 또는 정보보안 관리자에게 익숙하지 않은 프로그래밍도 요구하기 때문이다.

이러한 어려움을 극복하고 리모델링을 적용하면, 네트워크와 정보보안 업무를 수행하면서 지금까지 느끼지 못했던 즐거움을 경험하게 될 것이다.

2) 무선 네트워크 리모델링 이후의 장점

그렇다면, 수많은 어려움을 극복하고 리모델링을 적용하고 난 이후에 얻게 되는 장점들은 무엇일까? 이미 1.3에서 리모델링을 통해 얻게 되는 이점에 대해 간략히 살펴봤다. 이번에는 네트워크 관리, 정보보안 정책, 정보보안 시스템 측면에서 좀 더 구체적으로 살펴보자.

[표 4.11] 무선 네트워크 리모델링 장점

구분	내용
네트워크 관리 측면	유무선 네트워크 통합 네트워크 환경 설정 단순화 사용자 프로파일링 강화
정보보안 정책 측면	역할기반 접근통제(RBAC) 정책 구현 정보보안 정책 항구성 향상과 오류 감소
정보보안 시스템 측면	정보보안 시스템 가용성 향상 차세대 정보보안 시스템 구축과 운영 기반 조성

먼저 네트워크 관리 측면에서는 유무선 네트워크 통합, 네트워크 환경 설정 단순화, 사용자 프로파일링 강화라는 세 가지 장점을 꼽을 수 있다. 먼저 유무선 네트워크 통합은 2장에서 설명한 '동적 네트워크' 적용으로 가능해진다. 전통적인 네트워크는 유선이나 무선이라는 전송 매체와 물리적 위치를 기준으로 네트워크를 설계하고 구현되기 때문에 유무선 네트워크 통합이 불가능하다. 반면, 동적 네트워크는 비즈니스 특성, 사용자 역할과 권한에 따라 네트워크를 설계하고 네트워크 유성과 물리적 위치에 관계없이 동적으로 VLAN을 할당하기 때문에 유무선 네트워크 통합할 수 있다. 유무선 네트워크 통합은 네트워크 환경 설정을 단순화시킨다. 전통적인 네트워크 환경에서는 스위치Switch 또는 액세스 포인트AP에 등록되는 환경 설정 값을 물리적 위치에 따라 다르게 등록해야만 했다. 하지만 동적 네트워크에서는 비즈니스 특성에 따

라 동적으로 네트워크(VLAN)를 할당하기 때문에 네트워크 장비의 환경 설정을 표준화할 수 있다. 이 때문에 네트워크 전체의 환경 설정을 단순화할 수 있고, 장애 발생 시 빠른 복구가 가능하다. 마지막으로 네트워크에 접속한 사용자 단말기 대부분을 프로파일링할 수 있게 된다. 3.2절과 3.3절에서 살펴봤듯이, DHCP 핑거프린트와 802.1X의 과금 정보를 이용하면 네트워크에 접속하는 모든 사용자 단말의 정보를 확보하거나 관리할 수 있다. 이렇게 확보된 사용자 프로파일 정보는 정보보안뿐만 아니라 비즈니스 영역에서도 활용할 수 있다.

다음으로 정보보안 정책 측면의 장점을 살펴보자. 우선 네트워크에서 역할기반 접근통제 정책 구현이 가능해진다. 동적 네트워크는 비즈니스 특성, 사용자 역할과 권한에 네트워크를 할당하고, 사용자 역할과 권한이 변경되면 사용자에게 할당되는 네트워크를 자동으로 변경해 네트워크와 시스템에 대한 접근을 통제한다. 만약, 역할과 권한에 따라 네트워크를 세분화한다면 좀 더 세밀한 역할기반 접근통제를 구현할 수 있다. 역할기반 접근통제 정책을 구현하면 정보보안 정책 항구성 증가와 오류 감소 효과를 함께 얻게 된다. 전통적인 네트워크 환경에서는 사용자와 IP 주소가 밀접하게 연결돼 있으므로 사용자 역할 또는 권한이 변경되면 정보보안 정책도 변경해야 했으며, 변경 대상 정책이 많을 경우 그만큼 오류 발생 확률도 높았다. 그러나 역할기반 접근통제가 구현됨으로써 사용자 조건이 변경되더라도 수립된 정책 변경이 최소화됐고, 정책 변경에 따른 오류도 감소했다.

마지막으로 정보보안 시스템 측면의 장점으로는 기존에 도입한 정보보안 시스템 가용성을 향상시키고, 차세대 정보보안 시스템 구축과 운영 기반을 제공하는 것을 들 수 있다. 어느 조직이든 정보보안 시스템 구축 예산은 항상 부족하다. 제한된 예산 범위에서 최적의 보안 시스템을 구축해야 하는 관리자는 고민을 거듭한다. 무선 네트워크 리모델링은 관리자의 고민을 줄여줄 수 있다. 유무선 네트워크 통합으로 유무선 네트워크에서 동일한 VLAN 할당하고, 네트워크 기반의 역할기반 접근통제 정책을 적용하면 유선이나 무선 네트워크 유형에 관계없이 사용자에 따라 동일한 보안 정책을 적용할 수 있기 때문이다. 따라서 유선 네트워크 통제를 위해 도입했던 네트워크 접근통제 시스템, 방화벽 등과 같은 보안 시스템을 무선 네트워크 통제에도 사용할 수 있다. 이는 정보보안 시스템의 가용성과 함께 정보보안 예산 운용의 효율성도 향상시킨다.

또한 차세대 정보보안 시스템 구축과 운영 기반을 제공한다. 차세대 정보보안 시스템은 사용자 기반 보안 정책 적용, 응용 프로그램 식별, 콘텐츠 식별 기능을 제공한다. 차세대 정보보안 시스템을 도입하기 위해서는 사용자 프로파일링이 선행돼야 한다. 사용자 정보가 없다면 사용자 기반 보안 정책 수립과 사용자가 사용하는 응용 프로그램 식별과 통제, 사용자가 접근하는 콘텐츠의 식별과 통제에 제약이 따른다. 하지만 무선 네트워크 리모델링으로 무선 네트워크에 접속하는 사용자와 단말기 프로파일링이 가능해지면서 차세대 정보보안 시스템 구축에 필요한 사용자 정보를 별도의 시스템 구축 없이 확보할 수 있다.

Windows 10 802.1X 인증 환경 설정

부록
1

윈도우는 802.1X 환경 설정을 위해 두 가지 단계의 환경 설정 절차가 필요하다. 첫 번째는 인증서 설치고, 두 번째는 네트워크 어댑터에 대한 802.1X 인증 환경 설정이다. 두 번째 절차는 유무선 네트워크 유형에 따라 각각 별도의 환경 설정이 필요하다. 이 가이드에서는 윈도우 10을 기준으로 인증서 설치, 무선 네트워크 환경 설정, 유선 네트워크 환경 설정 방법을 차례대로 살펴본다.

1. 인증서 설치

1. 3.3.2절에서 준비한 인증서를 더블 클릭해 인증서를 연 후 [인증서 설치] 버튼을 클릭한다.

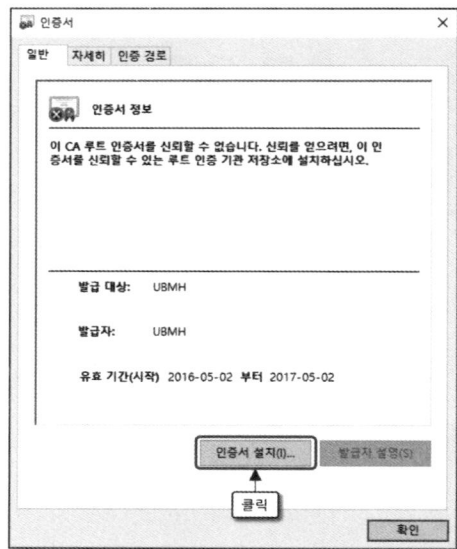

[그림 1] 인증서 정보 창

2. 인증서 가져오기 마법사 창에서 [다음] 버튼을 클릭한다.

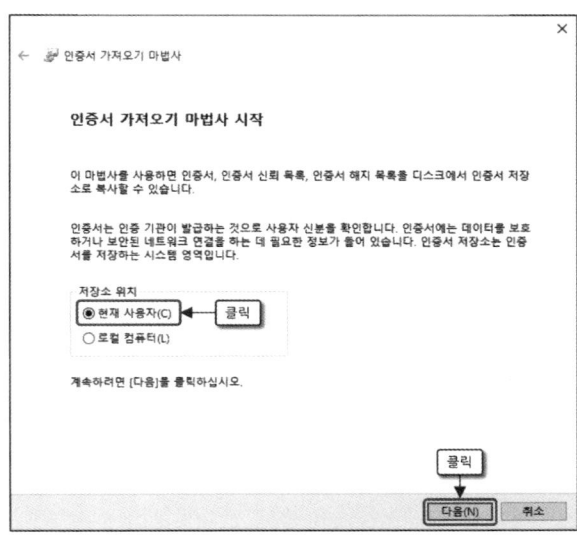

[그림 2] 인증서 가져오기 마법사 시작 창

3. 인증서 가져오기 마법사 창에서 [모든 인증서를 다음 저장소에 저장]을 선택하고 [찾아보기] 버튼을 클릭한다.

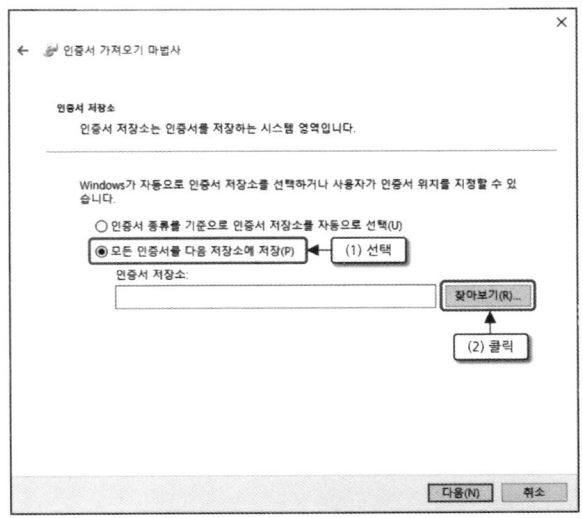

[그림 3] 인증서 가져오기 마법사 창

4. 인증서 저장소 선택 창에서 [신뢰할 수 있는 루트 인증 기관]을 선택한 후 [확인] 버튼을 클릭한다.

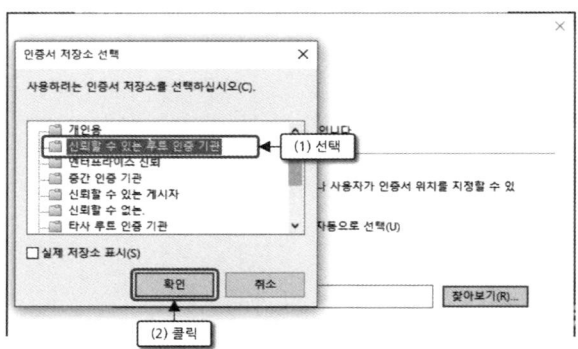

[그림 4] 인증서 저장소 선택 창

5. 인증서 가져오기 마법사 창에서 인증서 저장소가 올바르게 선택됐는지 확인한 후 [다음] 버튼을 클릭한다.

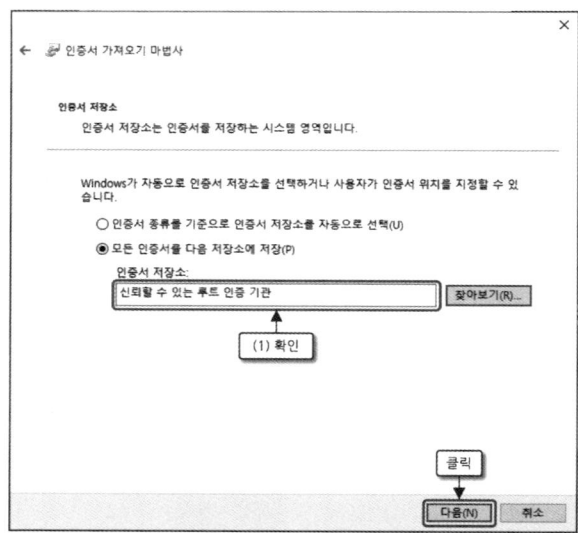

[그림 5] 인증서 가져오기 마법사 창

6. 인증서 가져오기 마법사를 종료하기 위해 [마침] 버튼을 클릭한다.

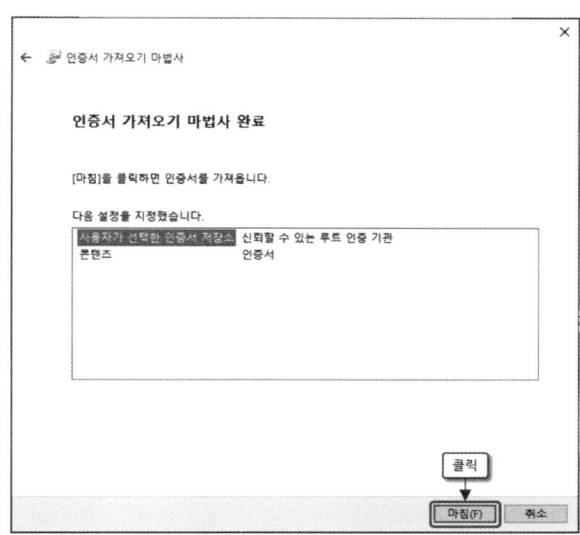

[그림 6] 인증서 가져오기 마법사 완료 창

7. 사설인증서 설치와 관련된 경고 메시지 창이 나오면, [예]를 클릭해 인증서를 설치한다.

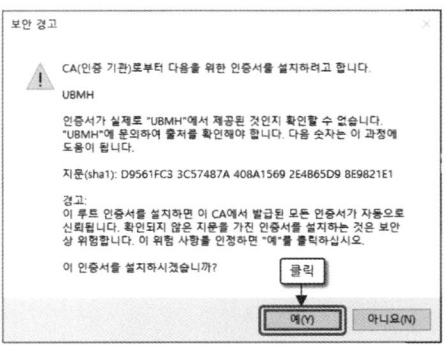

[그림 7] 사설인증서 설치에 따른 보안 경고 창

8. 인증서 가져오기 마법사 메시지 창에서 [확인] 버튼을 클릭해 인증서 설치를 마무리한다.

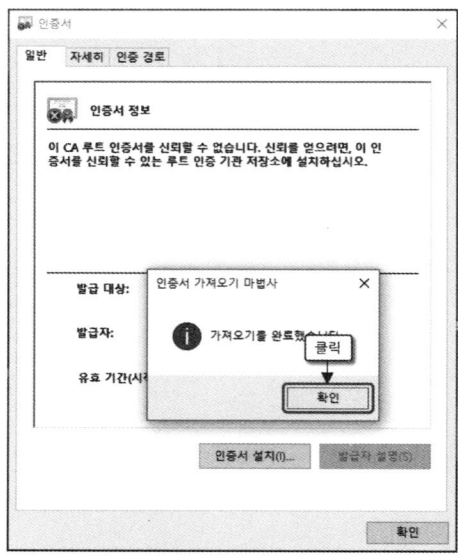

[그림 8] 인증서 가져오기 완료 메시지 창

2. 무선 네트워크 연결 환경 설정

1. 네트워크 어댑터 설정을 위해 [설정]에서 [네트워크 및 인터넷]을 클릭한다.

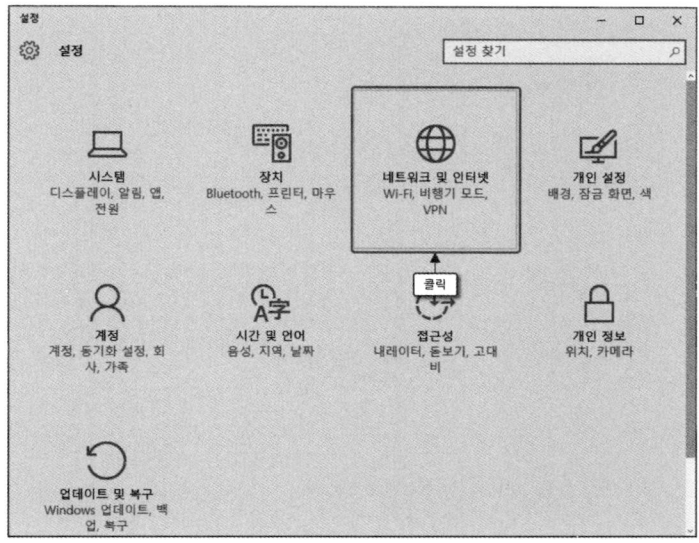

[그림 9] 윈도우 설정 창

2. 무선 네트워크 UBMH 등록을 위해 네트워크 및 인터넷 창에서 [Wi-Fi]를 선택한 후 [네트워크 및 공유 센터]를 클릭한다.

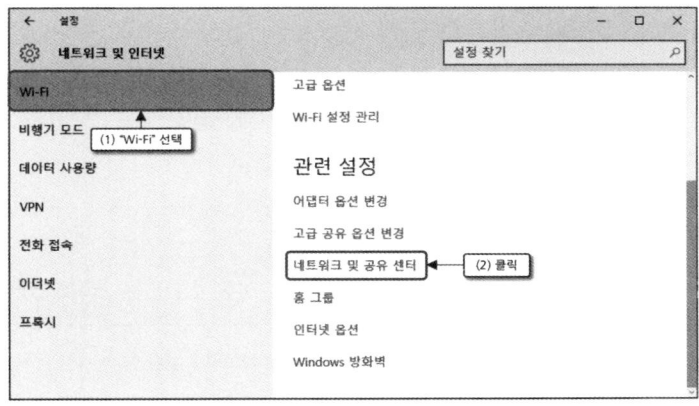

[그림 10] 네트워크 및 인터넷 설정 창

3. 네트워크 및 공유 센터에서 [새 연결 또는 네트워크 설정]을 클릭한다.

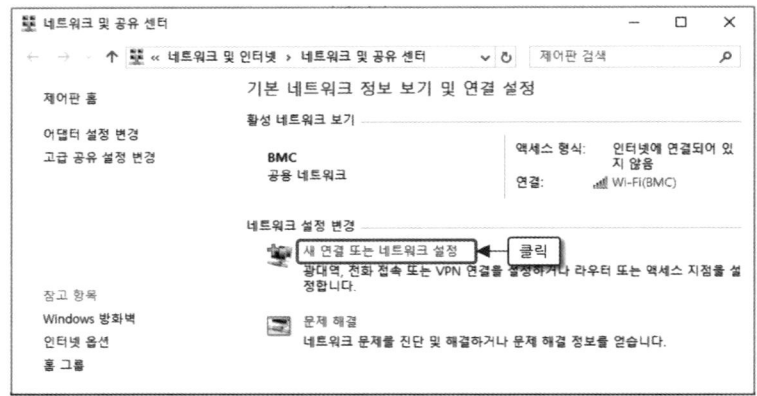

[그림 11] 네트워크 및 공유 센터 창

4. 연결 또는 네트워크 설정 창에서 [무선 네트워크에 수동으로 연결]을 선택한 후 [다음] 버튼을 클릭한다.

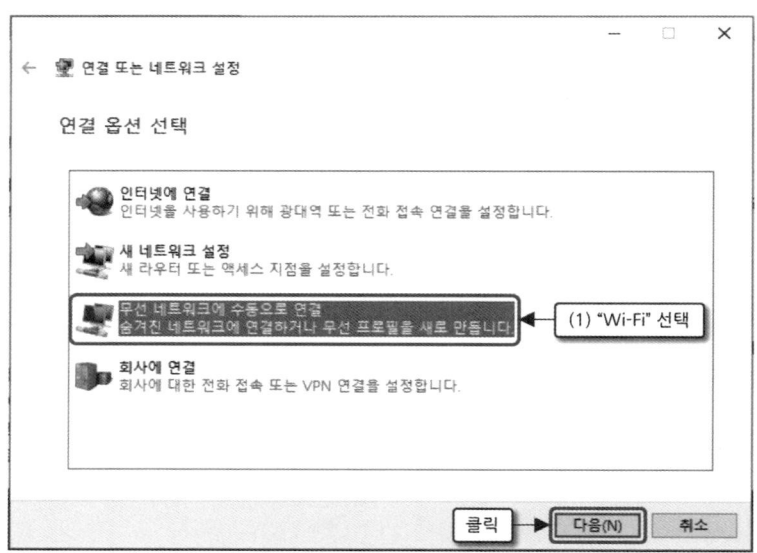

[그림 12] 연결 또는 네트워크 설정 창

5. 추가할 무선 네트워크 정보 입력 창에서 [네트워크 이름]에 "UBMH"를 입력하고, [보안 종류]에서 "WPA2-엔터프라이즈"를 선택한다. 그런 다음, [네트워크에서 브로드캐스팅하지 않는 경우에도 연결]에 체크한다. 이는 SSID가 드러나지 않은 경우에도 네트워크 연결을 가능하게 하기 위해서다.

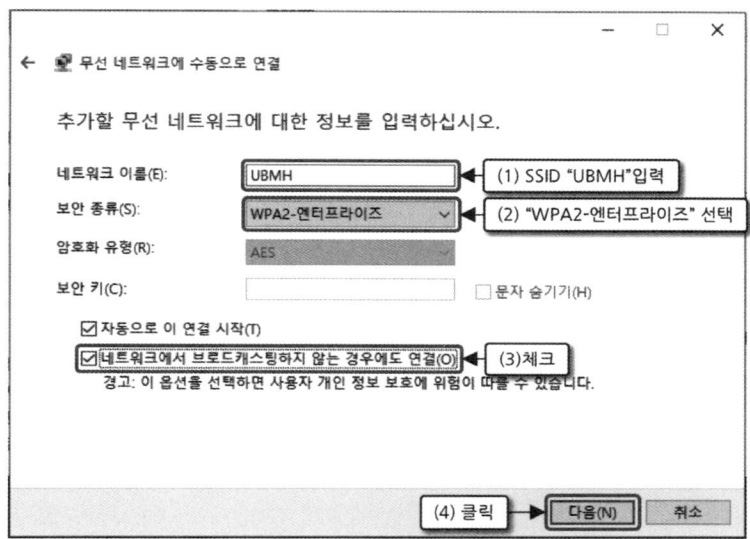

[그림 13] 추가할 무선 네트워크 정보 입력 창

6. 무선 네트워크 등록이 완료되면 802.1X 인증 환경 설정을 위해 [연결 설정 변경]을 클릭한다.

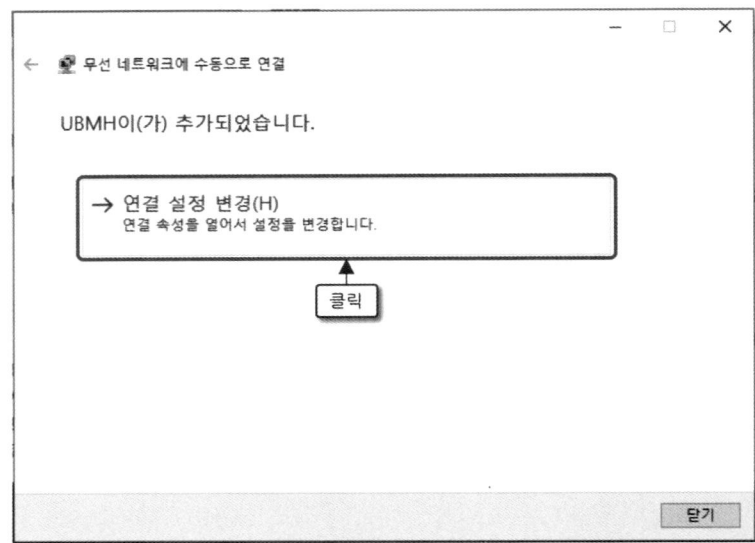

[그림 14] 무선 네트워크 추가 완료 창

7. 무선 네트워크 속성 창의 [연결] 탭에서 [네트워크에서 이름(SSID)을 브로드캐스팅하지 않는 경우에도 연결] 체크 여부를 확인해 체크돼 있지 않다면 체크한 후 [보안] 탭을 클릭한다.

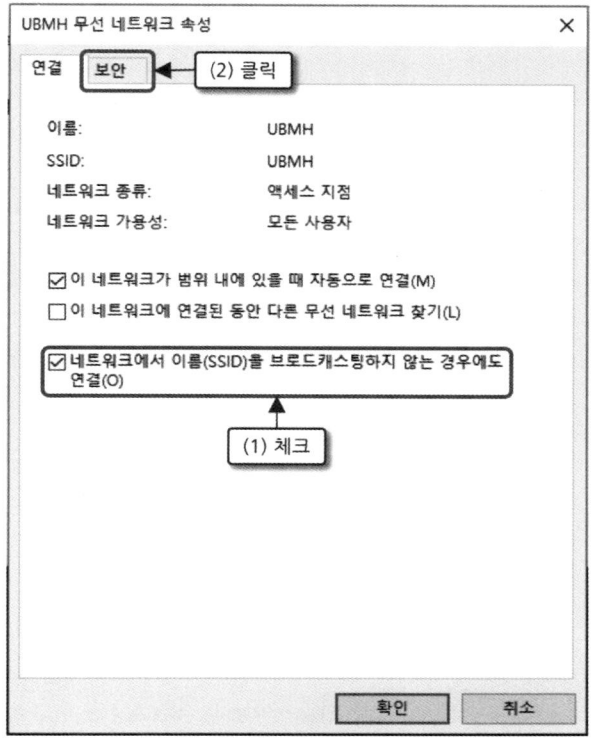

[그림 15] 무선 네트워크 속성 창

8. 무선 네트워크 속성 창의 [보안] 탭에서 우측 중간에 있는 [설정] 버튼을 클릭한다.

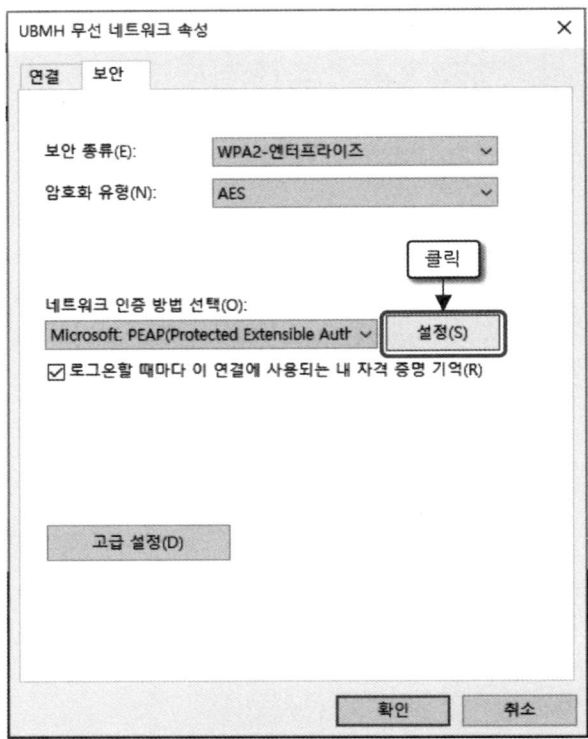

[그림 16] 무선 네트워크 속성 창

9. 보호된 EAP 속성 창에서 [인증서를 확인해 서버의 ID 확인]에 체크하고, [신뢰할 수 있는 루트 인증 기관]의 인증서 목록에서 인증서 [UBMH]를 선택하고 체크한다. 그리고 창 하단에 있는 [인증 방법 선택]의 오른쪽에 있는 [구성] 버튼을 클릭한다.

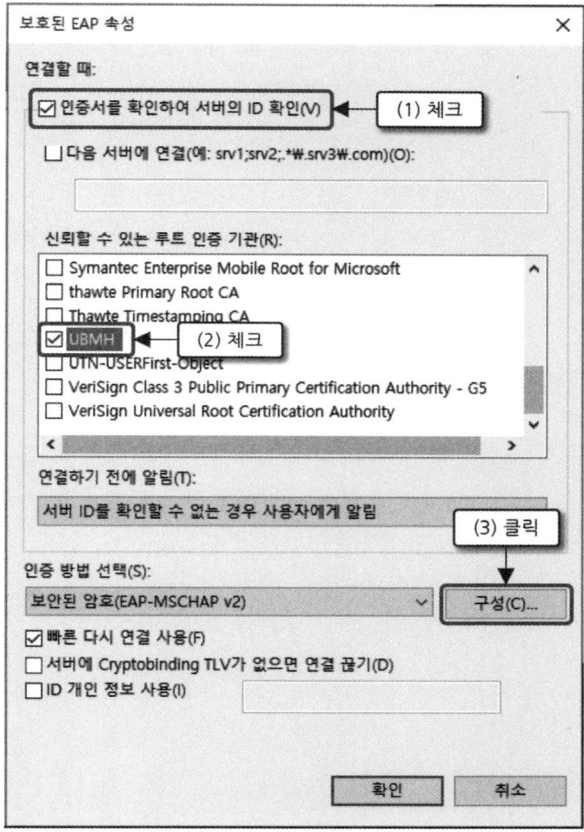

[그림 17] EAP 속성 창

10. EAP MSCHAPv2 속성 창에서 체크 표시를 없애고, [확인] 버튼을 클릭한다.

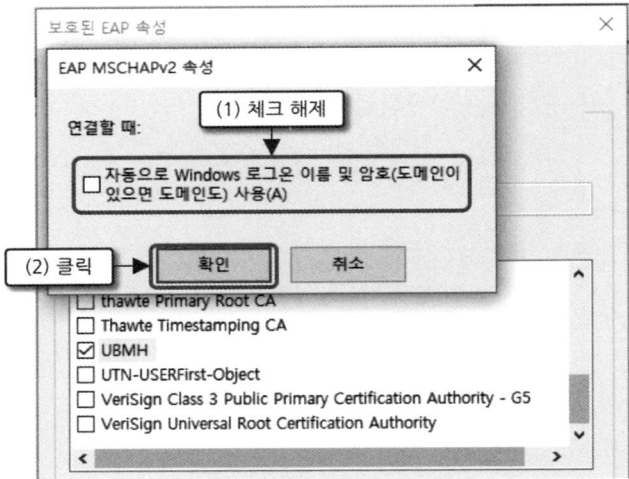

[그림 18] EAP MSCHAPv2 속성 창

11. 보호된 EAP 속성 창에서 [확인] 버튼을 클릭해 보호된 EAP 설정을 마무리한다.

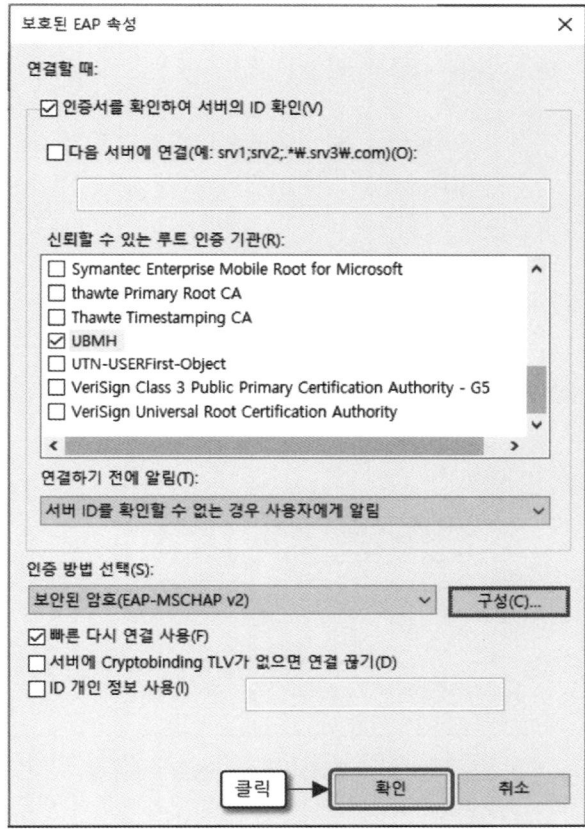

[그림 19] EAP 속성 창

12. 무선 네트워크 속성 창에서 왼쪽 하단에 있는 [고급 설정] 버튼을 클릭한다.

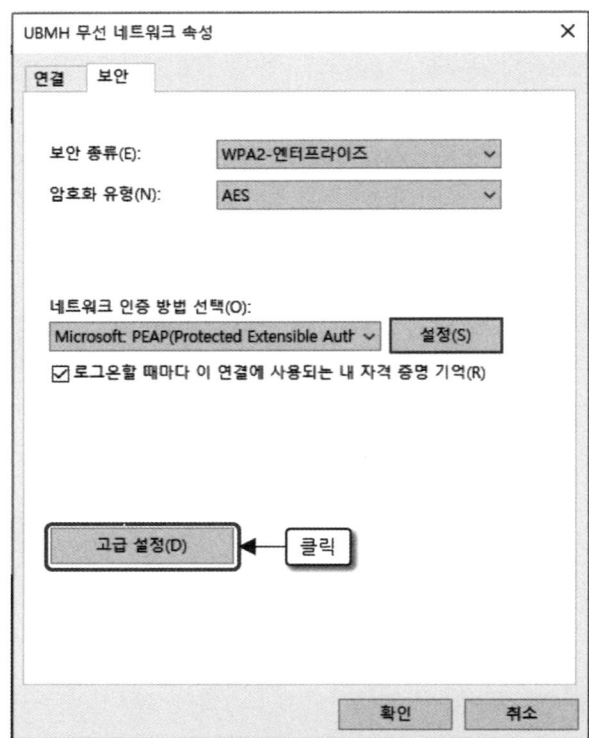

[그림 20] 무선 네트워크 속성 창

13. 고급 설정 창에서 [인증 모드 지정]에 체크한 후 인증 모드를 [사용자 지정]으로 변경한다. 그런 다음 [확인] 버튼을 클릭해 추가 설정을 마친다.

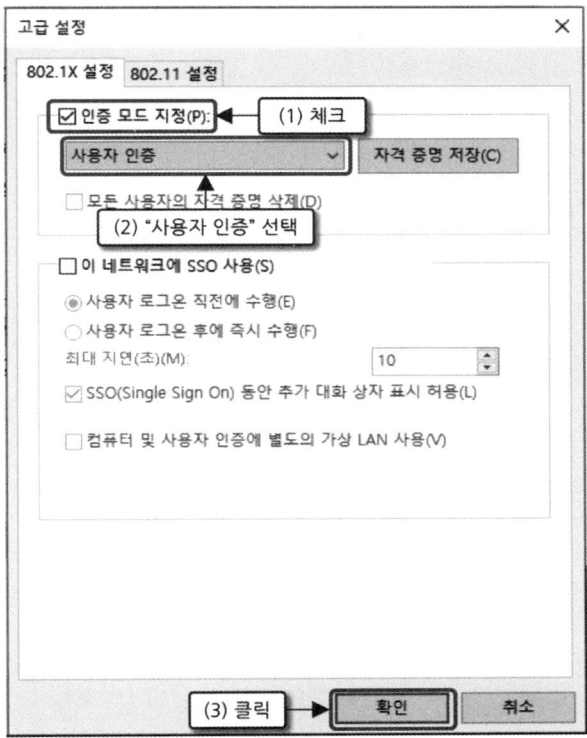

[그림 21] 무선 네트워크 고급 설정 창

14. [확인] 버튼을 클릭해 새로 등록한 UBMH 무선 네트워크에 대한 802.1X 인증 환경 설정을 마친다.

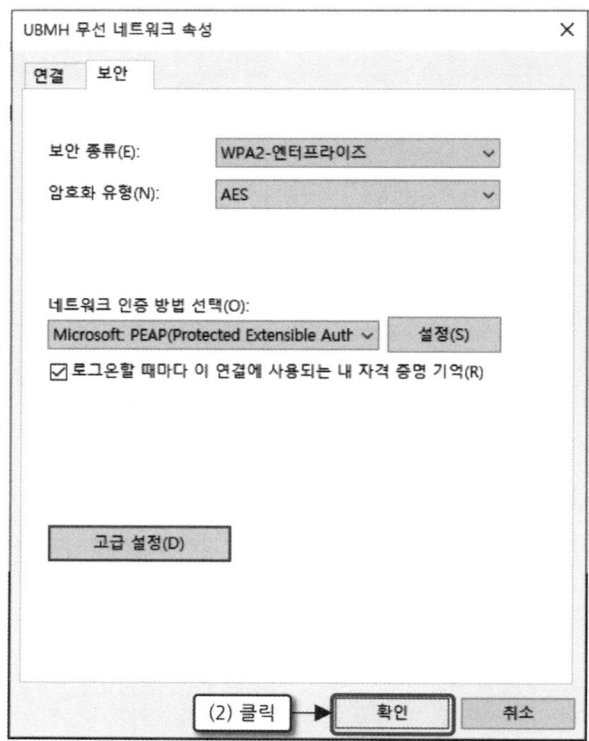

[그림 22] 무선 네트워크 속성 창

15. 무선 네트워크 등록 완료 창에서 [닫기] 버튼을 클릭해 UBMH 네트워크 등록을 마친다.

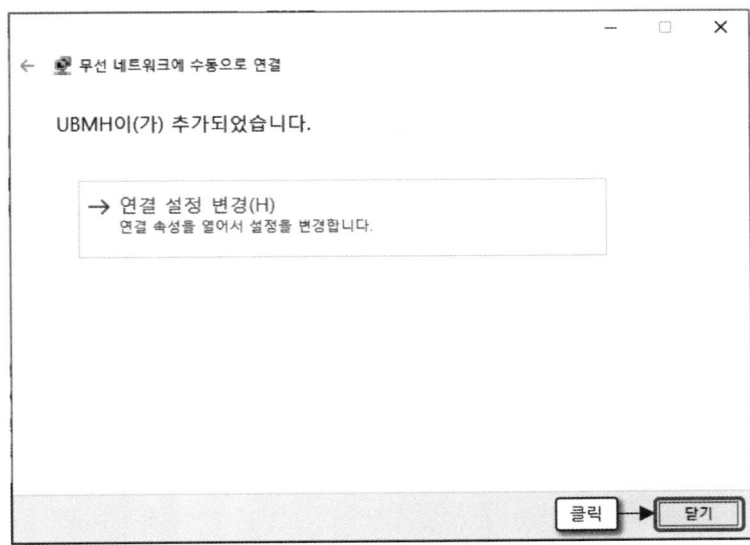

[그림 23] 무선 네트워크 추가 완료 창

3. 유선 네트워크 연결 환경 설정

1. 유선 네트워크 인터페이스에 대한 802.1X 옵션을 활성화하기 위해 윈도우 시작 메뉴의 명령 실행 창에서 "services.msc"를 실행한다.

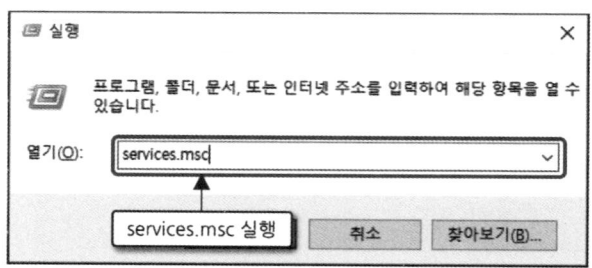

[그림 24] 서비스 관리자 실행

2. 서비스 관리자 창에서 "Wired Autoconfig" 서비스를 선택한 후 더블 클릭해 속성 창을 연다.

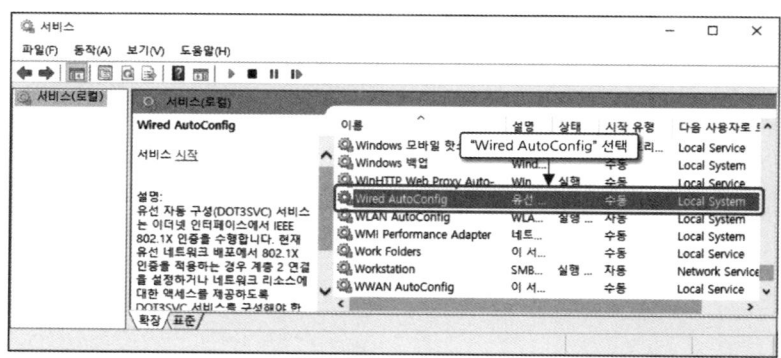

[그림 25] 서비스 관리자 화면

3. Wired AutoConfig 속성 창에서 서비스 [시작 유형]을 [자동]으로 변경한 후 [서비스 상태] 밑에 있는 [시작] 버튼을 클릭해 서비스를 시작한다.

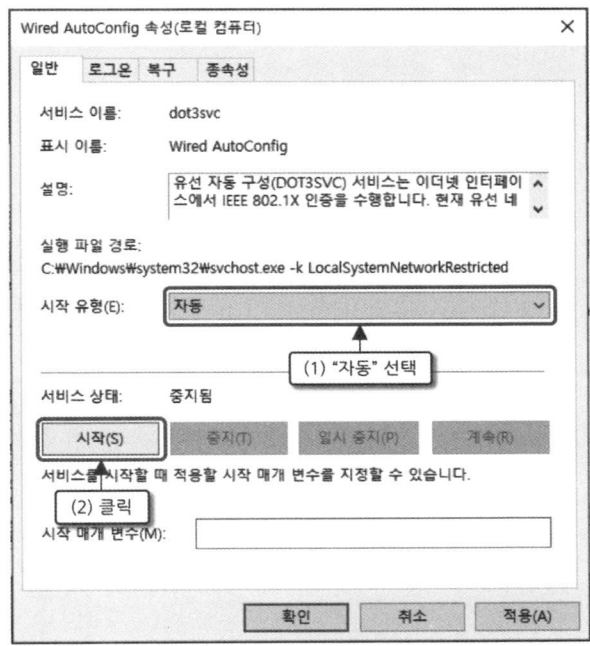

[그림 26] 서비스 옵션 변경 및 시작

4. Wired AutoConfig 속성 창에서 [서비스 상태]가 [시작됨]으로 변경된 것을 확인한 후 [확인] 버튼을 클릭해 802.1X 인증 기능 활성화를 마무리한다.

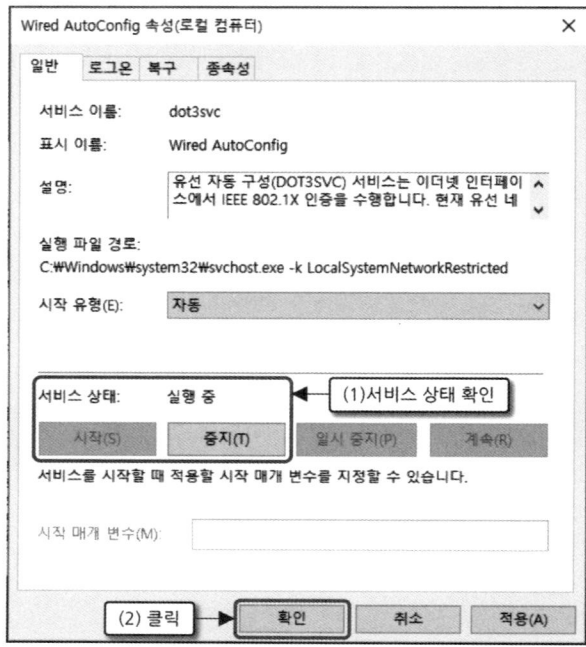

[그림 27] 서비스 실행 상태 확인

5. 다시 한 번 서비스 관리자 창에서 "Wired AutoConfig" 서비스 상태를 확인한다.

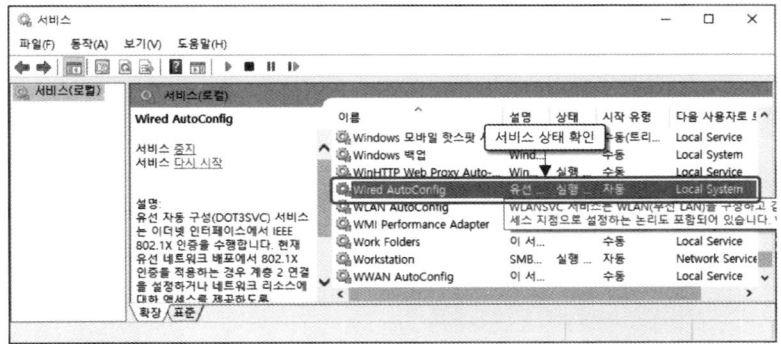

[그림 28] 서비스 관리자 화면의 서비스 상태 확인

6. 네트워크 어댑터 설정을 위해 [설정]에서 [네트워크 및 인터넷]을 클릭한다.

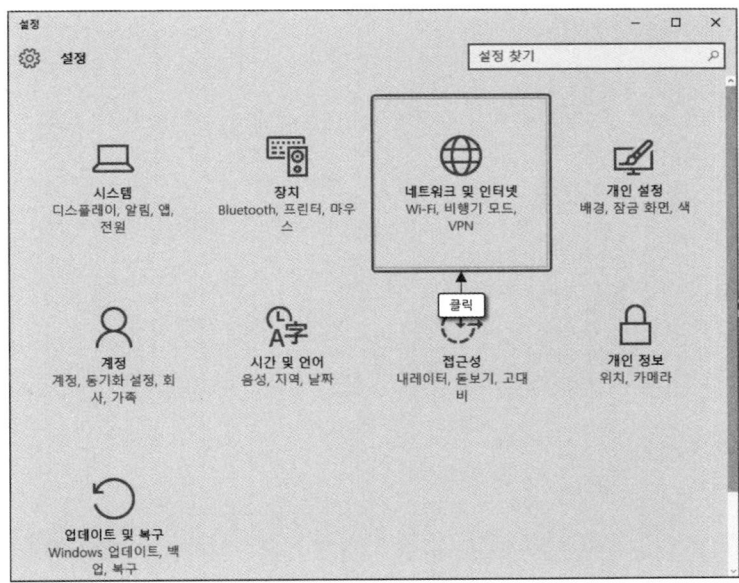

[그림 29] 윈도우 설정 창

7. 네트워크 및 인터넷 창에서 [이더넷]을 선택한 후 [어댑터 옵션 변경]을 클릭한다.

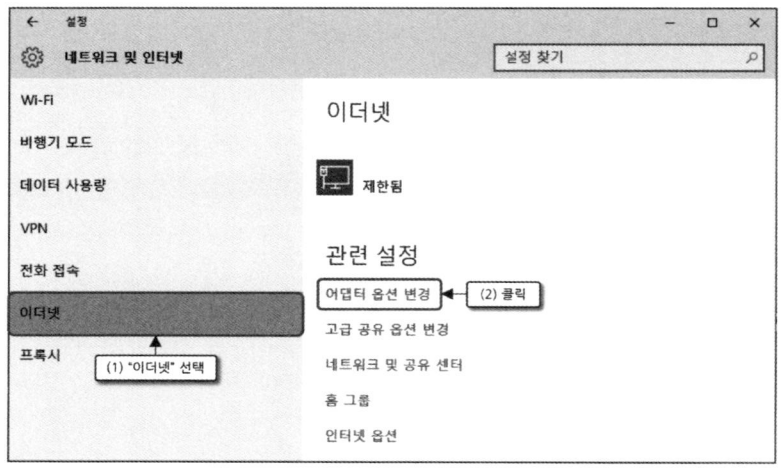

[그림 30] 네트워크 및 인터넷 설정 창

8. 네트워크 인터페이스에 대한 802.1X 인증 설정을 위해 네트워크 어댑터 설정 화면에서 네트워크에 연결할 어댑터를 선택한 후 [속성] 창을 연다.

[그림 31] 네트워크 어댑터 설정 화면

9. 앞에서 진행한 802.1X 인증이 활성화됐다면, 네트워크 어댑터 속성 창에서 [인증] 탭을 확인할 수 있다. [인증] 탭이 보이면 [인증] 탭을 선택한다.

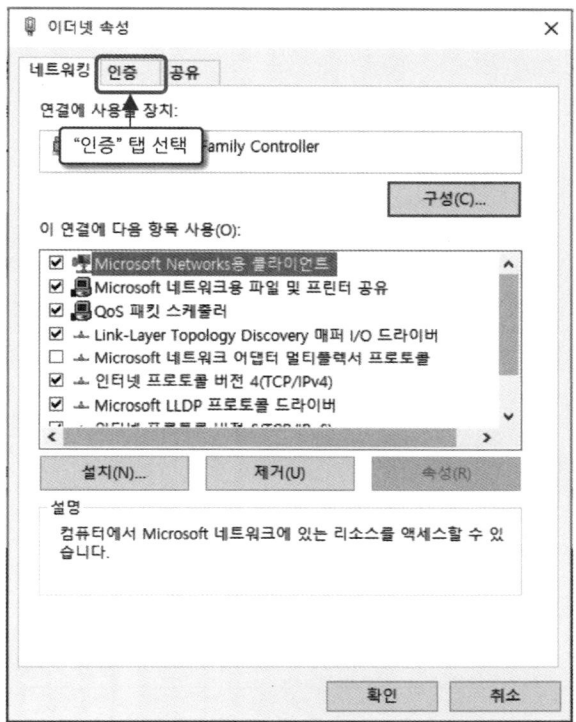

[그림 32] 네트워크 인터페이스 속성 창

10. 인증 탭에서 우측 중간에 있는 [설정] 버튼을 클릭한다.

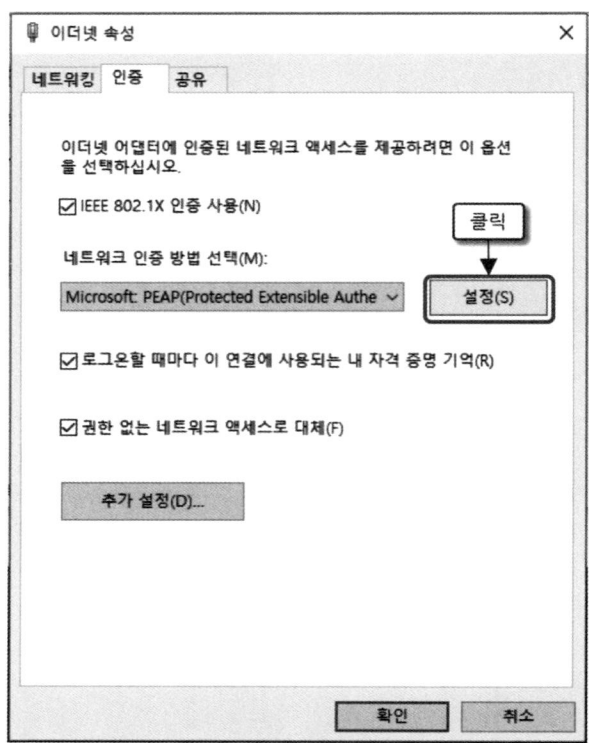

[그림 33] 802.1X 인증 환경 설정 창

11. 보호된 EAP 속성 창에서 [인증서를 확인해 서버의 ID 확인]에 체크한후 [신뢰할 수 있는 루트 인증 기관]의 인증서 목록에서 앞에서 설치한 인증서 [UBMH]를 선택하고 체크한다. 그리고 화면 하단에 있는 [인증 방법 선택]의 오른쪽에 있는 [구성] 버튼을 클릭한다.

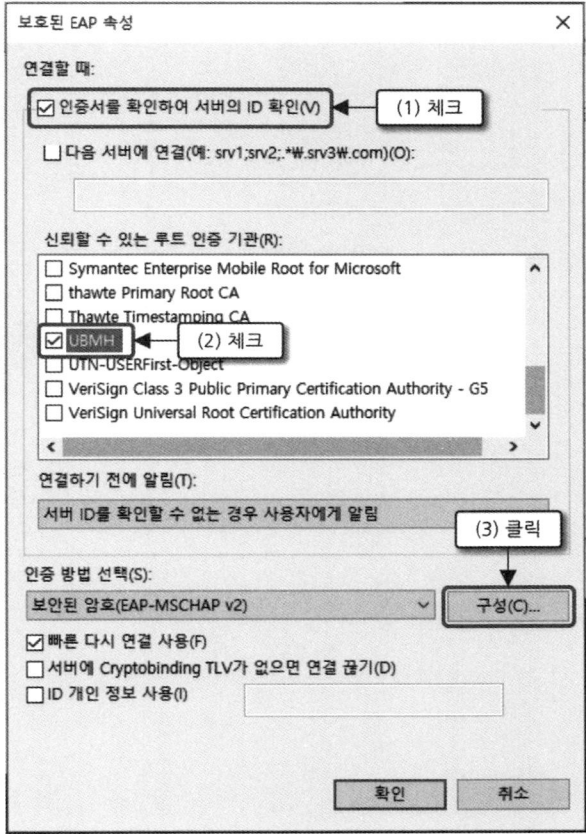

[그림 34] EAP 속성 창

12. EAP MSCHAPv2 속성 창에서 체크 표시를 없앤 후 [확인] 버튼을 클릭한다.

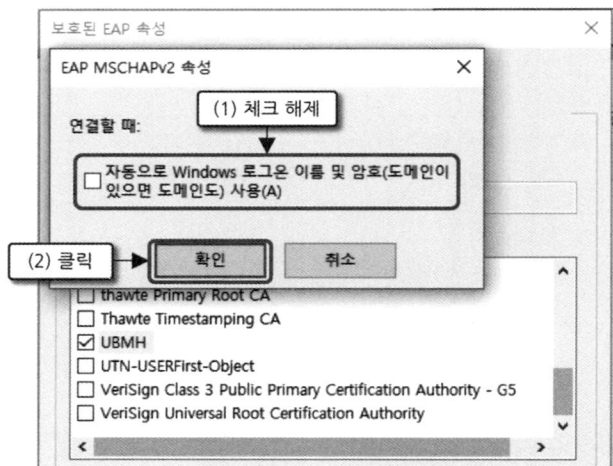

[그림 35] EAP MSCHAPv2 속성 창

13. 보호된 EAP 속성 창에서 [확인] 버튼을 클릭해 보호된 EAP 설정을 마무리한다.

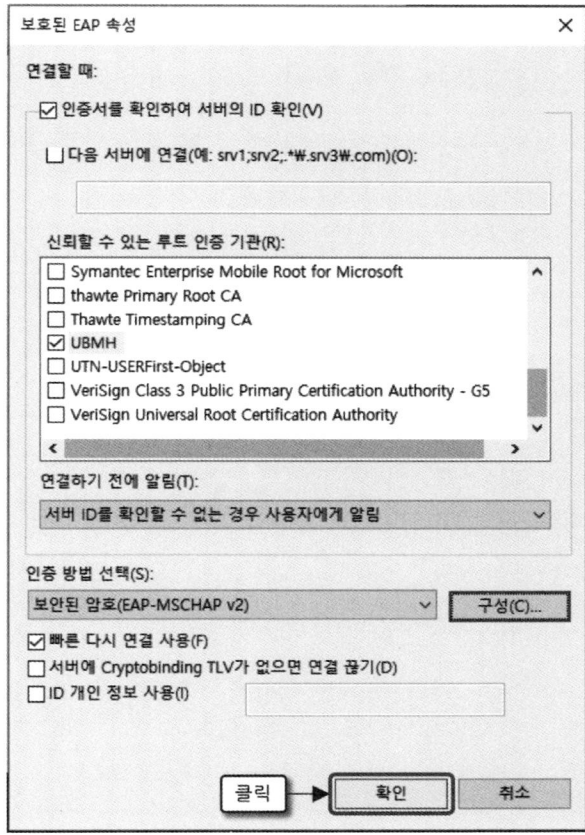

[그림 36] EAP 속성 창

14. 네트워크 어댑터 속성 창에서 왼쪽 하단에 있는 [추가 설정] 버튼을 클릭한다.

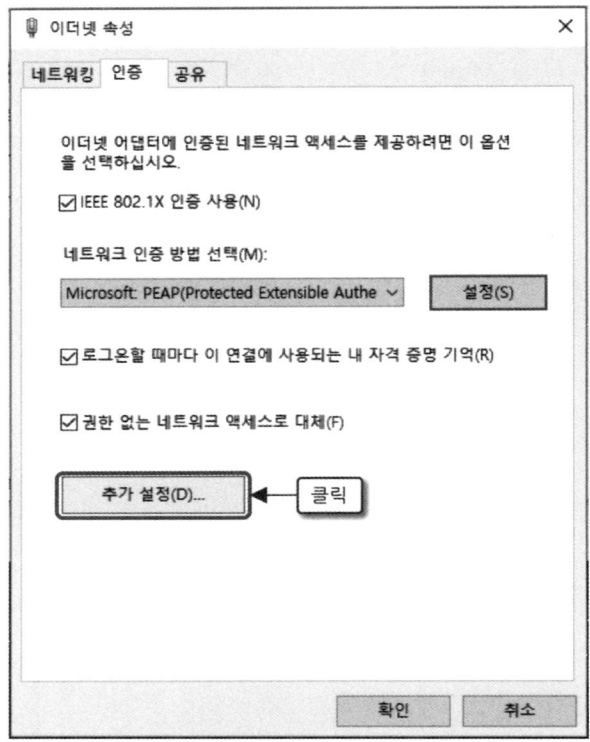

[그림 37] 802.1X 인증 환경 설정 창

15. 고급 설정 화면에서 [인증 모드 지정]에 체크한 후 인증 모드를 [사용자 지정]으로 변경한다. 그런 다음 [확인] 버튼을 클릭해 추가 설정을 마친다.

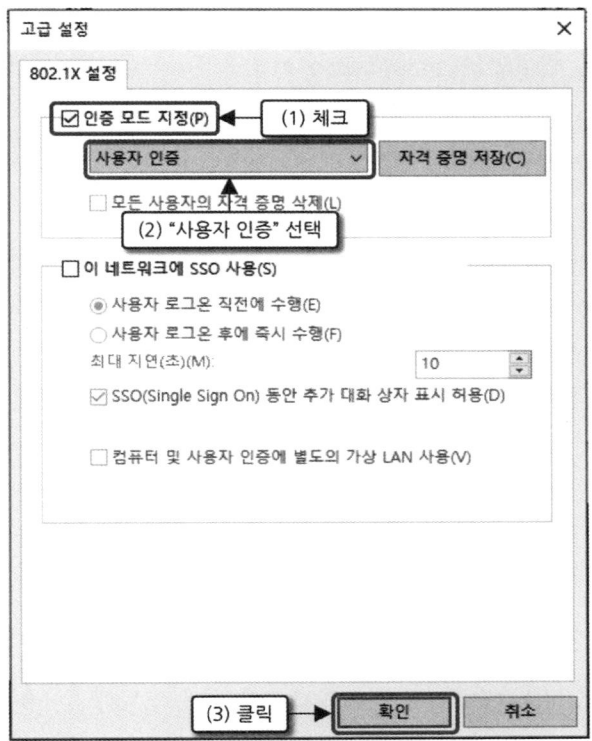

[그림 38] 802.1X 고급 설정 창

16. 마지막으로 로컬 영역 연결 속성 창에서 어댑터의 IP 버전 4의 주소 설정 방법을 DHCP로 변경한 후 네트워크 어댑터 인증 환경 설정을 마무리한다.

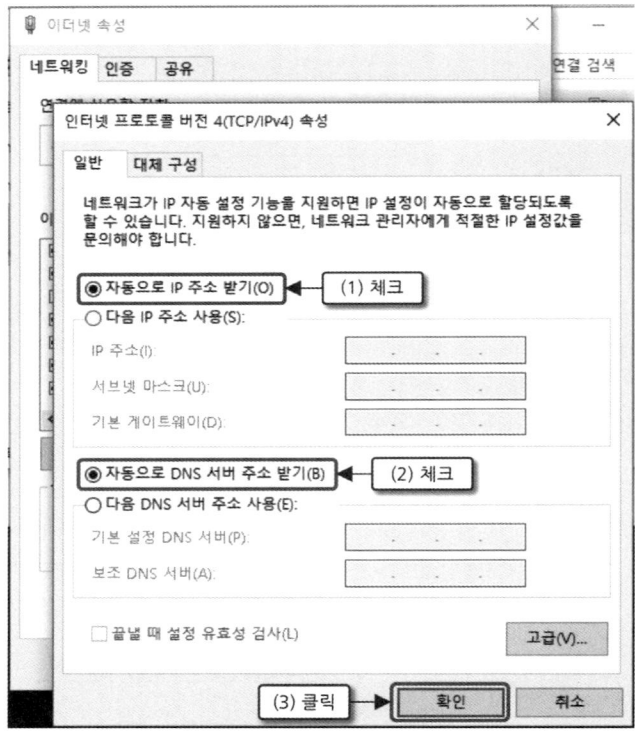

[그림 39] 네트워크 어댑터 IP 주소 설정 창

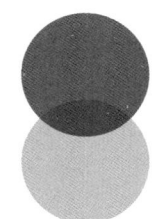

애플 단말기 802.1X 인증 환경 설정

부록 2

애플 단말기용 802.1X 인증 프로파일은 애플에서 배포하는 전용 프로파일 생성 도구인 Apple Configurator 2를 사용하면 쉽게 생성할 수 있다. 따라서 가장 먼저 애플 앱 스토어Apple App Store에서 Apple Configurator 2를 설치한 후, 다음 과정을 따라 애플 단말기용 802.1X 프로파일을 생성한다. 애플 프로파일의 장점은 하나의 프로파일로 아이맥iMac, 맥북MacBook, 아이폰iPhone, 아이패드iPad 등의 모든 단말기에 대한 유무선 네트워크에 관계없이 802.1X 환경 설정이 가능하다는 것이다. 따라서 다른 제조사의 단말기와 달리, 하나의 프로파일만 배포하는 것으로 모든 단말기의 환경 설정을 편리하게 진행할 수 있다. 애플 단말기를 위한 프로파일을 생성해보자.

1. 프로파일 생성을 위해 Apple Configurator를 실행한다. 아래의 그림은 Apple Configurator의 시작 화면이다.

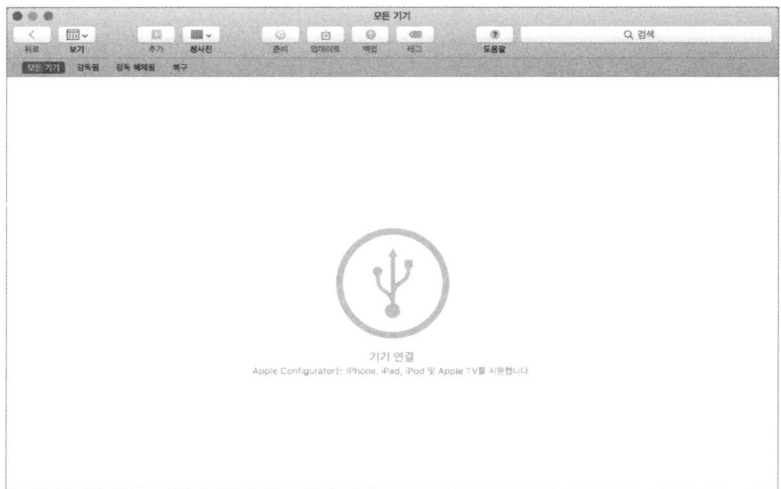

[그림 1] Apple Configurator 시작 화면

2. 새로운 프로파일을 생성하기 위해 [파일] 메뉴에서 [새로운 프로파일] 메뉴를 선택한다.

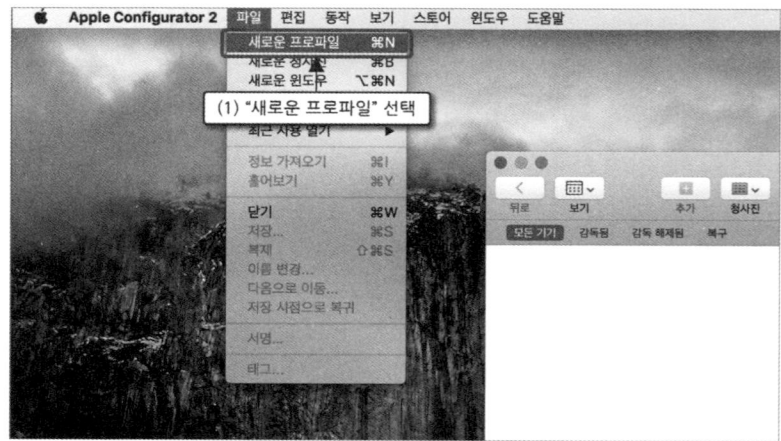

[그림 2] 새로운 프로파일 메뉴 선택

3. 아래 화면과 같이 새로운 프로파일 등록 화면이 열리면, 가장 먼저 [일반] 항목을 선택한다. 그런 다음 차례대로 [이름], [조직 이름], [프로파일 설명], [동의 메시지]를 입력한다. [동의 메시지]는 프로파일 설치 중에 사용자에게 프로파일 설치와 관련된 동의를 구하는 형태로 출력되므로, 질문 형식으로 입력한다.

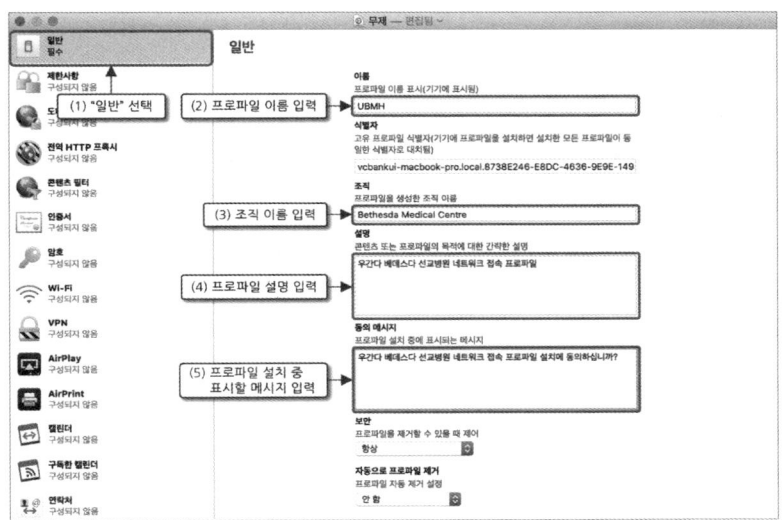

[그림 3] 프로파일 일반 정보 등록 화면

4. 일반 정보 입력이 완료되면, 왼쪽의 항목들 중에서 [인증서]를 선택한 후 [구성] 버튼을 클릭한다.

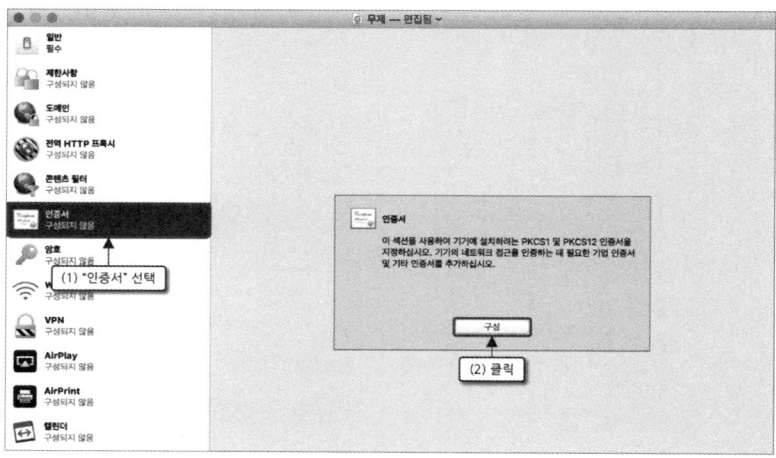

[그림 4] 인증서 등록 화면

5. 인증서 선택을 위한 창이 열리면 3.3.3절에서 생성해둔 사설인증서인 ca.der를 선택한 후 [열기] 버튼을 클릭해 인증서 등록을 마무리한다.

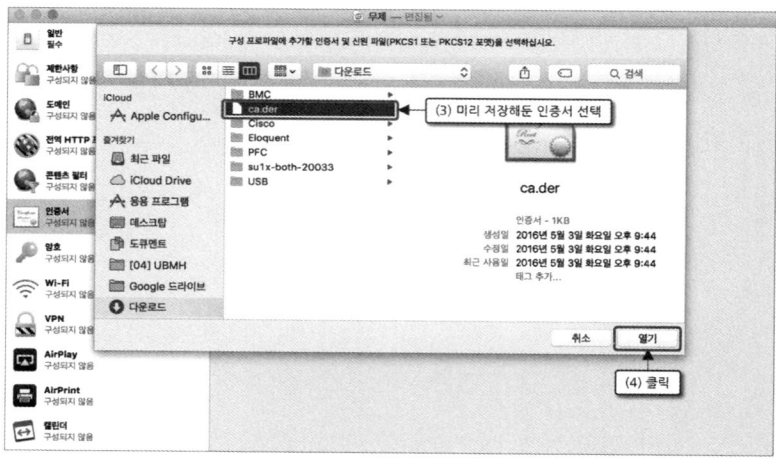

[그림 5] 인증서 선택 화면

6. 인증서가 등록된 후 인증서가 정상적으로 등록됐는지 확인한다.

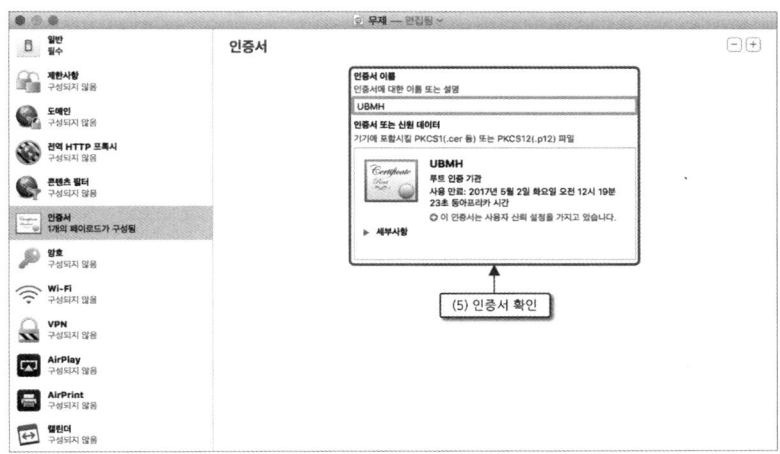

[그림 6] 인증서 확인 화면

7. 네트워크 연결을 위한 Wi-Fi 환경을 구성하기 위해 [Wi-Fi] 항목을 선택하고, [구성] 버튼을 클릭한다.

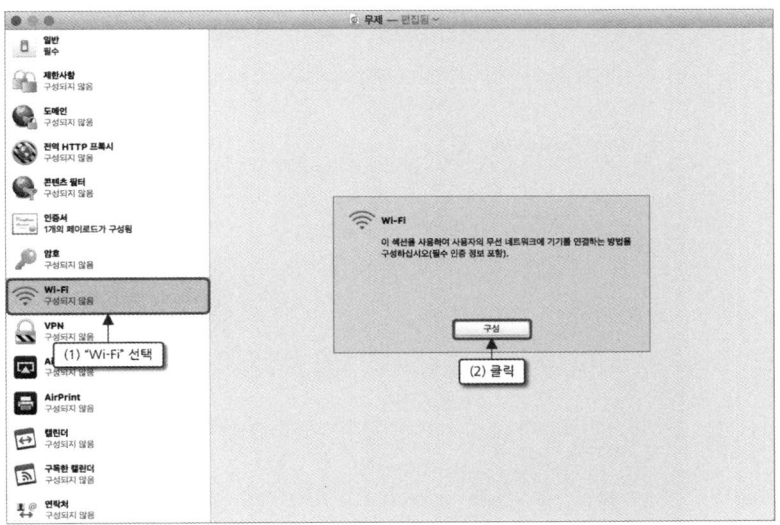

[그림 7] Wi-Fi 환경 구성 화면

8. Wi-Fi 정보 등록 화면이 열리면, 다음 그림과 같이 무선 네트워크 연결에 필요한 Wi-Fi 연결 정보를 입력한다.

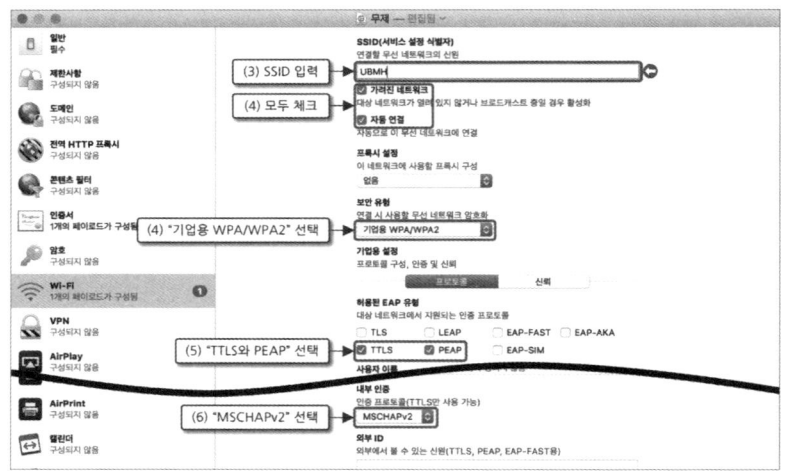

[그림 8] Wi-Fi 연결 정보 등록 화면

9. Wi-Fi 정보까지 등록했다면 무선 네트워크 연결에 필요한 모든 정보를 입력한 것이다. 이제 지금까지 정보를 기준으로 배포할 수 있는 프로파일을 만들기 위해 [파일] 메뉴에서 [저장] 메뉴를 선택한다.

[그림 9] 배포용 프로파일 만들기 시작 화면

10. 프로 파일 저장을 위한 파일 탐색 창이 열리면, 배포용 프로파일이 저장될 경로를 선택한 후 프로파일이 저장될 파일 이름을 입력하고, [저장] 버튼을 클릭한다. 이 예제에서는 파일 이름을 UBMH로 지정했으며, [다운로드] 디렉터리에 저장했다. 저장된 파일은 .mobileconfig 확장자를 갖는다.

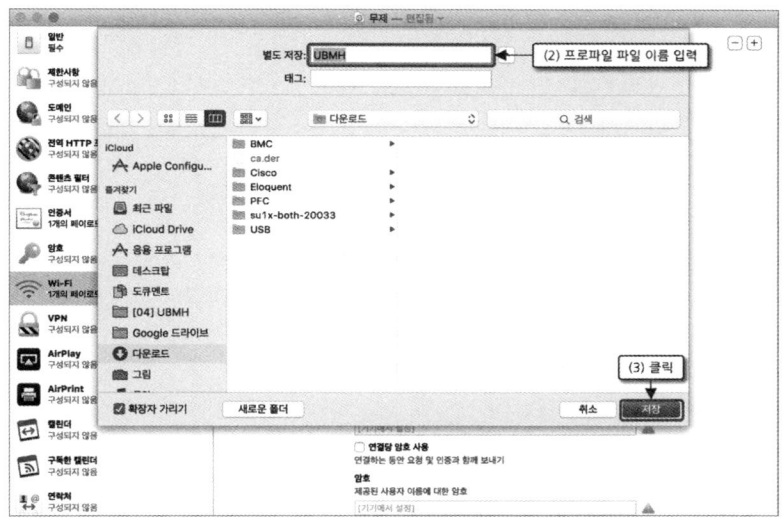

[그림 10] 프로파일 저장 경로와 이름 결정 화면

11. 프로파일 저장 여부를 확인하는 메시지 창에서 [확인 없이 저장] 버튼을 클릭해, 앞에서 지정한 파일 UBMH.mobileconfig로 프로파일을 저장한다. 만약, [계속 편집] 버튼을 클릭하면 프로파일이 지정된 파일로 저장되지 않고, 계속 프로파일 정보를 편집하도록 화면을 유지한다.

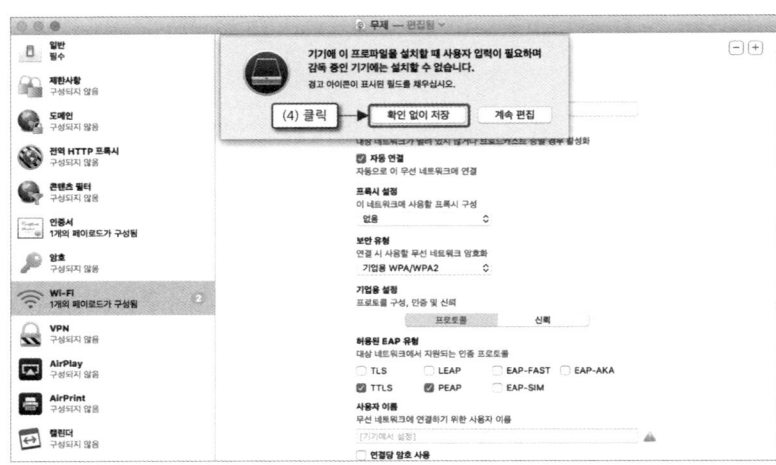

[그림 11] 프로파일 저장 확인 메시지 창

12. 프로파일 저장이 완료되면, 파일 탐색기를 이용해 앞에서 작성한 프로파일이 저장됐는지 확인한다. 생성된 프로파일은 캡티브 포털이나 사내 게시판 또는 이메일을 통해 사용자에게 배포한다.

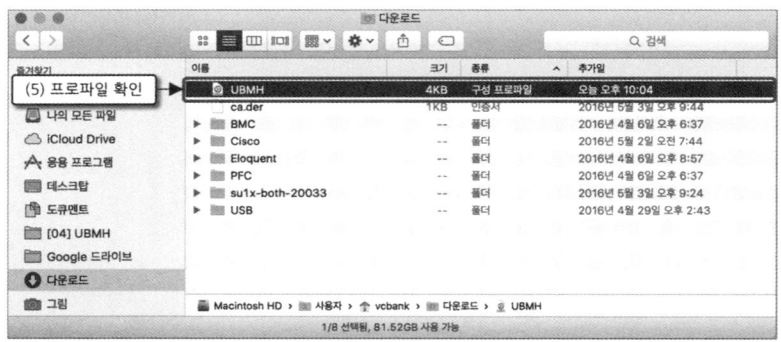

[그림 12] 저장된 프로파일 확인

무선 랜 컨트롤러 802.1X 인증 환경 설정

부록 3

WLC 기반의 무선 네트워크를 운영하고 있다면, 좀 더 쉽게 802.1X를 적용할 수 있다. 이 가이드에서는 WLC 기반의 무선 네트워크 운영과 관련된 기본적인 환경 설정이 완료된 것으로 가정하고, 802.1X 인증 환경 구성에 필요한 세 가지 주요 항목, 인증 서버 등록, VLAN 등록, 그리고 무선 랜(SSID) 등록 방법에 관해 설명한다. 환경 설정은 시스코 WLC AIR-CT5508-K9를 대상으로 했다.

1. 인증 서버(RADIUS) 등록

1. 인증 서버 등록을 위해 WLC 관리자 화면에서 "SECURITY > AAA > RADIUS > Authentication" 메뉴를 클릭한다. RADIUS Authentications Servers 화면의 오른쪽에 있는 [New...] 버튼을 클릭한다.

[그림 1] RADIUS 인증 (Authentication) 서버 목록 화면

2. 새로운 RADIUS 인증 서버 등록 화면에서 인증 서버의 IP 주소$^{Server\ IP\ Address}$(Ipv4/Ipv6)와 인증 서버에서 WLC를 확인하는 데 필요한 공유 키$^{Shared\ Secret}$를 입력한다. 그런 다음, RFC 3576 지원$^{Support\ for\ RFC\ 3576}$을 활성화하고 [Apply] 버튼을 클릭해 인증 서버 등록을 마무리한다.

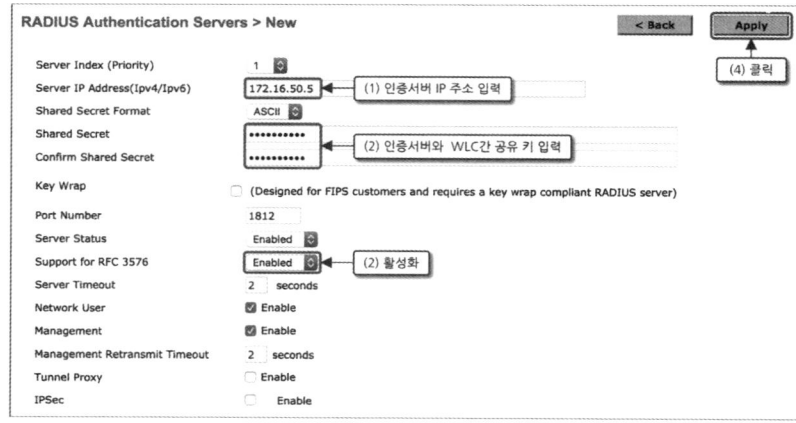

[그림 2] 인증 서버 정보 등록 화면

3. RADIUS 인증 서버 목록에서 앞에서 등록한 인증 서버가 등록됐는지 확인한 후 과금Accounting 서버 등록을 진행한다.

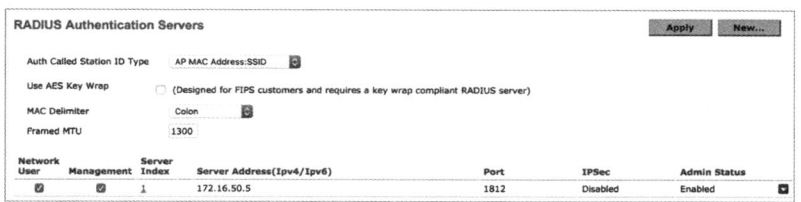

[그림 3] RADIUS 인증 서버 목록에 등록된 인증 서버

4. 다음에는 과금 정보 기록을 위해 과금 서버를 등록한다. WLC 관리자 화면에서 "SECURITY > AAA > RADIUS > Accounting" 메뉴를 클릭한다. RADIUS Accounting Servers 화면의 오른쪽에 있는 [New...] 버튼을 클릭한다.

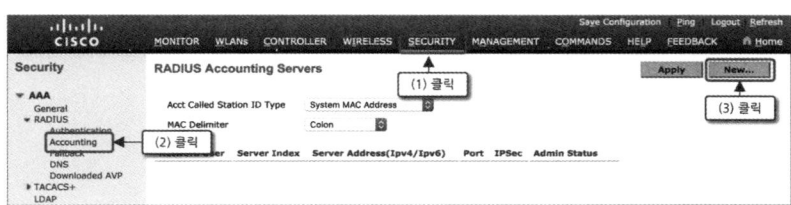

[그림 4] RADIUS 과금 (Accounting) 서버 목록 화면

5. 새로운 RADIUS 과금 서버 등록 화면에서 인증 서버와 동일한 서버 IP 주소와 비밀 키를 입력한 후 [Apply] 버튼을 클릭해 과금 서버 등록을 마무리한다.

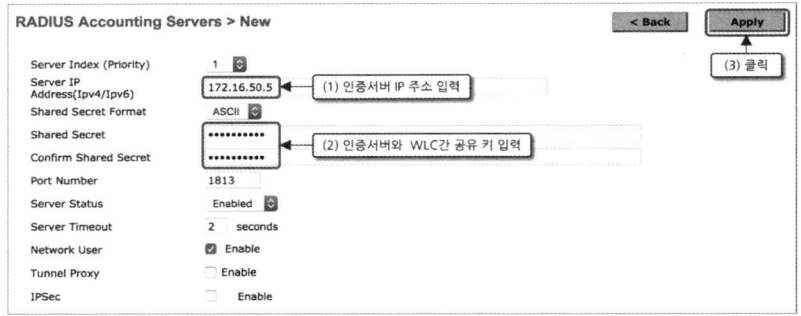

[그림 5] 과금 서버 정보 등록 화면

6. RADIUS 과금 서버 목록에서 앞에서 등록한 과금 서버가 등록됐는지 확인한다.

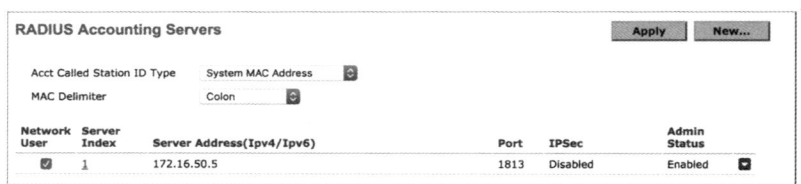

[그림 6] RADIUS 과금 서버 목록에 등록된 과금 서버

2. VLAN 인터페이스 등록

1. VLAN 인터페이스 등록을 위해 WLC 관리자 화면에서 "CONTROLLER > Interfaces" 메뉴를 클릭한다. Interface 화면의 오른쪽에 있는 [New...] 버튼을 클릭한다.

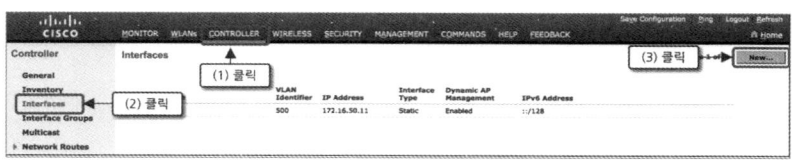

[그림 7] VLAN 인터페이스 목록 화면

2. VLAN 인터페이스 신규 등록 화면에서 인터페이스 이름과 할당 VLAN ID를 입력한 후 [Apply] 버튼을 클릭해 상세 정보 등록을 진행한다. 이 예에서는 510 VLAN을 등록한다.

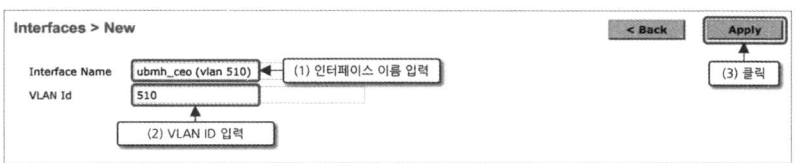

[그림 8] VLAN 인터페이스 이름과 VLAN ID 등록 화면

3. VLAN 인터페이스 상세 정보 등록 화면에서는 세 가지 정보를 등록한다. 첫째, 물리적 정보^{Physical Information} 항목에는 포트 번호^{Port Number}와 백업 포트^{Backup Port}에 각각 1과 2를 입력한다. 둘째, 인터페이스 주소^{Interface Address} 항목에는 510번 VLAN의 인터페이스에 할당할 IP 주소 정보를 입력한다. 셋째, DHCP 정보^{DHCP Information} 항목의 값을 설정한다. DHCP 서버 주소에는 인증 서버에서 510번 VLAN을 위해 생성한 가상 인터페이스에 할당한 IP 주소 172.16.51.5를 입력하고, DHCP 프락시 모드^{Proxy Mode}를 활성화하고, 옵션^{Option} 82 지원을 활성화한다. 모든 항목의 정보가 입력됐다면, [Apply]

버튼을 클릭해 VLAN 인터페이스 등록을 마무리한다. 나머지 VLAN 인터페이스도 동일한 방법으로 등록한다.

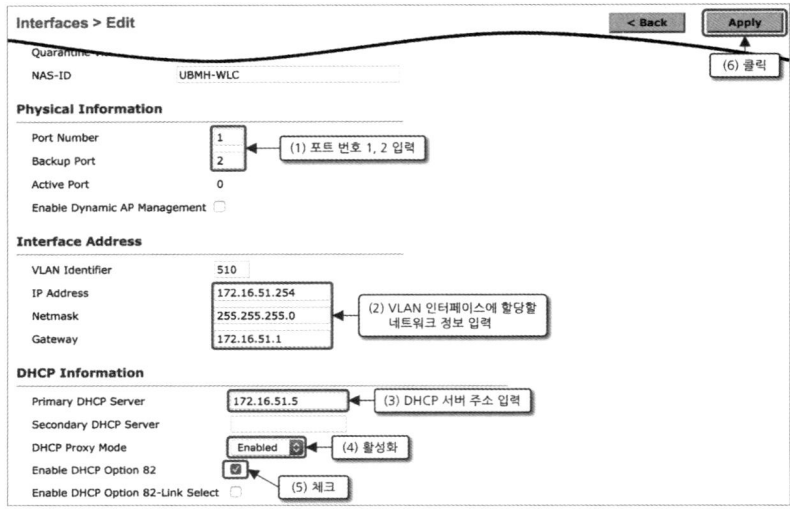

[그림 9] VLAN 인터페이스 IP 주소 할당 및 DHCP 서버 정보 등록

4. VLAN 인터페이스 등록이 완료되면 인터페이스 목록에서 누락된 VLAN 인터페이스가 없는지 확인한다.

[그림 10] VLAN 인터페이스 목록 화면

3. 무선 랜 등록

1. 무선 랜을 등록하기 위해 WLC 관리자 화면에서 "WLANs > WLANs > WLANs" 메뉴를 클릭한다. 화면의 오른쪽에 있는 콤보 박스에서 [Create New]를 선택하고 [Go] 버튼을 클릭한다.

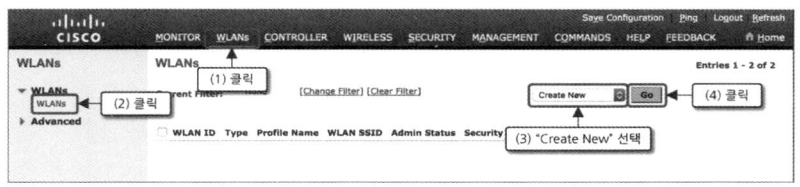

[그림 11] 무선 랜 목록 화면

2. 신규 무선 랜 프로파일 등록 화면에서 프로파일 이름(Profile Name)과 SSID에 "UBMH"를 입력한 후 [Apply] 버튼을 클릭해 상세 정보를 등록한다.

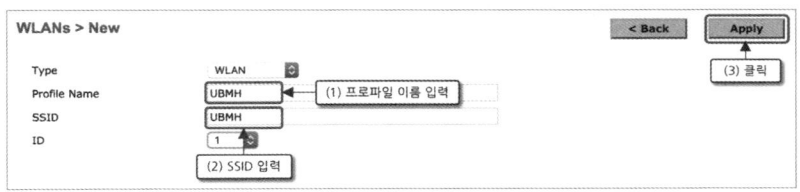

[그림 12] 무선 랜 프로파일 이름과 SSID 신규 등록 화면

3. 무선 랜 상세 정보 등록 화면의 [일반General] 탭에서 상태Status를 활성화해 사용할 수 있다. 그리고 SSID UBMH를 공개적으로 서비스하려면 브로드캐스트Broadcast SSID를 활성화한다.

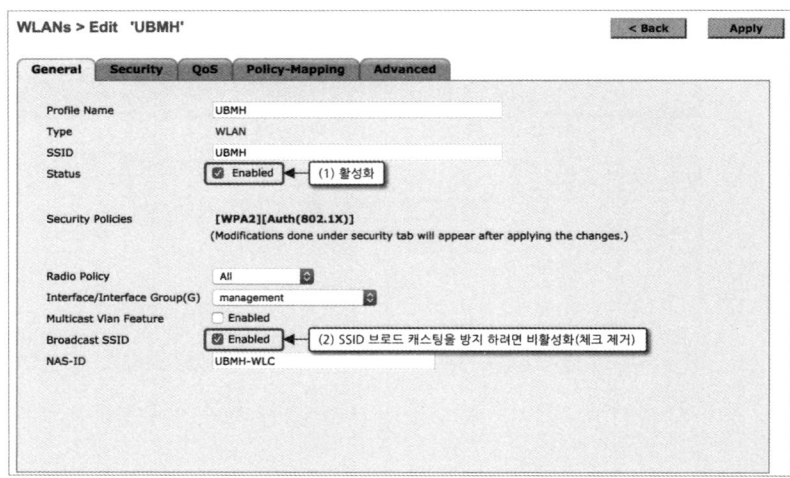

[그림 13] 무선 랜 일반 정보 등록 화면

4. [보안Security] 탭으로 이동해 [Layer 2] 보안을 설정한다. 맥 필터링MAC Filtering 항목은 사용자 인증 외에 단말기의 맥 주소를 이용해 사용자 인증을 대체할 것인지의 여부를 결정하는 옵션으로, 여기에서는 활성화한다. 맥 인증을 사용하기 위해서는 인증 대상 단말기의 맥 주소가 인증 서버의 radcheck 테이블에 등록돼 있어야 한다. 패스트 트랜지션FT, Fast Transition 항목은 AP 간 로밍을 지원하기 위한 것으로, 여기에서는 비활성화한다. FT 옵션을 활성화하면 AP 간 단말기 연결 정보를 공유해 끊김없는 네트워크 서비스를 제공받을 수 있다. 다음에 보이는 WPA+WPA2 Parameters 항목은 무선 랜에서 제공할 암호화 기법을 선택하는 항목이다. 보안을 위해서는 WPA2만 선택하는 것이 바람직하지만, 서비스 개시 전 테스트를 위해 WPA도 활성화했

다. 마지막으로 인증 키 관리Authentication Key Management 항목에서 인증 서버와 인증에 사용되는 키 교환 방식을 선택한다. UBMH 네트워크는 802.1X만 지원하도록 하나의 항목만 선택했다. 만약, FT 옵션을 활성화했다면, 추가로 FT 802.1X 또는 FT PSK를 선택해야 한다.

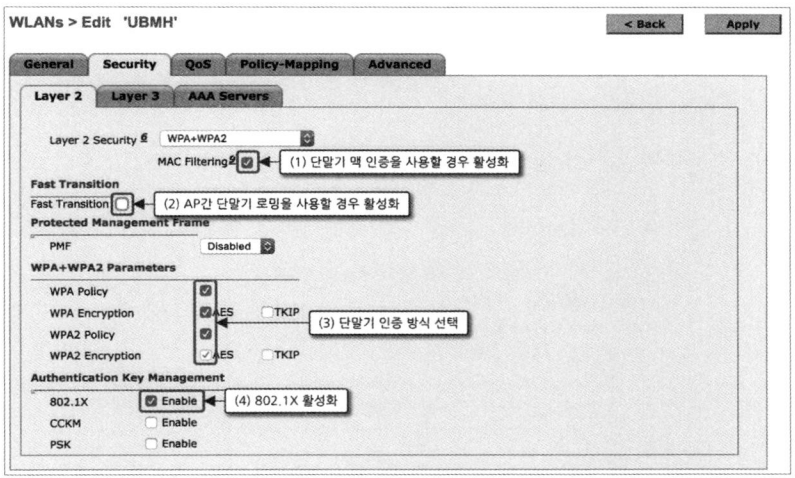

[그림 14] 무선 랜 Layer 2 보안 설정 화면

5. [AAA 서버Servers] 탭으로 이동한 후 맨 처음에 등록했던 인증 서버를 UBMH 네트워크에서 사용할 수 있도록 한다. 먼저 [Radius Server Overwrite Interface] 항목을 활성화한다. 이를 통해 외부 인증 서버를 UBMH 네트워크의 인증 서버로 사용할 수 있게 된다. 그런 다음, 인증 서버Authentication Servers와 과금 서버Accounting Servers 항목 모두 앞에서 등록한 Radius 서버(172.16.50.5)를 선택한다. 마지막으로 [AAA 서버] 탭의 하단부에 있는 인증 순서Order Used For Authentication 목록에서 RADIUS를 제외한 나머지 두 항목을 사용하지 않는 목록Not Used으로 이동시킨다.

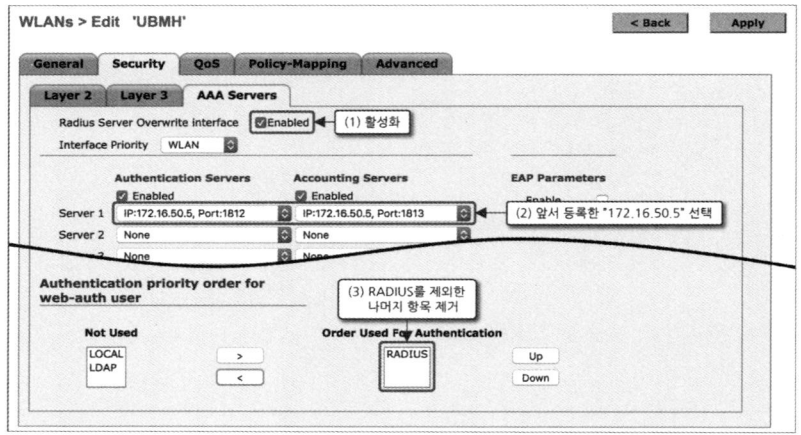

[그림 15] 무선 랜 인증 서버 설정 화면

6. 마지막으로 [고급Advanced] 탭으로 이동해 Allow AAA Override 항목을 활성화하고 DHCP Address Assignment 항목을 필수Required로 지정한다. Allow AAA Override는 인증 서버가 AVPAttribute Value Pair와 VSAVendor Specific Attribute를 이용한 네트워크 장치 제어를 허용하는 것이다. 예를 들면 UBMH 네트워크에 접속하는 단말기에 사용자에 따라 서로 다른 VLAN을 할당하는 것이 이에 해당한다. DHCP Address Assignment은 사용자 단말기가

네트워크에 연결될 때마다 DHCP 서버에 IP 주소를 요청한다. 무선 랜과 관련된 상세 정보를 모두 입력했다면, [Apply] 버튼을 클릭해 정보 등록을 마무리한다.

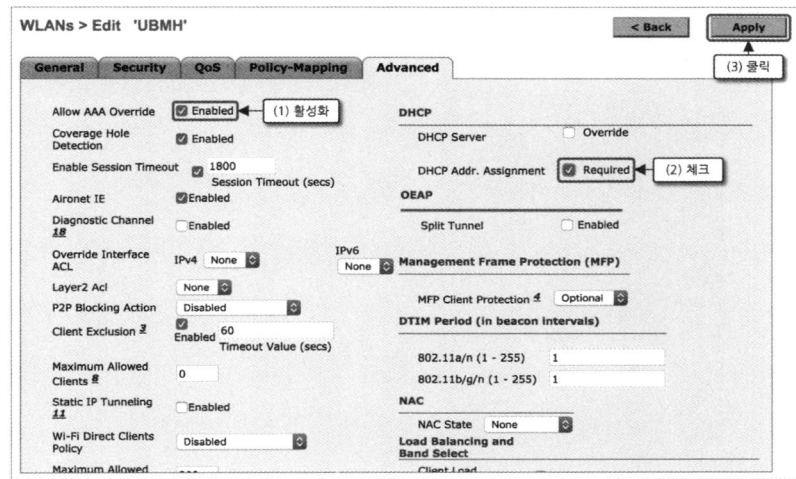

[그림 16] 무선 랜 고급 환경 설정 화면

7. 무선 랜 목록에서 등록한 무선 랜을 확인한다.

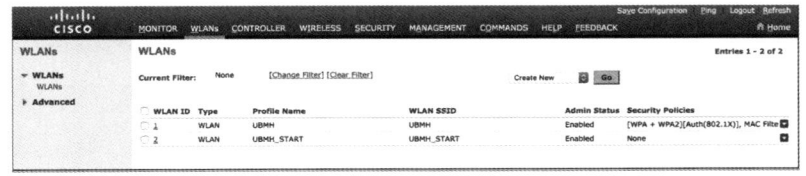

[그림 17] 무선 랜 목록 화면

유선 네트워크 스위치 802.1X 인증 환경 설정

부록 **4**

유선 네트워크에 대한 802.1X 환경 설정은 무선 네트워크에 비해 간단하다. 환경 설정 스크립트를 네트워크 환경에 적합하게 작성하고, 콘솔을 통해 입력하는 것으로 환경 설정을 마무리할 수 있기 때문이다. 여기에서는 시스코의 Catalyst 2960 IOS 12.2(55r)SE를 기준으로 설명한다. 유선 네트워크에 대한 환경 설정은 전역 환경 설정과 인터페이스 환경 설정으로 구분된다. 전역 환경 설정에서는 리스트 1의 명령들을 실행한 후 스위치에 대해 AAA[Authentication, Authorization, Accounting]를 활성화하고, 인증 서버 등에 대한 정보를 등록한다.

[리스트 1] 802.1X 인증을 위한 전역 환경 설정 명령

```
 1: aaa new-model
 2: aaa authentication dot1x default group radius
 3: aaa authorization network default group radius
 4: aaa accounting dot1x default start-stop group radius
 5: dot1x system-auth-control
 6: dot1x guest-vlan supplicant
 7: radius-server host [RADIUS 서버 IP 주소] auth-port 1812 acct-port
    1813 key [인증 서버와 스위치 간 공유 키]
 8: radius-server vsa send accounting
 9: radius-server vsa send authentication
10: authentication mac-move permit
```

다음으로 인터페이스 환경 설정은 각각의 인터페이스에 대해 리스트 2의 명령을 실행해 포트에 대한 802.1X 인증을 활성화하고, 인증을 실패했을 때나 단말기에 인증에 필요한 환경이 갖춰지지 않았을 때에 할당할 VLAN을 정의하고, 인증 순서와 인증과 관련된 세부적인 파라미터를 설정한다. 일반적인 유선 네트워크 환경에서는 리스트 2의 명령만으로도 충분히 802.1X 환경의 구축할 수 있다.

[리스트 2] 802.1X 인증을 위한 인터페이스 환경 설정 명령

```
1: description ## Dot1X Auth Port ##
2: switchport mode access
3: authentication event fail action authorize vlan 999
4: authentication event no-response action authorize vlan 999
5: authentication order mab dot1x
6: authentication priority mab dot1x
7: authentication port-control auto
8: mab
9: dot1x pae authenticator
```

```
10: dot1x timeout tx-period 10
11: dot1x max-req 1
12: dot1x max-reauth-req 3
13: dot1x timeout auth-period 2
14: spanning-tree portfast
15: spanning-tree bpduguard enable
```

리스트 2의 설정은 스위치 포트에 하나의 단말기가 연결될 때의 설정이다. 만약, 하나의 포트에 더미^{dummy} 스위치가 연결돼 있고, 두 대 이상의 단말기를 인증해야 하는 상황이 발생했을 때는 복수의 단말기를 인증할 수 있도록 설정을 변경해야 한다. 리스트 3은 복수의 단말기 인증을 위한 환경 설정 변경 사항으로 해당 포트에 명령을 해당 인터페이스 설정에 추가한다.

[리스트 3] 하나의 포트에서 두 대 이상의 단말기 사용 시 환경 설정 변경 사항

```
1: authentication host-mode multi-auth
2: no spanning-tree portfast
3: no spanning-tree bpduguard enable
```

리스트 3의 설정을 추가한 인터페이스 포트는 무조건 복수의 단말기에 대한 인증을 지원하는 것은 아니라 제약 조건이 있다. 인터페이스에 연결되는 단말기 중 두 번째부터 연결되는 단말기는 첫 번째 연결된 단말기와 동일한 VLAN을 할당 받은 단말기일 때 네트워크에 접속할 수 있다. 802.1X는 인증 후에 VLAN을 할당한다. 그리고 하나의 스위치 포트는 하나의 VLAN만 할당 받을 수 있다. 이를 다시 한 번 생각해보면 당연히 하나의 인터페이스 포트에 2개 이상의 VLAN 할당은 애초에 불가능한 것이다. 이 때문에 하나의 스위치 포트에 복수의 단말기를 연결할 필요성이 있을 때는 동일한 VLAN을 사용하는 단말기들을 연결해야 한다.

802.1X 설정과 관련된 전역 또는 인터페이스 환경 설정 명령은 표 1과 표 2를 참고하고, 좀 더 구체적인 사항은 해당 장비의 매뉴얼을 참고하거나 전문 엔지니어에게 확인하기 바란다.

[표 1] 802.1X 전역 환경 설정 명령어

명령	설명	비고
aaa new-model	AAA(Authentication, Authorization, Accounting) 활성화(초깃값: 비활성화)	
aaa authentication dot1x default group radius	IEEE 802.1X를 위한 기본 인증 방법 목록으로 radius 그룹 생성	
aaa authorization network default group radius	RADIUS에서 스위치의 행위를 변경 가능하도록 스위치의 인가 기능을 활성화(동적 VLAN을 할당하기 위해 활성화 필요)	선택 사항
aaa accounting dot1x default start-stop group radius	모든 RADIUS를 대상으로 IEEE 802.1X 과금(accounting) 활성화	
dot1x system-auth-control	모든 스위치 포트의 IEEE 802.1X 인증 기능 활성화	
dot1x guest-vlan supplicant	IEEE 802.1X가 적용된 개별 포트에서 게스트 VLAN이 할당되도록 게스트VLAN 옵션 활성화	선택 사항
radius-server host {hostname | ip-address} auth-port {auth port number} acct-port {acct port number} key {security key}	RADIUS 서버 정보 등록 • {hostname | ip-address}: RADIUS 서버 IP 주소 • {auth port number}: 인증 요청에 사용되는 UDP 포트 번호(기본 설정 1812) • {acct port number}: 과금 정보 전송에 사용되는 UDP 포트 번호(기본 설정 1813) • {security key}: 스위치와 인증 서버 간에 교환되는 데이터의 암호화에 사용되는 키	
radius-server vsa send {accounting | authentication}	RADIUS에 정의된 인증과 인가와 관련된 VSA를 스위치가 인식하고 사용할 수 있도록 설정 * VSA: Vender Specific Attribute	선택 사항

명령	설명	비고
authentication mac-move permit	802.1X 인증을 받은 단말기가 다른 포트로 이동했을 때 재인증을 허용하도록 설정(mac move 옵션이 허용되지 않았을 경우, 인증 받은 단말기를 다른 포트에 연결하면 violation 에러 발생)	선택 사항

[표 2] 인터페이스 환경 설정 주요 명령

명령	설명	비고
switchport mode access	스위치 포트 모드를 VLAN 전용으로 설정	
authentication event fail action authorize vlan {vlan id}	지정된 인증 방법에 의한 인증이 모두 실패했을 때 스위치 포트에 할당할 VLAN ID 지정	
authentication event no-response action authorize vlan {vlan id}	단말기로부터 EAP Request/Identity에 대한 응답이 없을 때 스위치 포트에 할당할 VLAN ID 지정	
authentication order {mab | dot1x | webauth}	스위치 포트에서 사용될 인증 방법의 순서 지정 선행 인증 방법이 실패하면 다음 방법 적용	선택 사항
authentication priority {mab | dot1x | webauth}	인증 방법의 우선순위 지정	선택 사항
authentication port-control auto	인터페이스의 포트 기반 인증 활성화	
mab	맥 주소 기반 인증 활성화	선택 사항
dot1x pae authenticator	인터페이스의 IEEE 802.1X 인증 활성화	
dot1x timeout tx-period {seconds}	EAP Request/Identity 요청 이후 클라이언트가 응답할 때까지 스위치가 기다리는 시간(기본 값: 30초, 허용 범위: 1~65535초)	
dot1x max-req {count}	• 클라이언트에 요청한 EAP Request/Identity 프레임 재요청 횟수 지정(기본 값: 2회, 범위: 1~10회) • 지정된 횟수 만큼 요청에 대한 응답이 없으면, 클라이언트에 대한 인증 재시작	
dot1x max-reauth-req {count}	클라이언트 인증 재시도 횟수 지정(기본 값: 2회, 허용 범위: 1~10회)	

명령	설명	비고
dot1x timeout auth-period {seconds}	클라이언트가 인증에 실패한 후 자격 정보를 다시 보내기까지의 대기 시간 (기본 값: 30초, 허용 범위: 1~65535초)	
authentication host-mode {multi-auth | multi-domain | multi-host | single-host }	인터페이스 포트의 호스트 인가 모드 설정 • multi-auth: IEEE 802.1X 인가 포트에 복수의 호스트 연결 허용(최초 접속된 호스트 이후 접속하는 호스트에 대해 개별 인증 수행) • multi-domain: 데이터와 음성 도메인에 속하는 다른 유형의 장치의 연결 허용 • multi-host: IEEE 802.1X 인가 포트에 복수의 호스트 연결 허용(최초 접속된 호스트 이후 접속하는 호스트는 인증 과정 없이 연결) • single-host: IEEE 802.1X 인가 포트에 하나의 호스트 연결만 허용	선택 사항
authentication timer inactivity {seconds | server}	클라이언트가 네트워크를 사용하지 않을 때 인가 포트를 비인가 상태로 전환하기 위한 대기 시간 • seconds: 초단위 시간 지정 (허용 범위: 1~65535초) • server: 서버에 지정된 시간 값을 사용	선택 사항
authentication timer reauthenticate {seconds | server}	인가된 포트에 대한 재인증 시간 • seconds: 초단위 시간 지정 (기본 값: 3600초, 허용 범위: 1~65535초) • server: 서버에 지정된 시간 값을 사용	선택 사항
authentication timer restart {seconds}	클라이언트에 요청한 EAP Request/Identity 요청에 대한 Timeout 이후 EAP Request/Identity 재요청까지의 대기 시간 지정(기본 값: 60초, 허용 범위: 1~65535초)	
spanning-tree portfast	• 포트의 상태를 Blocking에서 Forwarding 상태로 즉시 변경 • IEEE 802.1X 인증 진행 중 발생하는 타임 아웃에 의한 충돌을 회피하기 위해 설정 필요	
spanning-tree bpduguard enable	포트 하단에 스위치 연결 시 자동으로 인터페이스 shutdown을 수행해 bridge loop를 차단	

마치며

이것으로 무선 네트워크 리모델링을 마무리하고자 한다. 좀 더 자세하게 설명하고, 더 많은 응용 방법들을 제안하고 싶은 마음은 꿀뚝 같았지만, 여기서 마무리하기로 했다. 이미 독자들의 마음속에 아이디어가 떠오르고 있을 것이라고 생각하기 때문이다. 물론, 다른 이유도 있다. 이 이상으로 더 많은 내용을 풀어낼 만큼 나 스스로 더 많은 지식을 쌓지 못했고, 물리적 환경의 제약으로 더 많은 기능을 구현하지 못했기 때문이다. 앞으로 기회가 된다면 첫 번째 책과 이번 책을 바탕으로 802.1X 응용에 관련된 더 많은 내용을 소개하고 싶다. 아무쪼록 이 책이 독자들의 업무에 도움이 되기 바란다. 그리고 책을 구입해주고 끝까지 읽어준 것에 대해 감사의 말을 전한다.

참고 문헌

1. 이민철, 『네트워크 접근통제 시스템 구축』, 에이콘, 2015. 1.

2. 이민철, 『차세대 정보보안을 위한 동적 네트워크 환경 구성과 접근통제』, 마이크로소프트웨어 2015년 7월호, 2015. 7.

3. 이민철, 김정호, 『효율적인 BYOD 접근통제를 위한 802.1X 네트워크 접근통제 구현과 성능 해석』, 정보처리학회, 2015. 9.

4. Lawrence Orans, John Pescatore, *Strategic Road Map for Network Access Control*, Gartner, 2011.

5. Inverse Inc., *Network Devices Configuration Guide for PacketFence version 5.7.0*, Inverse Inc., 2016. 2.

Web Reference

1. http://aaronfay.ca/2014/02/21/converting-sqlite-database-to-mysql/

2. https://www.bram.us/2013/11/11/run-a-php-script-as-a-servicedaemon-using-start-stop-daemon/

3. http://serverfault.com/questions/396958/configure-dns-server-to-return-same-ip-for-all-domains

4. http://x123.net/howto-cisco-mibs-ubuntu.html

5. http://guyv.tistory.com/78

6. http://www.packetfence.com

7. http://www.netmanias.com/ko/post/blog/5402/arp-ethernet-garp-ip/arp-and-garp-gratuitous-arp

8. http://eayd.in/?p=273

9. http://www.tutorialspoint.com/python/python_command_line_arguments.htm

찾아보기

ㄱ

가상 랜 25
가상머신 50
가상 인터페이스 259, 274, 292, 295
가상 호스트 266, 274
가상 호스트 풀 275
가상화 258, 302
가트너 18
격리된 네트워크 254
경영 정보 시스템 290
경찰 41
고정 IP 주소 21
공인인증서 130
과금 34, 41, 128
구글 140
구분자 159
국방정보체계국 34
권한 25, 288
권한 관리 22
기본 키 164

ㄴ~ㄷ

네트워크 분할 288
네트워크 세그먼트 34, 37
네트워크 접근통제 18, 34, 79, 115, 116, 288
네트워크 접근통제 시스템 40
노트북 15
능동적 방법 26, 80
다중 SSID 브로드캐스팅 129
단말기 유형 288
단말기 이동성 288
단말기 인증 해지 185
더미스위치 17
독립형 AP 기반 236
동적 IP 주소 할당 199
동적 VLAN 33, 301
동적 VLAN 할당 38
동적 네트워크 24, 33, 34, 49, 68, 292

ㄹ~ㅁ

랜 17
랩톱 140
루트 네임 서버 261
리다이렉트 서버 250
리모델링 292
리모델링 시나리오 288
마이그레이션 74, 89, 311, 315
마이크로소프트 44
매직 쿠키 95
메시지 유형 193
모바일 오피스 16
무선 네트워크 15, 16
무선 네트워크 구축 가이드 246
무선 네트워크 리모델링 16, 28, 49, 339
무선 네트워크 환경 116
무선 랜 컨트롤러 50
무선 인터넷 15
무차별 수신 모드 171

ㅂ~ㅅ

바이러스 백신 관리 115
바인딩 구조체 205, 212
방문자 모드 128, 257
방화벽 250
백엔드 데이터베이스 54, 57, 69, 165
보안 기술 구현 가이드 34
부하 분산 254
비활성화 173
사설인증서 130
사용자 인증 33, 146
사용자 인증 방식 20
사용자 편의성 271
사용자 프로파일 200
사용자 프로파일링 115, 167, 169
사용자 프로파일링 절차 118
서브넷 29
서브쿼리 324

소켓　194
수동적 방법　26, 80
슈퍼 서브넷　288
스마트폰　15, 16
스위치 포트 모드　121
시스코　80, 279

ㅇ

아루바네트웍스　80, 279
아이덴터티 기반 방화벽　168
아이폰　16, 140
안드로이드　140
암호화　22, 293
암호화 방법　293
액세스 스위치　35
액세스 포인트　35
액세스 포트　173
업무 생산성　17
에듀롬　279
에러 페이지　269
역할　25, 288
역할기반 접근통제　24
오픈소스 소프트웨어　145
옵션 60　84
요청자　43
우분투　50
운영체제　25
운영체제 식별　26, 114
위치 기반 접근통제　168
위키피디아　249
윈도 XP　44
윈도우 7　144
유무선 네트워크　37
유선 네트워크　16
의료 정보 시스템　290
이더넷　194, 301
이동성　18
인가　34, 41
인증　41
인증 로그　152
인증 서버　43
인증 시스템　40
인증자　43, 162
인증 해지 명령　180

ㅈ

저장 프로시저　312
전기전자기술자협회　40
전송 미디어　20
접근통제　16
접근통제 리스트　263
접근통제 정책　25
정규 표현식　161
정보보안　16
정보보안 솔루션　21
정보보안 정책　20, 24
정보 유출　22
정보 자산 관리　115, 116
정적 네트워크　34
정적 VLAN　44
종료 옵션　95
주니퍼　279
중간자 공격　22, 42

ㅊ～ㅎ

차세대 방화벽　168
출입국관리사무소　40
캡티브 포털　46, 49, 67, 247, 269, 333, 337
커뮤니티 스트링　176
콘솔　178
클리어패스 퀵-커넥트　279
태블릿　15
텔넷　174
투명 프록시　250
트렁크　68, 121
트렁크 모드　259
트리거　52, 148
트리 구조　313
파이썬　90, 180
패킷 리셋　42
페이스북　69
평문　22
포트 기반 네트워크 접근통제　29, 40
포트 기반 인증　29, 40
포함 집합 모델　312
핑거데몬　95, 99
핑거뱅크 데이터베이스　332
핑거프린트　106
핑거프린트 데이터베이스　308
항구성　24

활성화 173

A

a2enmod 272
AAA 34
Access Control List 263
Access Switch 35
Accounting 34, 41
ACL 263, 289
ACL 그룹 263
ACL 할당 305
Active 26
Active Directory 44
AD 44
Address Resolution Protocol 149
Android 140
AnyConnect Mobility Client 279
AP 173
AP, Access Point 35
Apache 67
API 78
Apple Configurator 140, 279
Application Programming Interface 78
ARP 149, 169
arpmon 192
ARP Monitor 170
ARP Reply 187
ARP Request 187
ARP Spoofing 42
ARP 데이터베이스 200
ARP 메시지 187
ARP 모니터 170, 186, 192
ARP 스푸핑 42, 168, 186, 199, 220
ARP 스푸핑 공격 238
ARP 스푸핑 식별 199
ARP 스푸핑 차단 원리 174
ARP 요청 187
ARP 응답 187
ARP 패킷 186
Aruba Networks 80, 279
Attribute Value Pair 301
Authentication 33, 41
Authentication Server 43
Authenticator 43
authority 288

Authorization 34, 41
AVP 301, 319
AVP 할당 320

B~C

backup 294
BIND 51
BIND 9 67, 262
bootstrap 131
BYOD 15, 22
Captive Portal 46
CentOS 50
Cisco-AVPair 301
ClearPass QuickConnect 279
CLI 176
Client Hardware Address 81
Command Line Interface 176
Community String 176
console 178
C 언어 185

D

DACL 302
db.root 262
Defense Information System Agency 34
delimiter 159
Department of Defense 34
DHCP 18, 51, 199, 200
DHCPACK 154
DHCPDISCOVER 153
DHCP Fingerprinting 26, 80
DHCPOFFER 153
DHCPREQUEST 153
DHCPREQUST 81
DHCP 로그 153
DHCP 서버 138
DHCP 패킷 107
DHCP 패킷 구조 81, 94
DHCP 핑거프린트 86, 113
DHCP 핑거프린팅 26, 29, 80
dhqpdump 83
DISA 34
disable 173
DNS 67
DNS Cache Poisoning 251

DNS 리다이렉션   251
DNS 질의   254
DNS 캐시 포이즈닝   251
DOD   34
Domain Name System   67
Downloadable ACL   302
DVLAN   33, 301
Dynamic Host Configuration Protocol   18
Dynamic Network   24, 33
Dynamic VLAN   33, 301
Dynamic VLAN Assigment   38

E

EAP   60
Eduroam   279
enable   173
ethernet   194
Ethernet   301
etwork Segmentation   288
Extensible Authentication Protocol   60

F~H

Facebook   69
FAKE   185, 239
Fedora   50
fingerdaemon   95, 113
Firewal   250
FreeRadius   52, 53, 145
GARP   75, 172, 185, 186
GARP 발송   238
Gartner   18
GCC   78
GitHub   88
GNU Compiler Collection   78
Google   140
Graphical User Interface   176
Gratuitous ARP   75
GUI   176
hint   264
HP   279
HTTP Request   249
HTTP 상태 코드   250
HTTP 요청   249

I~L

ICMP   80
ICT   22
Identity based Firewall   168
IEEE   40, 301
IEEE 802.1Q   68
IEEE 802.1X   38
ifconfig   174, 298
Internet Protocol   17, 195
Internet Systems Consortium   66
iOS   140
IoT   16, 22
IP   17, 195
iPhone   16, 140
IP redirect   250
IP 주소 관리   17
IP 주소 할당 방식   20, 23
ISC   66
isc-dhcp-server   66
Isolated Network   254
ITAM   115
Juniper   279
Kea DHCP   69
LAMP   51
LAN   17
Laptop   140
Load Balancing   254
Local Area Network   17

M~N

Magic Cookie   95
MAM   28
Management Information Base   39
Man In The Middle attack   22
master   264
MDM   28
MIB   39, 76, 172, 229
migration   89
MIMO   28
MITM   22, 42
Mobile Application Management   28
Mobile Device Management   28
Mobile Office   16
mobility   18
mod_rewrite   272

MSCHAPv2 60
Multi Input Multi Output 28
Multiple BSSID 129
MySQL 52
MYSQL_BIND 205
NAC 18, 19
NAMP 80
NAS 134, 162
Nested Sets Model 312
Network Access Control 18
Network Access Server 134
Network Segment 34
Next Generation Firewall 168
NMAP 26
Notebook 15
nslookup 265

O

OAC 279
Object Identifier 39
OCS 18
ODBL 86
Odyssey Access Client 279
OID 39, 172, 229
Open DataBase License 86
Open Source Software 145
openssh-server 51
OpenSSL 131
Operating System 25
Options 81, 95
Oracle 52
Order Communication System 18
Organizationally Unique Identifier 114
OS 25
OSS 145
OS X 140
OUI 114

P

p0f 94
Packet Reset 42
Parameter Request List 84
Passive 26
PC 18
pcap 라이브러리 195

PDO 105
PEAP 60
permanency 24
Personal Computer 18
PHP 67
PHP Data Objects 105
PHP 모듈 266
ping 80
PING 26
plain text 22
PNAC 29, 40
Port based Authentication 29, 40
Port based Network Access Control 29, 40
Post-Admission 41
PostgreSQL 52
PRADS 94
Pre-Admission 41
Prepared Statement 106
Primary Key 164
Privileged EXEC 모드 178, 183, 255
PROMISCUOUS 171, 174
Python 90

R~S

RADIUS 44, 125, 301
RAW 소켓 195
RBAC 24, 30
RedHat 50
Redirection by DNS 251
Redirection by HTTP 249
Regular Expression 161
role 288
Role Based Access Control 24
Root Name Server 261
rsyslog-mysql 69, 147
SDN 302
Secure Sockets Layer 130
Security Technical Information Guide 34
send_arp 172, 239
Service Set Identifier 19
Set SSID as Guest Mode 128, 257
Simple Network Management Protocol 38
SITG 34
SNMP 38, 174, 185, 227
SNMP Trap 이벤트 39

SNMP 버전 2　172
SNMP 활성화　176
socket　194
Software Defined Network　302
SQLite3　52, 74
SSH　51, 174
SSID　19, 35
SSID 등록　126
SSL　130
Static IP address　21
Static Network　34
Static VLAN　38
Stored Procedure　312
SU1X　279
Subnet　29
Sub Query　324
Super Subnet　288
Supplicant　43
syslog　69

T

Tablet　15
TCP　195
Telnet　174
Time To Live　80
TLS　60
Transmission Control Protocol　195
transparent proxy　250
Transport Layer Security　60
Tree Structure　313
Trigger　52, 148
trunk　121
Trunk　68
TTL　80, 251
TTLS　60

U

Ubuntu　50
UDP　94, 105, 195
UDP 헤더　107
User-Agent　86
User Datagram Protocol　94
User Diagram Protocol　195

V

Vender class identifier　84
Vendor Specific Attribute　301
Virtual Host　266
Virtual Interface　259
Virtualization　258
Virtual LAN　25
Virtual Local Area Network　19
Virtual Machine　50
VLAN　19, 25, 35
VLAN Membership Policy Server　38
VLAN 패키지　68, 258
VLAN 할당　301, 305
VMPS　38
VSA　301

W~X

walled garden　249
Wi-Fi　248
Wi-Fi Protected Access　28
Wikipedia　249
Windows 10　140
WIPS　28
Wireless Intrusion Prevention System　28
Wireless LAN Controller　50
WLC　50, 173
WLC 기반　236
WPA　28, 29, 39
WPA2　28, 29, 39
WPA version 2　28
X-Prove　80

기호

%{Calling-Station-Id}　326
.htaccess　273, 338
__LINE__　204
%{SQL-User-Name}　326

번호

404 에러　273, 276
404 에러 페이지　270
802.1X　29, 33, 116, 200
802.11a　28
802.11ac　28

에이콘출판의 기틀을 마련하신 故 정완재 선생님 (1935-2004)

무선 네트워크 리모델링
엔지니어라면 누구나 알아야 할 802.1X와 오픈소스를 이용한 무선 네트워크 구축 가이드

인 쇄 | 2017년 4월 6일
발 행 | 2017년 4월 14일

지은이 | 이 민 철

펴낸이 | 권 성 준
편집장 | 황 영 주
편 집 | 나 수 지
       이 지 은
디자인 | 박 주 란

에이콘출판주식회사
서울특별시 양천구 국회대로 287 (목동 802-7) 2층 (07967)
전화 02-2653-7600, 팩스 02-2653-0433
www.acornpub.co.kr / editor@acornpub.co.kr

한국어판 ⓒ 에이콘출판주식회사, 2017, Printed in Korea.
ISBN 978-89-6077-989-1
ISBN 978-89-6077-449-0 (세트)
http://www.acornpub.co.kr/book/network-remodeling

이 도서의 국립중앙도서관 출판시도서목록(CIP)은 서지정보유통지원시스템 홈페이지(http://seoji.nl.go.kr)와
국가자료공동목록시스템(http://www.nl.go.kr/kolisnet)에서 이용하실 수 있습니다.(CIP제어번호: CIP2017008740)

책값은 뒤표지에 있습니다.